Renate Buschmann, Tiziana Caianiello (Hg./eds.)

MEDIENKUNST INSTALLATIONEN ERHALTUNG UND PRÄSENTATION

Konkretionen des Flüchtigen

MEDIA ART INSTALLATIONS PRESERVATION AND PRESENTATION

Materializing the Ephemeral

inter media art institute
imai
Reimer

Gefördert durch / Funded by:
Ministerium für Familie, Kinder, Jugend, Kultur und Sport des Landes Nordrhein-Westfalen

Landeshauptstadt Düsseldorf

Gedruckt mit Unterstützung der / Printed with support from Gerda Henkel Stiftung, Düsseldorf
GERDA HENKEL STIFTUNG

Bibliografische Information der Deutschen Nationalbibliothek
Die Deutsche Nationalbibliothek verzeichnet diese Publikation in der Deutschen Nationalbibliografie; detaillierte bibliografische Daten sind im Internet über http://dnb.d-nb.de abrufbar.

Bibliographic information published by the Deutsche Nationalbibliothek
The Deutsche Nationalbibliothek lists this publication in the Deutsche Nationalbibliografie; detailed bibliographic data are available at http://dnb.d-nb.de

Redaktion / Editing: Renate Buschmann, Tiziana Caianiello
Lektorat deutsch / German proof-reading: Janine Krentz
Lektorat englisch / English proof-reading: Lucinda Rennison
Übersetzungen / Translations: Thomas Morrison (Deutsch / German – Englisch / English: S. 193–243, 255–262, 273–290, 301–320), Paul Cox (Englisch / English – Deutsch / German: S. 85–92, 116–124), Ann-Katrin Günzel (Italienisch / Italian – Deutsch/German: S. 62–72), Julia C. Triolo (Italienisch / Italian – Englisch / English: S. 244–252)
Layout und Umschlaggestaltung / Layout and cover design: Nicola Willam, Berlin
Umschlagabbildung / Cover illustration: Abb. 19, S. 178
Druck / Printing: Elbe Druckerei Wittenberg, Lutherstadt Wittenberg

Printed in Germany
Gedruckt auf alterungsbeständigem Papier / Printed on age-resitant paper
ISBN 978-3-496-01463-8

Inhalt / Contents

Grußwort

Im Rückblick ist die Medienkunst in Nordrhein-Westfalen wie eine Erfolgsgeschichte zu lesen. Als Nam June Paik vor fast 50 Jahren seine inzwischen zu Weltruhm gelangte Ausstellung *Exposition of Music – Electronic Television* in der Wuppertaler Galerie Parnass ausrichtete, signalisierte sie den fulminanten Beginn einer Kunst, die mit und vor allem auch über technische Medien kommuniziert. Seitdem hat die Medienkunst – die mittlerweile den Begriff der Videokunst ablöst – einen immer höheren Stellenwert errungen.

Eine vielfältige Szene von Künstlerinnen und Künstlern, die in diesem Genre in Nordrhein-Westfalen arbeiten, hat sich gebildet. Spezialisierte Galerien, Ausstellungsorte und Festivals haben sich zu angesehenen Präsentationsorten entwickelt. Die Kunsthochschule für Medien Köln ist gegründet worden. Und alle diese Aktivitäten haben sich letztendlich in den Sammlungen nordrhein-westfälischer Museen niedergeschlagen, die reich an einmaligen und exzellenten Sammlungen von Medienkunst sind. Nordrhein-Westfalen verfügt über eine beachtliche Dichte an Instituten aus den Bereichen Forschung, Lehre, Produktion, Präsentation und Archivierung im Kontext der Medienkunst.

Mit dem Stolz über ein solches Gut an hochrangiger Medienkunst ist aber auch die Verpflichtung verbunden, die häufig hochkomplexen, technologiebasierten Kunstwerke für nächste Generationen zu erhalten. Weltweit haben Kunstsammlungen mit Schwierigkeiten zu kämpfen, weil die Speicherformate der Medienkunstwerke sich rasant überholen, die Geräte veralten und die Abspiel- und Präsentationstechnik einem musealen Dauerbetrieb nicht mehr standhalten.

Die Stiftung imai hat sich dieses Problemfeld zur Aufgabe gemacht und ist damit gerade in einem Land wie Nordrhein-Westfalen zu einem unentbehrlichen Institut geworden. 2008 hat das imai mit Unterstützung des Landes Nordrhein-Westfalen die Tagung *Medienkunst in NRW. Bestand – Erhalt – Präsentation* veranstaltet. Mit der Einrichtung einer Netzwerkzentrale und Beratungsstelle für die Konservierung und Restaurierung von Medienkunst, die sich seit 2010 am imai befindet, hat das MFKJKS sein Engagement für die langfristige Sicherung dieses sensiblen Kulturguts bekräftigt.

Die in diesem Buch veröffentlichte Studienreihe ist ein erstes schriftliches Ergebnis der kontinuierlichen Beschäftigung des imai mit den drängenden Fragen zur Erhaltung von Medienkunst. Die langjährige Förderung des Landes Nordrhein-Westfalen im Bereich des Substanzerhalts hat hierzu beigetragen. Ich wünsche, dass das Buch helfen wird, die konservatorischen Herausforderungen zu bewältigen und unserer Verantwortung der Medienkunst gegenüber nachzukommen.

Ute Schäfer

Ministerin für Familie, Jugend, Kinder, Kultur und Sport
des Landes Nordrhein-Westfalen

Grußwort

Mit der Gründung der Stiftung imai – inter media art institute im Jahr 2006 hat die Landeshauptstadt Düsseldorf eine einzigartige Sammlung an Videokunst aufgenommen. Über mehr als zwei Jahrzehnte waren das Archiv und der Vertrieb von der Medienagentur 235 Media kenntnisreich zusammengetragen worden. Das Archiv bildet heute den Nukleus der von der Stiftung imai ausgehenden Aktivitäten. Die Verbreitung von Videokunst zu fördern, das Recherchieren über Videokunst zu erleichtern und vor allem die Bewahrung dieser technologiebasierten Kunstgattung zu garantieren, gehören zu der Aufgabenstellung, der sich die Stiftung seit 2006 erfolgreich verpflichtet hat.

Düsseldorf ist nicht nur ein guter Platz, um Kunst zu sammeln und auszustellen, sondern auch um Kunst zu archivieren, zu dokumentieren und langfristig zu bewahren. Die Sammlung des imai entwickelt sich immer mehr zu einer Anlaufstelle für Wissenschaftler, die über Videokunst forschen und den vielfältigen Videokunstbestand des imai für Lehrveranstaltungen nutzen. Mit Blick auf die zukünftige Sicherung von Videokunst ist imai daran beteiligt, konservatorische Strategien für die Erhaltung von Videokunst zu entwerfen. Diese Anstrengungen gehen weit über die Bedürfnisse des eigenen Archivs hinaus und haben zu wichtigen Forschungen und bisweilen auch zu Kooperationen mit anderen nordrhein-westfälischen Einrichtungen geführt, wie sie in diesem Buch abgebildet sind.

Es ist ein großer Verdienst, dass das imai sich von Anfang an für die Konservierung und Restaurierung von Videokunst eingesetzt hat und mit Beratungsangeboten, Workshops und Tagungen ein grundlegendes Spezialwissen an Restauratoren, Kuratoren, Wissenschaftler, Künstlerinnen und Künstler sowie Studierende verschiedener Fachrichtungen weitergibt.

Die vorliegende Publikation ist ein zusätzlicher Schritt in diese Richtung. Ich hoffe, dass viele – auch über die Landeshaupt Düsseldorf und das Land Nordrhein-Westfalen hinaus – von der engagierten Arbeit des imai profitieren werden.

Ihr

Dirk Elbers

Oberbürgermeister der
Landeshauptstadt Düsseldorf

Dank

Diese Publikation ist das Resultat einer mehrjährigen Studienreihe, die am imai – inter media art institute 2006 gestartet worden ist, und des Forschungsprojekts *Konkretionen des Flüchtigen*, das im darauffolgenden Jahr begann. Während der gesamten Laufzeit hat eine Vielzahl von Personen an den theoretischen Untersuchungen und den in der Praxis realisierten Konservierungsmaßnahmen mitgewirkt. Ihnen allen gilt heute, da das Buch vorliegt, nochmals unser herzlicher Dank: den Initiatorinnen des Projektes Sandra Thomas und Alexandra Wessels, die die ersten zwei Fallstudien *Il nuotatore* und *In Situ* realisiert haben; Julia Giebeler, die im Rahmen ihrer Diplomarbeit die restauratorische Analyse der dritten Fallstudie *Exchange Fields* übernahm; Prof. Gunnar Heydenreich (Institut für Restaurierungs- und Konservierungswissenschaften der Fachhochschule Köln), der bei der Fallstudie *Exchange Fields* beratend tätig war; dem Museum Ostwall für seine Bereitschaft, das Werk von Bill Seaman für die Fallstudie zur Verfügung zu stellen; der Restauratorin Anna-Maria Virgin, die die vierte Fallstudie *Testcuts I* begleitete; der Restauratorin Fenna Yola Tykwer für den fachlichen Austausch über diese Publikation; der Medienagentur 235 Media für die technische Beratung und die Durchführung der konservatorischen Maßnahmen; sowie den Künstlern Gary Hill, Bill Seaman, Katharina Sieverding und des Studio Azzurro, die die Fallstudien unterstützt und den Diskurs mit ihren ausführlichen Stellungnahmen bereichert haben. Nicht zuletzt bedanken wir uns bei den Mitarbeiterinnen des Reimer Verlags, insbesondere bei Beate Behrens, die die Veröffentlichung des Buches professionell umgesetzt haben.

Für ein so umfangreiches Projekt ist ein stabiles finanzielles Fundament wesentlich. Das Forschungsprojekt *Konkretionen des Flüchtigen* wurde maßgeblich von der Gerda Henkel Stiftung finanziert. Das Land Nordrhein-Westfalen hat großzügige Fördergelder sowohl für die einzelnen Fallstudien als auch für die Veröffentlichung dieses Buches bereitgestellt. Wir danken deshalb ausdrücklich der Gerda Henkel Stiftund, dem Ministerium für Familie, Jugend, Kinder, Kultur und Sport des Landes Nordrhein-Westfalen und der Landeshauptstadt Düsseldorf als ständigem Partner der Stiftung imai.

Dr. Renate Buschmann

Direktorin der Stiftung imai – inter media art institute

Dr. Tiziana Caianiello

Leiterin des Forschungsprojektes *Konkretionen des Flüchtigen*

Zur Debatte über Medienkunst und ihrer Konservierung

Eine Einführung

Renate Buschmann

Kann das Ausstellen von installativen Medienkunstwerken mit dem Inszenieren von Opern verglichen werden? Diese ungewöhnliche Behauptung hat jedenfalls 1982 niemand anderer als Nam June Paik aufgestellt: „Die Video-Installation wird wie die Oper werden, die immer von Gönnern subventioniert und in der nur die Partitur zur nächsten Generation ‚überliefert' wird; und die Videokuratoren werden jene in der nächsten und den darauffolgenden Generationen re-interpretieren und sie jedesmal an ihrem ‚anpassenden' Platz neu installieren; und die Akzente der neuen Formwerdung werden die stark persönlichen Merkmale des Leiters/Dirigenten aufweisen, wie Karajans ‚Neunte' und Toscaninis ‚Dritte'."[1] Zu einem Zeitpunkt, als in den Museen die zukünftigen Probleme bei der Erhaltung von Medienkunstwerken noch nicht vorhersehbar waren, formulierte Nam June Paik – als einer der ersten und einflussreichsten Künstler dieses Genres – bereits ein Szenario, dessen Quintessenz heute, drei Jahrzehnte später, die Debatte in Expertenkreisen frappant trifft.

Bei der Konservierung und musealen Präsentation von komplexen installativen und zugleich technologiebasierten Werken müssen Kuratoren und Restauratoren heutzutage häufig zwischen der historischen Materialität und der künstlerischen Konzeption des Werkes abwägen. Sie müssen entscheiden, inwieweit die historischen Geräte und Techniken des Werkes weiterhin eingesetzt werden sollen, selbst dann, wenn dadurch eine Einschränkung der Funktionalität und somit auch eine Einschränkung der Wahrnehmung des Werkes verbunden ist, oder inwieweit gerade mittels aktueller Geräte und Techniken eine stimmige Vermittlung des zugrunde liegenden künstlerischen Konzeptes gelingen kann. Doch ist es bei installativen Kunstwerken nicht allein die apparative Ausstattung, die ihnen eine eindringliche Präsenz verleiht. Vielmehr ist es die eklatant räumliche Ausprägung, die in die Rezeption künstlerischer Installationen – und eben auch solchen aus dem Bereich der Medienkunst – hineinwirkt. In Paiks Vergleich einer Videoinstallation mit einer Oper nähmen die Apparate die Aufgaben des Orchesters und der Sänger ein und würden im übertragenen Sinne das audiovisuelle Material – entsprechend dem Libretto und der Partitur einer Oper – zur Vorstellung bringen. Die Präsentationsmodi des Audiovisuellen und die gesamte Darbietung der

1 Paik 1982, S. 114. Paiks Originaltext in englischer Sprache ist als Faksimile abgedruckt in: Nam June Paik 1999, S. 252–253, Zitat S. 252. Jochen Saueracker hat auf dieses Paik-Zitat in: Saueracker 2009, S. 201, Fußnote 2, hingewiesen.

Videoinstallation am Ausstellungsort – entsprechend der musikalischen Interpretation und der Aufführung einer Oper auf der Bühne – läge laut Paik im Ermessen der Person, die stellvertretend für den geistigen Urheber des Werkes die Verantwortung für die Vorstellung übernimmt.

Erscheint Paiks Einfall beim ersten Lesen auch verlockend und vielleicht sogar einsichtig, so ist es kaum möglich, ihn mit gegenwärtigen konservatorischen Maximen in Einklang zu bringen, die prioritär eine Konsolidierung der originalen materiellen Substanz eines Kunstwerkes fordern.[2] Insbesondere Paiks eigene vielgestaltige Werke sind inzwischen zu prominenten Beispielen geworden, wie um eine minuziöse Aufrechterhaltung der materiellen Komponenten seit einigen Jahren gerungen wird. Ebenso werden viele Künstler Paiks Anregung nicht zustimmen, weil sie interpretatorische Eingriffe in ihre Kunstwerke grundsätzlich ausschließen oder zumindest kontrollieren möchten. In Anlehnung an solche Überlegungen wurde mit dem Forschungsprojekt *Variable Media Network*, das durch das Solomon R. Guggenheim Museum und die Daniel Langlois Foundation koordiniert wurde, der Ansatz verfolgt, die Interessen von Künstlern und Konservatoren zusammenzubringen. Beispielhaft wurde für installative und performative Kunstwerke ein Fragenkatalog (das *Variable Media Questionnaire*) erstellt, das dabei helfen soll, umfassende Angaben zu sammeln und ein ‚autorisiertes' Werkkonzept an kommende Generationen zu überliefern. Bezeichnenderweise hat Jon Ippolito in diesem Zusammenhang den Begriff „re-creating" verwendet: „[...] the results of a questionnaire like this can serve as an 'ethical will' to guide the curators and technicians who may be charged with re-creating the work in the future"[3]. Richard Rinehart, Künstler und Theoretiker für digitale Medien, stellte im Rahmen desselben Projekts fest: „preservation is an interpretive act".[4] Bis in die gegenwärtigen Debatten bleibt jedoch die Kardinalfrage umstritten, welche Freiheit und welchen Spielraum die Interpretation bei der Präsentation von künstlerischen Installationen umfassen darf.

Installative Kunstwerke, die überdies der sogenannten Medienkunst zuzuordnen sind, sperren sich in doppelter Hinsicht gegen die gewohnten konservatorischen Standards, denn ihr Erscheinungsbild lässt sich unmöglich eindeutig umreißen: Erstens halten sie aufgrund ihrer räumlichen Dimension mannigfache Perspektiven der Rezeption bereit und zweitens beinhalten sie in der Regel audiovisuelle Medien, aus denen per se ein permanenter Wechsel an eingespielten Bildern und Akustischem resultiert. Der Begriff Medienkunst hat sich inzwischen etabliert, so dass über die Wortkombination – aus ‚Medien' und ‚Kunst' – eine Kunstform assoziiert wird, die technisch innovative Apparate und Funktionsweisen zum Einsatz bringt und sich damit von historisch verwurzelten Gattungen wie Malerei oder Bildhauerei abgrenzt. Mit Blick auf die spezifischen konservatorischen Aufgaben, die in diesem Buch besprochen werden, ist eine solche knappe und generalisierte Definition von Medienkunst angemessen. Es soll jedoch an dieser Stelle nicht ignoriert werden, dass der Begriff und

2 Siehe z. B. Weyer 2010.
3 Ippolito 2003, S. 52f.
4 Rinehart 2003, S. 25.

die damit bezeichnete Gattung ‚Medienkunst' problematisch, vielleicht sogar obsolet sind, weil sie unpräzise, unspezifische und heterogene Auffassungen transportieren.

Grundsätzlich wird an dem Terminus ‚Medienkunst' kritisiert, dass es von einem überkommenen Kunstverständnis zeugt, wenn eine Kunstform ausschließlich über den Gebrauch eines kennzeichnenden Materials und nicht über ihre inhaltliche Ausrichtung definiert wird. Würde man letzteres auf die Werke anwenden, die heute unter Medienkunst zusammengefasst werden, würde tatsächlich die Heterogenität in dieser Kunstgattung die Redundanz des Begriffs belegen. Deshalb wurde bereits mehrfach gefordert, den Begriff Medienkunst zugunsten einer stärkeren Differenzierung aufzugeben und zum Beispiel stattdessen von „Kunst mit Medien" und „Kunst durch Medien" zu sprechen.[5] Je mehr die aktuellen Technologien eben jene Medien verdrängen, die jüngst noch als sogenannte ‚neue Medien' firmierten, umso mehr wird die Anwendung eines solchen Medienverständnisses fraglich. Zudem hat sich der Begriff ‚Medium' in geradezu inflationärer Weise in unserem Sprach- und Wissenschaftsraum ausgebreitet und eine multidisziplinäre Verwendung hervorgerufen. Die Vielfältigkeit des Begriffs hat Stefan Münker bestens beschrieben: „Ein Medium ist ein Mittel zur Übertragung von Informationen. Das gilt evidenterweise für Kommunikationsmedien wie Telefon, E-Mail oder Brief; es gilt aber auch für Unterhaltungsmedien wie Kino oder iPod, für Speichermedien wie Bücher und Festplatten oder die Massenmedien Presse, Radio und Fernsehen; es trifft für physikalische Übertragungsmedien wie Luft und Wasser nicht weniger zu als für das parapsychologische Medium spiritualistischer Séancen – es gilt – mutatis mutandis – auch für alles andere, was im Zuge der Karriere des Begriffs Medium bezeichnet wurde: Geld, Macht, Mode, Strom, die Liste ist bekanntlich lang. In jeder seiner Verwendungsweisen [...] ist im Medienbegriff die Idee eines Informations- oder Datentransfers, wenn man sie nur weit genug fasst, virulent [...]".[6]

Die Debatte über ‚Was ist Medienkunst?' hat sich vor dem Hintergrund der in den vergangenen circa zehn Jahren entstandenen Werke dahin verlagert, die Kunstform von der strikten Vorgabe einer ausschließlichen technischen Determiniertheit zu lösen. Sie wird heute immer mehr als eine Kunst begriffen, deren Ziel es ist, eine Reflexion über die Signifikanz von Medien und Technologien anzustoßen. Inke Arns hat 2008 auf diesen Paradigmenwechsel dezidiert hingewiesen: „Die Medienkunst emanzipiert sich – in einer paradoxen Bewegung – zunehmend von der Verwendung neuer Medien/Technologien. Gleichzeitig spricht sie mit großer Gelassenheit darüber, wie sich die uns umgebende Welt, die zunehmend auf digitalen Technologien basiert, durch eben diese Medien und Technologien verändert."[7]

Zweifellos greift der Begriff Medienkunst heutzutage zu kurz, wenn man darunter ausschließlich Kunstwerke mit technischen apparativen Bestandteilen versteht. Das vorliegende Buch konzentriert sich dennoch genau auf diese Gruppe, die zum

5 Reck 2002, S. 21–23.
6 Münker 2008, S. 322.
7 Arns 2008, S. 74.

‚klassischen' Bereich der Medienkunst zählt, weil sie spezielle Anforderungen an die konservatorische und kuratorische Betreuung stellt. Bei der Erhaltung und Präsentation solcher apparateabhängigen Kunstwerke ist immer wieder von neuem die Frage zu beantworten, welche Rolle die industriell gefertigten Apparate innerhalb der Komplexität des Werkes spielen. Denn die künstlerischen Inhalte können erst wahrgenommen werden, sofern die dazugehörigen technischen Apparate und Anwendungen (Videoplayer, Monitore, Computer, Projektoren, Software-Programme, Internet u.v.m.) funktionieren. Während sie manches Mal nur Mittel zum Zweck sind, das heißt zur Sichtbarmachung der künstlerischen Aussage dienen, müssen sie in anderen Fällen neben ihrer Apparatefunktion über dies als skulpturale Elemente bewertet werden. Zu entscheiden, welche Art von Objektstatus sie besitzen, ist häufig problematisch, da installative Werke sich generell einem „objektivistischen Werkbegriff" entziehen: „Ohnehin leistet installative Kunst Widerstand gegen einen objektivistischen Werkbegriff, unter anderem durch die Entgrenzung der Künste in immer neue intermedial-hybride Bereiche. [...] Was unter dem Begriff der Installation entsteht, sind weniger Werke denn Modelle ihrer Möglichkeit, weniger Beispiele einer neuen Gattung denn immer neue Gattungen."[8] Diese von Juliane Rebentisch prononcierte Feststellung über die inkonstante Natur von Installationen erweist sich insbesondere bei installativen Medienkunstwerken als zutreffend und verlangt deshalb im konservatorischen Umgang mit dieser künstlerischen Spezies ein verändertes Bewusstsein für die Bewertung dessen, was als Original eines solchen Kunstwerkes überhaupt aufzufassen ist. Ebenso können der eingangs von Nam June Paik zitierte Vergleich zwischen Videokunst und Opernaufführungen sowie die zwingende Notwendigkeit, technische Ausstattungen in Medienkunstwerken betriebsfähig zu halten, zu der Ansicht führen, dass es sich bei technologiebasierten Installationen meistens um Artefakte handelt, deren ‚Bestandteile' nicht alle zwingend mit der einstigen Entstehungszeit verbunden sein müssen.

Alle Debatten um die Erhaltungsstrategien für Medienkunst werden davon dominiert, bei Medienkunstwerken den erhaltenswerten ‚Original'-Zustand überhaupt erst mal zu bestimmen. Die Meinungen darüber variieren und reichen von der strikten Ansicht, die materielle Werkkonstellation in der ersten Ausstellung als Original anzusehen, bis zu der liberalen Vorstellung, das Werk auf ein inhaltliches Konzept mit flexibler materieller Ausstattung reduzieren zu können. Begrifflichkeiten wie „Authentizität" und „Integrität" treten an die Stelle des obsoleten Originalverständnisses, und zeitgemäße Restaurierung orientiert sich an einer auf Material *und* Konzept gleichermaßen basierenden Werkbestimmung. Der Anspruch, eine möglichst lange Konservierung der ursprünglichen Apparate zu erreichen, steht nicht selten im Widerspruch zum Wunsch vieler Museen, den Besuchern ein uneingeschränktes Erleben der Kunstwerke zu ermöglichen, indem das künstlerische audiovisuelle Material sichtbar und in manchen Fällen auch die einst von den Künstlern konzipierten interaktiven Funktionen anwendbar bleiben. Ist aber eine solche Zugänglichkeit des künstlerischen Materials mit dem Ersatz oder sogar mit der Modernisierung von technischen Appara-

8 Rebentisch 2003, S. 15.

ten verbunden, bewegt man sich bereits im fließenden Übergang zu einem Werkstatus, der als Rekonstruktion oder eventuell als Reproduktion aufgefasst werden könnte.

Das Verhältnis von Original und Rekonstruktion erscheint in der bildenden Kunst hierarchisch klar geregelt: Gilt das Original als wertvolles Unikat, sind dessen Rekonstruktionen – ganz gleich wie originalgetreu sie auch ausfallen – stets Stellvertreter einer vermeintlich minderen Qualität, weil sie nachträglich und (meist) nicht vom Künstler selbst geschaffen sind. Für die Video- und Medienkunst sind diesbezüglich jedoch andere Maßstäbe zu setzen. Das Ausstellungsprojekt *Schweizer Videokunst der 1970er und 1980er Jahre. Eine Rekonstruktion* hat Möglichkeiten und Grenzen von Rekonstruktionen ausgelotet und zur Diskussion gestellt. Man verfolgte den Vorsatz, die Videokunstwerke ausschließlich mit Geräten zu präsentieren, die zeitgleich zur Entstehungsphase und/oder Erstpräsentation des Werkes gefertigt und vermarktet wurden. Maßgeblich für die vorgenommene Rekonstruktion waren hier nicht nur die imitierende Nachbildung, um das einstige künstlerische Konzept zu transportieren, sondern vor allem eine historische Verankerung der Rekonstruktionen über die Verwendung historischer Apparate.[9]

Im Vergleich zur Rekonstruktion, die das als Unikat definierte Werk simuliert, bedeutet die Reproduktion den Transfer des künstlerischen Inhalts sowohl in eine andere Technik als auch in ein anderes Material und ist darüber hinaus stets mit dem Anspruch auf Vervielfältigung verbunden. Der Kunsthistoriker Wolfgang Ullrich hat die Relation zwischen Originalen und Reproduktionen untersucht und anschaulich darlegen können, dass bevor der „Original-Kult des 19. und 20. Jahrhunderts" einsetzte, die Reproduktionen von Kunstwerken, das heißt vor allem grafisch reproduzierte Gemälde in Holzstichen, Kupferstichen und Radierungen, unter Kunstexperten hochgeachtete Artefakte und keineswegs zweitklassige Ersatzmittel waren.[10] Die Vorzüge der grafischen Äquivalente wurden darin gesehen, dass gerade durch die ‚Übersetzung' des Originals in ein anderes materielles Medium dessen Qualitäten anschaulicher zur Geltung gebracht wurden. Darin lag die anzuerkennende „interpretatorische Leistung" derjenigen, die die Reproduktionen herstellten.[11] Ullrichs überzeugender Argumentationsstrang zur Rehabilitierung der Reproduktion dehnt sich bis in die Gegenwartskunst aus. Speziell für Gemälde und Skulpturen attestiert der Autor auch hier einen wesentlichen Bedeutungszuwachs, insbesondere durch fotografische Abbildungen, der bei einem alleinigen Studium vor dem Original nicht erreicht werden könnte: „Erst wenn ein Original in verschiedenen Umgebungen auftaucht, unterschiedlich reproduziert und weiterverarbeitet wird, als Ausgangspunkt für neue Bilder fungiert, entfaltet es seine Potentiale und wird deutbar".[12] Ullrich spricht hier weiter von einer

9 Joanna Phillips hat das der Ausstellung zugrundeliegende Verständnis von Rekonstruktion ausführlich in ihrem Aufsatz beschrieben und resümiert: „Das Ziel einer Rekonstruktion ist also nicht nur, die künstlerische Intention des Werkes erfahrbar zu machen, sondern auch seine ursprüngliche, authentische Erscheinung und damit seine historische Verortung". Phillips 2009, S. 204.

10 Ullrich 2009, S. 15.

11 Ebd., S. 33.

12 Ebd., S. 117.

„Reproduktionsbedürftigkeit" und auch „Inszenierungsbedürftigkeit"[13] zeitgenössischer Werke und schlussfolgert aus seiner gesamten historischen Herleitung, dass Reproduktionen als qualitätvolle Quellen und ihre Rezeption als bereichernde Erlebnisse anzuerkennen sind.

Für kulturhistorische Stätten wie die altsteinzeitlichen Höhlenmalereien von Lascaux und Altamira hat man den Vorteil von Rekonstruktionen längst erkannt. Um die originalen Höhlen vor irreparablen Schäden zu schützen, stehen seit einigen Jahrzehnten für die zahlreichen Besucher exakte dreidimensionale Imitate der Höhlen bereit. Es handelt sich dabei um originalgetreue Surrogate, die – trotz des Wissens, dass sie mit modernen Materialien und Technologien angefertigt worden sind – für die große Mehrheit der Besucher die Faszination der Malereien ebenso erlebbar machen wie die Originalschauplätze.[14] Solche Beispiele aus der Denkmalpflege und vor allem Wolfgang Ullrichs Ergebnisse über den hohen Status der Reproduktionsgrafik lassen Zweifel aufkommen, ob die intensivste Wahrnehmung eines Kunstwerks tatsächlich nur über die Anschauung des Originals zu erleben ist – gerade dann wenn dieses gealtert oder beschädigt ist.

Solche Modelle und Überlegungen sind selbstverständlich nicht ohne weiteres auf Videokunst und Medienkunstinstallationen und ihre Besonderheiten übertragbar. Dennoch sollten sie Anstoß geben, die Bewertung von Rekonstruktionen – und unter Umständen die stärkere Orientierung am Terminus Reproduktion – in den Erhaltungsstrategien für Medienkunst zu überdenken. Möglicherweise unterstützt ein solcher Perspektivwechsel die Erkenntnis, dass die kategorische Trennung zwischen Originalzustand und Rekonstruktion in der heutigen technologiebasierten Kunst überhaupt nicht mehr aufrechtzuerhalten ist und dass das, was wir als Rekonstruktion bzw. Reproduktion eines Medienkunstwerkes heute bezeichnen, vielmehr seine fortgesetzte ‚Inszenierung' bedeutet. Nicht zuletzt wird in der Reflexion über Medienkunstwerke deren performative Struktur verstärkt herausgestellt, so dass nicht nur deren Objektstatus, sondern auch deren Aufführungscharakter – wie Tiziana Caianiello im folgenden Aufsatz erörtern wird – zu berücksichtigen ist, um auch zukünftig wirkungsvolle Präsentationen solcher Werke zu ermöglichen.

Die vorgestellten Überlegungen hinsichtlich der Inszenierung, Interpretierbarkeit und Reproduzierbarkeit von Medienkunst sind eine Einführung in die komplexe Thematik, die mit der Erhaltung dieser Kunstform verbunden ist. Gerade die speziellen Erfordernisse von Medienkunstinstallationen und die Suche nach tragfähigen Konservierungskonzepten beschäftigen seit gut zehn Jahren die Verantwortlichen in Museen und Sammlungen und haben weltweit mehrere Forschungsinitiativen auf den Plan gerufen. Als das imai 2006 eine Reihe mit Fallstudien zur Konservierung von installativer Medienkunst begann, stand anfänglich die praxisorientierte Untersuchung

13 Ebd., S. 33.

14 Joanna Phillips verweist in ihrem Aufsatz ebenfalls auf die Rekonstruktion der Höhle Altamira, vertritt dabei aber die gegenteilige Meinung, dass der Kunstbetrachter „um Original und Kunstgenuss betrogen" wird. Phillips 2009, S. 202.

im Vordergrund, wie analog-digitale Transfers von Videomaterial und der Austausch von Geräten in Installationen verantwortungsbewusst und mit Rücksicht auf restauratorische Richtlinien vorgenommen werden kann. Das von Tiziana Caianiello Ende 2007 angeschlossene zweijährige Forschungsprojekt *Konkretionen des Flüchtigen. Zur Problematik der Erhaltung und Re-Inszenierung von Medienkunstinstallationen* hat das notwendige theoretische Fundament gelegt und eine wissenschaftliche Auseinandersetzung mit den vom imai durchgeführten Fallstudien und der beträchtlichen Spannbreite an internationalen Lösungsansätzen auf diesem Gebiet betrieben. Caianiellos Untersuchung fußt auf der Einsicht, dass die Erhaltung der materiellen und konzeptuellen Substanz eines Medienkunstwerkes untrennbar an dessen öffentliche Sichtbarmachung und Vermittlung gekoppelt ist.

Parallel zu mehreren großangelegten europäischen und internationalen Verbundinitiativen hat das imai in Nordrhein-Westfalen von 2006 bis 2010 vier lösungsorientierte Studien zur Konservierung von Medienkunstinstallationen veranlasst. Mit der Veröffentlichung dieser Fallstudien will das imai die gegenwärtigen Debatten mit praktischen Anwendungsbeispielen bereichern. Es soll Partnerinstitutionen und allen auf diesem Gebiet professionell Tätigen ermöglichen, einen umfassenden Einblick in die Resultate zu erhalten und von den Schlussfolgerungen zu profitieren. Erprobte Vorgehensweisen bewähren sich nur, wenn sie überprüft und hinterfragt werden können und somit neue Anregungen und fachlichen Austausch motivieren. Die Publikation der vier Fallstudien und die Ergebnisse aus Tiziana Caianiellos Forschungsprojekt sollen hierzu einen Beitrag leisten.

Konkretionen des Flüchtigen
Erhaltung und Inszenierung von Medienkunstinstallationen

Tiziana Caianiello

Medienkunstinstallationen leben meistens nur für die Dauer einer Ausstellung, um dann bis zur nächsten Präsentation zu verschwinden. Im Unterschied zu Werken traditioneller Gattungen wie zum Beispiel Gemälden, die auch im Depot eingehend betrachtet werden können, bleiben Installationen und insbesondere Medienkunstinstallationen unzugänglich, solange man sie nicht aufbaut und die audiovisuellen Speichermedien abspielt. Die Form, in der sich eine Installation materialisiert, kann sich von Präsentation zu Präsentation ändern, denn die Installation wird an die räumlichen Gegebenheiten und oft auch an die aktuelle Technologie angepasst.

Paolo Rosa, ein Mitglied der Künstlergruppe Studio Azzurro, meinte in einem Gespräch mit Bruno Di Marino 2007: „Ich pflege seit geraumer Zeit zu sagen, dass diese Arbeiten [Medienkunstinstallationen, Anm. d. Verf.] nicht im Weg stehen. [...]. Sie füllen keine Museen, Keller oder öffentliche Plätze. Sie verschwinden einfach, und wenn sie was taugen, sind sie in der Lage, in Erinnerung zu bleiben."[1] In Zeiten von überfüllten Museumsdepots klingt diese Äußerung zuerst vielversprechend und fast ‚umweltfreundlich'. Bleibt jedoch ein Werk – sei es auch von bedeutendem künstlerischem Wert – automatisch in Erinnerung? Die Praxis zeigt, dass Arbeiten, die nicht regelmäßig gezeigt werden, in Vergessenheit geraten. Und ob ein Kunstwerk gezeigt wird oder nicht, hat nicht immer mit dem ihm zugeschriebenen kulturellen Wert zu tun, sondern im Fall von Medienkunst auch mit dem technischen Aufwand. Die Geräte, die das Werk in Erscheinung bringen, werden nicht immer zusammen mit der Arbeit angekauft und müssen in solchen Fällen für jede Präsentation gemietet werden, was hohe Kosten zur Folge hat. Außerdem entwickelt sich die Technik sehr schnell weiter, so dass man die elektronischen Daten in regelmäßigen zeitlichen Abständen auf neue Speichermedien migrieren muss, um ihre Zugänglichkeit zu bewahren.

Aufgrund des prozessualen Charakters der Medienkunst ist es problematisch, einen Originalzustand für Medienkunstinstallationen zu definieren. Da eine Installation unterschiedlich präsentiert werden kann, scheint es in diesem Zusammenhang passender, von verschiedenen Umsetzungen (Konkretionen) eines künstlerischen Konzeptes zu sprechen oder – wie es Hans Dieter Huber formuliert – von „Strukturen" oder „Verkörperungen" einer „abstrakten Organisation": „Man kann von der abstrakten Organisation eines Werkes sprechen, die von ganz konkreten und verschie-

1 Rosa 2007, S. 52. Übersetzung der Verfasserin aus dem Italienischen.

denen Gegenständen, Geräten, Maschinen oder Räumen strukturiert oder verkörpert werden kann."[2]

Das am V2_Institute 2003 durchgeführte Forschungsprojekt *Capturing Unstable Media* kam zu dem Ergebnis, dass ein material- und objektbasierter Ansatz nicht geeignet ist, um „Unstable Media" (wie elektronische Kunst hier genannt wurde) zu erfassen. Um der Vielfältigkeit und Prozessualität von Medienkunst Rechnung tragen zu können, seien die „occurrences" (Ereignisse), das heißt die unterschiedlichen Phasen und zeitbegrenzten Aktivitäten eines „Projektes" (z. B. künstlerische Recherche, technische Entwicklung und Produktion) sowie seine Ergebnisse (z. B. Präsentationen), anstelle des Originalzustandes eines ‚Werkes' zu dokumentieren.[3] Auf diese Weise stellte das niederländische Forschungsprojekt das Ereignis anstatt des herkömmlichen Werkbegriffs in den Vordergrund und schätzte die Erhaltung und Rekonstruktion des Objektes, das als Produkt eines solchen Ereignisses entsteht, als nicht besonders relevant ein.[4]

Der Ansatz des Projektes *Capturing Unstable Media* kann im Kontext eines Perspektivenwechsels in den Kulturwissenschaften gelesen werden, der sich in den 1990er Jahren andeutete: Nicht mehr das Werk, sondern kulturelle Produktionsprozesse und Ereignisse standen jetzt im Mittelpunkt der Forschung.[5] Seitdem wird in Zusammenhang mit Medienkunst immer wieder der aus den Bereichen der Musik und der Darstellenden Künste entliehene Terminus ‚Aufführung' verwendet, um die zeitlich begrenzte Erfahrbarkeit der Arbeiten auszudrücken. Im nächsten Abschnitt wird daher der Begriff Aufführung definiert und vom Terminus ‚Inszenierung' abgegrenzt. Danach werde ich auf die Frage eingehen, ob für Medienkunstinstallationen eine Notation entwickelt werden kann, die wie eine musikalische Partitur einerseits die Identität des Werkes festlegt und andererseits Interpretationsspielraum zulässt. Besondere Aufmerksamkeit wird dabei dem hermeneutischen Moment geschenkt. Anschließend werden die Rollen des räumlichen und situationsbezogenen Kontextes sowie der materiellen Substanz bei der Erhaltung von Medienkunstinstallationen ausgelotet. Im Unterschied zum Ansatz des Projektes *Capturing Unstable Media* werden daher in meinen Überlegungen nicht nur die Ereignisse, sondern auch die Objekte und Materialien berücksichtigt, die zur Konkretion eines künstlerischen Konzeptes dienen. Schließlich wird eine Erfassungs- und Dokumentationsstruktur für Medienkunstinstallationen vorgeschlagen, die nach den verschiedenen Präsentationen eines Werkes aufgebaut ist.

2 Huber 2003, S. 2.

3 Capturing Unstable Media 2003, S. 5–6.

4 "[...] preserving and reconstructing objects becomes less relevant than in contemporary art preservation." Ebd., S. 5.

5 Im Jahr 2000 widmete die Zeitschrift *KUNSTFORUM International* ein Band dem Thema *Kunst ohne Werk*: *KUNSTFORUM International*, Bd. 152, Oktober – Dezember 2000. Darin siehe insbesondere: Fischer-Lichte 2000.

Aufführung und Inszenierung

Für die frühen 1960er Jahren wird in verschiedenen künstlerischen Bereichen eine „performative Wende“ registriert, die von der Theaterwissenschaftlerin Erika Fischer-Lichte wie folgt beschrieben wird: „Die Grenzen zwischen den verschiedenen Künsten wurden immer fließender – sie tendierten zunehmend dazu, Ereignisse statt Werke zu schaffen, und realisierten sich auffallend häufig in Aufführungen.“[6] Sie hebt hervor, wie im Rahmen der Bildenden Kunst der „Aufführungscharakter“ nicht nur in dem Action-Painting und in der Body Art, sondern später auch in Lichtskulpturen und Videoinstallationen stärker als der Artefaktcharakter in den Vordergrund trat.[7] Im Folgenden wird der Aufführungscharakter von Medienkunstinstallationen deshalb näher definiert.

Der Begriff Aufführung wird in Bezug auf Medienkunstinstallationen oft verwendet. Johannes Gfeller unterscheidet zwischen „Uraufführung“, „Aufführung“ und „Wiederaufführung“. Die Uraufführung ist demnach „die erste gültige Manifestation eines Werks der Videokunst“.[8] Die Präsentationen des Werkes, die in zeitlicher Nähe erfolgen, werden Aufführungen genannt. Eine Wiederaufführung findet nach Gfeller dann statt, wenn die „direkte Tradition zu den Aufführungen in der Entstehungszeit [...] unterbrochen“ ist.[9] In diesem Zitat scheint Gfeller mit Aufführung die Art und Weise der Präsentation eines Werkes zu meinen. In einer anderen Passage desselben Beitrags definiert er jedoch den Terminus Aufführung als die „körperlich sinnliche Präsenz des Betrachters, der sich in das plastisch-skulpturale Environment einbringt als Rezipient und Akteur“.[10] An dieser Stelle muss man meiner Meinung nach zwischen ‚Aufführung‘ und ‚Inszenierung‘ – der planenden Vorbereitung einer Aufführung – unterscheiden.

Für den Terminus Inszenierung übernehme ich die Definition von Erika Fischer-Lichte: „Ich definiere [...] Inszenierung als den Vorgang der Planung, Erprobung und Festlegung von Strategien, nach denen die Materialität der Aufführung performativ hervorgebracht werden soll, wodurch zum einen die materiellen Elemente als gegenwärtige, in ihrem phänomenalen Sein in Erscheinung treten können, und zum anderen eine Situation geschaffen wird, die Frei- und Spielräume für nicht-geplante, nicht-inszenierte Handlungen, Verhaltensweisen und Ereignisse eröffnet.“[11]

Fischer-Lichte schreibt, dass diese Definition von Inszenierung auch für Installationen gilt, sie erläutert aber nicht, wie der Begriff in diesem Zusammenhang anzuwenden ist.[12] Bei Medienkunstinstallationen kann als Inszenierung die Konzeption

6 Fischer-Lichte 2004, S. 22.
7 Ebd. Vgl. auch: Fischer-Lichte 2000, S. 63.
8 Gfeller 2009, S. 214.
9 Ebd.
10 Ebd., S. 213.
11 Fischer-Lichte 2004, S. 327.
12 Ebd., S. 331.

einer Präsentation begriffen werden. Dazu gehören alle Entscheidungen, die mit der Ausstellung einer installativen Arbeit einhergehen: die Wahl des Raums und seiner Beleuchtung (Raumdimensionen, offener Raum oder Black Box, Platzierung von Lichtspots etc.), die räumliche Anordnungsweise der Installationsteile, die Wahl der Gerätetypen, die Art der Besucherführung usw.

Überträgt man die von Fischer-Lichte formulierte Definition von Aufführung auf Medienkunstinstallationen, ist eine Aufführung ein Ereignis, das sich erst dann zuträgt, wenn eine Installation bereits inszeniert ist und sie ihre Wirkung vor (mindestens) einem Rezipienten entfaltet. Es sind die Wahrnehmung der Inszenierung durch den Betrachter und seine Reaktion auf das Wahrgenommene, welche die Aufführung erst generieren. Obwohl eine Inszenierung darauf abzielt, eine bestimmte Wirkung zu erzeugen, können ungeplante Vorkommnisse und unvorhergesehene Reaktionen der Rezipienten nicht ausgeschlossen werden. Eine Aufführung ereignet sich also nicht unbedingt auf die Weise, die mit der Inszenierung beabsichtigt wurde. Gfellers Umschreibung von Aufführung als „körperlich-sinnliche[r] Präsenz des Betrachters“[13] ist demzufolge zuzustimmen, nicht aber seiner Differenzierung zwischen Uraufführung, Aufführung und Wiederaufführung, denn jede Aufführung ist ein einmaliges, unwiederholbares Ereignis. Die verschiedenen Präsentationen von Medienkunstwerken sollten nach den hier vorgeschlagenen Begriffsbestimmungen als Erstinszenierung und Folgeinszenierungen bezeichnet werden.

Der Entstehungsprozess einer Medienkunstinstallation kann man grob in drei Phasen einteilen:

1. Der Künstler (oder ein interdisziplinäres Team) entwirft das Konzept des Werkes, produziert das audiovisuelle Material und entwickelt und implementiert die notwendige Technik (Hardware und Software).[14]
2. Ein ‚Regisseur‘ (der Künstler selbst oder jemand anderes) inszeniert das Werk in einer öffentlichen Situation. Erst jetzt materialisiert sich die Installation und wird somit erfahrbar.
3. Ein Rezipient erlebt die Installation und nimmt mit seinen Reaktionen an der Aufführung des Werkes teil.

Eine Aufführung (vgl. Punkt 3) ereignet sich demzufolge jedes Mal, wenn ein Werk in Gegenwart eines Publikums gezeigt wird: „Hier nun könnte man von einer – nach der Art und Weise ihrer Konzeption und ihres Aufbaus – dritten Erscheinungsform dieser Werke sprechen, und zwar in bezug auf performative Qualität und Erfahrung. Die Installation ist so angelegt, daß sie vom Besucher erforscht werden muß, der dabei nicht nur schrittweise seine eigene Wahrnehmung und sein Bewußtsein modifiziert, sondern auch das der anderen Besucher. […] Ein Besucher wird dabei zum Schauspieler für

13 Gfeller 2009, S. 213.

14 Der erste Punkt fasst mehrere Vorgänge zusammen, die vor der Inszenierung einer Medienkunstinstallation stattfinden. Diese können je nach Installation variieren.

die anderen.“[15] Eine Inszenierung (vgl. Punkt 2) wird immer dann vorgenommen, wenn eine Installation aufgebaut wird. Bei der Konzeption eines Werkes sowie bei der Produktion (und eventuellen Postproduktion) des dafür bestimmten Bildmaterials (vgl. Punkt 1) handelt es sich theoretisch um einmalige Vorgänge. In der Praxis kann man jedoch feststellen, dass Künstler oft vor einer neuen Inszenierung das ursprüngliche Konzept einer Arbeit, die Technik, mit der sie funktioniert, bzw. das Bildmaterial (z. B. durch einen neuen Schnitt) überarbeiten. In diesen Fällen stellt sich die Frage, ob die neue Inszenierung eine Konkretion desselben Werkes, eine neue Version dieses Werkes oder sogar eine komplett neue Arbeit darstellt.

Bei Installationen ist der Künstler am Anfang meistens zugleich der Autor und der Regisseur seines Werkes. Er plant, erprobt und legt bei jeder Re-Installation die Strategien fest, „nach denen die Materialität der Aufführung performativ hervorgebracht werden soll“[16], indem er die konstitutiven Elemente seiner Arbeit erneut auswählt, kombiniert und präsentiert. Darf aber unter Umständen jemand anderes (ein Assistent, ein Kurator, ein Restaurator) die Funktion des Regisseurs übernehmen? Im Theaterbereich wird der Arbeit des Regisseurs heutzutage ein autonomer künstlerischer Wert zugewiesen: Meinte der Begriff Inszenierung im 19. Jahrhundert eine reine „Darstellungsstrategie“, die etwas in Erscheinung bringen sollte, was „‚anderswo‘ existiert – im literarischen Text des Dramas oder im Reiche ästhetischer Ideen“,[17] wird er ab dem 20. Jahrhundert als eine „Erzeugungsstrategie“ aufgefasst, das heißt als eine schöpferische Tätigkeit, bei der entschieden wird, welche Elemente, zu welchem Zeitpunkt, in welcher Reihenfolge und in welcher räumlichen Anordnung vor den Rezipienten erscheinen sollen.[18] Wie im nächsten Abschnitt erläutert wird, ist auch die Inszenierung einer Installation kein objektiver oder rein technischer Vorgang. Die Übernahme dieser in gewisser Weise kreativen Aufgabe kann insbesondere bei Restauratoren zu einem ethischen Konflikt führen, denn der Beruf des Restaurators wird in den Richtlinien der European Confederation of Conservator-Restorers' Organisations (E.C.C.O.) ausdrücklich von einer künstlerischen Tätigkeit abgegrenzt: “Conservation-Restoration is distinct from related fields (eg art and crafts) in that its primary aim is the preservation of cultural heritage, as opposed to the creation of new objects or maintaining or repairing objects in a functional sense.”[19]

Im Gegensatz dazu sehen einige Kuratoren ihre Tätigkeit als durchaus kreativ an. Allerdings bemängelt der Künstler Gary Hill in einem Interview, dass sich Kuratoren oft so sehr auf das eigene Ausstellungskonzept konzentrieren, dass sie über die konstitutiven Eigenschaften der einzelnen Kunstwerke hinwegsehen.[20] Harald Szeemann, eine Leitfigur der heutigen Kuratorenschaft, gab zum Beispiel in einem Kommentar zu seiner Rekonstruktion des eigentlich nicht reproduzierbaren *Merzbaus* von Kurt

15 Duguet 1996, S. 38.
16 Fischer-Lichte 2004, S. 327.
17 Ebd., S. 322.
18 Ebd., S. 325.
19 *E.C.C.O. Professional Guidelines. The Profession* (01.03.2002), unter: http://www.ecco-eu.org/about-e.c.c.o./professional-guidelines.html (letzter Zugriff: 24.02.2012).
20 Gary Hill im Interview mit Tiziana Caianiello und Sandra Thomas in diesem Buch, S. 92.

Schwitters zu, dass er sich dabei von seiner kuratorischen Leidenschaft hat mitreißen lassen: „Soll man einen Mythos rekonstruieren? Kann aus einem Schaffensprozeß ein Zustand arretiert werden? Diese Fragen, seit langer Zeit hin- und hergewälzt, wurden an dem Tage hinfällig, an dem nach egozentrischer Ausstellungsorganisatorenmanier der Wunsch, auch mal im Merzbau gewesen und genächtigt zu haben, überhand nahm.“[21]

Die Künstler, die im Rahmen der Fallstudien des imai interviewt wurden, waren alle der Meinung, dass ihre Installationen unter bestimmten Umständen von Dritten inszeniert werden könnten.[22] Voraussetzung dafür sei eine intensive Beschäftigung mit dem Werk. Auf die Frage, welche Fachperson die Rolle des Regisseurs übernehmen könnte, bezweifelten sie jedoch, dass ein dafür geeignetes Berufsbild bereits existiere.

Pip Laurenson stellt fest, dass es den Künstlern allgemein schwer fällt, die Verantwortung für die Inszenierung ihrer Werke zu delegieren: “Passing on authority to determine how a work is installed is difficult and even highly pragmatic artists [...] speak of a difficulty in letting go.”[23] Sie merkt an, dass der Künstler in der frühen Lebensphase eines Werkes normalerweise selber bei der Inszenierung involviert ist, um die Installation den unterschiedlichen Räumen und Kontexten experimentell anzupassen. In den ersten Inszenierungen wird ihrer Meinung nach das Erscheinungsbild der Installation definiert. Nachher beteiligt sich der Künstler weniger, bis das Museum am Ende die Verantwortung für das Werk übernimmt: “As time passes, the artist may lose interest and become less involved and ultimately the museum is expected to outlive us all.”[24] Künstler und Museumsleute können dennoch unterschiedliche Einstellungen zur Erhaltung und Inszenierung der Werke haben: “Conservators are likely to link their ideas of acceptable parameters of change to an existing work of art rather than a pre-existing idea held by the artist.”[25] Die Übertragung der Verantwortung für die Inszenierung seitens des Künstlers ist daher ein heikler Prozess, in dem verschiedene Entscheidungsträger (Künstler, Restaurator, Kustos, Kurator) unterschiedliche Positionen vertreten können. Dabei kann weder eine Perspektive, die sich ausschließlich an dem vorhandenen Material des Werkes orientiert, noch eine willkürliche Interpretation den Anforderungen einer gelungenen Inszenierung genügen.

Notation und Interpretation

Eine Inszenierung ist immer komplexer als eine noch so ausführliche Installationsanleitung (“The installation is richer than its specifications”)[26] und fußt stets auf einer

21 Szeemann 1986, S. 256.

22 Insbesondere Leonardo Sangiorgi von Studio Azzurro wünschte sich ausdrücklich, dass jemand die Werke der Künstlergruppe durch neue Inszenierungen interpretiert (siehe S. 70).

23 Laurenson 2006, S. 7.

24 Laurenson 2005, S. 5.

25 Ebd.

26 Laurenson 2006, S. 6.

neuen Interpretation des Werkes. Die Ausstellung *Schweizer Videokunst der 1970er und 1980er Jahre. Eine Rekonstruktion* und das angeschlossene Symposium haben gezeigt, dass sogar die akkurateste Rekonstruktion einer Installation immer noch Ermessensräume für Interpretation zulässt: „Zwar wird bei einer Rekonstruktion die Anstrengung unternommen, den interpretatorischen Spielraum so klein wie möglich zu halten, doch eine gewisse subjektive Handschrift des Ausführenden ist auf verschiedenen Ebenen kaum auszuschließen".[27] Unterschiedliche Inszenierungen einer Installation lassen sich dennoch als Konkretionen desselben Werkes auffassen, sofern sie die Eigenschaften aufweisen, die als essentielle Merkmale seiner Identität gelten. Laut Pip Laurenson würde eine Festlegung der „work-defining properties" (wie sie die konstitutiven Eigenschaften des Werkes nennt) ermöglichen, die Installation immer neu zu interpretieren, ohne ihre Authentizität zu gefährden, so wie eine Partitur verschiedene Aufführungen eines Musikstückes erlaubt. Laurenson verweist daher auf die Unterscheidung zwischen autographischen und allographischen Künsten, wie sie von Nelson Goodman in *Sprachen der Kunst* formuliert wurde, und ordnet Medienkunstwerke den allographischen Künsten zu.[28] Im Rahmen der autographischen Künste gilt laut Goodman auch das originaltreuste Duplikat als „Fälschung".[29] Die einzige originale Ausführung ist das Kunstwerk selbst, wie zum Beispiel im Fall der Malerei und der Bildhauerei: „Wir wollen ein Kunstwerk *autographisch* nennen dann und nur dann, wenn der Unterschied zwischen dem Original und einer Fälschung von ihm bedeutsam ist; oder, besser, dann und nur dann, wenn selbst das exakteste Duplikat dadurch nicht als echt gilt. Wenn ein Kunstwerk autographisch ist, dann können wir auch diese Kunst autographisch nennen."[30]

Hingegen ist eine Kunst allographisch zu nennen, wenn sie sich für ein Notationssystem eignet. Eine eindeutige Notation – wie zum Beispiel in der Musik die Partitur – „gibt in der Tat die Mittel an die Hand, die für das Werk konstitutiven Eigenschaften von allen kontingenten Eigenschaften unterscheiden zu können – d. h. die Mittel zur Festlegung der erforderlichen Merkmale und der Grenzen der bei jedem Werk zulässigen Abweichungen."[31] Durch die Notation kann überprüft werden, ob die Ausführung eines Werkes alle Anforderungen des Künstlers erfüllt. Allographische Künste wie Musik, Tanz und Theater erlauben, dass ein Werk von unterschiedlichen Interpreten aktualisiert wird. „Eine primäre Funktion der Partitur [...] besteht in der definitiven Identifikation eines Werkes von Aufführung zu Aufführung. [...] Erstens muss eine Partitur ein Werk definieren, indem sie die Aufführungen, die zu dem Werk

27 Phillips 2009, S. 204.

28 Laurenson 2006, S. 5. Anne-Marie Duguet hatte bereits 1995 Installationen als allographische Werke definiert (vgl. Duguet 1996, S. 37) und sich dabei auf eine Abhandlung des Literaturwissenschaftlers Gérard Genette aus dem Jahr 1984 gestützt (Gérard Genette, *L'ouvre de l'art*, Paris 1984, S. 52).

29 Hier wird der von Goodman verwendete Begriff „Fälschung" übernommen, auch wenn in diesem Zusammenhang von ‚Kopie' die Rede sein sollte.

30 Goodman 1998, S. 113.

31 Ebd., S. 115.

gehören, von denen abgrenzt, die nicht dazugehören."[32] Diese Eigenschaft reicht aber nach Goodman nicht, um ein Notationssystem zu definieren. Man muss seiner Meinung nach in beide Richtungen schließen können: von dem Kern des Werkes auf die Ausführung und von der Ausführung auf den Kern. „Partituren und Aufführungen müssen sich so aufeinander beziehen, dass in jeder Kette, in der jeder einzelne Schritt entweder von der Partitur zur sie erfüllenden Aufführung oder von der Aufführung zur sie enthaltenden Partitur oder von einer Kopie der Partitur zu einer anderen korrekten Kopie von ihr erfolgt, alle Aufführungen zum selben Werk gehören und alle Kopien von Partituren dieselbe Klasse von Aufführungen definieren."[33]

Die Notwendigkeit einer Notation entsteht laut Goodman entweder, wenn die Werke ephemer sind – wie im Fall von Gesängen oder Theaterdarstellungen – oder wenn viele Personen zur ihrer Herstellung gebraucht werden – wie im Fall von Architekturen. Eine Notation dient dann dazu, „Beschränkungen durch die Zeit und das Individuum zu überwinden. Dies bedeutet, dass man zwischen den konstitutiven und den kontingenten Eigenschaften eines Werkes unterscheiden muss".[34] Eine Notation würde ermöglichen, ein Werk immer wieder – unabhängig von der Anwesenheit des Autors – zu inszenieren. Medienkunstinstallationen sind meistens kurzlebige Werke, die zudem von mehreren Personen zusammen (Künstler, Techniker, Programmierer etc.) realisiert werden. Deswegen scheint sich die Medienkunst für eine Notation zu eignen. Tatsächlich entwickelte der Medienkünstler Richard Rinehart im Rahmen des Projektes *Archiving the Avant-garde: Documenting and Preserving Digital/Media Art* ein speziell für Medienkunst konzipiertes Notationssystem (das *Media Art Notation System*, abgekürzt MANS).[35] Dieses beruht auf einem konzeptuellen Modell, das in einer XML-basierten Auszeichnungssprache[36] definiert und implementiert wird. Dadurch ermöglicht das Media Art Notation System eine hohe Standardisierung der Dokumentationsstruktur von Medienkunst. Zudem hat es den Vorteil, einerseits menschlich lesbar zu sein und andererseits einen computervermittelten Gebrauch zu unterstützen. Bis heute hat sich dieses System jedoch weder in der künstlerischen noch in der musealen Praxis durchgesetzt.[37]

Meines Erachtens bleibt allerdings dahingestellt, ob die Medienkunst allgemein tatsächlich als allographische Kunst gelten kann, wie es in der Literatur weitgehend behauptet wird. Der Vergleich mit der Musik – der allographischen Kunst schlecht-

32 Ebd., S. 125–126. Nach der im vorherigen Abschnitt eingeführten Unterscheidung zwischen Inszenierung und Aufführung von Medienkunstinstallationen soll der Begriff Aufführung in den Zitaten aus dem Buch von Goodman durch Inszenierung ersetzt werden.

33 Ebd., S. 127.

34 Ebd., S. 120.

35 Rinehart o. J., S. 13–23.

36 XML (eXtensible Markup Language) ist eine Metasprache, mit der Auszeichnungssprachen zur Erstellung von logisch und semantisch strukturierten Dokumenten entwickelt werden können. Sie wird vor allem für den Austausch von Daten zwischen Computersystemen (insbesondere über das Internet) eingesetzt.

37 Caitlin Jones ist der Auffassung, dass das MANS eine sehr normative Struktur hat "[...] – too much so, in our opinion, for a realistic and easily repeatable documentation project". Jones 2008, S. 4.

hin – ist nur bis zu einem gewissen Grad haltbar. Medienkunstinstallationen teilen mit musikalischen Werken die Eigenschaft, verschiedene Entstehungsphasen zu haben. Während das Werk bei „einphasigen“ Künsten wie der Malerei direkt vom Künstler ausgeführt wird, wird es bei „zweiphasigen“ Künsten in zwei voneinander getrennten Momenten erschaffen.[38] Ein Musikstück wird in der Regel zuerst komponiert und dann gemäß der Partitur aufgeführt. Die Aufführung muss dann nicht unbedingt durch den Komponisten erfolgen. Wie das Endprodukt eines musikalischen Werkes nicht mit der Partitur, sondern mit der Aufführung zu identifizieren ist, so sind auch die Pläne und technischen Diagramme von Medienkunstinstallationen nicht als die Werke selbst zu betrachten, obwohl Museen manchmal bei der Erwerbung einer Medienkunstinstallation ausschließlich solche Pläne und Diagramme erhalten. Eine Installation kann zwar im Künstleratelier konzipiert und entworfen werden, das Endprodukt entsteht aber erst durch den Aufbau am Ausstellungsort. Das audiovisuelle Material wird seinerseits zuerst aufgenommen und dann in der Ausstellung durch geeignete Geräte abgespielt. Wie im letzten Abschnitt erläutert wurde, ist der Entstehungsprozess bei Medienkunstinstallationen sogar in drei Phasen geteilt: 1. Gesamte Konzeption sowie Produktion des audiovisuellen Materials, 2. Inszenierung und 3. Aufführung. Daher könnten Medienkunstinstallationen in dieser Hinsicht eher mit Theaterstücken als mit Musik verglichen werden, da theatrale Werke nach der Fertigstellung des Textes ebenfalls zuerst inszeniert werden müssen, um dann vor dem Publikum aufgeführt zu werden.[39] Pip Laurenson führt die Tatsache, dass Medienkunstinstallationen in mehreren Etappen geschaffen werden, als Beweis an, dass sie allographisch sind.[40] Das ist jedoch kein Alleinstellungsmerkmal der allographischen Werke.[41]

Ausschlaggebend, um eine Kunst als allographisch klassifizieren zu können, ist, dass man ein Objekt oder eine Aufführung als Konkretion eines bestimmten Werkes erkennen kann, ohne die entsprechende Entstehungsgeschichte („wie oder von wem das Werk hergestellt wurde“) zu kennen.[42] Während ein Gemälde nur dann als original gilt, wenn es von einem bestimmten Künstler und aus einer bestimmten Zeit stammt und aus den originalen Materialien besteht, spielt die Entstehungsgeschichte für die Authentizität eines allographischen Werkes keine Rolle: Die Aufführung eines Musikstückes muss keinen festgelegten Ursprung haben,[43] denn ein musikalisches Werk kann

38 Goodman 1998, S. 113–114.

39 In der Musik könnte die Vorbereitung auf die Aufführung mit allen Entscheidungen, die der Dirigent in Hinblick der Interpretation eines musikalischen Werkes trifft, als Zwischenphase betrachtet werden und somit die gleiche Funktion der Inszenierung haben.

40 Laurenson 2006, S. 5 und 7.

41 So klassifiziert Goodman die Druckgraphik als autographisch, obwohl Graphiken in zwei Phasen hergestellt werden: Zuerst wird die Druckplatte geschaffen und dann die Abzüge auf Papier. Goodman 1998, S. 114.

42 Ebd., S. 121.

43 Selbstverständlich muss die Komposition tatsächlich vom Musiker stammen, der als Komponist des Musikstücks gilt. Jedoch braucht man für die Aufführung nicht die Partitur, die von seiner Hand geschrieben wurde.

von verschiedenen Interpreten zu unterschiedlichen Zeitpunkten aufgeführt werden. In Hinblick auf eine Medienkunstinstallation lautet also die entscheidende Frage: Ist ihre Entstehungsgeschichte genauso irrelevant wie für eine musikalische Aufführung?

Im Unterschied zur Musik, die zwar Instrumente braucht, um gespielt zu werden, aber immateriell ist, können Medienkunstinstallationen eine materielle Substanz haben, die nicht ausschließlich zur Wiedergabe der audiovisuellen Informationen dient. Deswegen soll erörtert werden, welche Rolle die materiellen Elemente für die Identität eines Werkes spielen: Sollen sie bei allen seinen Konkretionen erhalten bleiben oder sind sie mit dem Bühnenbild und den Requisiten eines Theaterstückes vergleichbar, die bei jeder Inszenierung neu geschaffen beziehungsweise neu ausgewählt werden?[44] Einige Teile der Installationen könnten zudem vom Künstler ausgeführt oder modifiziert worden sein und sind dann als autographisch zu betrachten.

Installationen unterscheiden sich außerdem sowohl von musikalischen Werken als auch von Theaterstücken in einem wesentlichen Punkt: in ihrem Bezug zum Raum und zur Ausstellungssituation.[45] Wie Maurice Lagueux richtig bemerkt, kann ein musikalisches Werk zwar den Kontext, in dem es entstanden ist, berücksichtigen, aber es wird nicht für einen einzelnen, spezifischen Kontext geschaffen.[46] Das gilt meiner Meinung nach auch für Theaterstücke: Obwohl der jeweilige Bühnenraum für die einzelnen Inszenierungen eine wesentliche Rolle spielt, ist er nicht für die Identität des Werkes ausschlaggebend. Kunstinstallationen können dagegen nicht nur raumbezogen, sondern in einigen Fällen auch ortspezifisch sein.

Der Grund dafür, dass Medienkunst nicht ohne Weiteres als allographisch klassifiziert werden kann, ist also die Tatsache, dass die Entstehungsgeschichte als ein wesentlicher Aspekt der Identität von Medienkunstwerken aufgefasst wird. Ein Notationssystem muss auf einer etablierten Praxis beruhen und Werke unabhängig von ihrer Entstehungsgeschichte identifizieren.[47] Bei Installationen könnten aber die ursprünglichen Materialien oder der Entstehungsort als bedeutend erachtet werden, und in der Ausstellungspraxis wird oft Wert darauf gelegt, dass die Inszenierung vom Künstler selbst betreut wird.

Daher ist die Medienkunst meiner Meinung nach in einer Grauzone zwischen den autographischen und allographischen Künsten zu positionieren. Ihr Status ist mit dem vergleichbar, den Goodman der Architektur zuweist.[48] Nach Goodman können Baupläne zwar als Partituren betrachtet werden, sie können jedoch Spezifikationen beinhalten – wie zum Beispiel Angaben zu den Baumaterialien –, die seine strengen Anforderungen an ein Notationssystem nicht erfüllen und daher nicht als Bestandteile

44 Vgl. Abschnitt „Funktionalität und originale Substanz" in diesem Kapitel.

45 Vgl. Abschnitt „Der Kontext: Raum und Situation" in diesem Kapitel.

46 "A musical work might take into account the context present at the time of its creation, but […] music is not created to exist in a single, particular context. Furthermore, this context is actually outside it […]". Langueux 1998, S. 24.

47 Goodman 1998, S. 187.

48 Der Vergleich mit der Architektur ist insofern besonders aussagekräftig, als der Kontext auch hier eine wesentliche Rolle spielt.

einer Partitur angesehen werden können. Diese Spezifikationen betreffen allerdings Elemente, die normalerweise für ein Werk der Architektur als entscheidend gelten. Deswegen muss laut Goodman die Frage offenbleiben, ob zwei Gebäude, die nach demselben Bauplan gebaut wurden, Ausführungen desselben Werkes sind. In der Praxis werden sie als zwei Werke angesehen, weil der Werkbegriff in der Architektur mehr umfasst als die Elemente eines Bauplans, die durch eine notationale Sprache erfasst werden können. „Wir fühlen uns nicht ganz so wohl dabei, wenn wir ein architektonisches Werk mit einem Plan und nicht mit einem Gebäude identifizieren."[49] Sofern die notationale Sprache der Architektur „noch nicht die volle Autorität erlangt hat, [um] in allen Fällen die Identität des Werkes von der besonderen Ausführung zu scheiden, befindet sich die Architektur in einem Misch- und Übergangsstadium."[50] Christoph Baumberger bestätigt das: „Die Architektur ist [...] teils allographisch und teils autographisch (und möglicherweise teils weder noch). Für einige ihrer Werke ist eine Notation verfügbar, für andere nicht. Sie ist also ein gemischter Fall."[51] Das trifft auch auf die Medienkunst zu: Die Aufbaupläne einiger Installationen können als Notationen betrachtet werden und ermöglichen, ein Werk in verschiedenen Kontexten zu inszenieren. Für andere Medienkunstwerke gelten dagegen keine von der Entstehungsgeschichte unabhängigen Identitätskriterien, so dass sie nicht durch eine Notation definiert werden können. Bei anderen Installationen können autographische und allographische Elemente koexistieren.

Wenn eine Installation sich für eine Notation eignet, kann diese entweder vom Künstler geliefert werden, so dass man aus der Partitur eine mögliche Ausführung ableiten kann, oder auf der Basis der Dokumentation vorheriger Konkretionen des Werkes entstehen. Dabei wird von der Ausführung auf die Partitur geschlossen. Der Sinn einer Notation ist aber nicht, eine vollkommene Kontrolle über die Umsetzung des Werkes zu erreichen, denn ein gewisser Spielraum in der Ausführung gehört laut Goodman bei allographischen Werken dazu: „[...] ironischerweise mündet die Forderung nach absoluter und starrer Kontrolle in rein autographische Werke."[52]

Während einige Künstler versuchen, Installationsanleitungen zu verfassen, die so ausführlich und genau wie möglich sind, legen andere dagegen keinen Wert darauf. In der Forschung über die Methoden zur Erhaltung von Medienwerken wurde daher die Frage erörtert, wie die wesentlichen Eigenschaften eines Werkes nachträglich ermittelt werden können. Ein erster Ansatz bestand darin, die Intention des Künstlers durch das Instrument des Interviews in Erfahrung zu bringen. Dieser Ansatz hat meines Erachtens nach langjähriger Erprobung in verschiedenen internationalen Projekten

49 Goodman 1998, S. 206. Dieser Aspekt wurde von Christoph Baumberger vertieft. Er unterscheidet zwischen Serienarchitektur, die als allographisch gelten kann, und Architektur mit Kunstcharakter, die als autographisch betrachtet werden muss, weil die Entstehungsgeschichte in diesem Bereich Anteil an der Identität der Bauwerke hat. Baumberger 2010, S. 468–492.

50 Goodman 1998, S. 206.

51 Baumberger 2010, S. 490. Baumberger bestreitet jedoch, dass sich die Architektur in einem Übergangsstadium befindet.

52 Goodman 1998, S. 181.

wie INCCA und *Variable Media Network* nicht nur seine eindeutigen Vorteile, sondern auch seine Grenzen aufgezeigt. Das Interview mit dem Künstler ist zwar ein unverzichtbares Instrument, um wertvolle Informationen über das Werk und seine Geschichte zu sammeln. Die Intention des Künstlers kann jedoch dadurch nur bedingt rekonstruiert und festgehalten werden, unter anderem weil sie in ständigem Wandel ist. Die Bedeutung, die ein Künstler seinem Werk zuschreibt, kann sich mit der Zeit verändern.[53] Außerdem sollte die Verantwortung für die Überlieferung der Werke, die von den Museumsleuten (Restauratoren und Kunsthistorikern) getragen wird, nicht den Künstlern zugeschoben werden. Zum Beispiel versucht das *Variable Media Questionnaire* – ein mit einer Datenbank gekoppelter Fragenkatalog, der von *Variable Media Network* entwickelt wurde – alle möglichen Fragen, die sich bei der Erhaltung und Präsentation eines Kunstwerkes stellen können, vorwegzunehmen und vom Künstler beantworten zu lassen: "[...] the variable media approach asks creators to play the central role in deciding how their work should evolve over time, with archivists and technicians offering choices rather than prescribing them."[54] Dieser Ansatz, der aus dem legitimen Bedürfnis entstanden ist, die Künstler in den Erhaltungsprozess ihrer Werke miteinzubeziehen, enthebt aber in seiner Radikalität die Museumsleute von ihrer Verantwortung und schürt die falsche Hoffnung, dass die Autorität des Künstlers unangreifbare Handlungsrichtlinien für die Zukunft schaffen kann. Entscheidungen können oftmals nur in konkreten Situationen getroffen werden und sind immer das Ergebnis eines Kompromisses zwischen unterschiedlichen Anforderungen. Auf die Frage, welche Strategie bei der Installation *In Situ* einzusetzen sei, um das Problem der bevorstehenden Veralterung der Kathodenstrahlröhre zu lösen, hat sich Gary Hill wie folgt geäußert: „Ich habe wirklich keine Antwort auf diese Frage. Zum Glück bin ich dann nicht mehr hier."[55] Er weist zudem darauf hin, dass eine eindeutige Antwort seinerseits den zukünftigen Verantwortlichen für die Erhaltung des Werkes jedes Spielraumes berauben würde, um unerwartete Möglichkeiten zu nutzen. Denn nicht alle technischen Entwicklungen sind vorhersehbar.

Während das *Variable Media Network* die Intention des Künstlers in den Mittelpunkt stellt, konzentriert sich ein jüngerer Ansatz auf die Rezeption des Werkes durch das Ausstellungspublikum. Mittels gezielter Interviews mit den Besuchern wird dokumentiert, wie sie die Installation erlebt haben. Caitlin Jones und Lizzie Muller kombinierten beide Methoden in einer Fallstudie über David Rokebys Arbeit *The Giver of Names*, um einen „holistic approach" (ganzheitlichen Ansatz) zu entwickeln. Sie behaupten, dass man in einem Werk zwischen einer „ideellen" und einer „reellen" Version unterscheiden kann. Die ideelle Version sei die künstlerische Intention, unabhängig davon, wie sie umgesetzt wurde. Die reelle Version sei dagegen die Art und Weise, wie die Besucher die tatsächlich realisierte Arbeit wahrgenommen haben.[56]

53 Vgl. Luber/Sommermeyer 2011, S. 244.
54 Ippolito 2003, S. 47.
55 Gary Hill im Interview mit Tiziana Caianiello und Sandra Thomas in diesem Buch, S. 91.
56 Jones/Muller 2008, S. 2.

In dieser Unterscheidung zwischen der Intention des Künstlers und der Erfahrung des Betrachters fehlt meines Erachtens das realisierte Werk selbst. Der italienische Semiotiker und Schriftsteller Umberto Eco spricht im Bezug auf die Literatur von einer *„intentio operis*" (Intention des Werkes).[57] Die Intention des Werkes entspricht nicht ganz der Intention des Künstlers, vielmehr steht sie in dialektischer Beziehung zu dieser. Laut Eco ist es die Aufgabe des Interpreten, eine fundierte „Vermutung" über die Intention des Werkes (und nicht über die Intention des Autors) zu formulieren.[58] Eine Medienkunstinstallation soll meiner Meinung nach auf der Basis einer solchen Interpretation (oder „Vermutung", wie Eco sie nennt) reinszeniert werden.

Wie kann man aber die Grenzen der zulässigen Interpretationsspanne festmachen? Umberto Eco unterscheidet zwischen Interpretation und „Überinterpretation".[59] Eine Überinterpretation ist demnach eine Interpretation, die dem Werk Bedeutungen zuweist, welche durch eine stringente Werkanalyse nicht unterstützt werden; das heißt, eine Interpretation, die die Intention des Werkes – was das Werk (unabhängig von der Intention des Autors und von den pragmatischen Zwecken des Interpreten) vermittelt – nicht berücksichtigt. Es bleibt jedoch die Frage, was ‚das Werk' im Fall einer Medienkunstinstallation sei. In ihrer *Ästhetik der Installation* schreibt Juliane Rebentisch: „Ästhetische Erfahrung [...] gibt es nur *in bezug* auf einen ästhetischen Gegenstand; umgekehrt wird dieser zum ästhetischen nur durch die Prozesse der ästhetischen Erfahrung."[60] Da nur die materiellen Konkretionen einer Installation Objekt unserer Erfahrung werden können, stellen sie auch die Basis unserer Interpretation dar. Das bedeutet, dass unsere Interpretation stets auf den Ergebnissen der vorherigen Interpretationen derselben Installation beruht.[61]

Während alle Bedeutungszuweisungen und Reaktionen der Besucher – solange sie das Werk nicht gefährden – zulässig sind und zum unvorhersehbaren Aspekt einer jeden Aufführung gehören, darf die Interpretation des Werkes, auf der eine Inszenierung basiert, nicht willkürlich sein. Im öffentlichen Diskurs entsteht ein Bezug der individuellen ästhetischen Erfahrung auf den „sensus communis",[62] so dass sich ein wissenschaftlicher Konsensus über die Interpretation eines Werkes bildet, der – wenn auch historisch und kulturell bedingt – als Orientierung dienen kann. Keine Interpretation wird aber abschließend sein, denn die Auseinandersetzung mit einem Kunstwerk stellt prinzipiell einen unendlichen Prozess dar.

Da die vorherigen Interpretationen die Basis für eine Neuinszenierung einer Installation bilden, ist ihre Dokumentation von entscheidender Bedeutung. Alle Inszenierungen und die Überlegungen, die dazu geführt haben, sind sorgfältig festzuhalten.

57 Eco 1994, S. 31.

58 Ebd., S. 72f.

59 Ebd., S. 52–73.

60 Rebentisch 2003, S. 12.

61 Vgl. was Eco im Bezug auf Texte schreibt: „[...] erst die Interpretation [konstituiert den Text] als ein Objekt und nimmt dieses als ihr Resultat, an dem sie sich in einem zirkulären Prozeß messen kann." Eco 1994, S. 72.

62 Rebentisch 2003, S. 288.

Der Kontext: Raum und Situation

Zu den wichtigsten Parametern, die bei der Inszenierung einer Medienkunstinstallation zu berücksichtigen sind, gehören der Raum und die Situation, in denen sie präsentiert wird. Die Wurzeln der Installationskunst liegen in den Experimenten zur Erweiterung des Werkes im Raum und zum Medium Ausstellung, die im Kontext der Avantgarden der ersten Hälfte des 20. Jahrhunderts durchgeführt wurden. Werke wie der *Prounenraum* (1923) von El Lissitzky oder der *Merzbau* (1923–1936) von Kurt Schwitters einerseits und Ausstellungskonzeptionen wie das *Kabinett der Abstrakten* von El Lissitzky im Provinzialmuseum Hannover (1928) oder die surrealistischen Ausstellungen am Ende der 1930er und Anfang der 1940er Jahre andererseits zählen zu den bedeutendsten Vorreitern der Installationskunst.[63]

Nach 1945 wurden die Termini ‚Ambiente' und ‚Environment' geprägt, um begehbare Werke zu bezeichnen, die sich auf ganze Räume ausdehnten. Bereits 1949 realisierte Lucio Fontana das *Ambiente spaziale a luce nera* in der Galleria del Naviglio in Mailand. Dabei handelte es sich um einen dunklen Raum mit schwebenden verschnörkelten Formen aus Pappmaché, die mittels Wood-Licht zum Fluoreszieren gebracht wurden. Allan Kaprow führte 1958 den Terminus Environment für seine raumgreifenden Arbeiten ein, die dem Prinzip der Assemblage folgten.[64] Ab den 1960er Jahren entstanden unterschiedlichste Typen von plastischen Werken, die mit dem umgebenden Raum verbunden waren: von den Objekten der Minimal Art über kinetische Objekte bis hin zu Licht-Environments. Etwa gleichzeitig wurde in englischsprachigen Kunstzeitschriften das Wort ‚installation' benutzt, um die Hängung und Anordnung der Werke bei einer Ausstellung zu bezeichnen.[65] Als raumbezogene Kunstwerke vermehrt in den Museen Eingang fanden, wurde die Wortkombination ‚installation art' (Installationskunst) geläufig, und für Werke dieser Typologie setzte sich der Begriff ‚art installation' (Kunstinstallation) oder einfach Installation durch. Anders als bei der Anordnung von unterschiedlichen Werken in einem Ausstellungsraum, ist die gesamte räumliche Wirkung in einer Kunstinstallation wichtiger als ihre einzelnen Teile.[66]

Wie in diesem kurzen historischen Abriss deutlich wird, kam das Wort Installation im Unterschied zum Begriff Environment aus dem Bereich der institutionellen Ausstellungspraxis. Indem der Terminus Installation den Begriff Environment in der Fachsprache allmählich ersetzt hat, haben sich auch die Konnotationen verändert, die mit dieser Kunstgattung assoziiert werden. Zum Beispiel lehnt die Künstlergruppe Studio Azzurro deswegen den Terminus Installation für ihre Werke ab, weil er zu sehr mit den standardisierten Ausstellungsräumen von Kunstinstitutionen in Verbindung gebracht

63 Vgl. Pugliese 2009, S. 25–34.

64 Vgl. Reiss 1999, S. 8.

65 Vgl. Bishop 2005, S. 6.

66 "An installation of art is secondary in importance to the individual works it contains, while in a work of installation art, the space, and the ensemble of elements within it, are regarded in their entirety as a singular entity." Ebd.

wird.[67] Führte der Einzug der Installationskunst ins Museum einerseits zu einer Institutionalisierung dieser Kunstform, stellt er andererseits bis heute die Museumspraxis vor große Herausforderungen, nicht nur in Hinblick auf die Erhaltung und Präsentation der Werke, sondern auch weil viele Installationen das museale Gebot „Bitte nicht berühren" aufheben: "Installation art had the potential to change the relationship between the viewer and the work of art, and could break the rules of proper museum decorum."[68]

Das vielfältige Spektrum an Installationskunst, das in den vergangenen rund 50 Jahren geschaffen worden ist, muss vermutlich jeden Versuch zum Scheitern bringen, eine allgemeingültige Definition für dieses Genre aufzustellen. Eine Eigenschaft, die jedoch alle Kunstinstallationen gemeinsam haben, ist, dass sie de facto erst am Ausstellungsort geschaffen werden. Der Künstler kann zwar fertige Elemente des Werkes mitliefern, aber erst das Arrangieren, das Einrichten und somit Inszenieren dieser Elemente vor Ort, lässt eine Installation entstehen. So resümiert Tatja Scholte nach einem mehrjährigen Forschungsprojekt über die Erhaltung und Präsentation von Installationskunst: "[...] it is impossible to give a singular definition of installation art. [...] There is one important connecting element, however, and that is the word installation in its most literal sense: the functional act of installing the work of art in the space concerned."[69] Auch wenn der Begriff Installation nicht einheitlich verwendet wird, wird in allen Definitionen übereinstimmend der Bezug des Kunstwerkes zum Raum unterstrichen. Nach dem *Kunstlexikon* von P. W. Hartmann ist eine Installation durch den gegenseitigen Einfluss von den Gegenständen und dem Raum, in dem sie sich befinden, charakterisiert: „Installation, Rauminstallation, in der Bildenden Kunst Bezeichnung für Wechselwirkung und Einfluss eines Raumes auf darin befindliche Kunstwerke bzw. der Einfluss der Kunstwerke auf den Raumcharakter. Die Verschmelzung von Raum und Kunstwerk wird erreicht, wenn für das Kunstobjekt ein eigener Raum geschaffen wird, wie das z. B. bei ‚begehbaren Objekten' der Fall ist."[70]

In der Definition von *DuMonts Begriffslexikon zur zeitgenössischen Kunst* wird der Raum der Installation viel stärker mit dem Betrachter in Zusammenhang gebracht: „Der [...] Begriff umfasst alle Phänomene auf den Raum bezogener künstlerischer Arbeiten, die auf sehr explizite Weise den Betrachterraum einbeziehen, das heißt im Gegensatz zur traditionellen Plastik die Grenzen zwischen Werk und Betrachterumfeld auflösen."[71]

67 Siehe Darstellung der Fallstudie über *Il nuotatore (va troppo spesso ad Heidelberg)* in diesem Buch, S. 56.

68 Reiss 1999, S. 78.

69 Scholte 2011, S. 11.

70 *Das große Kunstlexikon von P. W. Hartmann*, unter: http://www.beyars.com/kunstlexikon (letzter Zugriff: 09.07.2012).

71 Johannes Stahl, „Installation", in: *DuMonts Begriffslexikon zur zeitgenössischen Kunst*, hrsg. von Hubertus Butin, Köln 2002, S. 123–124. Zitiert nach: Lena Nievers, *Juan Muñoz. Das Verhältnis von Figur und Raum*, Berlin 2009, S. 140, Fußnote 1. Auch Ursula Frohne unterstreicht diesen Aspekt: „In der Kunstinstallation sind [...] ‚Bildraum' und ‚Betrachterraum' nicht mehr voneinander geschieden; vielmehr korreliert der museale Rahmen in mannigfaltigen Bezugnahmen mit dem Erzählraum." Frohne 2010, S. 124.

Folgt man dieser Definition, ist jede Aufstellung von Objekten, die nicht darauf abzielt, diese vom Raum des Betrachters abzugrenzen, eine Kunstinstallation. Demnach können Statuen ohne Sockel als eine erste Form von Kunstinstallation angesehen werden: Bereits Auguste Rodin hatte sich für seine Plastik *Die Bürger von Calais* (1885–1895) eine betrachternahe Aufstellung gewünscht, um die Passanten in die Szene miteinzubeziehen. Die Definition von *DuMonts Begriffslexikon* berücksichtigt die Tatsache, dass die Grenze zwischen Skulptur und Installationskunst bei der großen Spannbreite der Werke, die der Installationskunst zugeordnet werden, oft fließend ist.

Wurden die Termini Ambiente und Environment in erster Linie für begehbare und raumgreifende Werke verwendet, werden als Installationen auch solche Arbeiten bezeichnet, die den Ausstellungsraum zwar nicht komplett einnehmen, aber die Trennung zwischen Werkraum und Betrachterraum aufheben. In der Installation *I/Eye* von Bill Spinhoven zum Beispiel sind die einzigen für den Betrachter sichtbaren Gegenstände des Werkes ein Monitor mit einem aufliegenden unscheinbaren Rohr. Es gibt kein räumliches Ganzes, dem die einzelnen Teile der Arbeit untergeordnet sind: Der Monitor wird vom Künstler weder in einem dafür konzipierten und ausgestatteten Raum einbezogen noch in einer besonderen Atmosphäre präsentiert. Sobald ein Besucher sich vor dem Monitor bewegt, registriert jedoch die im Rohr versteckte Kamera seine Bewegungen, und ein auf dem Bildschirm eingeblendetes Auge scheint auf ihn zu reagieren.[72] Als Installationsraum kann in diesem Fall der Aufnahmebereich der Kamera gelten. Da dieser unsichtbar ist, überschreitet der Besucher die Grenze zum Werkraum, ohne es zu bemerken.[73]

Während einige Installationen nur einen Teil des Ausstellungsraums in Anspruch nehmen, dehnen sich andere über mehrere Räume aus oder überwinden die Trennung zwischen Innen- und Außenraum.[74] Zum Beispiel bezog Studio Azzurro in die Installation *Vedute (quel tale non sta mai fermo)*, die 1985 im Museo Fortuny in Venedig gezeigt wurde, Live-Bilder mit ein, die von 12 an verschiedenen Orten der Stadt platzierten Überwachungskameras übertragen wurden. Auf 12 Monitoren, die im Halbkreis im Ausstellungsraum arrangiert waren, überlagerten aufgezeichnete Farbsequenzen die Schwarz-Weiß-Bilder aus dem Außenraum.

Wird in der Definition von *DuMonts Begriffslexikon* der Betrachter in Hinblick auf den Raum herangezogen, erklärt Claire Bishop die ganzheitliche Erfahrung, die Installationen dem Betrachter ermöglichen, als die Kerneigenschaft der Installationskunst schlechthin. Während Medien wie die Bildhauerei, die Malerei, das Video oder die Fotografie ihrer Meinung nach das Auge privilegieren, würden Installationen alle Sinne gleichermaßen ansprechen und den gesamten Körper des Betrachters miteinbeziehen: “This insistence on the literal presence of the viewer is arguably the key characteristic

72 Die richtige Positionierung des Werkes im Raum ist dabei essenziell, damit die Kamera die Bewegung des Betrachters registrieren kann.

73 Über *I/Eye* vgl. auch S. 80 und 98f. in diesem Buch.

74 Pugliese 2009, S. 66.

of installation art."[75] In ihrem Buch beschreibt sie vier Formen von Erfahrung, die der Betrachter durch die Installationskunst erleben kann. Dabei konzentriert sie sich auf das Subjekt der Erfahrung (den Betrachter) und vernachlässigt das Objekt – das Werk, das diese Erfahrung ermöglicht. Wie Juliane Rebentisch bemerkt, ist jedoch „das, was das Subjekt erfasst, das heißt was es jeweils als Gegenstand zu artikulieren vermag, notwendig von diesem selber bestimmt."[76] Anders ausgedrückt: „Die Frage nach der Verfasstheit des ästhetischen Gegenstands und die nach der Verfasstheit der ästhetischen Erfahrung sind zwei Seiten einer Medaille."[77] Die „Betrachtereinbeziehung", die oft als Neuerung der Installationskunst eingeführt wird, ist laut Rebentisch „ein Charakteristikum *aller* Kunsterfahrung", wenn damit der performative Prozess der Sinnproduktion seitens des Betrachters gemeint ist.[78] Die Installationskunst hebt jedoch die Performativität der ästhetischen Erfahrung durch die verschiedenen räumlichen Inszenierungen besonders hervor. „Dies wohl vor allem auch deshalb, weil der Betrachter Beziehungen zum ästhetischen Gegenstand hier *auch* durch seine körperliche Aktivität herstellt, dadurch dass er sich beispielsweise um [...] die Elemente der Installation herumbewegt."[79]

Eine Installation wird schließlich nur dann erfahrbar, wenn sie sich in einem bestimmten Raum und in einer bestimmten Situation konkretisiert. Der Kontext, in dem eine Installation präsentiert wird, prägt maßgeblich die Bedeutungen, die ihr zugeschrieben werden. Mit jedem Kontextwechsel wird eine Installation bis zu einem gewissen Grad einem Bedeutungswandel unterworfen. Im Entscheidungsprozess über die Erhaltung und Präsentation einer Installation muss dieser Aspekt ausreichend bedacht werden. Die folgenden Fragen werden dabei helfen, die zentralen Attribute eines installativen Werkes herauszuarbeiten.

Beschreibung der Eigenschaften, die das Werk als Installation qualifizieren

- In welchem Verhältnis steht das Werk zum Raum? Handelt es sich um ein raumgreifendes, begehbares Werk oder nimmt es nur einen Teil des Ausstellungsraumes ein?
- Wenn das Werk nicht raumgreifend und begehbar ist, wie korrespondieren Werkraum und Betrachterraum miteinander?
- In welchem räumlichen Verhältnis stehen die einzelnen Teile des Werkes zueinander?
- Welche Sinne spricht das Werk an?

75 Bishop 2005, S. 6.
76 Rebentisch 2003, S. 66.
77 Ebd., S. 12.
78 Ebd., S. 59.
79 Ebd. In dieser letzten Hinsicht stimmt die Position von Juliane Rebentisch mit der von Claire Bishop überein. Vgl. Bishop 2005, S. 10.

Analyse der kontextbezogenen Aspekte der Installation

Ort
- Welche Rolle spielen die kulturellen, historischen, politischen und gesellschaftlichen Konnotationen, die durch den Ausstellungsort der Installation suggeriert werden?
- Ist die Installation ‚site specific' (mit einem bestimmten Ort verbunden)?
- Wenn die Installation nicht ‚site specific' ist, inwieweit darf bei einem Ortswechsel eine Bedeutungsverschiebung stattfinden?

Raum
- Sind die Raummaße der Installation vorgegeben oder variabel?
- Wenn die Maße variabel sind, welche räumlichen Abmessungen und Proportionen sind bei Re-Installationen einzuhalten?
- Gibt es Geräteeinstellungen, die verändert werden müssen, um die Erfahrbarkeit der Installation in unterschiedlichen Ausstellungsräumen zu gewährleisten?

Analyse der Präsentationsgeschichte

- Wurden die bisherigen Inszenierungen der Installation von dem/der KünstlerIn betreut oder hat er/sie die Präsentation delegiert?
- Welche anderen Personen (Assistenten, Kuratoren, Restauratoren etc.) waren jeweils am Aufbau beteiligt?
- Welche Elemente der Installation sind bei jeder Präsentation unverändert geblieben?
- Welche Elemente wurden stetig den neuen Begebenheiten angepasst?
- Welche Inszenierungen können als besonders gelungen bewertet werden? Warum?
- Welche Inszenierungen erscheinen dagegen im Nachhinein unbefriedigend? Warum?

Funktionalität und originale Substanz

In den vorherigen Abschnitten wurde das Augenmerk auf die Flüchtigkeit der Medienkunst gerichtet. Medienkunstinstallationen sind in dem Sinne flüchtig, dass sie nur dann existieren, wenn sie aufgebaut sind. Das darf jedoch nicht zu der Schlussfolgerung führen, dass die Materialität der Medienwerke irrelevant oder gar dass Medienkunst immateriell sei. Sind die Werke in Funktion, hat das Material – die Speichermedien, die eingesetzten Geräte und eventuelle dazugehörige Objekte anderer Art – einen entscheidenden Einfluss auf ihre Wirkung. Im Folgenden wird also die Rolle des zur Konkretion von Medienkunstinstallationen benötigten Materials, insbesondere der Geräte, behandelt.

Da die Medienkunst eine Vielfalt von Techniken und Typologien zusammenfasst, können je nach Medienkunstinstallation verschiedene Geräte vorkommen, wie zum Beispiel Video-Player, Monitore, Video- oder Diaprojektoren, Computer, Steuerungseinrichtungen, Benutzerschnittstellen und speziell für das Werk entwickelte Vorrichtungen. In der Videokunst, die einen großen Teil der Medienkunst abdeckt, dient die technische Ausstattung in erster Linie dazu, die aufgezeichneten Bilder sichtbar zu machen. Jedoch herrscht Unklarheit darüber, was hier als Bildträger zu bezeichnen sei. In der Malerei ist der Bildträger das Material (etwa die Leinwand oder die Tafel), auf dem die Bildschicht (zusammengesetzt aus Grundierung, Malschicht und eventuell Firnis) haftet. Bildträger und Bild sind in einem Gemälde eng miteinander verbunden. In der Videotechnik befindet sich das Bild dagegen nicht dauerhaft auf dem Bildträger, sondern es gibt eine Trennung zwischen Informations- und Bildträger. Ein Informationsträger ist das Material, auf dem die codierte Information gespeichert ist, zum Beispiel ein Magnetband, eine Laserdisc oder eine DVD. Der Informationsträger wird durch ein Wiedergabegerät gelesen, das die magnetisch, laseroptisch oder elektronisch gespeicherte Information in ein elektrisches Bildsignal umwandelt. Ein bildgebendes Gerät (ein Monitor oder ein Projektor) visualisiert schließlich das Signal als flüchtiges Bild.[80] In der Videotechnik unterscheidet man folglich zwischen Wiedergabegeräten einerseits und bildgebenden Geräten, auch als Sicht- oder Präsentationsgeräte (display devices) bezeichnet, andererseits. Wird ein Monitor als bildgebendes Gerät eingesetzt, ist der Bildschirm als Bildträger des Videowerkes zu betrachten. Wird das Video dagegen projiziert, ist der Bildträger an zwei räumlich getrennten Stellen zu verorten: Er ist einerseits als die „lichtaktive Fläche" im Projektor aufzufassen, und andererseits als die Reflektionsfläche außerhalb des Projektors, zum Beispiel eine Leinwand, auf die das Bild projiziert wird.[81]

Die technische Ausstattung eines Medienkunstwerkes wird bei Dauerbetrieb in einer Ausstellung stark beansprucht und braucht eine regelmäßige Wartung. Um die Funktionalität zu erhalten, ist es deswegen oft unvermeidbar, technische Komponenten auszutauschen. Aufgrund der rasanten technischen Entwicklung ist es jedoch in vielen Fällen sehr aufwendig oder gar unmöglich, geeignete Ersatzteile und überholte Gerätetypen auf dem (Secondhand)-Markt zu finden. Ältere Bandformate können beispielsweise nicht mehr abgespielt werden, weil die richtigen Wiedergabegeräte fehlen. Außerdem besitzen die Informationsträger selbst bei optimalen Lagerbedingungen eine nur begrenzte Lebensdauer. Als Reaktion auf diese Erhaltungsproblematik wurden im vergangenen Jahrzehnt verschiedene Lösungsansätze entwickelt. Das *Variable Media Network*, das auf Initiative des Guggenheim Museum New York ins Leben gerufen wurde, hat 2003 für die Überlieferung von Kunstwerken aus „unbeständigen Medien" (variable media) vier Strategien aufgezeigt, die in Hinblick auf die Medienkunst so zusammengefasst werden können:

1. Die Lagerung („storage") von historischen Geräten und deren Ersatzteilen als Reserve für die Konservierung.
2. Die Übertragung der Inhalte der Informationsträger auf neue Speicherformate sowie die Aktualisierung von Hardware und Software (Migration). Dabei wird eine entsprechende Aktualisierung der Ästhetik des Werkes in Kauf genommen.

80 Vgl. Gfeller 2004, S. 208–210.
81 Ebd., S. 211.

3. Die Nachahmung ursprünglicher Software und Hardware durch neue Technologien (Emulation). Anders als bei einer Migration bleibt die Wirkung des Werkes bei einer Emulation meistens unverändert.
4. Eine freie „Re-Interpretation“ des Werkes für den extremen Fall, dass keine andere Strategie greift.[82] Die Re-Interpretation wird nur dann als zulässig betrachtet, wenn ihr Einsatz durch die Zustimmung des Künstlers abgesichert worden ist, weil sie dem Interpreten einen großen Spielraum einräumt.[83] Jedoch darf meines Erachtens nicht vergessen werden, dass jede neue Inszenierung eine Interpretation voraussetzt. Wie bereits oben ausgeführt, gilt es, eine ‚Überinterpretation‘ zu vermeiden, eine Interpretation, die die ‚Intention des Werkes‘ – sei es auch zugunsten der Intention des Künstlers – übergeht. Wenn die Intention des Werkes nicht mehr erhalten werden kann, stellt sich die Frage, ob Kuratoren und Restauratoren nicht besser den Verlust des Werkes akzeptieren sollten, anstatt eine Re-Interpretation durchzuführen, die einer Überinterpretation gleichkäme. Man kann dann entweder die Erinnerung an das Werk durch Dokumentation erhalten oder – wenn der Künstler noch lebt – bei ihm eine neue Version der Arbeit in Auftrag geben. Im letzten Fall müsste das Werk als neue Fassung kenntlich gemacht werden.

Im Rahmen des an der Hochschule der Künste Bern angesiedelten Projektes *Analit* wurden die aufgezählten Strategien in Hinblick auf die digitale Konservierung überarbeitet und ergänzt.[84] Tabea Lurk und Jürgen Enge definieren insbesondere die Emulation aus der Sicht der Informatik als „Einkapselung“, das heißt als die Erhaltung des ursprünglichen Programms in einem neuen System durch die Simulation der Ablaufumgebung. Sie grenzen diese Strategie von der Neuprogrammierung (Reprogramming) ab, bei der die Wirkung des ursprünglichen Programms nachgeahmt wird.[85] Somit fassen sie den Begriff Emulation im Vergleich zum *Variable Media Network* deutlich enger auf.

Die verschiedenen Strategien können auch in Kombination eingesetzt werden. Bei der Restaurierung der interaktiven Installation *Exchange Fields* von Bill Seaman hat zum Beispiel die Migration der Speichermedien und der Geräte eine Neuprogrammierung der Steuerung notwendig gemacht. Obwohl das neue Programm nach den Parametern des alten entwickelt wurde und die gleichen Abläufe bewirkt, hat sich die Reaktionszeit der Installation aufgrund der Migration der Hardware trotzdem leicht verringert (siehe Fallstudie 3).

Die Strategie der Migration hat sich für die Sicherung der Inhalte weitgehend durchgesetzt. Um die Lesbarkeit der codierten Information zu erhalten, wird es emp-

82 Ippolito 2003, S. 51–52.

83 Permanence Through Change 2003, S. 128.

84 Lurk/Enge 2011, S. 11–12.

85 Weitere aus der Informatik entliehene Strategien sind das Cloning (das automatische Kopieren von digitalen Objekten) und die Virtualisierung, die von Lurk und Enge als ein erster Schritt Richtung Emulation betrachtet wird. Ebd.

fohlen, die Inhalte der Informationsträger in regelmäßigen Abständen auf jeweils aktuellere Träger zu migrieren und die Abspielgeräte entsprechend auszutauschen. Bei der Anwendung einer solchen ‚Umkopierstrategie' ist zu berücksichtigen, dass jedes Speichermedium die Ästhetik des Bildes auf spezifische Weise prägt. Die Übertragung auf ein neues Format und insbesondere der Übergang von einem analogen zu einem digitalen Medium können die Eigenschaften des Bildes verändern.

Johannes Gfeller merkt an, dass das *Variable Media Network* den Akzent hauptsächlich auf die Aktualisierung der Technik und auf die Re-Interpretation setzt und dabei die Rolle der ursprünglichen Geräte vernachlässigt.[86] Insbesondere darf der Einfluss der Präsentationsgeräte auf das Bild nicht unterschätzt werden. In der Gemälderestaurierung wurde längst erkannt, dass der Bildträger die Erscheinung des Bildes maßgeblich mitprägt. Starke Eingriffe an dem Träger wie Doublierungen, Marouflagen oder Übertragungen der Bildschicht auf einen neuen Träger, die in der früheren Restaurierungspraxis üblich waren, werden heute nur in Ausnahmefällen beziehungsweise gar nicht mehr eingesetzt. In der Restaurierung der Videokunst werden dagegen die bildgebenden Geräte oft durch neue Modelle ausgetauscht. Präsentationsgeräte können jedoch sehr unterschiedliche Eigenschaften aufweisen. Bei Röhrenmonitoren variieren je nach Modell die Form der Gehäuse sowie die Größe, Umrahmung und Krümmung der Bildschirme, welche die skulpturale Erscheinung des Werkes mitprägen. Ebenfalls differieren die technischen Eigenschaften der verschiedenen Röhrenmonitortypen. Vergleicht man Röhrenmonitore mit Flachbildschirmen, fallen selbstverständlich die Form des Monitors und die technisch bedingten Charakteristika des Bildes hinsichtlich Bildstruktur, Kontrast, Farbraum und Bildfrequenz deutlich auf.[87] Das Bild auf dem Bildschirm unterscheidet sich zudem wesentlich vom projizierten Bild: Während der Monitor selbst die Lichtquelle ist, strahlt das projizierte Bild das Licht lediglich zurück. Bei den Projektoren ist eine ähnliche Vielfalt von technischen Eigenschaften zu finden wie bei den Monitoren. Daraus ist abzuleiten, dass die Wahl des Präsentationsgerätes die Bildqualität und -ästhetik des abgespielten Videos maßgeblich beeinflusst. Aus diesen Gründen empfiehlt Gfeller die Lagerung von Geräten in speziell dafür ausgerüsteten Depots und plädiert dafür, dass eine Migration der Präsentationsgeräte nur dann als Strategie ausgewählt wird, wenn weder die Restaurierung noch ein Ersatz durch gleiche Modelle möglich sind.[88]

Eine Aktualisierung der Technik kann jedoch nur verzögert, nicht aber verhindert werden, weil sich die Beschaffung von historischen Geräten immer schwieriger gestaltet und die angelegten Reserven früher oder später ausgeschöpft sein werden. Die Lagerung von alten Geräten und Ersatzteilen stellt streng genommen keine Erhaltungsstrategie dar, denn die Gerätereserven können nur für wenige Jahrzehnte eine

86 Gfeller 2004, S. 220–224 und Gfeller 2009, S. 219.

87 Gfeller 2004, S. 211. Die Bedeutung, die die äußeren Merkmale der Röhrenmonitore für Kunstinstallationen haben können, wird in den Fallstudien zu *Il nuotatore (va troppo spesso ad Heidelberg)* und *In Situ* im nächsten Kapitel erörtert.

88 Gfeller 2009, S. 217–219.

Sicherheit bieten, während eine wahre Erhaltungsstrategie für eine Mindestzeit von einhundert Jahren ausgelegt sein soll.[89] Die Ausstellung *Schweizer Videokunst der 1970er und 1980er Jahre. Eine Rekonstruktion*, bei der alle Werke mit Geräten aus der Entstehungszeit präsentiert wurden, hat jedoch gezeigt, dass es heute noch möglich ist, historische Videowerke mit der ursprünglichen technischen Ausstattung zu erleben und zu dokumentieren. An der Schwelle zwischen analogem und digitalem Zeitalter sind zahlreiche ausgemusterte analoge Geräte auf dem Gebrauchtwarenmarkt noch auffindbar.[90] Daher sollte – trotz des Aufwands – die Chance nicht verpasst werden, ausgewählte historische Apparate zu sammeln: Neben Wiedergabegeräten, die zum Abspielen obsoleter Videoformate zum Zweck der Migration auf neue Speichermedien dienen, sollten Präsentationsgeräte wie Röhrenmonitore aufbewahrt werden, denn sie bilden eine grundlegende Referenz für zukünftige Restaurierungen.[91] Während sich die Wahrnehmungsgewohnheiten infolge der rapiden technischen Entwicklung unentwegt verändern, bieten die historischen Geräte Anhaltspunkte, um die ureigenen Bildeigenschaften zu überliefern.

Bei der Inszenierung einer historischen Installation können originale, typgleiche, typähnliche, zeittypische oder neue Geräte eingesetzt werden.[92] Unter Original wird ein in seinem ursprünglichen Material überliefertes Objekt verstanden. An dem originalen Material kann die besondere Geschichte eines Werkes abgelesen werden. Zum Beispiel können die Gebrauchsspuren an den Benutzerschnittstellen einer interaktiven Installation verraten, inwieweit das Angebot von Museumsbesuchern in Anspruch genommen worden ist. Wie erwähnt, können jedoch die originalen technischen Bestandteile einer Medienkunstinstallation aufgrund des Verschleißes nicht unbegrenzt erhalten werden. Da die Funktionalität – wie bei kinetischen Kunstwerken – Priorität hat, muss oft darauf verzichtet werden, ein Medienkunstwerk mit der originalen Ausstattung zu präsentieren.

Wenn ein Gerät durch ein ‚typgleiches' ersetzt wird, haftet daran zwar nicht mehr die spezifische Geschichte des Werkes, aber es bleibt für den Rezipienten erkennbar, dass die Arbeit aus einer vergangenen Zeit stammt. Auch mögliche Konnotationen, die mit dem Gebrauch und der Verbreitung eines Gerätemodells zur Entstehungszeit des Werkes verbunden sind – zum Beispiel der Wohlstand, den man mit einem Fernseher aus den 1960er Jahren assoziieren mag –, bleiben somit erhalten.[93]

Demgegenüber wird ein Ersatzgerät als ‚typähnlich' bezeichnet, wenn seine Abweichungen vom Original minimal sind. Vorzugsweise handelt es sich dabei um ein Gerät desselben Herstellers oder zumindest um eines mit einem ähnlichen Design wie das Original. Es ist jedoch eine Ermessensfrage, was als ‚ähnlich' gilt.

89 Tykwer 2010, S. 364.

90 Phillips 2009, S. 205.

91 Vgl. Gfeller 2009, S. 216–219 und Phillips 2009, S. 208–209.

92 Diese Begriffe wurden zum ersten Mal vom Forschungsprojekt *AktiveArchive* bei der Ausstellung *Schweizer Videokunst der 1970er und 1980er Jahre. Eine Rekonstruktion* 2008 verwendet. Vgl. auch Tykwer 2010, S. 366, Fußnote 23.

93 Vgl. Laurenson 2005, S. 3 („Relationship to context and history").

In der Ausstellung *Schweizer Videokunst der 1970er und 1980er Jahre. Eine Rekonstruktion* wurden zudem in Ausnahmefällen ‚zeittypische' Geräte verwendet: Wenn kein typgleiches oder typähnliches Gerät gefunden wurde, oder in dem Fall, dass das Modell des ursprünglichen Geräts nicht dokumentiert war, wurde ein Modell ausgewählt, das in der Entstehungszeit des Werkes bereits auf dem Markt und dessen Gebrauch im Kunstbereich damals üblich war. Wurde dieses Verfahren bei der Schweizer Ausstellung meistens als Notlösung eingesetzt, stellte es bei der Ausstellung *RECORD > AGAIN! 40jahreviedokunst.de – Teil 2* (2009) die Regel dar. Wie Christoph Blase erklärt, wurden dort die Videowerke mit bildgebenden Geräten aus der Entstehungszeit präsentiert, die möglicherweise nie dafür verwendet worden und zudem im Kunstbereich nicht unbedingt verbreitet gewesen waren: „Die Präsentation der Ausstellung folgte [...] einem [...] Ansatz, der einerseits historisch korrekt war, andererseits so aber niemals existiert hatte."[94] Diese Vorgehensweise erinnert an das Verständnis von Restaurierung des französischen Architekten Eugène Viollet-le-Duc (1814–1879), der im 19. Jahrhundert ein führender Denkmalpfleger für die Restaurierung von mittelalterlichen Gebäuden war. Sein Grundsatz, Bauwerke „in einen Zustand der Vollkommenheit zurückzuführen, der möglicherweise zuvor nie existiert hat", war bereits zu seinen Lebzeiten umstritten,[95] weil demnach Werke nach der abstrakten Vorstellung davon restauriert werden, was für den Stil einer Epoche typisch gewesen sein könnte.

Während die Verwendung von zeittypischen Geräten eine Originaltreue vortäuscht, die eigentlich nicht vorhanden ist, kann der Bruch mit der ursprünglichen Präsentationsweise bei dem Einsatz von neuen Geräten dem Rezipienten deutlich gemacht werden, weil diese als zeitgenössische Ergänzungen erkennbar sind.

Ausschlaggebend für Entscheidungen, die den Austausch von technischen Komponenten betreffen, ist letztendlich die Funktion, die jedes Gerät für das Werk hat: Sind seine spezifischen technischen Eigenschaften unverzichtbar? Ist das Gerät in der Installation sichtbar oder versteckt? Ist es sichtbar, wird sein Erscheinungsbild als entscheidend für das Werk eingestuft? Kann ein typgleiches Gerät gefunden werden? Ist die Technik aus der Entstehungszeit stabil genug, um eine nachhaltige Funktionalität zu garantieren?

Das DOCAM (Documentation et Conservation du patrimoine des Arts Médiatiques) – ein Projekt zur Erhaltung und Dokumentation von Medienkunstwerken, das von der Daniel Langlois Foundation im Zusammenschluss mit weiteren kanadischen Institutionen zwischen 2005 und 2010 durchgeführt wurde – hat mit dem *Decision Tree* ein nützliches methodisches Instrument entwickelt, das die Entscheidungsfindung

94 Dabei stellten sich die Kuratoren einen hypothetischen Sammler oder Kurator aus der Vergangenheit vor, der sich für Design interessierte und daher die Präsentationsgeräte für die Videokunstwerke nach ihrer Gestaltung auswählte. Blase 2010, S. 26.

95 Vgl. Ingrid Scheurmann, *Eugène Viollet-le-Duc. Wirken in der Denkmalpflege*, o. J., unter: http://denkmaldebatten.denkmalschutz.de/protagonisten/eugene-viollet-le-duc/viollet-le-duc-wirken/ (letzter Zugriff: 01.04.2012).

unterstützt. Es bietet den Fachleuten eine praktische Anleitung, um die Bedeutung der technischen Bestandteile eines Werkes zu analysieren, mögliche Erhaltungsstrategien abzuwägen und eine geeignete Lösung zu finden.[96] Dabei werden nicht nur die materielle Integrität des Werkes und die technischen Eigenschaften der Geräte berücksichtigt, sondern auch konzeptuelle, ästhetische und historische Kriterien beachtet. Eine solche umfassende Sichtweise wurde bereits von Pip Laurenson angeregt, um die Rolle der technischen Komponenten für die Authentizität eines Werkes zu definieren.[97] Auf diese Weise wird der Begriff von Authentizität nicht auf die Integrität des originalen Materials reduziert, sondern in seiner Vielschichtigkeit erfasst.

Medienkunstinstallationen sind komplexe Systeme, die neben der technischen Ausstattung auch nicht-technische Komponenten aufweisen können.[98] Die konservatorischen Entscheidungen, die letztere betreffen, können nach den allgemeinen Richtlinien für die Erhaltung zeitgenössischer Kunst getroffen werden. Ebenso wie bei den Geräten müssen auch für nicht-technische Komponenten mehrere Aspekte berücksichtigt werden, unter anderen: Welche Rolle spielen sie für das Konzept und die Ästhetik des Werkes? Tragen sie die Handschrift des Künstlers oder wurden sie industriell produziert? Welchen historischen Wert haben sie? Können sie dauerhaft erhalten werden? Können sie eventuell durch gleiche Komponenten ersetzt werden? Es können sich daraus widersprüchliche Schlussfolgerungen ergeben, so dass letztendlich Prioritäten zwischen den verschiedenen Anforderungen gesetzt werden müssen.[99] Die Interpretation des Werkes prägt somit auch den Entscheidungsprozess, der die materielle Substanz der Medienkunstinstallationen betrifft.

Erfassung und Dokumentation

Herkömmliche Erfassungs- und Dokumentationsstrukturen sehen vor, dass das Kunstwerk am Anfang in seinen Bestandteilen beschrieben wird, um seine Materialien und Techniken definitiv zu erfassen. Im Lauf der Zeit werden dann ausschließlich Veränderungen im Zustand der originalen Materialien eingetragen. Ein solcher Dokumentationsaufbau eignet sich nicht für Medienkunstinstallationen, weil er ihrem prozessualen Charakter nicht gerecht wird. In speziell für Medienkunst und Installationen entwickelten Dokumentationsmodellen wurde versucht, dieses Manko zu beheben, indem die Möglichkeit hinzugefügt wurde, einen Austausch der Geräte und eine Veränderung der Technik zu registrieren. Das 2003 vom Netherlands Media Art Institute entwickelte *Conceptmodel Registration Multimedia Installations* sieht zum

96 http://www.docam.ca/en/restoration-decisions/see-the-decision-tree.html (letzter Zugriff: 28.11.2011).

97 Laurenson 2005, S. 2–3.

98 Vgl. Kapitel „2.4 Non-technological equipment" in der *Conservation Guide* des DOCAM-Projektes unter: http://www.docam.ca/en/-24-non-technology-equipment.html (letzter Zugriff: 06.04.2012).

99 Vgl. Decision-making Model 1999.

Beispiel vor, dass man unter dem Punkt *Specification of equipment* sowohl die in der aktuellen Präsentation verwendeten als auch die ursprünglichen Geräte notiert.[100]

Im Rahmen des europäischen Projektes *Inside Installations* wurde ein Dokumentationsmodell konzipiert (*2IDM*), das die Struktur zur Entwicklung eines Datenbanksystems liefert und aus vier Grundmodulen besteht.[101] Die Module *Material and Technique* und *Condition and Conservation* sind in Kategorien unterteilt (zum Beispiel technische Beschreibung, Zustandsprotokoll, Erhaltungsstrategie, Restaurierungsprotokoll etc.). Innerhalb einer Kategorie werden die Dokumente chronologisch geordnet, so dass es möglich ist, die Veränderungen der Materialien sowie die Konservierungs- und Restaurierungsgeschichte eines Werkes nachzuvollziehen.

Der wissenschaftliche Beirat Documentation and Archival Management des DOCAM-Forschungsbündnisses erarbeitete eine Anordnungsstruktur für die zu sammelnden Informationen, die den „lifecycle“ (Lebenskreis) von Medienkunstwerken widerspiegelt und dabei unterstützt, ein „Digital Workfile“ (eine digitale Dokumentation des Werkes) anzulegen.[102] Dieses Dokumentationsmodell ordnet die Dokumente nach den Kategorien *Creation*, *Dissemination*, *Research* und *Custody*. Unter *Creation* werden Dokumente wie die Entwürfe des Künstlers gruppiert, die mit der Konzeption und Produktion des Werkes zu tun haben. Die Kategorie *Dissemination* beinhaltet Dokumente zu den verschiedenen Präsentationen des Werkes. Unter *Research* werden die kritischen Werkanalysen zusammengestellt, während *Custody* die Dokumente zur Erwerbung, Katalogisierung, Management und Konservierung des Werkes umfasst. Diese durchdachte Struktur für die Sammlung von Dokumenten fand aber keinen Eingang in das Erfassungsmodell, das vom Cataloguing Committee des DOCAM-Forschungsbündnisses auf der Basis von bestehenden Datenbanksystemen entwickelt wurde.[103] Die Prozessualität von Medienkunstinstallationen wird hier lediglich durch ein das Erfassungsmodell ergänzendes Formular zur Dokumentation der technischen Veränderungen, denen das Werk unterzogen wird (Migration, Emulation usw.), berücksichtigt.[104]

In den meisten Dokumentationsmodellen wurde zudem Platz eingeräumt, um die Präsentationsgeschichte der Installationen zu beschreiben. Diese sollte aber meiner Meinung nach nicht ein separates Kapitel der Dokumentation darstellen, sondern

100 Das Modell bietet keinen Platz für Angaben über das Equipment, das in Zwischenstadien des Werkes verwendet wurde. *Conceptmodel Registration Multimedia Installations*, unter: http://www.nimk.nl/en/conservering/resource/d_models.html (letzter Zugriff: 16.04.2012).

101 *Inside Installations Documentation Model (2IDM)*, unter: http://www.inside-installations.org/research/detail.php?r_id=484&ct=model (letzter Zugriff: 23.04.2012). Die Grundmodule sind: *Identification and Description*, *Material and Technique*, *Location and Exhibition History* und *Condition and Conservation*.

102 *DOCAM Documentation Model*, unter: http://www.docam.ca/en/documentation-model.html (letzter Zugriff: 23.04.2012).

103 Vgl. *Cataloguing Form for New Media Works*, unter: http://www.docam.ca/en/tools/cataloguing-form.html (letzter Zugriff: 17.07.2012).

104 Vgl. *Documentation for technological changes*, unter: http://www.docam.ca/en/tools/documentation-for-technological-changes.html (letzter Zugriff: 16.04.2012).

vielmehr das Gerüst des Erfassungs- und Dokumentationsmodells selbst bestimmen und dessen chronologischen Aufbau bilden. Für jede Inszenierung sind die räumlichen Gegebenheiten, die Aufstellung der einzelnen Teile und die eingesetzten Materialien und Techniken erneut zu beschreiben und einzutragen. Nur wenn jede Konkretion des Werkes einzeln erfasst und dokumentiert wird, kann der Lebenskreis einer Installation verfolgt und eine solide Basis für zukünftige Inszenierungen geschaffen werden.

Fallstudien zur Restaurierung

Eine Studienreihe am imai – inter media art institute von 2006 bis 2010

Renate Buschmann und Tiziana Caianiello

Unmittelbar nach seiner Gründung als Stiftung für Video- und Medienkunst hat das imai 2006 ein mehrjähriges Projekt zur Erhaltung von Medienkunstinstallationen begonnen.[1] Ziel war es, anhand von Fallstudien zu erproben, mit welchen Methoden eine langfristige Erhaltung von technologiebasierter Kunst sicherzustellen ist.

Damals wie heute stellt die Erhaltung und Präsentation von Medienkunst eine akute und erst ansatzweise gelöste Problematik in der musealen Praxis dar. Es besteht immer noch dringender Handlungsbedarf, da medienkünstlerische Arbeiten nahezu in jeder Ausstellung zeitgenössischer Kunst vertreten sind und zunehmend von Museen und Sammlungen angekauft werden. Welcher Restaurator oder Kurator kennt in diesem Zusammenhang nicht die Herausforderungen und Probleme, die aus dem alltäglichen Umgang mit medienkünstlerischen Werken resultieren: Welche Maßstäbe sind bei der Migration der Videos auf neue Trägermedien zugrunde zu legen? Können zeitgenössische Flachbildschirme an die Stelle von Röhrenmonitoren treten? Wie müssen die räumlichen Voraussetzungen für eine bestimmte Projektion sein? Welche Projektoren sind dafür geeignet? Was sind die dem Kunstwerk inhärenten ästhetischen Komponenten, die auch bei künftigen Inszenierungen zum Tragen kommen sollen? Und vor allem: Wer bestimmt diese Bedingungen?

Medienkunstinstallationen werfen also hinsichtlich ihrer Konservierung und Restaurierung spezifische Fragen auf, die einerseits durch ihre rasant alternde Technik und andererseits durch ihre ortsabhängige Inszenierung entstehen. Die konservatorischen Aufgaben und Probleme, die sich aus den Anforderungen medienkünstlerischer Installationen ergeben, sind so vielschichtig wie die verwendeten Techniken und Materialien. Daher gibt es für den Substanzerhalt dieser oftmals technisch komplizierten Kunstform keine Standardlösungen. Mit den vier Fallstudien, die vom imai im Zeitraum zwischen 2006 und 2010 durchgeführt worden sind, wurde der Ansatz verfolgt, unterschiedliche Typen von Medienkunstinstallationen heranzuziehen und aus den erzielten Ergebnissen der individuellen Sachlagen generelle Schlussfolgerungen abzuleiten, die für vergleichbare Werke dienen können. Die Kategorien bezogen sich jeweils auf ein technisches Merkmal der Installationen, das bei der angewendeten

1 Das Projekt wurde von Sandra Thomas und Alexandra Wessels initiiert, bis Ende 2008 von Sandra Thomas geleitet und danach von Renate Buschmann weitergeführt. Tiziana Caianiello hat erste Ergebnisse des Projektes auf der Tagung *Medienkunst in NRW. Bestand – Erhalt – Präsentation* vorgestellt, die vom imai am 23. Oktober 2008 ausgerichtet wurde.

Erhaltungsstrategie besonders zu berücksichtigen war. Die erste Fallstudie beschäftigte sich mit der Mehrkanal-Videoinstallation *Il nuotatore (va troppo spesso ad Heidelberg)* (1984) der Künstlergruppe Studio Azzurro. Für ihre Präsentation 2006 musste eine Lösung erarbeitet werden, um die kennzeichnende Synchronisation mehrerer Videos bei Dauerbetrieb stabil zu halten. Die zweite Fallstudie konzentrierte sich auf die konstitutiven Eigenschaften der Installation *In Situ* (1986) von Gary Hill, bei der sich verschiedenartige Geräte nach einem vom Künstler festgelegten Ablauf automatisch ein- und ausschalten. Mit der Fallstudie über *Exchange Fields* (2000) von Bill Seaman wurde die Aufmerksamkeit auf die spezifischen Merkmale einer interaktiven Installation gelenkt, bei der die Partizipation der Rezipienten den wichtigsten Aspekt darstellte und daher unbedingt aufrecht zu erhalten war. In der 2010 initiierten Fallstudie wurde anhand der ersten Ausstellung der Installation *Testcuts I* (2010) von Katharina Sieverding demonstriert, welchen Anforderungen Dokumentationen von ausschließlich auf digitalem Bildmaterial basierenden Installationen genügen sollten.

Alle Fallstudien standen in direkter Verbindung zu Ausstellungsprojekten des imai. Die Untersuchung der speziellen Problematik und die lösungsorientierte Auswertung in den ersten drei Fallstudien hatten zum Ziel, konkrete Erhaltungsmaßnahmen durchzuführen. Zum Abschluss der Projekte wurden jeweils Präsentationen der konservierten bzw. restaurierten Werke vorgenommen: So zeigte das imai *Il Nuotatore (va troppo spesso ad Heidelberg)* 2006 im Kontext der Ausstellung *Crossing the Screen*. Für die vom imai 2007 organsierte Retrospektive zum Werk von Gary Hill wurde das Werk *In Situ* installiert. Nach grundlegender Restaurierung wurde Bill Seamans *Exchange Fields*, das zur Sammlung des Dortmunder Museums Ostwall gehört, nach seiner zehnjährigen Aufbewahrung im Depot im Rahmen der ISEA2010RUHR vom imai wieder inszeniert. Im Gegensatz dazu wurde die 2010 neuproduzierte Installation *Testcuts I* nicht als Objekt mit Restaurierungsbedarf ausgewählt, sondern stellte sich während der vom imai kuratierten Ausstellung *Katharina Sieverding. Projected Data Images. Testcuts* als ein ideales Beispiel für Dokumentationsstudien dar.

Bei allen Fallstudien war der intensive Dialog mit den Künstlern ein fester Bestandteil des Vorgehens. Um die Künstlerstandpunkte und die daraus folgenden Konsequenzen für die Studienresultate nachvollziehbar zu machen, werden die Gespräche als separate Interviews bzw. bei der Fallstudie zu *Testcuts I* als separate Dokumentationseinheit wiedergegeben. Des Weiteren ließen sich aus den Fallstudien generelle Anhaltspunkte für entsprechende Konservierungsfälle extrahieren: Die Ergebnisse der ersten zwei Fallstudien sind jeweils in Fragenkatalogen zusammengefasst worden, im Rahmen der dritten Fallstudie ist ein Modell zur Erfassung von interaktiven Installationen entwickelt worden und die an die vierte Fallstudie angefügte Dokumentation ist in ihrer Struktur auf ähnliche Werke übertragbar. Insgesamt legen die hier veröffentlichten Ergebnisse offen, welche Prioritäten in den jeweiligen Entscheidungsprozessen gesetzt wurden. Sie führen vor Augen, wie es gelang, für jedes analysierte Medienkunstwerk ein Restaurierungs- und/oder Inszenierungskonzept zu entwickeln und die Parameter zu definieren, die auch in Zukunft berücksichtigt werden müssen, um seiner künstlerischen Konzeption gerecht zu werden.

FALLSTUDIE 1

Il nuotatore (va troppo spesso ad Heidelberg) von Studio Azzurro

Tiziana Caianiello

Einführung

Die untersuchte Arbeit von Studio Azzurro ist eine synchronisierte 13-Kanal-Videoinstallation. Die Begriffe Einkanal- und Mehrkanal-Videoinstallation werden in der Literatur nicht einheitlich verwendet. Nach dem Leitfaden *EAI Online Resource Guide for Exhibiting, Collecting & Preserving Media Art* der amerikanischen Organisation Electronic Arts Intermix soll ein Video- oder Medienkunstwerk als ‚Einkanal' definiert werden, wenn nur eine einzige Informationsquelle, ein einziges Abspielgerät und ein einziges Präsentationsgerät vorhanden sind.[1] Im Gegensatz dazu bestehe eine Mehrkanal-Videoinstallation aus zwei oder mehr Präsentationsgeräten wie Monitoren oder Projektoren.[2] Diese Definitionen werden in dem vorliegenden Buch nicht übernommen. Vielmehr wird unter Einkanal-Installation eine Installation mit einer einzigen Informationsquelle verstanden und unter Mehrkanal-Installation eine Installation mit zwei oder mehreren Informationsquellen. Diese Einordnung, bei der die Kanäle einer Videoinstallation nicht nach der Anzahl der eingesetzten Präsentationsgeräte, sondern nach der Anzahl der Datenträger angegeben werden, entspricht den technischen Dokumentationsvorgaben, die im Ausstellungskatalog *Schweizer Videokunst der 1970er und 1980er Jahre* angewendet wurden. Dort wird zum Beispiel die Installation *Arthur* (1988) von Alexander Hahn als 5-Kanal-Videoinstallation bezeichnet, obwohl sie acht Monitore vorweist. Der Grund dafür ist, dass nur fünf Videobänder in der Installation abgespielt werden, denn vier der acht Monitore zeigen das Bild desselben Videobandes.[3] Obwohl das Werk *Il nuotatore*, wie wir im Folgenden sehen werden, bei der ersten Präsenta-

1 "The term 'single-channel' refers to video or media work that involves a single information source (such as one DVD), a single playback device (such as a DVD player), and a single display mode (such as a flat-screen monitor)." *EAI Online Resource Guide for Exhibiting, Collecting & Preserving Media Art*, http://www.eai.org/resourceguide/collection/singlechannel/basicquestions.html#QUESTION1 (letzter Zugriff: 25.10.2010). Einkanal-Videoarbeiten wurden im Rahmen des Forschungsprojektes *Konkretionen des Flüchtigen* nur als Bestandteile von Rauminstallationen (wie im Fall von *In Situ*) berücksichtigt.

2 "A multi-channel video installation consists of two or more display devices, such as monitors or projectors, used in the same work of art, in the same viewing space." *EAI Online Resource Guide*, http://www.eai.org/resourceguide/collection/installation/basicquestions.html#QUESTION2 (letzter Zugriff: 25.10.2010).

3 Schweizer Videokunst 2009, S. 38.

tion mit 25 Fernsehern installiert wurde, ist es folglich als 13-Kanal-Videoinstallation aufzufassen, da 13 Videoträger abgespielt werden. Mehrkanal-Installationen sind oft ‚synchronisiert', das heißt, die Wiedergabe der verschiedenen Videos erfolgt nach einem festgelegten zeitlichen Ablauf.[4] In *Il nuotatore* sind 12 der 13 Videos synchronisiert. Ein Schwerpunkt der Fallstudie war daher die langfristige Erhaltung der Synchronisation.

Werkbeschreibung

Il nuotatore (va troppo spesso ad Heidelberg) [Der Schwimmer (fährt zu oft nach Heidelberg)] ist ein zentrales Werk der Künstlergruppe Studio Azzurro, die 1982 von Fabio Cirifino, Paolo Rosa und Leonardo Sangiorgi in Mailand gegründet wurde. Rosa und Sangiorgi haben Kunst an der Accademia di Brera studiert, Cirifino ist ausgebildeter Fotograf. Ab Anfang der 1980er Jahre beschäftigt sich Studio Azzurro mit der Frage, wie Videobilder aus den engen Grenzen eines Bildschirmes zu befreien seien, damit sie als Bestandteile des realen Umgebungsraumes erscheinen. Bereits 1982 hatten die Künstler in der Arbeit *Luci di inganni* Monitore gestapelt, um Videobilder zu einer Bildeinheit zusammenzufügen und dadurch den Eindruck von Objekten in Realgröße zu erzeugen.

Zwei Jahre nach *Luci di inganni* entstand *Il nuotatore* (1984). Die Künstler entwickelten anhand von Zeichnungen die Idee eines Schwimmers, der pausenlos seine Bahnen zieht und dessen bewegte Bilder nicht auf einen Bildschirm beschränkt sind, sondern die Begrenzungen der 12 nebeneinander stehenden Monitore zu überwinden scheinen. Es entsteht der Eindruck, als gleite das Bild des Schwimmers nahtlos durch die Monitorreihe (Farbabb. 1). Gestört werden diese kontemplativen Aufnahmen durch nur wenige Sekunden eingeblendete Bildsequenzen (Video eines Balls, der fällt, eines Ankers, der untertaucht, einer Frau, die ins Wasser springt u.a.), die als Inserts unerwartet auf einem der Monitore erscheinen. Geräusche des Wassers und elektronische Musik begleiten akustisch diese visuellen Eindrücke. Auf einem separat aufgestellten Monitor ist ein Video mit den zum Teil verzerrten und wackelnden Bildern einer Uhr zu sehen, die nicht chronologisch aufeinander folgende Uhrzeiten sprunghaft angibt. Zum Video ertönt eine Frauenstimme, die mit starkem italienischem Akzent die Erzählung *Du fährst zu oft nach Heidelberg* von Heinrich Böll auf Deutsch vorliest.[5] Eine zweite Frauenstimme korrigiert zwischendurch die Aussprache einiger Wörter, die dann von der Vorleserin wiederholt werden. Die Lektüre von Bölls Erzählung wird somit zwar mit Doppelungen überlagert, ohne aber den Verlauf der Geschichte maßgeblich zu beeinträchtigen. Das von Leuchtröhren erzeugte blaue Licht verleiht dem gesamten Ambiente die Atmosphäre einer Unterwasserwelt.

4 "It is typical for installations with two or more playback devices to be linked with a synchronizer, which ensures that all the programs begin, end, and repeat at the appropriate intervals, prescribed by the artist." *EAI Online Resource Guide*, http://resourceguide.eai.org/collection/installation/basicquestions.html#QUESTION3 (letzter Zugriff: 08.08.2011).

5 Vgl. Böll 1977. Bölls Erzählung hat den Untertitel der Installation geprägt.

Das imai beabsichtigte 2006, *Il nuotatore* in der Ausstellung *Crossing the screen* (30. November 2006 bis 14. Januar 2007) zu zeigen. Damit die Arbeit präsentiert werden konnte, musste sie jedoch zuerst restauriert werden. Die 12 Videos mit den Bildern des Schwimmers – die ursprünglich auf U-matic-Bändern aufgenommen worden waren – waren in den 1990er Jahren auf Laserdisks migriert worden. Diese wiesen bereits erste Alterungserscheinungen auf. Zudem war ihre Synchronisation für den Dauerbetrieb einer mehrwöchigen Ausstellung nicht stabil genug. Diese Problematik regte dazu an, das Werk als Objekt der ersten Fallstudie des imai zu wählen und dabei nicht nur die technischen Elemente der Installation zu berücksichtigen, sondern auch die sich anschließenden Fragen zur adäquaten Präsentationsform.[6]

Präsentation

Il nuotatore wurde zum ersten Mal 1984 im Museo Fortuny in Venedig gezeigt (Farbabb. 2).[7] Das Studio Azzurro beauftragte den Designer Flavio Albanese mit dem Entwurf einer Art Schwimmbecken, in dem die Monitore der Installation platziert werden sollten. Das Becken, das mit kleinen blauen Glasfliesen bedeckt war, war durch eine gerundete Doppeltreppe zu betreten. Die Besucher konnten daher wortwörtlich in das Kunstwerk hinuntersteigen (Farbabb. 3). Die Bilder des Schwimmers wurden in dieser Präsentation auf zwei parallelen Reihen von jeweils 12 Fernsehern gezeigt, die Rückseite an Rückseite auf einem im Zentrum des Raums platzierten Podest standen. Jedes der 12 U-matic-Bänder wurde durch ein U-matic-Wiedergabegerät abgespielt und auf zwei der Fernseher übertragen. Die Besucher konnten somit um das Podest mit den Fernsehern herumgehen und die bewegten Bilder des Schwimmers auf zwei Seiten betrachten. Am Rand des Beckens waren blaue Leuchtröhren angebracht. Neben der Treppe und mit einigem Abstand zu den 24 Monitoren stand auf einem Podest ein separater Monitor, auf dem die Videoaufzeichnung der Uhr lief (Farbabb. 4).

Bei allen Präsentationen nach der Inszenierung im Museo Fortuny wurde das Schwimmbecken nie wieder aufgebaut.[8] Außerdem wurden die Aufnahmen des

6 Die Fallstudie wurde von Sandra Thomas initiiert und geleitet.

7 Vgl. Il nuotatore 1984.

8 *Video-Skulptur. Retrospektiv und aktuell 1963-1989*, Kölnischer Kunstverein (Ausstellungsort: DuMont Kunsthalle), Köln, 18.03.–23.04.1989; *25 Jahre Video-Skulptur*, 39. Berliner Festwochen, Berlin, 27.08.–24.09.1989; Festival MANCA (Musiques Actuelles Nice Côte d'Azur), Musée d'Art Moderne et d'Art Contemporain, Nice, 21.–24.06.1990; *L'amour de Berlin*, Centre Culturel de Cavaillon, Cavaillon, 06.07.–26.08.1990; *Studio Azzurro: Videoambienti 1982-1992*, Fondazione Mudima, Milano, 10.12.1992–31.01.1993 und Museen Laforet von Tokio, Niigata und Kokura, April – Mai 1993; *Ambienti sensibili*, Spielart, Aktionsforum Praterinsel, München, 15.–25.10.1997; *Electronically Yours*, Metropolitan Museum of Photography, Tokyo, 1998; *Il mare dentro lo schermo*, 38° Rassegna Internazionale delle Attività Subacquee, Ustica (Palermo), September 1998; Castel Mareccio, Bozen, 1999; *Ambienti sensibili. Esperienze tra interattività e narrazione*, Palazzo delle Esposizioni, Roma, 10.03.–24.05.1999.

Schwimmers danach nur noch auf einer einzigen Reihe mit 12 Monitoren präsentiert. Da die Monitore nun an der Wand standen, konnten die Besucher nicht mehr um sie herum flanieren. Die Bedingungen, unter denen *Il nuotatore* erlebt wurde, hatten sich dementsprechend verändert. Im Rahmen der Fallstudie stellte sich folglich die Frage, welche Aspekte des Werkes wesentlich für seine Präsentation seien.

Um ihre eigenen Arbeiten mit einem treffenden Begriff zu bezeichnen, führten die Künstler von Studio Azzurro den Terminus „Videoambientazione" ein, den sie als Gegenbegriff zu „Videoinstallazione" verstanden. Das Wort „Videoambientazione", das sie später durch „Videoambiente" ersetzten, stellt den Raum und seine atmosphärische Gestaltung in den Vordergrund. Laut Leonardo Sangiorgi wird der Begriff Videoinstallation vor allem in einem institutionellen Kontext verwendet, der durch standardisierte Räume geprägt ist: Galerien und Museen seien so angelegt, dass sie die reinen Objekte hervorheben und dadurch zu Orten für die Ehrung der Kunstwerke und ihrer Schöpfer werden würden. Die Künstler von Studio Azzurro zielen dagegen auf eine Überschreitung der Grenzen zwischen der sogenannten freien Kunst, der Architektur und dem Industrial Design ab.[9]

Aus diesen Prämissen könnte man schließen, dass das Schwimmbecken mit den blauen Fliesen der ersten Präsentation ein unverzichtbarer Bestandteil von *Il nuotatore* sei, da es die Wahrnehmung der Arbeit räumlich und atmosphärisch maßgeblich prägte. Die Recherchen im Rahmen der Fallstudie haben jedoch gezeigt, dass *Il nuotatore* von Anfang an darauf angelegt war, in verschiedenen Kontexten installiert zu werden: Die Präsentation der Arbeit in einer Art Schwimmbad war eine spezielle Inszenierung des Werkes für das Museo Fortuny, die nicht zwingend wiederholt werden musste. Im Archiv von Studio Azzurro konnte die ursprüngliche Projektbeschreibung für *Il nuotatore* gefunden werden, in der die Künstler festgehalten hatten, dass die gesamte Ausstattung zu weiteren Anlässen und an anderen Orten mit relativ niedrigen Installationskosten aufgebaut werden könnte.[10]

Zur Inszenierung der Werke von Studio Azzurro hat sich Paolo Rosa wie folgt geäußert: „Wir haben Werke an Orten re-installiert, die sich von den jeweiligen Entstehungsorten völlig unterschieden. Die örtliche Anpassung ist eine Tugend, die Installationen Inszenierungen ähneln lässt. Diese sind von Natur aus so konzipiert, dass sie sich den verschiedenen Theatern anpassen können, in denen sie aufgeführt werden. [...] Ich bin an der Veränderbarkeit eines Werkes sehr interessiert. Wir sind gegen endgültige Werke, die die Geste des Künstlers fixieren und sie in einer bestimmten Materie und Form einfrieren."[11] Derselben Meinung ist auch Leonardo Sangiorgi, der alle Präsentationen von *Il nuotatore* bis zum Zeitpunkt des Interviews mit der Verfasserin als Konkretionen desselben Werkes betrachtete.[12] Während die Nachahmung eines Schwimmbeckens als Umgebungsraum sowie die Doppelung

9 Vgl. Leonardo Sangiorgi im Interview mit der Verfasserin in diesem Buch, S. 62.
10 *Progetto per videoambiente sincronizzato*, Typoskript, ohne Datum, Archiv von Studio Azzurro.
11 Rosa 2007, S. 52. Übersetzung aus dem Italienischen durch die Verfasserin.
12 Leonardo Sangiorgi im Interview mit der Verfasserin in diesem Buch, S. 67.

der Reihe von 12 Monitoren sich als nicht essenziell für *Il nuotatore* herausgestellt haben, ist das blaue Licht als ein zentrales Element zu bewerten, weil es die besondere Atmosphäre des Ambientes maßgeblich prägt. In der Ausstellung des imai wurde *Il nuotatore* im Obergeschoß des NRW-Forums präsentiert (Farbabb. 6).[13] An der Rückwand des oberen Foyers waren 12 Monitore aufgestellt, die die bewegten Bilder des Schwimmers zeigten. Die Leuchtröhren wurden verdeckt hinter den Monitoren angebracht, so dass die von ihnen erzeugte blaue Lichtaura die Installation diffus umgab. Der Monitor, auf dem das Video mit der Uhr zu sehen war, wurde wenige Meter entfernt neben dem Treppengeländer aufgestellt (Farbabb. 5).

Digitalisierung und Synchronisation

Entscheidend für die Wirkung von *Il nuotatore* ist in erster Linie, dass der Schwimmer die einzelnen Monitorrahmen zu ‚durchschwimmen' scheint. Dieser Effekt ist nur durch eine präzise Abstimmung zwischen den 12 Videos zu realisieren. Für die Aufnahmen des Schwimmers verwendeten die Künstler von Studio Azzurro 12 Videokameras, die mit 12 U-matic-Aufnahmegeräten verbunden waren. Als der Schauspieler bei den Dreharbeiten zu schwimmen anfing, wurde als Startsignal ein Blitzlicht eingesetzt, das gleichzeitig von allen Kameras aufgenommen wurde und zur späteren Synchronisation der 12 Videoaufnahmen diente. Bei der ersten Präsentation der Arbeit erfolgte die Synchronisation manuell mithilfe einer Fernbedienung, mit der alle 12 Abspielgeräte gleichzeitig eingeschaltet werden konnten. Am Ende eines Zyklus mussten die Künstler von Studio Azzurro jedes Band zurückspulen, bis das in dem Schwimmbad aufgenommene Blitzlicht erschien. Nachdem alle Bänder bis zu dem vom Blitzlicht markierten Einstiegspunkt zurückgespult worden waren, wurde die PLAY-Taste der Fernbedienung gedrückt, die die Wiedergabe bei allen Abspielgeräten gleichzeitig startete. Die Laufzeit war durch die Länge der U-matic-Bänder bedingt und dauerte eine Stunde. Danach mussten die Bänder wieder einzeln zurückgespult werden, wodurch eine Unterbrechung entstand.

In den folgenden Jahren wurde die technische Umsetzung der Videosynchronisation mehrfach verändert. Es ist nicht dokumentiert, wann die Künstler ein Tonsignal auf Kanal 2 jeder Videoaufzeichnung des Schwimmers hinzufügten. Das Signal ertönte an dem Punkt des Videos, in dem das Blitzlicht erschien. Für die Synchronisation der 12 Abspielgeräte wurde bei dieser automatisierten Variante ein Steuerungsgerät mit Relais verwendet, das den Einstiegspunkt jedes Videos durch Erkennung des Tonsignals selbsttätig suchte. Sobald es die Tonsignale aller Videobänder registriert hatte, schaltete

13 Nach einer ersten Idee sollte das Werk auf dem Treppenabsatz im Erdgeschoß aufgebaut werden. Ein speziell dafür entwickeltes Podest hätte die Höhenunterschiede der ersten Stufen der Doppeltreppe abgefangen, um Platz für die Reihe von 12 Monitoren zu schaffen. An diesem Ort wäre die Installation ein Blickfang für die Besucher gewesen, sobald sie das NRW-Forum betreten hätten.

es den Abspielmodus ein.[14] Ab der Mitte der 1990er Jahre – nachdem die Videos auf Laserdisks migriert worden waren – erfolgte die Synchronisation mithilfe eines externen Rechners und einer Synchronisationssoftware. Auch bei dieser Fassung entstand am Ende der Laufzeit eine Pause, bis die Laserdisks wieder von vorne begannen.

Zu Beginn des vom imai gestarteten Restaurierungsprojekts wurde der Zustand sowohl der ursprünglichen U-matic-Bänder als auch der später produzierten Laserdisks evaluiert. Im unmittelbaren Vergleich schien die Bildqualität der Laserdisks besser als jene der U-matic-Bänder. Grund dafür ist, dass die Version auf Laserdisks zu einem Zeitpunkt erstellt wurde, zu dem die analogen Bänder noch wenige Alterungserscheinungen aufwiesen. Allerdings wurden 2006 auch bei den Laserdisks bereits Alterungsschäden festgestellt. Während beim Abspielen der U-matic-Bänder verschiedene Bildfehler, vor allem Dropouts, auftauchten, zeigten die Laserdisks ein Großflächenflimmern und eine kontrastarme und unscharfe Bildqualität. Solche Bildbeeinträchtigungen sind darauf zurückzuführen, dass nach heutigen Erfahrungswerten bei einigen Laserdisk-Produkten nach circa 10 bis 20 Jahren eine Zersetzung der Datenschicht eintreten kann.

Außerdem wurde bei der Evaluation festgestellt, dass die Länge des Videomaterials auf den Laserdisks nur eine halbe Stunde anstatt einer Stunde betrug und anders geschnitten war als jenes auf den U-matic-Bändern: Alle Inserts, die in der längeren U-matic-Version auftauchten, waren auch in der halbierten Fassung der Laserdisks wieder zu finden und erschienen daher mit einer erhöhten Häufigkeit. Diese Überarbeitung des Videomaterials war jedoch von Studio Azzurro nicht dokumentiert worden. Es stellte sich also die Frage, welche Fassung der Arbeit konserviert werden sollte. Die U-matic-Bänder wurden gereinigt, und es wurde entschieden, sowohl das Videomaterial der U-matic-Bänder als auch das Videomaterial der Laserdisks auf Digital Betacam-Bänder zu überspielen. Aus den Digitalmastern der beiden Versionen (U-matic und Laserdisks) wurde zusätzlich jeweils eine restaurierte Digital Betacam-Kopie erstellt. Die Digital Betacam-Bänder mit den restaurierten Fassungen dienten als Ausgangsmaterial für die Erzeugung von Ausstellungskopien im MPEG-2-Format. Für die Präsentation am imai wurden die MPEG-2-Dateien verwendet, die aus dem Videomaterial der Laserdisks stammten, da die Bildqualität dieses Materials – wie oben bereits erwähnt – besser erschien. Eine Präsentation der Arbeit mit dem digitalisierten Videomaterial aus den U-matic-Bändern wäre aber auch jederzeit möglich. Das Video der Uhr, das auf einem Betacam SP-Band vorhanden war, wurde ebenso digitalisiert und auf Digital Betacam übertragen. Als Ausstellungskopie wurde auch in diesem Fall eine MPEG-2-Datei erzeugt.

In den früheren Präsentationen der Arbeit entstand bei Dauerbetrieb eine Störung im Gleichlauf der 12 Videos des Schwimmers. Bei der Ausstellung des imai erfolgten die Wiedergabe und Synchronisation der Aufnahmen des Schwimmers durch einen 12-kanaligen MPEG-Player mit integrierter Steuerungs-Software, die eine nachhaltige Synchronität der Videos garantierte. Allerdings hat die Migration der Synchronisa-

14 Vgl. Leonardo Sangiorgi im Interview mit der Verfasserin in diesem Buch, S. 67.

tionstechnik die Rezeptionsbedingungen der Installation verändert. Entstand früher am Ende der Videos eine technisch bedingte Pause (die bei der Version mit U-matic-Geräten besonders lang ausfiel), ermöglicht die digitalisierte Fassung eine Wiedergabe im Loop, so dass der Schwimmer seine Bahnen endlos zu ziehen scheint.

Präsentationsgeräte

Die Röhrenmonitore mit ihrer gewölbten Bildschirmoberfläche verleihen der Installation eine besondere Ästhetik. Sieht man die Bilder von *Il nuotatore* auf Röhrenmonitoren, gewinnt man den Eindruck, den Schwimmer und die Bewegung des Wassers durch eine Reihe von Bullaugen, wie aus einem Schiff, zu beobachten. In allen Ausstellungen bis zum Jahr 2009 wurde *Il nuotatore* mit Röhrenmonitoren installiert, so dass der technische Bezug zur Entstehungszeit des Werkes, die skulpturale Objektqualität der Geräte und die von ihnen hervorgerufenen Assoziationen evident blieben. Da Röhrenmonitore und die entsprechenden Ersatzteile in nächster Zukunft voraussichtlich nicht mehr erhältlich sein werden, wurde in der Fallstudie die Frage erörtert, ob Flachbildschirme die Röhrenmonitore in *Il nuotatore* ersetzen dürfen. Leonardo Sangiorgi ist der Ansicht, dass Flachbildschirme für die Präsentation der Arbeit ebenso gut geeignet seien. In seiner Vorstellung kann *Il nuotatore* sogar mit Projektionen realisiert werden. In der Tat wurden die 12 Videos des Schwimmers und das Video der Uhr anlässlich der *Langen Nacht der Museen* am 9. Mai 2009 auf Großleinwänden an der Fassade des NRW-Forums in Düsseldorf projiziert (Farbabb. 7). Diese Inszenierung weicht damit von den vorherigen Präsentationen wesentlich ab.

Um die engen Dimensionen des Bildschirms kreativ zu überwinden, verwendete Studio Azzurro Anfang der 1980er Jahre Monitore als Module, die gestapelt und aufgereiht werden konnten. Die projizierte Fassung von *Il nuotatore* rückt dagegen die Arbeit in die Nähe der späteren Installationen der Künstlergruppe, in denen das Videobild durch den Einsatz von Projektionen vom Monitorrahmen komplett befreit wurde.[15] Die historische Konnotation von *Il nuotatore* ist daher in der Version des Jahres 2009 nicht mehr ablesbar. Bei der *Langen Nacht der Museen* wurde außerdem sowohl auf das blaue Licht als auch auf die akustischen Komponenten der Arbeit verzichtet. Der Betrachter begegnete den Bildern des Schwimmers auf eine neue Art und Weise. Standen die Monitore in den früheren Präsentationen auf der Augenhöhe des Betrachters, wurden die Videos 2009 in mehreren Metern Höhe projiziert. Der Rezipient tauchte nicht in ein von blauem Licht gesättigtes Ambiente ein, sondern sah aus der Ferne, wie die Projektionen des Schwimmers in der Nacht leuchteten. Nicht sichtbar für den Betrachter aber im Geiste präsent war der Rhein, der, nur wenige Meter vom NRW-Forum entfernt, parallel zu seiner Fassade fließt.

15 Vgl. Rosa 2007, S. 47–48.

Die Präsentation von *Il nuotatore* von 2009 ist aus kunsthistorischer Sicht als eine neue, auf einige Bestandteile reduzierte Fassung der Arbeit zu betrachten. Es gehört zur Arbeitspraxis von Studio Azzurro, Werke aus unterschiedlichen Anlässen zu überarbeiten, wie aus dem in diesem Buch abgedruckten Interview mit Sangiorgi deutlich wird. Da *Il nuotatore* noch im Besitz der Künstler und nicht musealisiert ist, kann die künstlerische Reinterpretation der Arbeit von 2009 als Teil des kreativen Prozesses angesehen werden (siehe die Phasen des Entstehungsprozesses einer Medienkunstinstallation S. 26). Würde das Werk jedoch einer Museumssammlung gehören, müssten der historische Wert und die mit den Röhrenmonitoren verbundene Ästhetik bei seiner musealen Präsentation – sofern Röhrenmonitore noch zur Verfügung stehen – beim Entscheidungsprozess für die Inszenierung berücksichtigt werden. Der Fall von *Il nuotatore* zeigt exemplarisch, welche Möglichkeiten die neuen Abspiel- und Präsentationstechniken bei der Synchronisation und Inszenierung von Videoinstallationen eröffnen. Eine Migration impliziert jedoch auch immer eine Veränderung in der Wirkung der Arbeiten, die zu reflektieren ist.

Ergebnis

Aus der Fallstudie über *Il nuotatore* haben sich einige Aspekte herauskristallisiert, die bei der Erhaltung von (synchronisierten) Mehrkanal-Installationen berücksichtigt werden müssen. Zuerst gilt es, einerseits die Informationsträger und andererseits die Präsentationsgeräte der Installation zu erfassen. Außerdem müssen die Produktions- und Postproduktionsbedingungen der verschiedenen Videos ermittelt werden. Diese Informationen helfen dabei, Alterungsschäden von produktionsbedingten Merkmalen zu unterscheiden. Zum Beispiel benutzte Studio Azzurro für die Produktion der 12 Videos vom Schwimmer 12 Kameras der Firma JVC, die jedoch nicht typgleich waren. Die unterschiedlichen technischen Eigenschaften der Kameras haben dazu geführt, dass sich die 12 Videos im Farbton etwas unterscheiden. Nachträglich die Farbe des Wassers in allen Videos anzugleichen, wäre nur bedingt möglich und würde das Werk eines ursprünglichen Merkmals berauben, das laut Sangiorgi nicht als Defekt gesehen werden muss.[16]

Bei synchronisierten Mehrkanal-Installationen ist die Funktion der Synchronisation für die Bedeutung der Arbeit zu analysieren. Es sollte recherchiert werden, ob das Videomaterial und die Synchronisationstechnik in der Vergangenheit bereits Veränderungen unterzogen wurden. Eine vorliegende Dokumentation soll deswegen auf ihre Vollständigkeit hin überprüft werden. Im Fall von *Il nuotatore* war zum Beispiel nicht bekannt, dass Studio Azzurro das Videomaterial bei der Migration von U-matic- auf Laserdisk-Technik nicht nur gekürzt, sondern auch neu geschnitten hatte.

16 Vgl. Leonardo Sangiorgi im Interview mit der Verfasserin in diesem Buch, S. 69.

Zudem ist die Frage zu erörtern, inwieweit eine eventuelle Asynchronität der Videos akzeptiert werden kann, und ab welchem Störungsgrad ein Eingriff in der Synchronisationstechnik notwendig wird. Die Antwort darauf ist stets abhängig von der Bedeutung, die die Synchronisation für die Arbeit besitzt. Bei einer Migration der Synchronisationstechnik ist nicht nur zu bedenken, dass dadurch eine Nachhaltigkeit für den Dauerbetrieb der jeweiligen Arbeit erzielt wird, sondern auch welche Konsequenzen für die Gesamtwirkung der Arbeit daraus entstehen.

Zusammenfassend hat sich folgender Fragenkatalog aus der Fallstudie ergeben:

- Wie viele Informationsquellen hat die Installation?
- Wie viele und welche Präsentationsgeräte gibt es?
- Wie wurden die einzelnen Videos der Installation produziert?
- Wurden sie postproduziert und wenn ja, welche Nachbearbeitungen wurden durchgeführt (z. B. Schnitt, Farbkorrektur etc.)?
- In welchem Speicherformat liegen die Videos derzeit vor?

- Sind die Videos synchronisiert?
- Wenn ja, welche Wirkung soll durch die Synchronisation erreicht werden?
- Wie erfolgte die Synchronisation in den vergangenen Präsentationen der Installation?
- Sind alle Veränderungen, denen die Videos und ihre Synchronisation in der Vergangenheit unterzogen wurden, dokumentiert?
- Falls die Synchronisationstechnik in der Vergangenheit verändert wurde, welche Konsequenzen hatte das für die gesamte Arbeit?

- Inwieweit darf eine Asynchronität der Videos toleriert werden?
- Welche Auswirkungen auf die Rezeption der Arbeit hätte eine Aktualisierung der Synchronisationstechnik?

Leonardo Sangiorgi, Mitglied der Gruppe Studio Azzurro, im Gespräch mit Tiziana Caianiello

Fabbrica del Vapore, Mailand, am 22. April 2008

Aus welchem Grund bevorzugt Ihr den Begriff ‚Videoambientazione' oder ‚Videoambiente' (Videoenvironment), um eure Videoinstallationen zu definieren?
Der Begriff Videoinstallation erschien uns etwas zu eingeschränkt, gemessen an dem des ‚Videoambiente', da er lediglich das materielle Produkt der Arbeit bezeichnet, das Umfeld, in welchem das Werk platziert wurde, jedoch vernachlässigte. Tatsächlich wird der Begriff Videoinstallation vor allem innerhalb des typischen Produktions- und Distributionssystems der Kunst und des Kunstmarktes gebraucht, in dem die Räume schon vorfabriziert sind: Galerien und Museen, die dafür geplant sind, das Werk – und letztlich auch die emblematische Figur seines Schöpfers – hervortreten zu lassen. Auf diese Weise werden sie zu Orten der Verherrlichung von Objekt und Künstler.

Daher haben wir beschlossen, einen neuen Begriff zu benutzen, der zwar das Vorangegangene evoziert, den Akzent aber auf den Raum verlegt, welcher dann allerdings nicht mehr die ‚black Box' oder die ‚weiße Zelle' ist. Der Raum beheimatet nicht nur das Werk, sondern partizipiert an seiner Entwicklung. Von grundlegender Bedeutung ist für uns die Beziehung zwischen der Installation – bestehend aus dem Programm und dem Objekt, welches die Sichtbarmachung des Bildes ermöglicht – einerseits und dem Raum, in welchem das Objekt aufgestellt wird, und dem Betrachter andererseits. Das Videoambiente verlagert also im Vergleich zur Videoinstallation den Diskurs auf die Architektur. In der Architektur ist der Betrachter ein Bewohner, er hat eine immersive Wahrnehmung von 360° und ist nicht nur passiver Beobachter.

Wie ist das Werk *Il nuotatore* entstanden?
Wir haben alle keinen technischen Hintergrund, was letztendlich ein Vorteil war, denn somit sind wir nicht durch die Grenzen der Technik beeinflusst worden, sondern haben das Video wie eine plastische Materie behandelt. Dieser Umstand hat es uns erlaubt, uns Inhalte vorzustellen, bevor wir sie in technische Funktionen umsetzen mussten. Das elektronische Bild wurde zu Beginn der 1980er Jahre normalerweise auf Bildschirmen präsentiert, so dass es physisch begrenzt war. Wir haben die Dimension des Bildschirms immer als einengend empfunden und daher stets die Vorstellung von weitaus größeren Bildern gehabt, als der Monitor sie wiedergeben konnte. Noch bevor die Videowand entwickelt wurde, hatten wir bereits die Idee, das Videobild zu vergrößern und uns einer Dimension anzunähern, welche reale Maße

hat und vielleicht die Kinoleinwand anklingen lässt. Ein Bild von 28 Zoll – also eine Figur, die stehend 40 cm misst – in einem realen Umfeld entstehen zu lassen, hätte für uns keinen Sinn gemacht. Wenn sowohl das Umfeld als auch der Betrachter eine bedeutende Rolle innehaben, dann ist klar, dass das elektronische Bild, also das dritte Element dieses Dreiklangs, ihnen gegenübergestellt werden soll und auch physisch das gleiche Gewicht haben muss. Wie aber soll man ein solches Ergebnis erzielen? Wir hatten die Idee, die Monitore in Mosaiksteinchen umzuwandeln und dann diese Steine zusammenzusetzen wie in einem Kinderspiel. Jedes Steinchen wurde mit der höchstmöglichen Auflösung realisiert, die damals zu erreichen war, also haben wir so viele Aufnahmen gemacht, wie wir Mosaiksteinchen brauchten. Der Einfall, die Monitore zu synchronisieren erlaubte uns, eine Lilliput-Dimension zu überschreiten, um beim elektronischen Bild eine Skala von 1:1 zu erreichen, mit der es sich der Realität gleichwertig gegenüberstellen und somit den ihn umgebenden Raum einnehmen konnte. Die erste Arbeit, in der dieses Konzept visualisiert wurde, war der ‚Videoschrank' in dem Projekt *Luci di inganni* von 1982.

Ein anderer Impuls war damals das Aufkommen des Privatfernsehens und der Videoclips, die uns den Anreiz gaben, einen komplett gegenteiligen Diskurs zu beginnen.

Dementsprechend stand Euer Werk bewusst im Gegensatz zur Ästhetik des Videoclips?
Natürlich, denn während die Videoclips fürs Fernsehen gemacht wurden, arbeiteten wir daran, ein Environment zu erschaffen. Der Betrachter ist ja nicht gefesselt, sondern kann sich frei bewegen, er wählt seinen eigenen Blickpunkt und den Zeitpunkt, wann er hinsieht. Auf diese Weise übt er eine Art persönlicher Regie über die Bilder aus. Unsere Vorstellung eines Besuchers ist nicht die eines Zuschauers, sondern die eines Regisseurs. Während beim Videoclip eine komprimierte Erzählung vorherrscht, die in der Funktion der Musik steht, haben wir eine Erzählung kreiert, die aus verschiedenen erzählerischen Segmenten besteht, mit ausgedehnten Zeiten und einfachen Bildern, die sich wiederholen.

Ich meine aus einigen Texten über *Il nuotatore* verstanden zu haben, dass die Beziehung zwischen dem von Wasser gebildeten Vordergrund, der Bewegungsbahn des Schwimmers und der Ebene des Hintergrundes eine fundamentale Rolle für die Installation spielt.
Dieses Thema war zunächst in der konzeptuellen Phase des Werkes nicht so präsent. In der Folge jedoch hat es eine ganze Reihe von Überlegungen hervorgerufen. Die Synchronisation von 12 Bildern erschafft in der optischen Komposition Probleme, weil die Enden der optischen Kegel der 12 nebeneinander platzierten Kameras nur auf einer Oberfläche ohne Tiefe optimal übereinstimmen, ohne Zwischenräume zu bilden, während für die Aufnahmen der Raum für den Schwimmer einkalkuliert werden musste. Zwischen den Aufnahmebereichen war daher ein Intervall, welches die Kameras nicht wahrnahmen und das dafür sorgte, dass das Bild unterbrochen erschien (Farbabb. 8). So sahen wir, dass wir einen minimalen Aktionsraum hatten,

eine wirklich extrem komprimierte Bühne, die anfangs von zwei Ebenen gezeichnet war, einer, die durch den Streifen des Wassers dargestellt wurde, und dann der Ebene des Hintergrundes.

Schon in den Skizzen begann sich die Trennungslinie zwischen Wasser und Luft abzuzeichnen, ein weiteres wichtiges Thema für *Il nuotatore*. Wenn der Betrachter in den Raum tritt und der Schwimmer hat noch nicht begonnen zu schwimmen, nimmt er ein zweidimensionales Bild wahr, das aus verschiedenen farbigen Bändern besteht, die von der Linie zwischen Wasser und Luft bestimmt werden. In dem Moment, in dem der Schwimmer beginnt, sich zu bewegen, wird der Raum dreidimensional, so als ob das zweidimensionale Bild verrutscht oder ausbricht und man sieht das Weiß des Hintergrundes, den Körper des Schwimmers und das Blau des Wassers.

Welche Bedeutung hat der Verweis auf Heinrich Bölls Erzählung *Du fährst zu oft nach Heidelberg* in *Il nuotatore*?
Es unterstreicht in erster Linie die literarische und nicht die elektronische Herkunft des Objektes. Es war Paolo Rosa, der eine Zeit lang mit einer sehr politisch und sozial orientierten Gruppierung gearbeitet hat, welcher als erster die Erzählung las und sie mit den Visionen verband, die im Studio schon vorhanden waren, aber bisher noch keine Struktur hatten.

Was war der Grund für Eure Entscheidung, die Erzählung Bölls von einer Italienerin, Marina Aldovisi, im Original lesen zu lassen, um sie anschließend ständig von Christina Kubisch, welche die Aussprache einiger Wörter korrigiert, unterbrechen zu lassen?
Hier schließt sich der Kreis. Wir haben uns gefragt, wie wir eine Erzählung manipulieren können, ohne ihren Inhalt entarten zu lassen, wie literarische und zeitliche Verschiebungen zu erreichen sind, ohne diesen Vorgang langweilig oder mechanisch werden zu lassen, sondern ihn statt dessen in eine zusätzliche narrative Ebene zu verwandeln. Das Werk äußert sich auf drei narrativen Ebenen: Die erste ist die synchrone des Schwimmers, wo man sich fragt, wer das ist und warum er eine Stunde lang hin und her schwimmt, zumal man sieht, dass es sich nicht um einen Sportler handelt, da er schon nach 30 Minuten mit einer gewissen Anstrengung schwimmt. Dann gibt es eine narrative Ebene, die aus 100 Microevents zusammengesetzt ist, welche auf den einzelnen Monitoren erscheinen, und schließlich gibt es die Erzählung selbst, welche aber eine modifizierte DNA hat, da Interferenzen eingefügt wurden. Genauso wie die hundert Microevents nie die Bewegung des Schwimmers behindern, weil sie immer in einem Bildschirm beginnen und enden, welcher in dem Moment nicht von ihm besetzt ist, so mischt sich die Korrektur der Aussprache immer in die Erzählung ein, ohne sie wirklich zu unterbrechen. Um den ganzen Diskurs abzuschließen, gab es bei dem Aufbau im Palazzo Fortuny (Venedig) die Komposition einer Doppelansicht des Schwimmers: 24 Monitore wurden so aufgestellt, dass man sich drumherum bewegen konnte. Die Installation war in der Mitte des Raumes angesiedelt und erweckte den Eindruck, als sei ein Stück Realität aus ihrem Kontext geschnitten, wie ein Stück Wassermelone: Wir

haben ein Stück Wasser herausgeschnitten, ein Stück Erzählung, und das haben wir ausgestellt. Oder aber wir haben genau das Gegenteil getan: Da die Installation innerhalb eines leeren Schwimmbades platziert war, schien es, als ob wir einen Großteil des Wassers abfließen lassen und den Rest in die Monitore eingeschlossen hätten, um dem Publikum zu gestatten, sich im entleerten Schwimmbad zu bewegen.

Welche Funktion haben die „Microevents"?
In Kürze formuliert, verstärken sie noch einmal das Konzept des Bausatzes. Das Ereignis ist in den Monitor eingesperrt. Wir haben zwar die virtuelle Realität erweitert, aber es amüsiert uns, dem Publikum zu erklären, dass sie noch immer aus geschlossenen Modulen zusammengesetzt ist. Auf der einen Seite lassen wir diese Realität raumfüllend sein, auf der anderen enthüllen wir aber, dass es sich um eine Illusion handelt, denn indem wir einige Ereignisse in ein einziges Modul sperren, lassen wir den Trick dahinter sichtbar werden. Außerdem ist ein weiteres fundamentales Thema von *Il nuotatore* die Zeit. Es gibt drei Darstellungen der Zeit im Projekt *Il nuotatore*: die erste ist die der Kontinuität, die durch die Synchronität und die Pendelbewegung des Schwimmers innerhalb der 12 Monitore entsteht, die zweite ist die der durch die Mikroereignisse fragmentierten Zeit, die dritte schließlich wird durch das Video der Uhr gebildet, das – und das darf man nicht vergessen – integraler Bestandteil von *Il nuotatore* ist. Es ist eine Uhr, die nicht nur mit den Zeigern rückwärts geht, sondern auch Stunden überspringt und sich zudem bewegt. Die Uhr repräsentiert damit Asynchronität.

Wie habt Ihr das Video der Uhr gemacht?
Das Video wurde mit unserer tragbaren Telekamera (Betamax) auf einem kleinen, sehr frequentierten Platz in der Nähe des Palazzo Fortuny gedreht, während wir eine Uhr in der Hand hielten. Ich weiß nicht mehr, ob wir die Uhr oder die Kamera bewegt haben. Wir haben eine Originalaufnahme mit der richtigen Belichtung gemacht, danach wurde die Aufnahme auf den Monitor übertragen und ihrerseits wieder von einer Telekamera aufgenommen. Das Video ist dementsprechend die Aufnahme einer Aufnahme. Ich erinnere mich nicht mehr, ob die Farbvariationen von der Telekamera stammen oder vom Monitor, der die Aufnahme wieder ausgestrahlt hat. Die Telekamera war eine Sony, ausgerichtet auf den amerikanischen Markt, die im NTSC-Standard aufnahm. Das Farbsystem war kein RGB-Standard. Die Kontrolle der Farbtonalität erfolgte über die Regler der Kamera. Auf diese Weise wurden die vorherrschenden Farbwerte ins Video eingefügt, wahrscheinlich als wir die zweite Aufnahme der Uhr gemacht haben.

Wie habt Ihr die 12 Monitore von *Il nuotatore* in der Nachproduktion bearbeitet? Habt ihr ein Synchronisationssignal hinzugefügt?
Das Synchronisationssignal wurde nicht in der Nachbearbeitung hinzugefügt, sondern direkt bei der Produktion gemacht. Wir hatten 12 Telekameras und 12 Aufnahmegeräte und wir haben ein Schaltgehäuse gebaut, welches die Fernsteuerung der verschiedenen ¾-Zoll-U-matic-Player in eine einzige Drucktaste leitete, so dass, wenn man über die Ferntaste den Play/Rec-Knopf drückte, alle Aufnahmegeräte gleichzeitig in

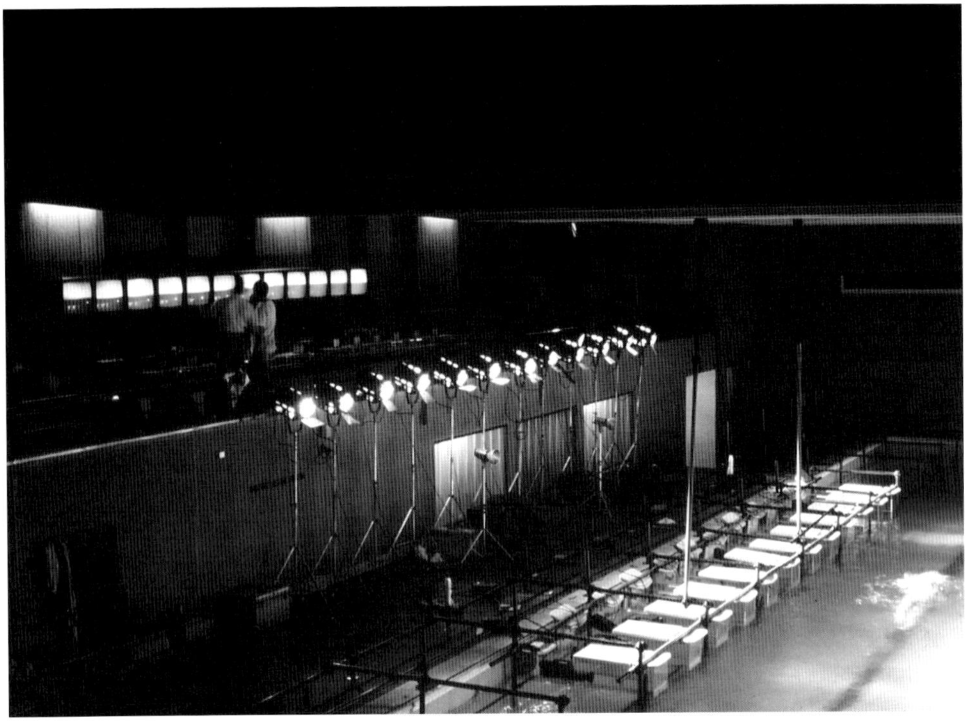

Produktion der 12 Videos des Schwimmers / Production of the 12 videos of the swimmer, Sportzentrum / sport centre *Il Cigno*, Sesto San Giovanni (Mailand / Milan), 1. Juli /July 1984. Photo © Studio Azzurro

Betrieb gesetzt wurden. Das gleiche Objekt half uns, *Il nuotatore* in Szene zu setzen. Es handelte sich um einen handgemachten Mechanismus, den der Techniker eines JVC-Händlers konstruiert hat. Der JVC- Händler hat uns auch ermöglicht, die 12 fast gleichen Kameras zu finden, um das Video zu erstellen.

In der ersten Version von *Il nuotatore* haben wir die Synchronisation erreicht, indem wir in dem Moment, in dem der Schwimmer startete, ein Blitzlicht auf das Schwimmbecken geworfen haben. In allen Originalaufnahmen des Videos sieht man daher aufgrund des Blitzlichtes am Anfang ein weißes Einzelbild. Es wurde von den 12 Kameras aufgenommen und von den 12 Aufnahmegeräten, die mit den Kameras verbunden waren, aufgezeichnet. Auf diese Weise konnten wir die 12 Videos des Schwimmers per Hand synchronisieren. Das heißt, dass bei der ersten Präsentation des Schwimmers jemand dabei sein musste, der die Installation jede Stunde erneut synchronisierte. Normalerweise machten wir das. Da gab es diesen Kasten mit 12 Schaltern und den Stop-, Pause- und Play-Tasten. Die 12 Schalter steuerten die 12 Player, d. h. man öffnete den ersten Schalter, drückte ‚Play‘ und konnte beginnen, die Kassette auf dem ersten Bildschirm zu gucken. Sobald man das Blitzlicht sah, drückte man Pause und setzte damit das erste Wiedergabegerät auf Standby/Warteposition. Dann öffnete man den Schalter des zweiten Wiedergabegerätes und drückte wieder ‚Play‘, um das zweite Band zu gucken, bis das Blitzlicht erschien und man wieder ‚Pause' drückte. Diese Aktion wiederholte man insgesamt 12 Mal. Auf diese Weise glichen sich alle 12 Videos dem Blitzlicht an, das auf allen Bändern im selben Moment aufgenommen wurde. Danach öffnete man alle Schalter, drückte ‚Play', und alle 12 Wiedergabegeräte konnten gleichzeitig starten.

Am Anfang funktionierte die Installation so, in einer zweiten Version von *Il nuotatore* wurde diese Aktion mit einer Black Box ausgeführt, einem analogen Objekt, das mit verschiedenen Relais und einem Audiokanal verbunden war. Wir hatten ein Tonsignal von 1000 Hertz in Übereinstimmung mit dem Blitzlicht aufgezeichnet, so dass sich beim Registrieren des akustischen Pieps durch das System, das dazugehörige Relais schloss und dabei ein Kommando an den Fernsteuerempfänger des Players weitergab. Es funktionierte wie ein klassisches Alarmsignal. Man hörte 12 Pieptöne, die Player stoppten einer nach dem anderen, dann ließ der kleine Schaltmechanismus, der einen Timer hatte, ein paar Sekunden verstreichen, stellte sicher, dass alle Player auf Pause gestellt waren, und gab dann das Kommando zum Abspielen. Angesichts der Tatsache, dass die elektronischen Apparaturen nicht immer funktionieren, hatten wir oft technische Probleme.

Welchen Status haben für Euch die Reinstallationen eines Videoenvironments: Sind sie Rekonstruktionen des Originals, Variationen desselben Werkes, die es auf immer andere Weise interpretieren, oder ist jede gar ein autonomes Werk?
Wir haben eigentlich jede dieser Lösungen ein bisschen ausprobiert, die eine schließt eine andere nicht aus. Die Reinstallationen von *Il nuotatore* sind alle Auflagen desselben Werkes gewesen.

Die Installation hat sich aber beachtlich verändert.
Ja, aber das ist in dem Potential einer Recherche und einer Arbeit inbegriffen. Die Reinszenierung eines Werkes, die Möglichkeiten, es zu variieren, es zu duplizieren, es an zwei verschiedenen Orten gleichzeitig aufzulegen, es einfach an- und auszuschalten oder die Möglichkeit, dass es kaputtgehen kann, das alles sind Elemente, welche diese Arbeiten ausmachen, so dass einige Titel unserer Videoenvironments diese Veränderungen wiedergeben. *Il nuotatore* hat merkwürdigerweise eine gewisse Integrität bewahrt, denn auch wenn der Palazzo Fortuny und das Schwimmbad charakterisierend waren, so sind die essentiellen Teile des Videoenvironments – die 12 Monitore und das blaue Licht – doch reisefähig.

Dementsprechend sind für Dich der Kern der Arbeit *Il nuotatore* die Monitore und das Licht. Nun ist aber bei nachfolgenden Präsentationen der Arbeit nicht nur das Schwimmbad weggefallen, sondern auch die Monitore wurden von 24+1 auf 12+1 reduziert. Der Betrachter kann nicht mehr um die Arbeit herumgehen, wie es noch in Venedig der Fall war, wo der Schwimmer dank der doppelten Reihe an Monitoren von zwei Seiten sichtbar war. Meinst Du nicht, dass dieser Umstand die Art der Wahrnehmung des *Il nuotatore* fundamental verändert hat?
Natürlich. Aber im Vergleich mit unseren anfänglichen Intentionen haben wir beim *Il nuotatore* diese Veränderungen nicht so sehr empfunden. Denn *Il nuotatore* ist erst in

einem zweiten Schritt mit einer Ansicht von zwei Seiten geschaffen worden. Anhand der ersten Skizzen wird deutlich, dass die anfängliche Idee die einer frontalen Fläche war. Erst in einem nächsten Schritt dachten wir, dass es schön wäre, wenn man drumherum gehen könnte. Da die Rückseite der Monitore allerdings ein scheußlicher Anblick war, haben wir sie verdoppelt. Somit war das Problem der antiästhetischen Rückseiten gelöst und gleichzeitig die Bedeutung des Raums, in dem das Programm ausgestellt war, verstärkt. Diese Dopplung hat sich als effizient herausgestellt, sozusagen als ‚Sahnehäubchen': Wir hatten die Möglichkeit, eine Sache zu verstecken und eine andere durch Betonung zu verstärken.

Ich versichere Dir, dass ich das Video mit der Uhr stärker vermissen würde als die anderen 12 Videos des Schwimmers, obwohl die Uhr erst später entstanden ist. Die Uhr hat ihre eigene Entstehung in einem Aspekt, der wahrscheinlich im Konzept der Arbeit verankert ist, den wir aber am Beginn noch nicht sehen konnten, auch wenn er sich dann mit aller Kraft bestätigt hat: der Diskurs über die Zeit, die Synchronität und Asynchronität. Die Uhr ist in diesem Sinne fest mit der Erzählung von Böll verbunden. So wie es nicht die Erzählung war, die den Schwimmer hervorgebracht hat, sondern die sich später dort hineingebettet hat, so erscheint auch die Uhr nicht sofort in diesem Projekt. Erst in dem Moment, in dem sich die Erzählung in das Werk gefügt hat, haben wir uns die Frage gestellt, wie wir sie in ein visuelles Element übersetzen können, und somit ist die Uhr entstanden. Die Gleichzeitigkeit der Uhr und des Schwimmers hat ihrerseits dann wieder die Überschneidung der Zeiten, der visuellen und der literarischen, erzeugt.

Für uns sind diese Informationen sehr wichtig, um zu verstehen, welche Elemente der Arbeit auch in zukünftigen Präsentationen unverzichtbar sind.
Ich muss sagen, dass es sich weniger um physische, als vielmehr um Elemente der Wahrnehmung handelt. Zum Beispiel ist ein glänzender, spiegelnder Fußboden, der den Eindruck einer nassen Fläche erweckt, ein Element, das wir so gut wie nie benutzt haben. Dennoch würde er ideal in der Installation von *Il nuotatore* funktionieren, genauso wie Glas, eine durchsichtige Oberfläche, die zurückhält. Zeit, Transparenz, Licht, Synchronität-Asynchronität: Das sind die Bausteine der Arbeit, jenseits der Fliesen und des Schwimmbads, die bei der ersten Präsentation verwendet wurden. Wenn man *Il nuotatore* in einem leeren Schwimmbad aufbaute, könnte es auch funktionieren – auch wenn wir das nie ausprobiert haben. So wie wir uns auch gefragt haben, ob es nicht möglich wäre, *Il nuotatore* mit weniger Monitoren (6+1) aufzubauen. Wir haben uns schon öfter die Frage gestellt, welche Monitore wir wegnehmen könnten. Natürlich müssten es die seitlichen sein, die verschwinden. Auf diese Weise würde sich die Pause zwischen einer Wende und der nächsten verlängern, weil der Betrachter warten müsste, dass der Schwimmer auf dem vierten und fünften Monitor erscheint, um ihn zu sehen.

Wir haben den Schwimmer sogar auf einer Festung in Bozen gezeigt (Castel Mareccio). Ich muss sagen, dass es eine der widersprüchlichsten Präsentationen war, weil *Il nuotatore* in einer mittelalterlichen Burg in Südtirol mit Mauern aus unbehauenem

Stein, Holzdecken und Freskendekoration ein Fremdkörper bleibt. Aber am Ende hat es funktioniert.

Theoretisch könnte *Il nuotatore* also überall installiert werden?
Ja. Das Vorhandensein von realem Wasser am Installationsort könnte allerdings problematisch sein: Entweder besiegt das reale Wasser das der Installation oder das elektronische Wasser verursacht einen Kurzschluss mit dem realen, und beide Eindrücke löschen sich gegenseitig aus. Als wir zum Beispiel das Bühnenbild einer Theaterinszenierung im Außenraum entworfen haben, fand die Aufführung nachts statt, als die elektronischen Bilder, die Licht ausstrahlen, die Möglichkeit hatten, die Kraft der Realität zu übertreffen.

Zu den Veränderungen, die *Il nuotatore* im Laufe der Jahre durchlaufen hat, gehört die Migration der Informationsträger. In den 1990er Jahren habt Ihr die U-matic-Bänder auf Laserdisks kopiert.
Bevor wir uns über die Veränderung der Datenträger unterhalten, müssen wir einen Schritt zurückgehen. Als wir *Il nuotatore* produziert haben, hatten wir unterschiedliche Kameras zur Verfügung. Von den 12 zu dieser Gelegenheit benutzten Kameras, waren mindestens zwei nicht dasselbe Modell wie die anderen, und die gleichen Kameras hatten alle schon vollkommen unterschiedliche Leben hinter sich, so dass die Qualität der Bildaufnahmeröhren, die durch das Objektiv blickten und die Qualität des Lichtes, das durch die Bildaufnahmeröhren durchging und auf den Bändern festgehalten wurde, sehr unterschiedlich war. Das erklärt die Unterschiede in den Farben der verschiedenen Videos. Als wir den Schwimmer in Tokio aufgelegt haben, mussten die Videobänder in den NTSC-Standard übertragen werden, welcher in Japan benutzt wird. Der japanische Techniker hat bei dieser Gelegenheit probiert, die verschiedenen Grüntöne des Wassers einheitlich zu bekommen. Er ist zwar sehr nahe dran gekommen, aber es hat dann nicht ganz geklappt, weil die Kameras im Original unterschiedlich waren und daher die Realität, die jede Kamera eingefangen hat, den Parametern der jeweiligen Kamera entsprach. Das kann man als ein Mangel betrachten, es kann aber genauso gut ein Vorteil sein, weil das Werk am Ende nicht steril ist.

Die Videos von *Il nuotatore* wurden für die Präsentation in Düsseldorf digitalisiert. Auf diese Weise wurde eine bemerkenswerte Änderung eingefügt: man muss die Bänder jetzt nicht mehr am Ende eines jeden Zyklus zurückspulen, da die Videos automatisch immer von vorne beginnen. Meinst Du, dass diese Veränderung einen Einfluss auf die Wahrnehmung des Videoenvironments hat?
Unsere Arbeit korrespondiert mit dem Zeitgeist und ist sich daher der Themen des Flüchtigen und der Überproduktion von Bildern bewusst. Wir glauben, dass eine natürliche Auslese der Bilder stattfindet. Diejenigen, die es wert sind, in den nächsten Jahrhunderten konserviert zu werden, werden überleben. Die Selektion garantiert das Überleben einer Art. Für die weniger interessanten Werke werden auch keine Gelder ausgegeben, um sie zu konservieren und sie auf aktuelle Datenträger zu übertragen.

Gleichzeitig gibt die Überlebensfähigkeit der vergangenen Werke, die ihre Wirkung nicht eingebüßt haben, zu denken.

Wir haben diese Überlegungen auf die Felder der Musik und des Theaters übertragen: Shakespeares *King Lear* ist nicht mehr der, der 1605 im Londoner Globe Theatre gezeigt wurde, die *Zauberflöte* ist heute auch nicht mehr die Version, die 1791 von Mozart gemeinsam mit Schikaneder in Wien inszeniert wurde, dennoch haben sie ihre Wirkung bewahrt. Warum ist das so? Weil es Interpretationen gegeben hat. Es gibt eine interpretative und ausführende Dimension der Werke, die ihnen eine Dauer, eine Kontinuität erlaubt. Die Videoenvironments und die Installationen, die wir realisieren, haben außer einer skulpturalen und architektonischen auch eine theatrale und eine filmische Dimension. Diese Aspekte erlauben die Neuinterpretation des Werkes. Ich habe mich immer gefragt, warum niemand jemals *Il nuotatore* oder *Vedute* interpretiert hat, obwohl diese Arbeiten die Möglichkeiten dazu bieten. Wir haben die schlechtesten *Zauberflöten* gesehen, aber auch die wirkungsvollsten und evokativsten. Die Bedeutung des Komponisten, des Schriftstellers und des Dramaturgen geht über die einzelne Aufführung hinaus. Die Trennung zwischen Werk, Aufführung und Schöpfer hat es den Werken ermöglicht, zu überleben und ihnen die Möglichkeit gegeben, sich zu aktualisieren, während sie gleichzeitig eine starke mitteilsame Ausstrahlung behalten haben.

Es würde mich freuen, wenn unsere Arbeit, die so an die Technik geknüpft ist und damit flüchtig und flatterhaft ist – weil sie manchmal funktioniert und manchmal nicht, die Trägermaterialien sich verändern, die Kassetten nach zehn Jahren zu Staub zerbröseln etc. –, ihre expressive Kraft beibehalten könnte. Von daher ist es auf der einen Seite positiv, dass die Werke, die eine natürliche Auswahl bestanden haben, von einem Trägermaterial zum nächsten übermittelt werden, auf der anderen Seite würde es mich auch freuen, wenn die Möglichkeit in Betracht gezogen werden würde, unsere Arbeiten zu reinszenieren und interpretieren. Zum Beispiel: Herr Soundso interpretiert *Il nuotatore* des Studio Azzuro.

Wer aber fungiert als Interpret: der Kurator, der Restaurator, ein Assistent von Euch?

Der Schöpfer oder Hersteller ernennt in bestimmten Fällen einen Ersatz für eine Inszenierung, die den Möglichkeiten dieses Moments entspricht. Das, was zählt, ist aber, unbedingt ein Werk zu erschaffen, das interpretierbar ist. Wer Musik komponiert oder wer Theatertexte schreibt, weiß das und betrachtet es als selbstverständlich. Unter diesem Gesichtspunkt müssen wir uns meines Erachtens von den traditionellen Konzeptionen der Kunst lösen. Die Videoenvironments, die Videoinstallationen, die Produktionen, die Herstellungen dieser Art sind noch viel zu sehr an eine zentralisierende Figur gebunden, welche, ob einzeln oder als Gruppe, die Arbeit als ein absolutes Werk betrachtet, jenseits dessen nichts anderes existiert als ihre eigene philologisch exakte Rekonstruktion. Ich hingegen denke, dass man eine viel hybridere Lösung finden muss, so wie auch die Natur der Arbeit und der Recherche, die wir machen, hybrid ist. Ich finde es richtig, dass der Wert des ‚Werkes eines Künstlers‘ in unserer

Arbeit anerkannt wird, wodurch es sehr nah an der Präsenz und dem Geist dessen, der es konzipiert hat, bleibt. Gleichzeitig birgt es aber auch die Möglichkeit, von einem Interpreten inszeniert zu werden.

Wenn wir in eine Zukunft schauten, in der Studio Azzurro nicht mehr existiert, und wir wollten nun *Il nuotatore* wieder zeigen, wer könnte beauftragt werden, das Werk zu interpretieren?
Diese Gestalt müsste für mich neu erfunden werden.

Im Bereich der Musik und des Theaters hat man normalerweise eine Partitur oder einen Text, auf die der Interpret sich beziehen kann. An was könnte sich ein möglicher Interpret Eurer Videoenvironments orientieren?
Studio Azzurro schreibt viel und hat einige Kataloge und Bücher produziert. Grundlegend ist für uns auch die Dokumentation der Arbeiten, weil es die einzige Sache ist, die als Kompendium bleibt. Wir sind gegenüber den dokumentarischen Quellen immer aufmerksamer geworden. Zum Beispiel haben wir die ersten Zettel mit den Skizzen für *Il nuotatore* aufbewahrt.

Glaubst Du, dass die vorbereitenden Zeichnungen für eine eventuelle Reinszenierung wichtig sein könnten?
Ja, aber nennen wir diese ruhig „philologische Reinterpretationen". Die Untersuchung der ersten Zeichnungen könnte eine Neuinterpretation anregen, die am Ende abseits von der von uns realisierten Arbeit liegt. Ich sehe durchaus die Möglichkeit, von den Skizzen des *Il nuotatore* ausgehend, eine Neuauflage zu schaffen. Das ist dann sozusagen die Inszenierung einer Idee, die nie realisiert wurde, aber dennoch in Erscheinung getreten ist. Auch das wäre eine Möglichkeit.

Wo hingegen siehst Du die Grenzen einer Reinterpretation? Was z. B. würde passieren, wenn *Il nuotatore* mit Flachbildschirmen, statt mit Röhrenmonitoren installiert werden würde?
Da sehe ich keine Grenze. Es macht mir keine Angst, dass *Il nuotatore* am Ende vielleicht auf 12 Plasmabildschirmen gezeigt oder sogar projiziert wird. Womit ich hingegen große Schwierigkeiten hätte, wäre der Verlust der narrativen Einheit. Wenn die der Arbeit innewohnenden Themen wie der Kontrast zwischen Synchronität und Asynchronität oder die Kontinuität des Übergangs aufgegeben werden, dann wäre es nicht mehr *Il nuotatore*.

Und das Licht? Du sagtest, dass auch das blaue Licht eine grundlegende Bedeutung hat.
Zumindest was mich betrifft, könnte dieser Aspekt die durchlässige Schwelle darstellen, die Schneide, auf der die Variationsmöglichkeiten der Interpretationen liegen. Auch wir haben das Licht verändert: im Palazzo Fortuny hatten wir die Neonröhren am Rand des Schwimmbeckens, in der Fondazione per l'arte contemporanea Mudima

in Mailand hingegen haben wir die Neonröhren hinter den Monitoren festgemacht. Dieser rein physische Aspekt ist also zu vernachlässigen. Nicht zu vernachlässigen ist hingegen der konzeptuelle und narrative Aspekt, der hinter der Arbeit steht. Wenn man die Arbeit interpretiert, ist das in Ordnung. Wenn man sie aber zerstückelt, dann wird sie eine ganz andere Sache.

Demnach sind es weniger die Apparaturen oder die Szenografie der gesamten Installation, die Dir am Herzen liegen, als vielmehr der Inhalt.
Ja, das ist der wichtigste Aspekt. Fest steht, dass die Natur der Arbeit zweideutig ist: wenn man sie sich als Bild vorstellt, dann entsteht eine Differenz zwischen dem Original und der Reproduktion, denkt man sie sich aber als einen Film, so gibt es keinen Unterschied zwischen dem Original und der Kopie.

Kannst Du abschließend zusammenfassen, welche Elemente bei einer Reinstallation von *Il nuotatore* essentiell sind, um das Werk nicht zu verfälschen?
Der Kontrast zwischen Synchronität und Asynchronität ist grundlegend. Dann ist ein weiteres existentielles Element die Einheit der Erzählung. Für mich ist es das Wichtigste, diese Dinge zu erzählen und sie so zu erzählen, wie sie gedacht waren. An dritte Stelle würde ich die räumliche Dimension der Umgebung setzen. Es ist wichtig, dass man um die Arbeit herumgehen kann, daher muss sie in einem Raum präsentiert werden, in dem man sich bewegen kann – egal ob die Monitore flach sind oder Röhren haben. Es könnten sogar Hologramme sein, weil diese es zuließen, sie zu durchqueren. Erst an letzte Stelle würde ich die physische Dimension des Objektes setzen und damit die philologische Rekonstruktion der Installation. An diesem Punkt allerdings müsste man auch die Saba-TVs wieder finden, die wir für die allererste Präsentation benutzt haben.

FALLSTUDIE 2

In Situ von Gary Hill

Tiziana Caianiello

Einführung

In Situ von Gary Hill ist eine Einkanal-Videoinstallation aus dem Jahr 1986, bei der alle zugehörigen Geräte über eine automatische Steuerung betrieben werden. Diese reguliert nicht die Wiedergabe mehrerer Videos wie bei synchronisierten Mehrkanal-Installationen, sondern steuert nach einer festgelegten Abfolge das Ein- und Ausschalten verschiedener Geräte. Gary Hill definiert *In Situ* als eine „System Performance", eine Aufführung, die anstelle von Menschen durch ein technisches System vollbracht wird. In meinem Einführungsaufsatz habe ich allen Medienkunstinstallationen einen Aufführungscharakter zugesprochen. Bei *In Situ* dauert der programmierte Zyklus circa 17 Minuten. Danach entsteht eine Pause, die durch die notwendige manuelle Vorbereitung des nächsten Zyklus bedingt ist. In diesem Fall sind daher die verschiedenen Aufführungen deutlich voneinander getrennt, so dass der Aufführungscharakter der Installation evidenter ist als in Werken, die im Loop funktionieren.

2007 präsentierte das imai die Einzelausstellung *Gary Hill. Strange Trajectories* (16. September bis 28. Oktober 2007), in der unter anderen die Installation *In Situ* gezeigt wurde. Sie ist ein Schlüsselwerk im Œuvre von Gary Hill, denn bei dieser Arbeit verwendet der Künstler zum ersten Mal eine vom Fernsehgehäuse entfernte Kathodenstrahlröhre und verweist außerdem erstmalig auf den Roman *Thomas der Dunkle* des französischen Schriftstellers Maurice Blanchot. Die ungewöhnliche Verwendungsweise von Kathodenstrahlröhren fand danach in weiteren Werken des Künstlers Einsatz, wie zum Beispiel in *Between Cinema and a Hard Place* (1991). Auf Blanchots Roman ging Hill in der Videoarbeit *Incidence of Catastrophe* (1987/88) erneut ein. Die Installation *In Situ*, die sich im Besitz des Künstlers befindet, war 1990 zum letzten Mal präsentiert worden und sollte in der Ausstellung des imai wieder gezeigt werden. Die Fragen rund um die Präsentation regten zu einer Fallstudie[1] an, weil zu klären war, inwieweit und nach welchen Parametern Bestandteile von *In Situ* ersetzt werden können, ohne die Authentizität der Installation zu gefährden. Weiterer Schwerpunkt der Fallstudie war die Analyse und Dokumentation der Schaltfolge der Geräte.

1 Die Fallstudie wurde von Sandra Thomas initiiert und geleitet.

Werkbeschreibung

In der Installation *In Situ* betrachtet der Besucher ein Video auf einer Kathodenstrahlröhre mit 13-Zoll-Bilddiagonale, die aus ihrem Gehäuse herausmontiert und in das Gehäuse eines 20-Zoll-Monitors hineingestellt worden war. Das Video war ursprünglich auf U-matic-Band aufgenommen und wurde vom Künstler digitalisiert. Dem imai wurde eine Ausstellungskopie auf DVD zur Verfügung gestellt. Das Video setzt sich aus einer Montage von Fernsehmitschnitten und eigens für die Installation gedrehtem Videomaterial zusammen. Das aufgezeichnete Fernsehmaterial zeigt die TV-Berichterstattung über die Iran-Contra-Affäre des Jahres 1986. Die von Hill speziell gedrehten Szenen sind durch den Roman *Thomas der Dunkle* von Maurice Blanchot inspiriert. Dem Monitor gegenüber steht ein Fernsehsessel mit einem Sitzkissen, das im Verhältnis zur gesamten Sitzfläche viel zu klein ist. Hier soll der Betrachter Platz nehmen. Zwischen Monitor und Sessel ist ein Gehäuse mit zwei Ventilatoren am Boden platziert. Weitere vier Ventilatoren sind in säulenartigen Elementen in den vier Ecken des Raumes untergebracht und zur Mitte hin ausgerichtet. An der Decke ist ein speziell für die Installation angefertigtes Gerät aufgehängt (hier ‚Papierverteiler' genannt), das DIN A4 große Papierblätter ausstößt. Die Blätter sind doppelseitig mit Standbildern aus dem Video bedruckt und werden beim Herunterfallen durch die Ventilatoren aufgewirbelt. Kontrollsignale auf verschiedenen Tonspuren des Audio- und Videoträgers, die gemäß eines festgelegten Ablaufs den diversen Geräten zugeordnet sind, aktivieren die Relais, die den Bildschirm, den Papierverteiler, die Ventilatoren und einen Lautsprecher ein- und ausschalten.

Präsentation

Ebenso wie die erste Inszenierung der Installation *Il nuotatore* eine besondere Situation in deren Präsentationsgeschichte darstellt, ist auch die erste Präsentation von *In Situ* – wenn auch aus anderen Gründen – nicht ausschlaggebend für deren folgende Inszenierungen gewesen. Gary Hill zeigte *In Situ* zum ersten Mal im Rahmen des *National Video Festival* des American Film Institute (AFI) im Dezember 1986.[2] Für die Installation wurde ihm ein Raum zur Verfügung gestellt, in dem Schwarzweißfotos von Schauspielern an den Wänden hingen. Dort installierte Hill die Arbeit in einer diagonalen Ausrichtung und platzierte die verschiedenen Elemente der Installation direkt auf dem vorhandenen Fußboden (Farbabb. 9).

Im folgenden Jahr wurde *In Situ* bei der Ausstellung *The Situated Image* in der Mandeville Gallery in San Diego zum zweiten Mal präsentiert.[3] Bei dieser Inszenierung verlief die Ausrichtung der Installation parallel zum Ausstellungssaal. Außerdem war

2 *National Video Festival*, American Film Institute, Los Angeles, 04.–07.12.1986.
3 *The Situated Image*, Mandeville Gallery, San Diego, 16.05.–14.06.1987.

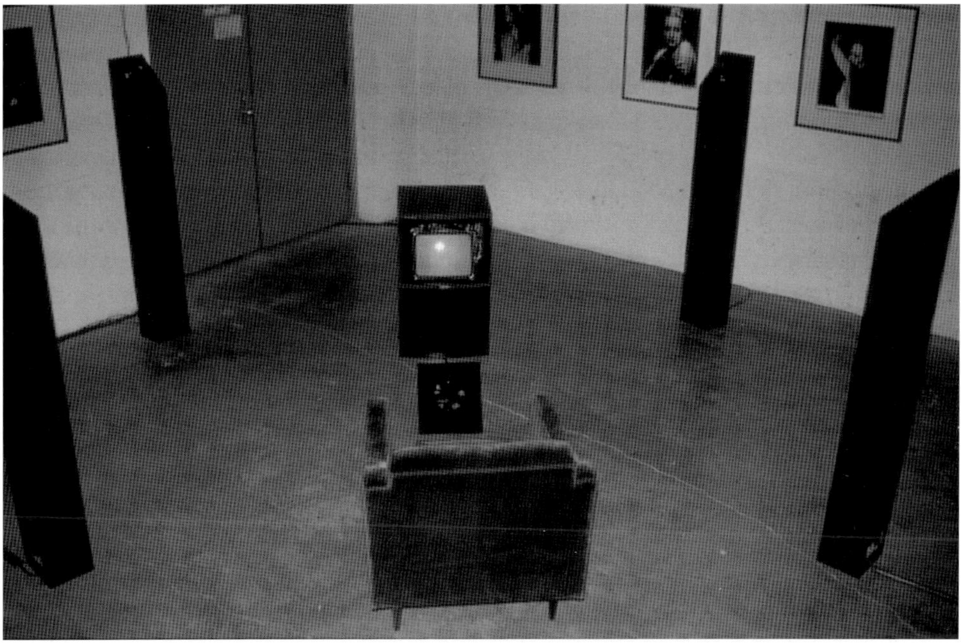

Gary Hill, *In Situ*, 1986, American Film Institute, Los Angeles 1986. Photo: Courtesy of the artist and Donald Young Gallery, Chicago

ein Teppichboden ausgelegt worden, der den Installationsraum vom Umfeld deutlich abgrenzte. Diese Art der Präsentation, die später lediglich durch ein niedriges Podest ergänzt wurde, setzte sich in den folgenden Inszenierungen durch (Farbabb. 10).[4] Die Dimensionen der Installation sind daher durch die Maße des Podests vorgegeben.[5]

Auch in der Ausstellung des imai wurden die Objekte auf einem mit Teppichboden überzogenen Holzpodest angeordnet, dessen Massivholzleiste die Begrenzungslinie der Installation markierte. Die Auswahl eines geeigneten Teppichbodens erfolgte in Absprache mit Gary Hill, der betonte, dass er grau und gerippt sein sollte.[6] Es wurde dabei klar, dass der Struktur des Teppichbodens besondere Aufmerksamkeit zu schenken war, weil der Künstler mit den Teppichrippen die Abtastzeilen eines Röhrenfernsehers assoziierte: „Das Podest, auf dem der Ablauf der Installation stattfindet, spiegelt

4 *Cinq pièces avec vue: 2e Semaine Internationale de Vidéo*, Centre genevois de gravure contemporaine, Genf, 16.–21.11.1987; Einzelausstellung im Cornish College of the Arts, Seattle / Washington, 01.–30.09.1987; *Otherwordsandimages*, Video Galleriet, Huset und Ny Carlsberg Glyptotek Museum, Copenhagen, 20.04.–13.05.1990. Nach der Präsentation des imai wurde die Arbeit noch in der Ausstellung *TV/Arts/TV. The television ‚shot‘ by artists*, Arts Santa Mònica, Barcelona, 14.10.–08.12.2010 gezeigt.

5 Maße des Podestes: 364 x 488 cm, Höhe: 2 cm.

6 Für die Präsentation des imai schickte Hills Assistentin Rayne Wilder ein Muster zur Orientierung. Ihr Begleitbrief an Sandra Thomas vom 07.08.2007 und das Muster werden in der Dokumentation der Installation am imai aufbewahrt.

auch die Proportionen eines Fernsehers wieder und ist mit einem grauen gerippten Teppichboden bedeckt, der an die Abtastzeile einer Kathodenstrahlröhre erinnert."[7]

Im Rahmen der Fallstudie wurde die Frage aufgeworfen, wie der Titel *In Situ* zu verstehen sei. Der lateinische Ausdruck ,in situ' wird normalerweise im Kunstbereich für Installationen benutzt, die mit ihrem Entstehungsort eng verbunden sind. Der französische Künstler Daniel Buren verwendet seit Anfang der 1970er Jahre für seine Werke die Bezeichnung „Arbeit in situ". 1985 schrieb er, dass eine „Arbeit in situ" als die Umwandlung eines Ortes durch ein visuelles Mittel definiert werden könne, wobei der Ort und das Mittel sich gegenseitig so beeinflussen, dass eine enge Verbindung zwischen dem Ort und der Arbeit entsteht.[8] Der Titel der Installation von Gary Hill darf nicht in diesem Sinne interpretiert werden. Das rechteckige Podest kann prinzipiell in jedem Raum aufgebaut werden, der dafür groß genug ist, und bildet darin eine selbstständige „Insel": „Das Werk wird quasi eingepflanzt, es ist nicht ortsspezifisch: Diese ganze ,Insel' kann überall hingestellt werden und sie ist ,in situ'."[9] Aus demselben Grund fand es der Künstler nicht problematisch, dass die Installation in Düsseldorf im Vergleich zu den vorherigen Präsentationen in einem größeren Ausstellungsraum aufgebaut wurde: „denn es ist eine Insel, sie kann schwimmen."[10]

Was bedeutet also der Titel *In Situ*, wenn die Installation nicht ortspezifisch ist? Es ist die Begegnung zwischen Videobildern und Zuschauer, die in Hills Werk eigentlich ,in situ' gezeigt wird, das heißt in einer Art Wohnzimmer, an dem Ort, in dem üblicherweise ferngesehen wird. Der Sessel und der Fernseher vermitteln dem Betrachter zuerst den Eindruck, dass er sich in einem vertrauten Raum befindet. Der Ausstellungsraum soll nach Angaben des Künstlers nicht so dunkel wie eine Black Box sein, da man normalerweise nicht in einem gänzlich unbeleuchteten Zimmer fernsieht. Die Beleuchtung ist wie bei einem skulpturalen Objekt einzusetzen, darf aber selbstverständlich nicht mit dem Videobild konkurrieren.[11]

Bei der Ausstellung *Cinq pièces avec vue* in Genf (Centre genevois de gravure contemporaine, 1987) war der Raum, in dem die Arbeit installiert wurde, kein typischer Ausstellungsraum, sondern ein Zimmer in einer Villa, das von Tageslicht durchflutet und mit einem Kamin ausgestattet war (Farbabb. 11). Der Künstler fand diese Umgebung geeignet für seine Arbeit, weil der Raum die Assoziation mit einem Wohnzimmer verstärkte.[12]

Der Anschein des Alltäglichen täuscht jedoch bei *In Situ*. Sowohl der Polstersessel als auch der Fernseher wurden vom Künstler verfremdet: Der Sessel besitzt ein zu kleines Sitzkissen und das Fernsehgehäuse rahmt einen zu kleinen Bildschirm. Der

7 Gary Hill im Interview mit Tiziana Caianiello und Sandra Thomas, 09.09.2007, in diesem Buch, S. 86.

8 Vgl. Poinsot 1986, S. 327.

9 Gary Hill im Interview mit Tiziana Caianiello und Sandra Thomas, S. 89.

10 Vgl. ebd.

11 Ebd., S. 88f.. In der Inszenierung des imai wurde die Installation durch zwei Spots beleuchtet, die auf den Sessel gerichtet waren.

12 Ebd., S. 88.

Betrachter wird zeitweise nicht nur dem Wind der Ventilatoren ausgesetzt, sondern auch buchstäblich einer Bildüberflutung ausgeliefert, indem mit Bildern bedruckte Papierblätter herabfallen. Dieser Ort des ‚Fernsehens' entpuppt sich daher als alles andere als gemütlich. *In Situ* konfrontiert den Rezipienten mit einer Situation, die nicht seinen Erwartungen entspricht und somit neue Möglichkeiten der Wahrnehmung eröffnet.

Monitor und Fernsehsessel

Die Installation *In Situ* reflektiert die Wechselseitigkeit des Akts des Sehens. Der Sessel (der Ort des Betrachters) ist ideell mit dem Fernseher (dem Objekt des Sehens) verbunden. Beide scheinen „geschrumpft" zu sein: Das Fernsehgehäuse mit der zu kleinen Kathodenröhre „gave the impression of the tube being an eye shrinking from its skull. This relationship was mirrored in an easy chair facing the set; its seat cushion was about two-thirds normal size."[13] Die gegenseitige Spiegelung zwischen Zuschauer und Fernsehbildern in Hills Installation verweist auf die symbiotische Beziehung zwischen Leser und Text, die in dem Roman *Thomas der Dunkle* thematisiert wird. Das geschriebene Wort wird nur dann lebendig, wenn der Blick des Lesers ihm einen Sinn verleiht: „Die Worte, die aus einem mit tödlicher Macht versehenen Buch stammten, übten eine milde und friedliche Anziehung auf den Blick aus, der sie berührte. [...] Thomas glitt so auf diese Gänge zu, näherte sich ihnen wehrlos bis zu dem Augenblick, wo der innere Bezirk des Wortes ihn erblickte. [...] Mit Freuden sah der Leser sich diesen kleinen Funken Leben an, den zweifellos er erweckt hatte. Mit Vergnügen sah er sich im Auge, das ihn sah."[14] Wie der Leser von Blanchot wird auch der Rezipient von *In Situ* von dem, was er sieht, erblickt. Die Kathodenstrahlröhre erinnert aufgrund ihrer gewölbten Form an ein Auge, das den Betrachter ansieht. Diese Metapher wird bereits am Anfang des Videos geschaffen, wenn die Nahaufnahme vom Auge des Künstlers eingeblendet wird (Farbabb. 14).

Steht der Roman von Blanchot für einen Text, der seinem Rezipienten vielfältige Deutungsmöglichkeiten und die Erkundung ungeahnter Tiefen bietet, vermittelt die Berichterstattung über die Iran-Contra-Affäre, die 1986 allgegenwärtig war, eine einseitige und oberflächliche Botschaft. Die Vereinigten Staaten hatten dem verfeindeten Iran im Geheimen Waffen verkauft, um mit den Einnahmen die rechtsgerichteten Contras in Nicaragua bei ihrem Krieg gegen die sandinistische Regierung zu unterstützen. Obwohl die Medienberichte über die Affäre die Zuschauer geradezu überfluteten, blieb die Rolle des damaligen Präsidenten Ronald Reagan und seiner Vertrauten ungeklärt. In Hills Video erscheinen immer wieder Ausschnitte, in denen Reagan behauptet, dass keine Fehler gemacht worden seien. Sinnentleerte Botschaften und passiver Konsum von Information stehen in wechselseitigem Zusammenhang

13 Gary Hill in einem Interview mit Louis-Jose Lestocart. Lestocart, 2000, S. 233f.
14 Blanchot 2007, S. 21f.

zueinander: Der Bildschirm in dem überdimensionierten Gehäuse, in dem der Künstler einen ausgetrockneten Augapfel sieht, der aus der Augenhöhle eines Totenkopfes herauszufallen droht, steht in Bezug zum kleinen Sitzkissen, das die Verengung des Gesichtspunkts des Zuschauers versinnbildlicht.

Aufgrund der erwähnten Metaphern spielt der Röhrenmonitor mit seiner charakteristischen gewölbten Form in dieser Installation eine wesentliche Rolle. Seine skulpturale Funktion ist bei einem Künstler wie Gary Hill, der eine Ausbildung als Bildhauer erfahren hat, kaum zu überschätzen. Seit einigen Jahren gehört die Kathodenstrahlröhre jedoch zu den auslaufenden Technologien. Wie bei zahlreichen anderen Kunstwerken stellt sich auch bei *In Situ* die Frage, ob und, wenn ja, welche Alternativen es zum Röhrenmonitor geben kann, wenn dieser nicht mehr funktionsfähig ist und auch kein anderes Gerät dieses Typus zur Verfügung steht. Um die vom Künstler intendierte Assoziation zum Auge beizubehalten, darf der Röhrenmonitor im Werk *In Situ* zweifellos nicht durch einen Flachbildschirm ersetzt werden. Das Hauptkriterium für die Auswahl eines neuen Gerättypus ist die Wölbung der Bildschirmoberfläche. Welche technischen Alternativen bis zum Zeitpunkt, in dem sich das Problem tatsächlich stellt, entwickelt werden, ist heute noch nicht absehbar. Die Möglichkeit einer Emulation der Kathodenstrahlröhre mit neuen Technologien – zum Beispiel durch eine Rückprojektion auf eine Glasröhre – könnte eine Lösung sein. Einerseits könnte damit die gewölbte Form des Röhrenmonitors beibehalten werden, andererseits würde dem Betrachter jedoch eine nicht mehr existierende Technik vorgetäuscht. Dieses wäre aus der Sicht des Künstlers ein eindeutiger Nachteil, wie es im Interview deutlich wurde (siehe S. 91).

In Situ lässt sich mit dem Werk *I/Eye* von Bill Spinhoven aus dem Jahr 1993 vergleichen, in dem das Motiv des Auges ebenfalls eng an die Videopräsentation auf einem Röhrenmonitor gebunden ist. In Großaufnahme ist ein geschlossenes Auge zu sehen, das der Besucher im Vorbeigehen ‚aufweckt': Das Auge öffnet sich und scheint den Betrachter zu verfolgen, obwohl es in Wirklichkeit der Betrachter ist, der das Werk mit seinen Bewegungen steuert.[15] Auch in diesem Fall wird es schwierig werden, den Röhrenmonitor durch einen Bildschirm neuerer Technologie zu ersetzen. Für Spinhoven sind die skulpturalen Eigenschaften des Werkes allerdings nicht so wichtig wie für Hill. Nachdem er eine neue Fassung des Werkes mit einem LCD-Bildschirm entwickelt hatte, musste er erkennen, dass die alte Version mit dem Röhrenmonitor sowohl aufgrund der Wölbung der Röhre als auch der weicheren Konturen der Bilder „organischer" aussieht.[16] Seine neue Fassung weicht daher von der ursprünglichen Version deutlich ab.

In der Fallstudie über *In Situ* wurde zudem die Ersetzbarkeit des Fernsehsessels erörtert, der eine konzeptuelle Einheit mit dem Röhrenbildschirm bildet. Laut Gary Hill ist es nicht zwingend notwendig, den originalen Sessel für die Installation zu

15 Vgl. Beschreibung des Werkes, S. 98f. in diesem Buch.

16 Bill Spinhoven im Interview mit Tiziana Caianiello und Renate Buschmann, 21.10.2009, unveröffentlicht.

verwenden, sondern es ist prinzipiell möglich, einen anderen grauen Sessel im selben Retro-Stil des Originals einzusetzen. Für die Ausstellung in Düsseldorf wurde daher anstelle des ursprünglichen Sessels, der noch vorhanden ist, ein ähnlicher benutzt. Nach den Vorgaben des Künstlers wurde er grau bezogen und sein Sitzkissen verkleinert. Obwohl die Auswahl des Veloursbezugs für den Sessel in enger Absprache mit Gary Hill erfolgte,[17] war der Künstler mit dem Ergebnis nicht vollkommen zufrieden, weil das Grau des Stoffes von seinen Vorstellungen abwich (Farbabb. 12–13). Dieses Vorgehen belegt, welchen interpretatorischen Spielraum Anweisungen beinhalten können. Die originalen Objekte sind nicht nur als historische Zeugnisse wichtig, sondern auch als Anhaltspunkte für die Anfertigung von Ersatzteilen. Ihre akkurate Dokumentation ist dementsprechend von großer Bedeutung.

Die ‚System Performance'

Die Videoaufnahmen, die herabfallenden Papierblätter und das Einsetzen der verschiedenen Geräte wurden von Gary Hill in einem komponierten Zusammenspiel (‚System Performance') so verzahnt, dass der Betrachter die Installation mit seinem gesamten Körper erfahren kann. Die Papierblätter sind mit Standbildern aus dem Video (bzw. mit Bildern, die diesen ähneln) bedruckt und fallen dann auf den Betrachter herab, wenn die gleichen (oder ähnliche) Bilder auf dem Bildschirm laufen. Der Papierverteiler ist das Gerät, das sich am häufigsten einschaltet. In bestimmten Zeitintervallen des Zyklus verursacht er einen regelrechten Sturm von Blättern, in dessen Zentrum sich der Betrachter dann aufhält.

Die vier Ventilatoren, die die Installation umgeben, werden alle gleichzeitig ein- und ausgestellt und bleiben für längere Zeitintervalle in Funktion, um die fallenden Blätter aufzuwirbeln. Der Fernseher schaltet sich an mehreren Stellen aus und unterbricht somit den Bilderfluss auf dem Bildschirm.

Die Funktionsweise der verschiedenen Ventilatoren ist mit den Bildsequenzen gekoppelt. Während der Betrachter gleich zu Beginn eine Sequenz mit bewegtem Meer sieht, die durch das erste Kapitel des Romans *Thomas der Dunkle* inspiriert wurde, werden gleichzeitig für ihn Luftströme aus den Ventilatoren spürbar. „Da fing das vom Wind aufgepeitschte Meer zu toben an. […] Windstöße erschütterten die Luft, und gleichzeitig herrschten Schweigen und Ruhe, die die Vermutung nahelegten, alles sei schon zerstört."[18] Der Wind kann auch mit dem medialen ‚Wirbel' in Verbindung gebracht werden, der durch die Iran-Contra-Affäre verursacht wurde – einen Wirbel, der jedoch das Schweigen der Protagonisten über die zentralen Hintergründe des Skandals nicht brechen konnte.

17 Per E-Mail-Korrespondenz.

18 Blanchot 2007, S. 6. Diese Passage aus dem Buch wird in dem Video kurz eingeblendet. Im Laufe des gesamten Videos werden mehrere Seiten des Romans zwischendurch gezeigt. Sie wurden aber so aufgenommen, dass eine Lektüre fast unmöglich gemacht wird.

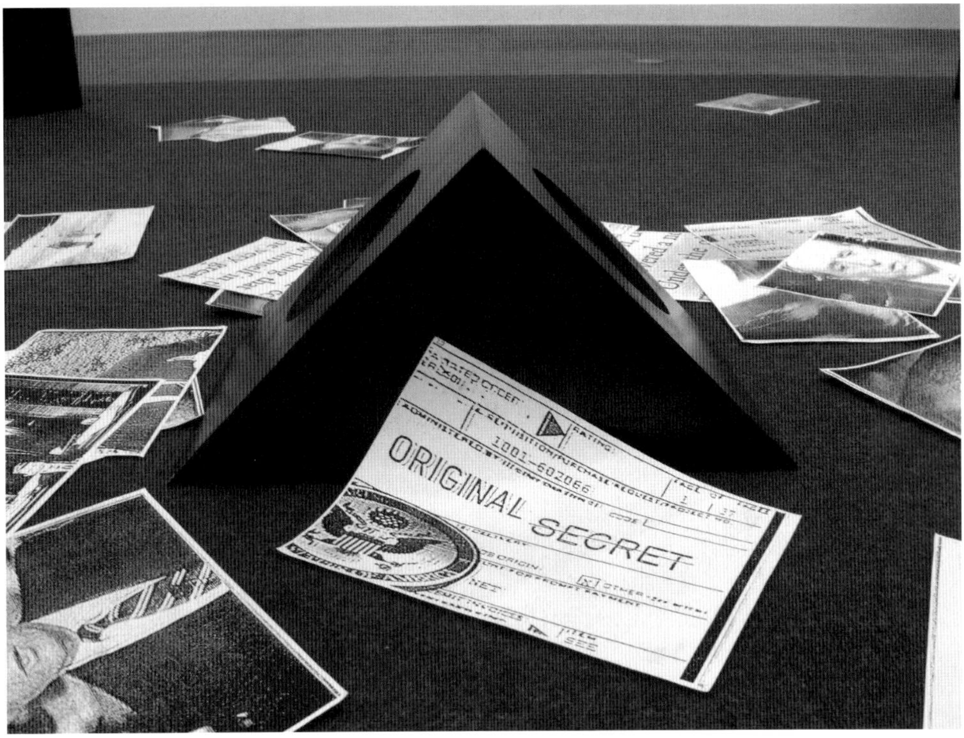

Gehäuse mit zwei Ventilatoren / Case containing two fans. Photo © imai

An einer anderen Stelle ist das Einsetzen der Ventilatoren am Boden, aus denen abwechselnd Luft in Richtung Fernseher und in Richtung Zuschauer geblasen wird, mit einer Videosequenz in Einklang gebracht, in der ein Papierdrachen auf- und absteigt. Laut dem Künstler versinnbildlicht diese Situation den „schwankende[n] Raum der Rezeption.“[19]

Wenn gegen Ende des Videos der Künstler zu sehen ist, wie er über Laubblätter geht, ist es als Anlehnung an die Papierblätter zu deuten, die zum Ende der Aufführung den Fußboden der Installation bedecken. Ausschließlich zu diesem Zeitpunkt kommt der Ton nicht aus dem Lautsprecher, der sich hinter dem Bildschirm befindet, sondern aus dem zweiten Lautsprecher, der unter dem Sessel angebracht ist. Auf diese Weise gewinnt der Rezipient das Gefühl, selber durch die Laubblätter der eingespielten Videoszene bzw. durch die Papierblätter der realen Installation zu gehen. Zum Schluss – entsprechend der von *In Situ* thematisierten Wechselbeziehung zwischen den Rezipienten und dem Werk – zeigt das Video, wie der vom Betrachter abgewandte Künstler eine Fernbedienung betätigt und dadurch den Zuschauer ‚auszuschalten‘ scheint (Farbabb. 15). An dieser Stelle endet die Aufführung, die insgesamt knapp 17 Minuten dauert.

19 Gary Hill im Interview mit Tiziana Caianiello und Sandra Thomas, S. 87.

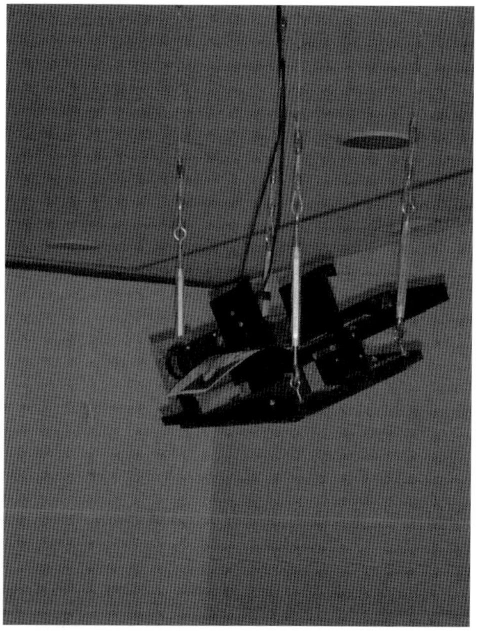

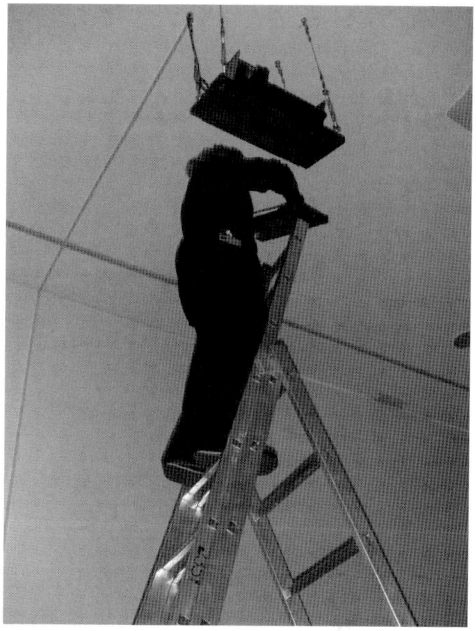

Links / Left: Papierverteiler / Paper feeder. Rechts / Right: Nachfüllung des Papierverteilers / Refilling of the paper feeder. Photos © imai

Bei *In Situ* folgen die Aufführungen nicht automatisch in einer Schleife aufeinander, sondern müssen einzeln aufwendig vorbereitet werden. Nach dem Ende eines Zyklus muss das Museumspersonal die Papierblätter aufsammeln und mithilfe einer Leiter den Papierverteiler mit einem neuen Set bedruckter Blätter auffüllen.[20] Erst dann kann eine neue Aufführung anfangen, die zudem die Präsenz eines Besuchers auf dem Sessel als Korrelat des Videobildes erfordert.

Wie im Kapitel *Konkretionen des Flüchtigen* erläutert, ist jede Aufführung einzigartig und unwiederholbar, unter anderen weil die Wahrnehmung und die Reaktionen des Betrachters jedes Mal variieren. Bei *In Situ* ist die Einzigartigkeit der Aufführungen besonders ausgeprägt: Die Papierblätter beschreiben immer unterschiedliche Bahnen und legen sich an verschiedene Stellen. Jedoch stellt sich die Frage, inwieweit Unterschiede zwischen den Aufführungen intendiert sind, und welche Abweichungen vom vorgesehenen Ablauf nicht toleriert werden dürfen. Zum Beispiel sind die Blätter nummeriert und sollen – wie angedeutet – nach einer festgelegten Reihenfolge und zu bestimmten Zeitpunkten ausgestoßen werden. Aus technischen Gründen kann es jedoch passieren, dass sie während des Zyklusablaufs durcheinander geraten oder in einem falschen Moment fallen. Dem Künstler ist es wichtig, dass die Reihenfolge zumindest am Anfang unverändert bleibt. Danach darf eine gewisse Veränderung toleriert werden.

20 Ein Set von fotokopierten Blättern dient als Vorlage, um Kopien für die verschiedenen Aufführungen anzufertigen.

Bei *In Situ* sind die Reihenfolge und der Rhythmus, in denen sich die verschiedenen Geräte ein- und ausschalten, von essenzieller Bedeutung für die Arbeit. Unter diesem Aspekt ähnelt das Werk manchen kinetischen Installationen aus den 1960er Jahren, deren Erhaltungsstrategie, die auf der Dokumentation der Schaltfolge basiert, in diesem Fall als Anhaltspunkt dienen kann.[21]

In Situ kann außerdem mit einer anderen Arbeit von Gary Hill verglichen werden, die bei ihrer Erwerbung durch die Tate Modern in London ausführlich dokumentiert wurde. Es handelt sich um *Between Cinema and a Hard Place*, eine komplexe Installation aus dem Jahr 1991, die aus 23 aus ihren Gehäusen entfernten Kathodenstrahlröhren in unterschiedlichen Größen besteht. Durch ein computergesteuertes Schaltgerät werden verschiedene Videosequenzen nach einem programmierten Ablauf auf die Bildröhren verteilt. Die Mitarbeiter der Tate konnten auf das Steuerungsprogramm zugreifen und alle darin enthaltenen Vorgänge verschriftlichen. Auf diese Weise ist eine Partitur entstanden, die für den gesamten achtminütigen Zyklus festhält, welche Videosequenzen auf welchen Bildschirmen, zu welchem Zeitpunkt und wie lange abgespielt werden.[22]

Bei *In Situ* ist der Sachverhalt jedoch ein anderer, weil kein Computerprogramm verwendet wurde. Stattdessen galt es, den Timecode der akustischen Signale festzuhalten, die das Ein- und Ausschalten des jeweils zugeordneten Geräts steuern. Das Ergebnis ist aber auch in diesem Fall eine Partitur, die bei einem Ausfall des Steuerungssystems ermöglichen würde, die Schaltfolge der verschiedenen Geräte wiederherzustellen (Farbabb. 16a–16b).

Zusammenfassend hat sich in Hinsicht auf den automatisch gesteuerten Ablauf der folgende Fragenkatalog aus der Fallstudie über *In Situ* ergeben:

- Aus welchen automatisierten Vorgängen besteht der gesamte Ablauf?
- Welche Bedeutung haben die verschiedenen Vorgänge im Rahmen der Installation?
- Inwieweit darf eine Störung des programmierten Ablaufs toleriert werden?
- Wie wird ein neuer Zyklus gestartet: automatisch oder durch menschlichen Eingriff?
- Was wird für den regelmäßigen Start eines neuen Zyklus benötigt?
- Ist der Ablauf, nach dem die Geräte gesteuert werden, so dokumentiert, dass er bei einem technischen Schaden rekonstruiert werden kann?

21 Vgl. zum Beispiel den *Lichtraum (Hommage à Fontana)* der Künstler Heinz Mack, Otto Piene und Günther Uecker. Die Installation aus dem Jahr 1964 besteht aus 7 lichtkinetischen Objekten, die nach einer festgelegten Reihenfolge ein- und ausgehen. Caianiello 2005, S. 59–94.

22 Laurenson 2004, S. 259–266.

Gary Hill im Gespräch mit Tiziana Caianiello und Sandra Thomas

imai, am 9. September 2007, anlässlich des Aufbaus der Ausstellung
Gary Hill. Strange Trajectories

In einem Dialog mit George Quasha und Charles Stein sagten Sie, dass ‚Video' das falsche Wort dafür ist, um das zu beschreiben, womit Sie sich befassen. Womit befassen Sie sich denn?
Etymologisch gesehen, geht der Begriff Video auf das lateinische Wort für ‚sehen' zurück. Obwohl ich eine Fülle von Bildern verwende, stehen nicht die Bilder als Objekt des Sehens im Mittelpunkt. Es geht vielmehr darum, die Tyrannei des Bildes, sozusagen, zu hinterfragen: Wie man seinen Aufbau und seine Struktur zerlegen kann und in welcher Beziehung es zur Sprache und zum Körper steht. Folglich ist das Bild in meiner Arbeit selten etwas Vorgegebenes.

Können Sie uns etwas über den Schaffensprozess von *In Situ* sagen?
Damals versuchte ich, die Aufmerksamkeit auf das Objekt Fernsehgerät zu lenken, als Möbelstück sozusagen, und auf dessen Standardplatz im Mittelpunkt des Raums, was mich zu dem Titel *In Situ* veranlasste. Zu der Zeit experimentierte ich damit, die Kathodenstrahlröhren aus ihren Gehäusen zu entfernen, so dass sie gewissermaßen nackt wurden, vielleicht sogar verletzlich. Im selben Zeitraum wurde die Iran-Contra-Affäre enthüllt, und ich hatte gerade angefangen, *Thomas der Dunkle* von Maurice Blanchot zu lesen. Ich wollte diese zwei extremen Ereignisse komprimiert zusammenbringen: Zum einen ein politischer Wendepunkt, dem man nicht entkommen konnte, und zum anderen ein äußerst privates Ereignis, bei dem ich das Gefühl hatte, als ob ein Text mich quasi lesen würde. Ich dachte einerseits an den Starrblick, den man vor einem alles durchdringenden Strom von Informationen hat, und andererseits an die Müdigkeit, die einen überkommen kann, wenn man etwas so Intensives wie Blanchots Roman liest. Ich stellte mir die austrocknenden Augen eines toten Mannes vor, die schrumpfen und sich von den Augenhöhlen seines Schädels lösen. So kam ich zu dem Bild der kleineren Röhre, die aus dem größeren Rahmen eines Fernsehgeräts herausgleitet. Dies spiegelt sich in dem Sessel mit dem ‚geschrumpften' Sitzkissen wieder – eine Art doppeltes ‚in situ' von Fernseher und Betrachter.

Können Sie uns etwas zu dem automatisierten Steuerungssystem des Werkes *In Situ* sagen?
Ich dachte an das Konzept einer ‚System Performance' (einer Aufführung, die durch das technische System durchgeführt wird), das heißt, verschiedene Elemente der In-

stallation so zu orchestrieren, dass die Bilder und das Textmaterial mit der physischen Wirkung weiterer Komponenten verschmelzen, um eine körperlichere Erfahrung zu erzielen. Zur durchgängigen Automatisierung von *In Situ* gehört eine Art synergetischer Faktor: Das Fernsehgerät, das an- und ausgeht; elektrische Ventilatoren, die Luft von den vier Ecken aus in die Mitte blasen (ich dachte an Nachrichten, die aus allen Himmelsrichtungen stammen); Rücken an Rücken platzierte Ventilatoren, aus denen Luft abwechselnd auf den Betrachter und auf das Fernsehgerät geblasen wird, und der Papierverteiler, der zu bestimmten Zeitpunkten Standbilder aus dem Video ausspuckt … Es ist eine Art Syntax im Spiel.

Welche Rolle spielt der Betrachter in dieser Aufführung?
Letztendlich hängt das vom Betrachter ab, aber das Werk weist sicherlich auf eine Auffassung des Betrachters als Leser hin. Es ist sich seiner Zuschauer bewusst und unter diesem Aspekt durchaus wortwörtlich: Hier ist, wo Du normalerweise sitzt, also sitze; das ist, was Du Dir normalerweise anschaust, also schau hin. Wir sehen uns selbst, wie wir Information sind. Zur gleichen Zeit vermittelt es das Gefühl, dass der gesamte Apparat inszeniert ist und der Betrachter dabei einen der Schauspieler verkörpert.

Der Betrachter sitzt auf einem Sessel mit einem ‚geschrumpften' Kissen, das dem ‚geschrumpften' Monitor entspricht. Wir haben es so verstanden, dass es bei der Installation um die Beziehung zwischen diesen zwei Elementen geht.
Ich habe in der Art und Weise, wie ich die verschiedenen Elemente aufeinander abgestimmt habe, ausdrücklich mit dieser gegenseitigen Spiegelung gespielt: Wie ich die Ventilatoren auf den Betrachter und das Fernsehgerät blasen lasse und das einfache binäre Element des Ein- und Ausschaltens von elektrischen Bauteilen einbinde, wodurch der allgegenwärtige Blick des Fernsehers unterbrochen wird, alles trägt dazu bei, dass man sich des Rezeptionsprozesses bewusst wird. Bei dem geschrumpften Kissen geht es um die Bequemlichkeit eines statischen Platzes bzw. eines Gesichtspunktes, der buchstäblich schrumpft. Ich sah den Fernseher auf dieselbe Weise – wie gesagt handelt es sich dabei um die Metapher der Augen eines toten Mannes, die schrumpfen und aus ihrer Fassung (dem Schädel) herausfallen: Die Qualität und Transparenz der Informationen nehmen ab. Der Betrachter in *In Situ* ist gewissermaßen *im* Fernsehen. Das Podest, auf dem der Ablauf der Installation stattfindet, spiegelt auch die Proportionen eines Fernsehers wieder und ist mit einem grauen gerippten Teppichboden bedeckt, der an die Abtastzeile einer Kathodenstrahlröhre erinnert. An einem Punkt, und nur an einem Punkt wechselt der Ton, der ansonsten aus dem Lautsprecher des Fernsehgeräts kommt, zu einem Lautsprecher, der sich unter dem Sessel befindet und lauter ist, und plötzlich entsteht ein stärkeres Gefühl der Immersion. Dies passiert an einem Punkt, wo man sagen könnte, dass der Protagonist von *Thomas der Dunkle* im Werk eins mit dem Leser wird und sich vom bzw. mit dem Betrachter auf einem Weg voll von Herbstblättern entfernt. Die Laubblätter sind dann eine Metapher für alle Bilder, die der Papierverteiler in den Raum gestreut hat. Der prägnante Ton von raschelnden Blättern geht buchstäblich zu den Füßen des Betrachters, der im Sessel

sitzt, und transportiert sie in gewissem Sinn auf den Spazierweg. Man läuft also sozusagen durch alle diese ‚Informationen' hindurch, die aus dem Fernseher geflossen waren. Diese Art von Körperlichkeit steht in vielen meiner Werke im Vordergrund. Normalerweise versuche ich, diesen Aspekt reflektiv umzusetzen. Obwohl es Inhalte gibt (die Iran-Contra-Affaire, Thomas der Dunkle, das Fernsehen oder was auch immer), bin ich vor allem am Körper interessiert und daran, dass er tatsächlich mit den Medien in Kontakt kommt.

Einer der Ventilatoren ist vor dem Betrachter positioniert. Soll damit eine Art Störung geschaffen werden?
Es gibt eine Szene mit einem Papierdrachen. Wenn man auf einen Drachen zu rennt, kommt er herunter und wenn man von ihm weg rennt, steigt er hoch. All das hat mit Spannung zu tun. Für mich war diese Drachenbewegung ähnlich wie die Beziehung zwischen Autor und Leser: Es gibt ein Geben und Nehmen, wenn man den Autor am Zaun des Textes trifft. Während dieser Szene gibt es ein Spiel mit den Ventilatoren, als ob die Ventilatoren den Drachen auf- und absteigen lassen würden. Ein Ventilator bläst in Richtung Fernsehgerät, der Drachen steigt; wenn er in Richtung Betrachter bläst, kommt der Drachen herunter. Es ist, als ob der Betrachter den Drachen fliegen lassen würde: Der schwankende Raum der Rezeption. Ich habe diese Vorstellung in einem späteren Werk, *Incidence of Catastrophe* von 1987/88 weiterentwickelt.

Wenn Sie an einer Installation arbeiten, machen Sie dann Skizzen und Zeichnungen, die hilfreich sein könnten, um Ihr Werk wieder zu installieren?
Normalerweise, wenn ich ein Werk entwickle, mache ich mir vielleicht ein paar Notizen und Zeichnungen – also eher grobe Skizzen, eigentlich wie Stichworte in meinem Kopf. Wenn ich die Installation an einem bestimmten Ort aufbauen möchte, dann mache ich spezifische Pläne für diesen Ort. Meistens achte ich nicht besonders auf exakte Dimensionen und Proportionen des Raums. Oft konfiguriere ich Werke für spezifische Orte neu, aber es gibt Grenzen, und es wird von Fall zu Fall entschieden. Letztendlich gibt es vielleicht Notizen bezüglich der Hardware und der Software, technische Diagramme, Blockdarstellungen von Bauteilen und gelegentlich Zeichnungen, die mir helfen sollen, ein Gefühl für die Installation und ihren Maßstab zu bekommen.

Wenn Sie an einer Multimedia-Installation arbeiten, beziehen Sie dann andere Personen wie Techniker mit ein?
Grundsätzlich ja. Einige dieser Werke sind technisch gesehen sehr anspruchsvoll, und in vielen Fällen brauchte ich Leute, die neue Hardware und/oder Software für eine bestimmte Idee entwickelten. Ich habe mehrmals mit Dave Jones gearbeitet, den ich 1975 im Experimental Television Center kennengelernt habe und ich habe mit ihm während der letzten 35 Jahre immer mal wieder zusammengearbeitet. In jüngster Zeit habe ich mit einigen Leuten aus dem DXARTS-Programm der Universität Washington gearbeitet. Es gibt immer mehr hochqualifizierte und motivierte Ingenieure, die Spaß daran haben, an etwas zu arbeiten, das ein bisschen anders ist.

Wann haben Sie das Gefühl, dass ein Werk fertig ist? Gibt es eine endgültige Version von etwas?
Ich glaube nicht, dass ein Werk wirklich jemals beendet ist. Es ist eher so, dass das Feuer der Idee genutzt wurde und etwas passiert (oder nicht). Ich bin sicher, dass ich Werke einfach ‚beendet' habe, weil ich einen Abgabetermin hatte und ich aufhören musste. Es gibt einen Punkt, an dem das Werk fast sagt: ich kann jetzt alleine leben. Wenn das Werk erst einmal seine Identität hat, und das ist normalerweise eindeutig, verliert die Tatsache, ob es einen Button-Down-Kragen oder eine Narbe hat, oder ob das Bild diese oder jene Auflösung hat, an Bedeutung. Bei den meisten Werken, die ich geschaffen habe, bevorzuge ich sehr kleine Kameras, die Spontaneität und schnellen Zugriff ermöglichen, so dass die Bildqualität relativ schlecht sein kann; allerdings wird das Werk dadurch nicht gefährdet.

Gemäß unseren Nachforschungen wurde die Installation zwischen 1986 und 1990 fünf Mal gezeigt. Jedes Mal war der Ausstellungsraum anders. Wie gingen Sie bei der Präsentation des Werks vor?
Stellen Sie sich vor, dass Sie in eine neue Wohnung umziehen und Sie haben Ihre Möbel von der alten Wohnung mitgebracht. Der Grundriss ist ein bisschen anders, also müssen die Möbel etwas anders angeordnet werden. Nun, wenn der Raum nur halb so groß ist wie Ihre vorherige Wohnung, dann könnte es ein Problem geben. Nun stellen Sie sich die ‚Ausstattung' und die Größe des mit Teppichboden überzogenen Podestes von *In Situ* vor. Die Fragen, die sich möglicherweise ergeben, scheinen nicht so viel anders zu sein. Es gibt Dimensionen und es gibt die Raumaufteilung. Ein Podest von 12 ft x 16 ft muss problemlos in den Raum passen. Wenn es keine Fenster gibt (optimal), dann hat man die komplette Kontrolle über das Licht. Wenn es Fenster gibt, dann kommt es darauf an, wo sie sind und welches Licht durchdringt: das Prosaische kommt nun auch ins Spiel (nicht optimal, aber noch bespielbar).

Die einzige Präsentation, die sich beträchtlich von den anderen unterscheidet, ist die erste. Der Grund dafür ist, dass die Installation nur drei oder vier Tage lang anlässlich eines Festivals beim amerikanischen Filminstitut präsentiert wurde. Deshalb waren Fotos an der Wand. Es war eine Situation mit begrenzten Möglichkeiten. Alle anderen Präsentationen haben diese Art Insel, das Podest.

Eine Installation von *In Situ* war in einem Haus; das Zimmer hatte ein Fenster und einen offenen Kamin. Licht strömte herein, und dennoch wurde das Werk nicht kompromittiert, da das Ganze eine Art in sich geschlossenes Objekt ist, ein Podest, das in den Raum hineingesetzt ist, *und* weil die Natur des Werks zu den Ausstellungsbedingungen passt, die ein Wohnzimmer oder vielleicht einen großen Büroraum suggerieren – Orte, an denen ferngesehen wird. Es ist wichtig zu verstehen, dass – sobald man den neutralen Galerieraum (optimal) verlässt, eine andere Ermessensentscheidung ansteht. Inwieweit kann das Werk in einem ‚alltäglichen Raum' existieren? Bis zu einem gewissen Punkt betreffen die Installationsanweisungen das Thema Licht. *In Situ* ist nicht für einen dunklen Raum gedacht. Normalerweise sehen die Leute nicht im Dunkeln fern. Sie schauen sich Filme im Dunkeln an, aber der Fernseher ist einfach an wie eine Lichtquelle unter anderen. Das Werk sollte wie ein skulpturales Objekt beleuchtet werden, wobei jedes Licht, das auf die Kathodenstrahlröhre selbst gerichtet ist, ausgeschaltet sein muss.

Waren Sie bei der Installation Ihrer Werke immer präsent?
Bei diesem Werk ja, immer. Aber es wird bestimmt eine Zeit kommen …

Stellen wir uns einmal vor, dass wir das Werk ohne Sie installieren müssen. Könnten Sie beschreiben, was für die Installation selbst (abgesehen von den einzelnen Bestandteilen) wesentlich ist?
Da das Podest festgelegte Maße hat und alle Bestandteile in Beziehung dazu installiert werden, wird die Installation stimmig sein. Das Werk wird quasi eingepflanzt, es ist nicht ortsspezifisch: Diese ganze ‚Insel' kann überall hingestellt werden und sie ist ‚in situ'. Die einzige Variable wäre die Höhe des Papierverteilers. Wenn er zu hoch montiert ist, dann tendiert das Papier dazu, zu sehr außerhalb des Podestes zu gleiten und wenn er zu niedrig hängt, dann schweben die Blätter nicht genug. Das Werk ist etwas, was in einen Raum eingefügt wird. Sicherlich sind manche Räume besser geeignet als andere in Hinblick auf Licht, architektonische Details und was nicht alles. In dieser Hinsicht ist jede ‚Inszenierung' ein bisschen anders. Der einzige Weg, das Werk vollständig wiederholbar zu machen, wäre, dass der Raum jedes Mal die gleichen Dimensionen hätte – eine weiße Zelle, wie ich schon erwähnte. Ich bevorzuge allerdings die Herausforderungen, die sich durch die verschiedenen Situationen ergeben – das Werk bekommt eine andere Art von Geschichte, als wenn es nur im exakt gleichen Raum gezeigt werden würde … Aber ich würde immer noch sagen, dass die weiße Zelle der optimale Raum ist.

Die Proportionen innerhalb des Ausstellungsraums könnten wichtig sein. Macht es keinen Unterschied, ob man die Insel in einem kleinen oder großen Raum aufbaut?
Oh, doch. Hier in Düsseldorf ist der Raum etwas größer, und ich denke, das ist in Ordnung, denn es ist eine Insel, sie kann schwimmen. Ich bin offen für unterschiedliche Räume; die Welt ist ein lebendiger, atmender Ort voller Hindernisse und fließender Grenzen. Ich bin offen für eine Ansammlung von Unterschieden. Es gibt einen Teil davon, der so bleiben soll, wie er ist.

Wo ist die Grenze zwischen dem, was ersetzt werden kann, und dem, was wirklich erhalten werden muss, um die Idee und die Authentizität des Werks zu erhalten?
Ich denke, dass die Grenze zu einem gewissen Grad immer im Wandel begriffen ist. Ich sähe gerne mehr Zusammenarbeit zwischen Restauratoren, Kuratoren, Kunsthistorikern und sogar Studenten, die sich mit diesen Themen befassen. Es ist ein bisschen anders als alles nach einem festgelegten Konzept von Authentizität zu richten, insbesondere die Idee, dass alle Bestandteile und Elemente von *In Situ* mit exakt der gleichen Technik ersetzt werden müssten. Dies ist völlig kontraproduktiv. Die Art und

Weise wie man erkennt, was das Werk ausmacht, ist eine Serie von Begegnungen, wie wir sie wegen des Sessels hatten.

Der Sessel, der hier verwendet wird, ist nicht der originale Sessel. Ich könnte sagen: „Nun, es muss unbedingt der Originalsessel verwendet werden", und es würde etwa 2.500 Dollar kosten, um ihn hin- und zurück zu transportieren. Aber ich muss zugeben, dass das keinen Sinn macht. Wenn wir hier einen Sessel für 100 Dollar finden, der ein bequemer Sessel mit einem alten ‚modernistischen Look' ist und wenn dieser dann neu bezogen wird, und das Kissen verkleinert wird, dann wird das für das Werk gut funktionieren. Zum Beispiel ist die Farbe des Sessels hier nicht ganz grau, aber sie ist grau genug, um das Werk weiterhin auszustellen. Ebenso muss ich aber zugeben, dass ich zu einem anderen Zeitpunkt in einer Stimmung sein könnte, die mich davon abhalten könnte, diese ‚nicht ganz graue' Farbe zu akzeptieren.

Selbst wenn ich nicht hier wäre, wenn dieses Werk bedeutungsvoll genug für die Kultur dieser Zeit ist, um es zu unterstützen, es zu überliefern, wird es jemand in irgendeiner Position geben, der dem Werk näher steht als andere. Es gibt selbstverständlich eine Geschichte, es gibt Fotos, es gibt Videos und es gibt Dokumentationsmaterial aller Art: Inwieweit setzt sich jemand kreativ mit diesem Material auseinander, um das Werk zu installieren? Ich bin hier, und wir haben über den Sessel diskutiert, ich habe Ihnen Fotos des Sessels geschickt und Sie haben mir Fotos des Sessels, den Sie gefunden haben, geschickt. Es ist keine rein zufällige Interpretation, es gibt tatsächlich eine Zusammenarbeit, um kreativ einen Sessel zu finden, der mit der Idee, was das Werk war und ist, authentisch verbunden ist.

Und was ist mit den Ventilatoren?

Wenn die Ventilatoren kaputt sind, müssen sie ersetzt werden. Das scheint einfach zu sein. Wenn man nun keinen exakten Ersatz findet, wird es ein bisschen komplizierter, zumindest aus Sicht eines Restaurators. Für mich persönlich ist es von keiner Bedeutung, ob ein Ventilator durch genau den gleichen ersetzt wird oder nicht. Es ist wichtig, dass eine ähnliche Luftmenge ausgestoßen wird, er ein ähnliches Industriedesign hat und die gleiche Größe. Angenommen, um einfach mal den Fall durchzuspielen, es konnte kein gleicher Ventilator gefunden werden und auch keiner, der gleich groß ist. Nur ein größerer Ventilator ist verfügbar und die Säulen müssen in Relation zu dem Ventilator neu gebaut werden. Da sehe ich kein Problem. Das Werk hat noch immer die vier identischen Säulen mit schrägen Flächen obendrauf, in denen die Ventilatoren montiert sind. Natürlich, wenn man nur Ventilatoren fände, die doppelt so groß sind, würde es nicht funktionieren, da das den Maßstab der Säulen entstellen würde. Ab einem gewissen Punkt muss ich mich auf den gesunden Menschenverstand verlassen, einfach aufgrund der Tatsache, dass man darüber, was akzeptabel ist und was nicht, unendlich viele hypothetische Fragen stellen könnte. Noch einmal, das wichtigste Stück des Puzzles ist es zu verstehen, worum es bei dem Werk geht und worum es nicht geht.

Die Kathodenstrahlröhre ist essentiell für das Werk. Was würde passieren, wenn sie nicht mehr funktionieren würde und wir keine anderen Kathodenstrahlröhren finden könnten?
Es würde der Bedeutung des Werks zuwider laufen, die Kathodenstrahlröhre durch einen Flachbildschirm zu ersetzen. Lassen Sie uns die Frage pragmatisch angehen. Eine gewisse Weitsicht seitens der Restauratoren vorausgesetzt, würde ich schätzen, dass Kathodenstrahlröhren noch mindestens 50 Jahre lang erhältlich sein und/oder weiter funktionieren werden. Wenn wir nun diese 50 Jahre vorspulen, dann ist die Kultur dieser Zeit entweder der Meinung, dass *In Situ* es Wert ist, erhalten zu werden, oder nicht. Wenn ja, könnte man eine Kathodenstrahlröhre herstellen – das ist nicht unerschwinglich teuer. Wenn man davon ausgeht, dass auch andere Medienwerke in die gleiche Lage geraten könnten, könnte man ein Konsortium bilden und die Kosten teilen. Aber als paralleler Gedanke, wenn man über Einzigartigkeit, virtuelle Realität, Simulakren und die philosophischen Fragen nachdenkt, die um die originale und die synthetische/modellierte Erfahrung herumwirbeln, ist es meiner Meinung nach wichtig zu verstehen, dass die gleichen Fragen, die wir hier diskutieren, in 50 Jahren in einem ganz anderen theoretischen Rahmen eingeordnet sein werden. Es könnte eine Vielzahl von Lösungen geben, um die Kathodenstrahlröhre zu ersetzen, ohne die Integrität dieses Aspekts des Werks zu gefährden. Wir diskutieren diese Frage ausschließlich aus der Sicht unseres aktuellen Kenntnisstandes. Es ist so komplex, dass, was immer ich im aktuellen Kontext sage, letztendlich irrelevant wird. Sogar jetzt mit dem Aufkommen von Laser-Projektoren, kann man sich vorstellen, dass ein kleiner Projektor in eine aus Glas geblasene Röhre passt, deren Oberfläche so behandelt wurde, dass das Bild dem einer Elektronenkanone ähneln würde. Das wäre eine Situation, in der die Erscheinung als Kathodenstrahlröhre durchgehen könnte, aber es würde sich immer noch das quälende philosophische Problem stellen, dass es eben keine Kathodenstrahlröhre komplett mit Vakuum und allen anderen unsichtbaren Eigenschaften einer Kathodenstrahlröhre wäre, und das ist im Kern das Dilemma. Was kann man also an diesem Punkt tun? Sagen wir mal, man ist an dem Punkt angelangt, wo es unmöglich ist, die Kathodenstrahlröhre zufriedenstellend zu reproduzieren. Ist das das Ende oder finden wir eine bestmögliche Lösung? Das bringt uns zur Frage: Wer entscheidet das? Ich habe wirklich keine Antwort auf diese Frage. Zum Glück bin ich dann nicht mehr hier. Das ist eine schwierige Sache. Wenn ich in der Beschreibung bzw. im Zertifikat schreiben würde: Wenn je eine Zeit kommen sollte, in der die Einzelteile nicht mehr ersetzt werden können, dann darf das Stück nicht mehr ausgestellt werden, dann wäre das so, Fall abgeschlossen.

In diesem Interview haben wir herausgearbeitet, welche Teile notwendig sind, um die Authentizität des Werks zu erhalten. Wenn ich Sie richtig verstehe, würden Sie sagen, dass es keine sogenannte Originalfassung gibt, die wir so erhalten müssen, wie sie das erste Mal gezeigt wurde. Es ist mehr eine Art von Prozess. Um dieses Werk wieder zu installieren, muss man verstehen, worum es geht.
Manchmal stelle ich mir das Ganze im Sinne des Modells einer Partitur vor und ihrer Beziehung zur Erfahrung der Musik selbst. Es gibt Partituren, die irgendwie Raum

für Improvisationen lassen, und der Dirigent oder die Musiker haben einen gewissen Freiraum innerhalb von definierten Parametern. Aber schauen wir uns doch die traditionelleren Partituren an, sagen wir mal von Bach oder Beethoven, um es einfach zu halten. Wenn man sich die Partitur anschaut, wie hört sich das an? Wie soll es sein? Beethovens „Neunte" hört sich unterschiedlich an, wenn sie von verschiedenen Orchestern und Dirigenten gespielt wird, aber es stellt sich nicht die Frage, ob es das gleiche Musikstück ist. Um *In Situ* zu installieren, ist es notwendig zu verstehen, worum es geht, so dass, wenn sich spezifische Fragen zur Installation ergeben, ein umfassendes Verständnis des Werkes vorhanden ist, zusätzlich zu detaillierten Beschreibungen, Diagrammen und Fotos, die speziell zu diesem Zweck zur Verfügung gestellt werden. Je öfter es installiert wird, desto mehr Dokumentation wird es zu diesen Fragen geben.

Würden Sie also sagen, dass die Kuratoren die Verantwortung dafür tragen? Wer ist der Dirigent?
Die Frage stellt sich ganz unterschiedlich, abhängig davon, ob der Künstler noch lebt oder nicht, da er oder sie immer als die oberste Instanz betrachtet werden soll. Angesicht der Tatsache, dass es komplizierter ist, wenn der Künstler nicht mehr unter uns ist, müssen wir uns darauf konzentrieren. Nun, es muss vielleicht einen neuen Namen für etwas geben. Im Moment – es tut mir leid das zu sagen – installieren einige dieser ‚Dirigenten' Werke überraschenderweise auch dann falsch, wenn alle Bestandteile und die Raumdimensionen exakt definiert sind. Wie oft wurden sogar Bilder mit falscher Ausrichtung aufgehängt!? Warum passiert das? Sie geben nicht acht oder konzentrieren sich eher auf das allgemeine Erscheinungsbild ‚ihrer' Schau, und die Details einzelner Werke werden vernachlässigt. Obwohl wir insbesondere über *In Situ* sprechen, und allgemein über Medieninstallationen in Hinblick auf die Problematik ihrer Erhaltung und der Obsoleszenz der Technologie, ist es nicht so, dass die gleichen Probleme nicht auch bei traditionelleren Medien existieren würden.

FALLSTUDIE 3

Was ist eine interaktive Installation? Versuch einer Begriffsklärung

Tiziana Caianiello

Interaktion und Interaktivität

Was unter der Bezeichnung ‚interaktive Installation' zu verstehen ist, wird in der Literatur sehr unterschiedlich aufgefasst. Im Folgenden werden zuerst die Begriffe Interaktion und Interaktivität analysiert, um dann zu erläutern, wie die Bezeichnung ‚interaktive Installation' in diesem Buch verwendet wird. Der Terminus Interaktion stellt einen zentralen Begriff der Soziologie dar und bedeutet das aufeinander bezogene Handeln von Personen. In dieser Disziplin impliziert er immer eine zwischenmenschliche Kommunikation. Ursprünglich war damit eine Face-to-Face-Kommunikation gemeint. Mittlerweile wird der Begriff Interaktion auch dann verwendet, wenn die Kommunikationspartner nicht von Angesicht zu Angesicht, sondern durch technische Medien interagieren.

In den frühen 1960er Jahren wurde der Terminus Interaktion von der Computerwissenschaft übernommen, um die Fähigkeit des Computers zu bezeichnen, auf Eingaben des Benutzers ohne große Zeitverzögerung zu reagieren.[1] Seitdem Computer nicht mehr ausschließlich von Computerexperten, sondern auch von Laien verwendet werden, stellt die Entwicklung von benutzerfreundlichen Schnittstellen für die Mensch-Maschine-Kommunikation eine essenzielle Aufgabe der Informatik dar. Da solche Interfaces auf dem Vorbild der zwischenmenschlichen Kommunikation basieren, wird das Teilgebiet der Informatik, das sich mit der Gestaltung von benutzergerechten Mensch-Maschine-Schnittstellen beschäftigt, Human-Computer-Interaction (HCI) genannt.[2] Folglich erfuhr der Terminus Interaktion im Kontext der Informatik eine Bedeutungsverschiebung. Bezeichnete er im Rahmen der Soziologie ausschließlich eine Kommunikation zwischen Menschen (sei sie direkt oder vermittelt durch ein Medium), wurde er im Bereich der Informatik als Kommunikation zwischen Mensch und Maschine begriffen.[3] Beide Auffassungen von Interaktion schließen jedoch die computerbasierte Kommunikation zwischen Menschen mit ein.

1 Vgl. Dinkla 1997, S. 14.

2 Vgl. Quiring/Schweiger 2006, S. 6.

3 „Reine Mensch-Maschine-Interaktion, wie sie im Mittelpunkt der Computer-Perspektive steht, ist aus soziologischer Sicht *keine* Interaktion. Umgekehrt interessiert sich die Informatik nicht für direkte Kommunikation zwischen Menschen." Ebd., S. 7.

In den 1990er Jahren tauchte der Begriff Interaktivität auf und wurde meistens in Bezug auf Mensch-Maschine-Kommunikation verwendet.[4] Nach dem Kommunikationswissenschaftler Christoph Neuberger ist jedoch der Terminus nicht unbedingt in Zusammenhang mit technischen Systemen zu sehen. Er definiert Interaktivität als „das *Potenzial* eines technischen Einzelmediums oder einer Kommunikationssituation, das interaktive Kommunikation begünstigt",[5] und dem gegenüber Interaktion als den *Prozess* wechselseitiger Kommunikation.[6]

Im Rahmen des Projektes *Konkretionen des Flüchtigen* wurde jedoch die Definition der Kommunikationswissenschaftler Oliver Quiring und Wolfgang Schweiger übernommen und Interaktivität als technisch vermittelte Kommunikation definiert, die entweder zwischen Menschen oder zwischen Mensch und Maschine erfolgen kann.[7] Obwohl Interaktivität in dieser Definition – im Unterschied zur Auslegung des Begriffs von Neuberger – einen Prozess bezeichnet, spielt das vom technischen System angebotene interaktive Potenzial in diesem Prozess immer eine wesentliche Rolle und schwingt deswegen in der von mir übernommenen Begriffsbestimmung mit. Der Terminus Interaktion wird in diesem Buch ausschließlich im Bezug auf zwischenmenschliche Kommunikation (Mensch-Mensch bzw. Mensch-Medium-Mensch) verwendet und somit vom Begriff Interaktivität abgegrenzt. Im Zusammenhang mit interaktiven Medienkunstinstallationen kann der Begriff Interaktivität in jedem Fall benutzt werden, während der Terminus Interaktion nur dann zutrifft, wenn durch die Installation eine Mensch-Medium-Mensch-Kommunikation zugelassen wird.

Die Definition von interaktiven Kunstwerken

Das Adjektiv interaktiv, das sowohl im Sinne von ‚Interaktion betreffend' als auch im Sinne von ‚Interaktivität betreffend' verstanden werden kann, wird für viele unterschiedliche Typen von Kunstwerken verwendet. Man kann zum Beispiel ein Werk als interaktiv bezeichnen, wenn es dem Benutzer ermöglicht, nur mit einer Maschine und nicht mit anderen Menschen zu kommunizieren. Andererseits können auch Happenings als interaktiv gelten, obwohl sie eine reine Face-to-Face-Kommunikation vorsehen.

4 „Dabei [im allgemeinen Sprachgebrauch, Anm. d. Verf.] treten seit Ende der 80er Jahre […] immer deutlicher zwei Verwendungsweisen [des Begriffs Interaktion, Anm. d. Ver.] in den Vordergrund: Einerseits die aus der Sozialwissenschaft stammende Theorie des aufeinander bezogenen Handelns von Personen, andererseits die vor allem technologisch verstandene Kategorie der Mensch-Maschine-Kommunikation, die meist als Interaktivität bezeichnet wird." Daniels 2003, o. S.

5 Neuberger 2007, S. 43–44. Kursive Setzung von der Verfasserin.

6 Ebd., S. 42.

7 Vgl. Quiring/Schweiger 2006, S. 6–12. Siehe auch Daniels 2003: „Da in einer Mediengesellschaft Menschen mittels Maschinen mit Menschen kommunizieren, ist die Überlagerung der beiden Felder [Interaktion und Interaktivität, Anm. d. Ver.] evident. Daher soll der Begriff Interaktivität […] für alle Formen der medienbasierten Kommunikation und Interaktion stehen, die sich sowohl zwischen Mensch und Maschine als auch zwischen den Menschen vollzieht."

Die Mensch-Maschine-Kommunikation ist jedoch nicht mit zwischenmenschlicher Kommunikation gleichzusetzen. Eine Maschine kann zwar auf Aktionen des Nutzers reagieren und Inhalte präsentieren, aber keine Bedeutung aktiv konstruieren.[8] Um computerbasierte interaktive Arbeiten von anderen partizipativen Kunstformen wie Happenings abzugrenzen, schlägt Söke Dinkla vor, „den Begriff ‚interaktiv' nur dann zu verwenden, wenn ein Computer die Kommunikation moderiert".[9] Dinklas Auslegung des Adjektivs ‚interaktiv' grenzt somit nicht nur die Face-to-Face-Kommunikation aus, sondern auch die zwischenmenschliche Kommunikation, die nicht durch computerbasierte Medien (wie z. B. ein herkömmliches Telefon) erfolgt. Während Dinkla einen eingeschränkten Gebrauch des Adjektivs interaktiv vorschlägt, dehnt *The Variable Media Network* die Verwendung des Wortes auf weitere partizipative Kunstformen aus: "While the word is most commonly applied to electronic media such as computer-driven installations and Web sites, interactivity also describes installations that allow visitors to manipulate or take home components of a physical artwork."[10]

Durch die von mir übernommene Auslegung der Begriffe Interaktion und Interaktivität werden zwischenmenschliche Kommunikation und Mensch-Maschine-Kommunikation differenziert betrachtet, ohne aber die Face-to-Face-Kommunikation auszuschließen. Da das Forschungsprojekt *Konkretionen des Flüchtigen* sich mit Medienkunstinstallationen beschäftigt, werden jedoch solche Kunstwerke, die auf Face-to-Face-Kommunikation basieren, in diesem Rahmen nicht untersucht. Installationen, die kein technisches Kommunikationsmedium einbeziehen, sondern von den Besuchern physisch manipuliert werden können (z. B. durch das Versetzen von Elementen) oder aus denen Teile mitgenommen werden können, werden durch die von mir vorgeschlagene Definition von Interaktivität ausgegrenzt, da sie weder eine technisch vermittelte Kommunikation zwischen Menschen noch eine Mensch-Maschine-Kommunikation ermöglichen.

Der Austauschprozess zwischen Kommunikationspartnern

Bis jetzt wurden die Begriffe von Interaktion und Interaktivität unter dem Aspekt der beteiligten Kommunikationspartner analysiert. Jedoch spielt bei der Definition dieser Begriffe auch der Austausch eine wesentliche Rolle. Diesbezüglich stellt Scheizaf Rafaeli sehr hohe Anforderungen an die Charakteristika, die Interaktivität auszeichnen. Nach seiner Auffassung ist nicht jeder Austauschprozess automatisch interaktiv.

8 Vgl. Neuberger 2007, S. 45–46. Daraus schließen Quiring und Schweiger folgerichtig, dass die Kommunikation im Umgang mit dem Computer im Grunde genommen nicht zwischen dem Nutzer und dem Computer erfolgt, sondern zwischen dem Nutzer und den Entwicklern der Inhalte und der Technik (z. B. den Programmierern). Quiring/Schweiger 2006, S. 10. Übertragen auf computergestützte Medienkunstinstallationen, bedeutet dies, dass die Kommunikation letztendlich zwischen dem Besucher und dem (eventuell durch Techniker unterstützten) Künstler stattfindet.

9 Dinkla 1997, S. 13.

10 Permanence Through Change 2003, S. 126.

Er unterscheidet zwischen zweiseitiger Kommunikation (nicht interaktiv), reaktiver Kommunikation (quasi interaktiv) und wirklicher interaktiver Kommunikation.[11] Die volle Interaktivität wird nach Rafaeli erst dann erreicht, wenn eine Botschaft beantwortet wurde und auf diese Antwort wieder eine inhaltlich zusammenhängende Reaktion des ersten Kommunikationspartners (oder eines dritten) folgt. Nach dieser Auffassung von Interaktivität wäre zum Beispiel ein Prozess, in dem eine E-Mail von einem Nutzer gesendet und von einem anderen Nutzer beantwortet wird, nicht interaktiv, sondern nur reaktiv, weil die dritte zusammenhängende Botschaft fehlt. Quiring und Schweiger beobachten zutreffend, dass Rafaeli zu große Ansprüche an den Begriff der Interaktivität stellt und betrachten als interaktiv bereits solche Prozesse, die aus dem zweiseitigen Austausch aufeinanderbezogener Botschaften bestehen.[12]

Auch im Bereich der Kunstwissenschaften wird zwischen den Merkmalen reaktiv und interaktiv unterschieden. Dinkla bezeichnet diejenigen Werke als reaktiv, die keinen Computer, „sondern einfache Rückkopplungsmechanismen ohne digitale Speichermöglichkeiten für eine Involvierung der Rezipienten einsetzen".[13] Es handelt sich dabei um kinetische Kunstwerke, in denen die Besucher unbewusst bestimmte Effekte auslösen können: „In reaktiven Arbeiten greifen die Zuschauer zunächst nicht bewusst in den Werkkontext ein, sondern werden unvermittelt durch – oft versteckte – elektronische Sensoren in einen visuellen oder auditiven Ablauf verwickelt."[14] Sie fügt jedoch hinzu, dass diesem Prinzip auch einige der interaktiven Arbeiten (d. h. nach ihrer Auffassung: computergesteuerte Werke) folgen. Das ist zum Beispiel der Fall bei *I/Eye* von Bill Spinhoven.[15] Dieses Werk besteht aus einem Monitor mit einem darauf montierten kleinen Rohr, in dem eine Kamera versteckt ist. Der Monitor zeigt ein Auge in Großaufnahme. Wenn sich kein Besucher in dem Aufnahmebereich der Kamera befindet, ist das Auge geschlossen. Sobald ein Besucher sich vor der Kamera bewegt, reagiert das mit der Kamera verbundene Computerprogramm, indem es Bilder eines geöffneten und sich bewegenden Auges einblendet. Der Betrachter gewinnt den Eindruck, vom Auge verfolgt zu werden und wird auf diese Weise selbst zum Objekt der Betrachtung: das Kunstwerk ‚observiert' den Betrachter. In diesem Werk bemerkt der Betrachter zuerst nicht, dass seine Bewegung durch eine Kamera registriert wird und er damit die Bewegung des Auges auf dem Monitor beeinflusst. Das bedeutet, dass die Reaktion des Auges auf keine bewusste Aktion des Betrachters zurückgeht.

11 "Two-way communication is present as soon as messages flow bilaterally. Reactive settings require, in addition, that later messages refer to (or cohere with) earlier ones. Full interactivity (*responsiveness*) differs from reaction in the incorporation of reference to content, nature, form or just the presence of earlier reference." Rafaeli 1988, S. 119.

12 Quiring/Schweiger 2006, S. 19.

13 Dinkla 1997, S. 15.

14 Ebd., S. 37.

15 Ein Exemplar des Werkes befindet sich in der Sammlung des Netherlands Media Art Institute in Amsterdam und wird dort im Rahmen einer Fallstudie untersucht. Ein weiteres Exemplar gehört zur Deutschen Arbeitsschutzausstellung (DASA) in Dortmund und soll in Kürze restauriert werden. Für das Restaurierungskonzept stand das imai der DASA beratend zur Seite.

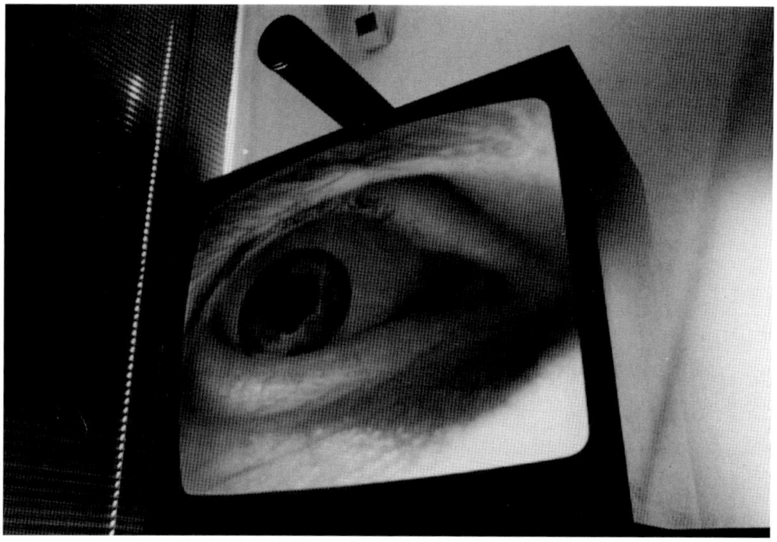

Bill Spinhoven, *I/Eye*, 1993. Photo © Bill Spinhoven

Erst wenn der Betrachter die von ihm abhängige Reaktion des Auges wahrnimmt, kann er anfangen, mit dem Kunstwerk bewusst zu interagieren.

Anders ist der Fall bei *Exchange Fields* von Bill Seaman. Der Künstler konzipierte die Objekte, die als Benutzerschnittstellen in der Installation dienen, auf eine solche Art und Weise, dass sie eine intuitive Benutzung durch den Besucher hervorrufen.[16] Der Besucher erkundet die Objekte mit seinem Körper und löst über Sensoren das Abspielen von bestimmten Videosequenzen aus. Die Arbeit lässt zudem die gleichzeitige Teilnahme von mehreren Benutzern an einem interaktiven Prozess zu, so dass nicht nur eine Mensch-Maschine-Kommunikation stattfindet, sondern auch eine Art zwischenmenschlicher Kommunikation mithilfe der Maschine. Eine Auswahl ist den Benutzern von *Exchange Fields* jedoch nur bis zu einem gewissen Grad erlaubt. Der Besucher kann zwar entscheiden, welches Objekt er berührt, er kann aber nicht eine spezifische Sequenz auswählen. Jedem Objekt sind mehrere Videosequenzen zugeordnet, die vom System in einer festgelegten Reihenfolge abgespielt werden. Das heißt, dass die Auswahlmöglichkeiten des Benutzers weit geringer sind als die Reaktionsmöglichkeiten des Systems.

Während viele Wissenschaftler versuchen, eine Trennlinie zwischen interaktiven und nicht interaktiven Systemen zu ziehen, betrachten andere Autoren wie zum Beispiel Quiring und Schweiger Interaktivität als graduell beschreibbar.[17] Ich schließe mich der Auffassung von Quiring und Schweiger an, da sie sich für eine Übertragung in den Kunstbereich eignet. Wie bereits erwähnt, werden in der zeitgenössischen Kunst unterschiedliche Installationen (oft von den Künstlern selbst) als interaktiv charakterisiert.

16 Vgl. Seaman 2001. Siehe auch den Text von Julia Giebeler in diesem Buch.
17 Vgl. Quiring/Schweiger 2006, S. 13.

Für die Erfassung solcher Arbeiten scheint es wenig hilfreich zu sein, ausschließlich eine Grenzlinie zu definieren. Viel wichtiger ist es, Kustoden, Kuratoren und Konservatoren ein Modell zu bieten, anhand dessen sie eruieren können, welche interaktiven Merkmale eine Installation kennzeichnen und in welchem Grad sie ausgeprägt sind.

Einführung zum Erfassungsmodell für interaktive Installationen

Im Rahmen der Fallstudie über *Exchange Fields* wurde in Zusammenarbeit mit der Restauratorin Julia Giebeler ein Modell zur Erfassung der interaktiven Eigenschaften von Installationen entwickelt. Dieses Modell soll dabei helfen, die Interventionsmöglichkeiten, die ein technisches System den Benutzern zur Verfügung stellt, und die Reaktionsmöglichkeiten des technischen Systems selbst quantitativ und qualitativ zu analysieren. Die quantitative Analyse erfasst Interaktivität durch die Aufzählung der Optionen, die das technische System bietet. Die qualitative Analyse erfasst dagegen bestimmte Eigenschaften der Interaktivität, die nicht messbar sind. Sie ist keinesfalls als Instrument zur Beurteilung der künstlerischen Qualität eines interaktiven Werkes zu verstehen. Auch der Versuch, durch quantitative und qualitative Analysen verschiedene Grade von Interaktivität auszumachen, hat nicht das Ziel, eine Skala der künstlerischen Qualität der Arbeiten zu erstellen.[18]

Die Erfassung und Abstufung verschiedener Merkmale von Interaktivität erleichtert den Entscheidungsprozess bei der Erhaltung von interaktiven Werken. Insbesondere in Situationen, in denen eine Migration oder eine Emulation der Technik infrage kommt, ist es wichtig zu wissen, welche Art und welcher Grad von Interaktivität eine bestimmte Arbeit charakterisieren, um die gleiche Wirkung in der restaurierten Fassung der Installation erzielen zu können. Es wird empfohlen, das Modell für jede neue Version einer Installation erneut auszufüllen, um zu überprüfen, ob sich die interaktiven Eigenschaften der Arbeit verändert haben.

Das Modell zur Erfassung von Interaktivität ist als Modul eines umfangreicheren Dokumentationsmodells für Medienkunstinstallationen zu sehen,[19] das als Ergänzung bereits existierender Modelle konzipiert wurde.[20] Das Modul baut auf dem „Proposal

18 Die Annahme, dass ein hoher Grad der Interaktivität unbedingt einer hohen künstlerischen Qualität entspricht, wäre außerdem irreführend.

19 Vgl. Giebeler 2009, S.109–120.

20 *Conceptmodel Registration Multimedial Installations* vom Netherlands Media Art Institute, unter: http://www.nimk.nl/en/conservering/resource/d_models.html; *Installation Documentation Guidelines* des Projektes *Matters in Media Art*, unter: http:// http://www.tate.org.uk/about/projects/matters-media-art/installation-documentation-guidelines; *Inside Installations Documentation Model* (2IDM), unter: http://www.inside-installations.org/research/index.php; *Variable Media Questionnaire*, unter: http://variablemediaquestionnaire.net/; *Capturing Unstable Media Conceptual Model* (CMCM) des Projektes *Capturing Unstable Media*, unter: http://capturing.projects.v2.nl/; *Cataloguing Guide for New Media Collections* des Projektes DOCAM, unter: http://www.docam.ca/en/cataloguing-guide.html; alle Seiten wurden zuletzt am 17.07.2012 abgerufen.

for an interaction model" des Projektes *Capturing Unstable Media* auf.[21] Weiterhin wurden Ansätze aus der Medien- und Kommunikationswissenschaft herangezogen, wobei hier sowohl die von Goertz aufgestellten Kategorien zur Bestimmung des Grads der Interaktivität[22] als auch die Tabelle von Quiering und Schweiger, die die Ebenen, Dimensionen und Merkmale von Interaktivität aus der Perspektive der Kommunikationswissenschaften zusammenstellt,[23] wesentliche Inspirationsquellen darstellten.[24] Das Modell wurde schließlich anhand der 2010 erschienenen Ergebnisse des Forschungsprojektes *Taxonomie „Interaktive Kunst"* überarbeit und ergänzt. Insbesondere übernimmt es einige der Definitionen, die Ingrid Spörl im Rahmen dieses von Katja Kwastek geleiteten Projektes formuliert hat.[25] Im Folgenden soll das erstellte Modell zur Erfassung des Interaktivitätsgrads als „Kontinuum" zwischen niedriger und hoher Interaktivität[26] vorgestellt werden.

21 Vgl. Capturing Unstable Media 2003, S. 20–22.
22 Vgl. Goertz 2004.
23 Vgl. Quiring/Schweiger 2006, S. 13.
24 Eine weitere Referenz war Trogemann/Viehoff 2005.
25 Vgl. Ingrid Spörl, „ANHANG 4: Definitionen" (2009), in: Kwasteck/Spörl 2009, S. 30–39.
26 Goertz 2004, S. 102.

Modell zur Erfassung interaktiver Installationen

Tiziana Caianiello und Julia Giebeler

- **Zeitpunkt der Interaktion/Interaktivität**

  a. durch einen Zeitplan/den Künstler festgelegt (z. B. Performance, telefonische Kommunikation zwischen Interaktionspartnern etc.)

  b. nicht festgelegt

- **Ort der Interaktion/Interaktivität**

  a. Die Interaktion/Interaktivität spielt sich an dem Ort ab, wo die Installation aufgebaut ist:
     a.1 ortsspezifische Installation (ortsgebunden, an einem Raum gebunden, für einen bestimmten Raum/Kontext konstruiert)
     a.2 keine ortsspezifische Installation (ausstellbar an unterschiedlichen Orten)

  b. Die Interaktion/Interaktivität ist auf voneinander getrennte Räume oder Orte verteilt:
     b.1 ortsspezifische Installation (ortsgebunden, an bestimmte Räume gebunden, für bestimmte Räume/Kontexte konstruiert)
     b.2 keine ortsspezifische Installation (ausstellbar an unterschiedlichen Orten)

  c. Undefinierter Ort (z. B. Cyberspace, WWW etc.)

- **Anzahl der Benutzer zur Aktivierung der Arbeit**

  a. Mindestanzahl der Benutzer:

  b. Maximale Anzahl der Benutzer:
     b.1 Festgelegt Anzahl:
     b.2 Flexibel

- **Der Benutzer interagiert mit:**

  a. einem oder mehreren Mitbenutzern/Performern ohne die Vermittlung eines technischen Mediums (Mensch-Mensch-Kommunikation). Die Face-to-Face Interaktion wird durch das Modell nicht erfasst.

  b. einer Maschine (Mensch-Maschine-Kommunikation)

  c. anderen Benutzern durch ein technisches Medium (Mensch-Medium-Mensch-Kommunikation)

  d. Eine Kombination der oben genannten Kommunikationsformen Beschreibung:

  e. Wechselseitige (Re-)Aktion zwischen technischen Systemen (ohne Teilnahme von Menschen). Diese Art von Interaktivität wird durch das Modell nicht erfasst.

- **Interface Hardware**

  a. Sensoren
  b. Maus
  c. Tastatur
  d. Touchscreen
  e. Mikrofon
  f. Videokamera
  g. VR-Helm
  h. VR-Datenhandschuh
  i. eine Kombination aus oben genannten:
  j. sonstiges:

- **Der Benutzer aktiviert die Arbeit durch:**

  a. Bewegung
  b. Geräusche/Stimme
  c. Berührung
  d. Bedienung einer Schnittstelle wie Tastatur, Maus etc.
  e. sonstiges:

- **Benutzte Sinne bei der Aktivierung der Arbeit durch den Benutzer (Input)**

  a. Sehsinn
  b. Hörsinn
  c. Tastsinn
  d. Geruchssinn
  e. Geschmackssinn

- **Steuerungsmöglichkeiten des Benutzers**

  a. Selektion

  a.1 Quantitative Erfassung der Selektionsmöglichkeiten des Benutzers

  Stufe 0: keine Selektionsmöglichkeiten
  - Der Benutzer aktiviert **unbewusst** einen Prozess (z. B. durch Sensoren).
  - Der Benutzer aktiviert **bewusst** einen Prozess (z. B. durch Knopfdruck), hat aber nur eine einzige Option (abgesehen von der Möglichkeit, die Arbeit nicht zu aktivieren).

  Stufe 1: Der Benutzer hat begrenzte Selektionsmöglichkeiten.
  Anzahl der Selektionsmöglichkeiten:

  Stufe 2: Der Benutzer hat unendlich viele Selektionsmöglichkeiten.

  a.2 Qualitative Erfassung der Selektionsarten

  Stufe 1: Der Benutzer kann aus dem Angebot des Systems begrenzt auswählen (er kann zwar zwischen verschiedenen vorgegebenen Optionen frei wählen, hat aber keinen Einfluss auf den Prozess, den er durch seine Wahl aktiviert).

  Stufe 2: Der Benutzer kann aus dem Angebot des Systems Inhalte und/oder Parcours frei auswählen (man kann alle Optionen bewusst wählen). Dazu gehört auch das Navigieren innerhalb von Informationsstrukturen wie das Internet oder innerhalb von virtuellen Welten.

b. Modifikation

b.1 Quantitative Erfassung der Modifikationsmöglichkeiten

Stufe 0: Der Benutzer kann nichts modifizieren.

Stufe 1: Der Benutzer hat begrenzte Modifikationsmöglichkeiten.

Stufe 2: Der Benutzer hat unendlich viele Modifikationsmöglichkeiten (er kann z. B. unendlich viele Daten hinzufügen).

b.2 Qualitative Erfassung der Modifikationsmöglichkeiten

Stufe 1: Der Benutzer kann vorgegebene Elemente innerhalb des Systems modifizieren.

Stufe 2: Der Benutzer kann innerhalb des Systems Daten hinzufügen und/oder überarbeiten (z. B. Text, Bilder, Klang etc.) und dadurch das Ergebnis des Prozesses **vorübergehend** modifizieren.

Stufe 3: Der Benutzer kann innerhalb des Systems Daten hinzufügen und/oder überarbeiten (z. B. Text, Bilder, Klang etc.) und dadurch das Ergebnis des Prozesses **dauerhaft** modifizieren. Er kann jedoch das programmierte System nicht verändern.

Stufe 4: Der Benutzer kann das programmierte System dauerhaft modifizieren und wird dadurch mitverantwortlich für seine Konzeption und Gestaltung (**Co-authoring**).

- **Reaktionsmöglichkeiten des Systems auf die Aktion des Benutzers**

Quantitative Erfassung der Reaktionsmöglichkeiten

Stufe 1: Die Reaktionsmöglichkeiten des Systems sind begrenzt. Anzahl der Reaktionsmöglichkeiten:

Stufe 2: Die Reaktionsmöglichkeiten des Systems sind scheinbar unerschöpflich (aber in Wirklichkeit begrenzt).

Stufe 3: Die Reaktionsmöglichkeiten des Systems sind unendlich.

- **Der Bezug zwischen Aktion des Benutzers und Reaktion des Systems**

  a. Es besteht kein inhaltlicher Bezug zwischen Aktion und Reaktion.

  b. Es besteht ein scheinbarer Bezug zwischen Aktion und Reaktion.

  c. Es besteht ein inhaltlicher Bezug zwischen Aktion und Reaktion.

  d. Das System ist lernfähig und kann auf vorangegangene Aktionen zurückgreifen und diese in die neue Reaktion mit einbeziehen.

- **Reaktionsgeschwindigkeit des Systems**

Angabe des Zeitintervalls zwischen Aktion des Benutzers und Reaktion des Systems:

- **Durch das System angesprochene Sinne (Output)**

  a. Sehsinn
  b. Hörsinn
  c. Tastsinn
  d. Geruchssinn
  e. Geschmackssinn
  f. Gleichgewichtssinn

Exchange Fields von Bill Seaman

Julia Giebeler

Einführung

Die interaktive Videoinstallation *Exchange Fields* wurde von Bill Seaman speziell für die Ausstellung *vision.ruhr* entwickelt, die im Jahr 2000 in der Zeche Zollern in Dortmund gezeigt wurde (Farbabb. 17).[1] Nach dem Ende der Ausstellung erwarb das Museum Ostwall in Dortmund die Installation. Um Medienkunstinstallationen möglichst authentisch erhalten und präsentieren zu können, ist es wichtig, bereits bei ihrem Ankauf die wesentlichen Angaben zum Werk sowie alle Informationen darüber, was bei der Installation bezüglich ihrer Archivierung, Präsentation und Erhaltung zu beachten ist, schriftlich festzuhalten. Zu der Zeit des Ankaufs von *Exchange Fields* war das Bewusstsein für die spezifischen Anforderungen von Medienkunstinstallationen noch nicht sehr ausgeprägt, und Leitfäden zur Dokumentation von Werken dieser Art standen noch am Anfang ihrer Entwicklung.

Nach dem Erwerb von *Exchange Fields* wurde die Installation bis zum Beginn der Fallstudie nie in den Räumlichkeiten des Museum Ostwall gezeigt. Im Jahr 2009 stellte sich heraus, dass dem Museum eine angemessene Dokumentation über die Installation *Exchange Fields* fehlte. Das Ziel der Fallstudie des imai war, Informationen über den Entstehungsprozess des Werkes zu sammeln, seine konstitutiven Eigenschaften zu ermitteln und eine Erhaltungsstrategie zu erarbeiten. Denn das Wissen darüber stellt nicht nur eine Grundvoraussetzung für zukünftige Entscheidungsfindungsprozesse bezüglich des konservatorischen Umgangs dar, sondern ist auch für die Umsetzung von authentischen Folgepräsentationen der Installation von Bedeutung. Weiterhin sollte eine Erfassungsmethodik entwickelt werden, die auf andere interaktive Medieninstallationen übertragbar ist. Die Fallstudie wurde in Kooperation mit dem Institut für Konservierungs- und Restaurierungswissenschaft der Fachhochschule Köln durchgeführt.[2] Die Ergebnisse wurden erstmals bei der ISEA2010RUHR im Rahmen des vom imai organisierten Symposiums *Still Accessible? Rethinking the Preservation of Media Art* vorgestellt.[3]

1 Vgl. vision.ruhr 2000.
2 Vgl. Giebeler 2009.
3 Vgl. Caianiello/Giebeler 2010.

Werkbeschreibung

Die interaktive Videoinstallation *Exchange Fields* besteht aus drei Großleinwänden, auf welche Videosequenzen projiziert werden, und dreizehn möbelartigen Skulpturen, die als Benutzerschnittstellen dienen. Die Skulpturen sind mit Infrarot-Sensoren ausgestattet. Beim Berühren der Skulpturen kommt der Benutzer unweigerlich mit dem Infrarotstrahl in Kontakt und löst dadurch das Abspielen von Videos mit Tanzsequenzen aus (Farbabb. 18–21). Diese kurzen Tanzstücke beziehen sich inhaltlich genau auf jenen Körperteil des Benutzers, mit dem dieser die jeweilige Interfaceskulptur bedient hat. Die Tanzsequenzen erscheinen allmählich aus dem Dunkel des Raums auf der Projektionsleinwand und werden ebenso langsam wieder ausgeblendet. Bei den Aufnahmen der Tanzsequenzen setzte Seaman einen intensiven Lichtkegel ein, durch den immer ein bestimmter Körperteil der Tänzerin in Szene gesetzt wurde. Dieses Ausdrucksmittel, das an die Verwendung von Licht in der Malerei des 17. Jahrhunderts, wie beispielsweise bei Caravaggio, erinnert, wird hier eingesetzt, um zu verdeutlichen, welcher Körperteil bei der jeweiligen Tanzsequenz im Mittelpunkt steht. Weiterhin unterstützt der schwarze Bildhintergrund die Integration der Videosequenzen in die dunkle Raumwirkung der Gesamtinstallation. Bei dem Gebrauch einer Interfaceskulptur wird zusätzlich zur korrespondierenden Tanzsequenz die dazugehörige Audiosequenz aufgerufen, die einen sich stetig steigernden, brummenden Klang einer Klarinette wiedergibt.

Parallel werden auf der rechten und linken Leinwand nicht interaktiv steuerbare Videoprojektionen gezeigt, die sich im weitesten Sinn mit Energiegewinnung und deren Umwandlung in Bewegung beschäftigen. Über eine separate Audioquelle wird ein meditativer Techno-Ambient-Soundtrack abgespielt und von einem poetischen Text Seamans über Energie und Körper begleitet, den der Künstler teils sprechend und teils singend rezitiert.

Interfacestrategie

Bei interaktiven Medieninstallationen bestimmt im Wesentlichen die künstlerische Strategie der Interaktivität die Ästhetik der Arbeiten. Dabei spielen die Art des Interfaces, d. h. der Schnittstelle zwischen Rezipient und Installation, und seine systemspezifischen Eigenschaften, die verwendete Technologie und die dadurch erreichte Reaktionsgeschwindigkeit, eine bedeutende Rolle. Interaktive Videoinstallationen sind auf die aktive Beteiligung der Betrachter zur Vollendung ihres Werkcharakters angewiesen, weswegen die Rezeption und das Verhalten der Betrachter an der Schnittstelle ebenfalls entscheidend für die Wirkung der Installation sind.[4] Seit den späten 1980er Jahren experimentierten Künstler und Techniker mit neuen Interfacestrategien, die

4 Vgl. Hünnekens 1997, S. 84.

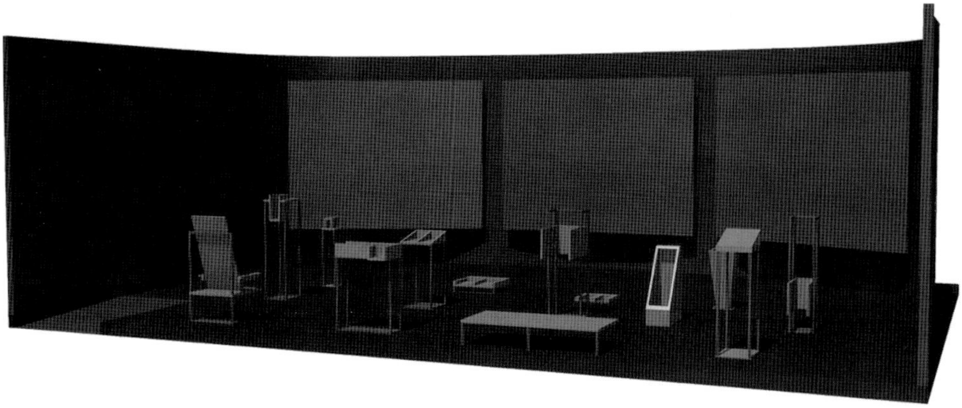

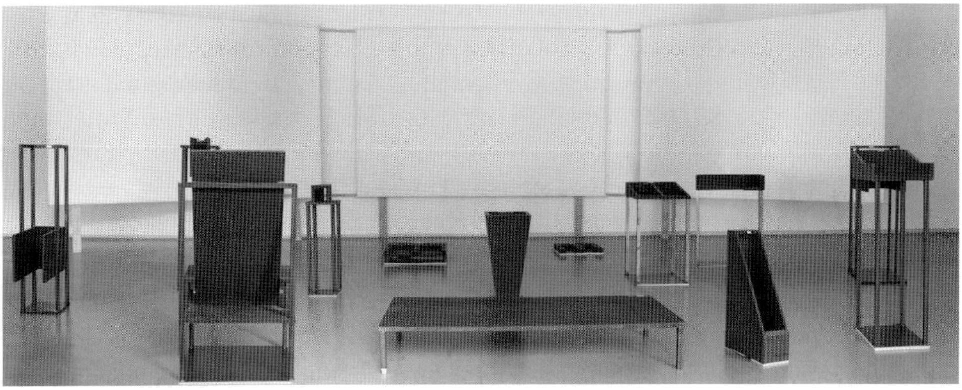

Oben / Above: 3D-Computer-Zeichnung der Installation / Three-dimensional computer drawing of the installation
Unten / Below: Test-Installation, Museum am Ostwall, Dortmund, 25. August 2009. Photo © Julia Giebeler, imai

die Nutzung herkömmlicher Schnittstellen wie Tastaturen oder Joysticks überwinden sollten, um den Rezipienten eine intensivere körperliche Beteiligung[5] zu ermöglichen. Als einer der Vorreiter interaktiver Medienkunst hat beispielsweise Jeffrey Shaw schon 1988 in seiner Arbeit *The Legible City* den Rezipienten dazu angeregt, sich auf einem Fahrrad, das als Interface diente, durch eine virtuelle Stadt zu bewegen. Im *Virtual Museum* aus dem Jahr 1991 verwendete Shaw einen Stuhl als Steuerungselement.[6]

Die Interfaceskulpturen der Installation *Exchange Fields* lassen nicht nur die körperliche Beteiligung eines Benutzers, sondern sogar die simultane Benutzung durch mehrere Besucher zu. Bei *Exchange Fields* können bis zu vier Benutzer die Installation gleichzeitig verwenden. Wenn mehrere Benutzer involviert sind, erscheinen bis zu vier übereinandergelagerte Videosequenzen auf der zentralen Leinwand (Farbabb. 21–22).

5 Vgl. Daniels 2000, S. 155–156.
6 Vgl. ebd., S. 154.

Auf diese Weise können die Benutzer nicht nur mit der Installation selbst, sondern auch mit den anderen Rezipienten über das System interagieren.

Technisch wird die Interaktivität durch die Computersteuerung von vier Laserdiskplayern und drei Videomischern ermöglicht.

Der von Seaman erstellte Schaltplan der Installation verdeutlicht die genaue Funktionsweise der Installation: Ausgelöst durch die haptische Benutzung der Interfaceskulpturen (I) durch den Rezipient bzw. die Rezipienten werden die analogen Signale über die Digital-in-Box (II) in digitale Signale umgewandelt, die an den Computer (III) weitergeleitet werden. Der Computer nimmt die ausgelösten Signale auf und leitet sie an einen der vier Laserdiskplayer (IV, a - d) weiter, der die gewünschte Videosequenz abspielt. Auf den vier inhaltlich identischen Laserdisks ist zu jeder Skulptur eine bestimmte Anzahl von Videosequenzen gespeichert. Die drei Videomischer (V, a - c), die ebenfalls durch die Software gesteuert werden, sind an die Laserdiskplayer angeschlossen. In Abhängigkeit davon, wie viele der vier Laserdiskplayer gleichzeitig durch die Benutzer aktiviert werden, werden bis zu vier Videosequenzen auf der mittleren Hauptprojektionsfläche übereinandergelagert. Die beiden seitlichen Projektoren (VIII, a + c) projizieren die Videosequenzen, die über die DVD-Player (VII, a + b) im Loop abgespielt werden. Im Audiomischer (VI) werden die interaktiv ausgelösten Tonspuren der Laserdisk mit den Audiospuren einer der DVDs abgemischt und über einen Verstärker (IX) auf die vier Lautsprecher (X, a - d) verteilt.

Für *Exchange Fields* hat Bill Seaman eine neue Interfacestrategie entwickelt, die er „Embodied Positioning" nennt.[7] Seaman hat die Objekte so konzipiert, dass sie dem Rezipienten suggerieren, wie er sie benutzen kann. Auf diese Weise beabsichtigte Seaman eine intuitive Nutzung der Installation. Die Interface-Objekte haben auf der einen Seite eine skulpturale Funktion im Ausstellungsraum und zum anderen erinnern sie an minimalistisch gestaltete Möbel. Als Konstruktionsvorlage für ihre Herstellung dienten einfache Skizzen und lineare Konstruktionszeichnungen Seamans, die von der Firma Casino Container[8] in dreidimensionale Computer-Zeichnungen übersetzt wurden.

Präsentationsgeschichte

Zu Beginn der Fallstudie war *Exchange Fields* im Depot des Museums Ostwall eingelagert. Wie jedoch alle Medieninstallationen, ist auch *Exchange Fields* nur dann vollständig existent, wenn die Arbeit installiert ist. Um die Installation in ihrer Gesamtwirkung erfassen zu können, wurde eine Test-Installation im Museum Ostwall

7 Seaman 2001. Die Steuerungs-Software wurde vom Niederländer Gideon May programmiert. Die technische Umsetzung der Installation wurde von der Firma 235 Media betreut, die auch die Folgepräsentationen begleitete.

8 Die Firma existiert heute nicht mehr.

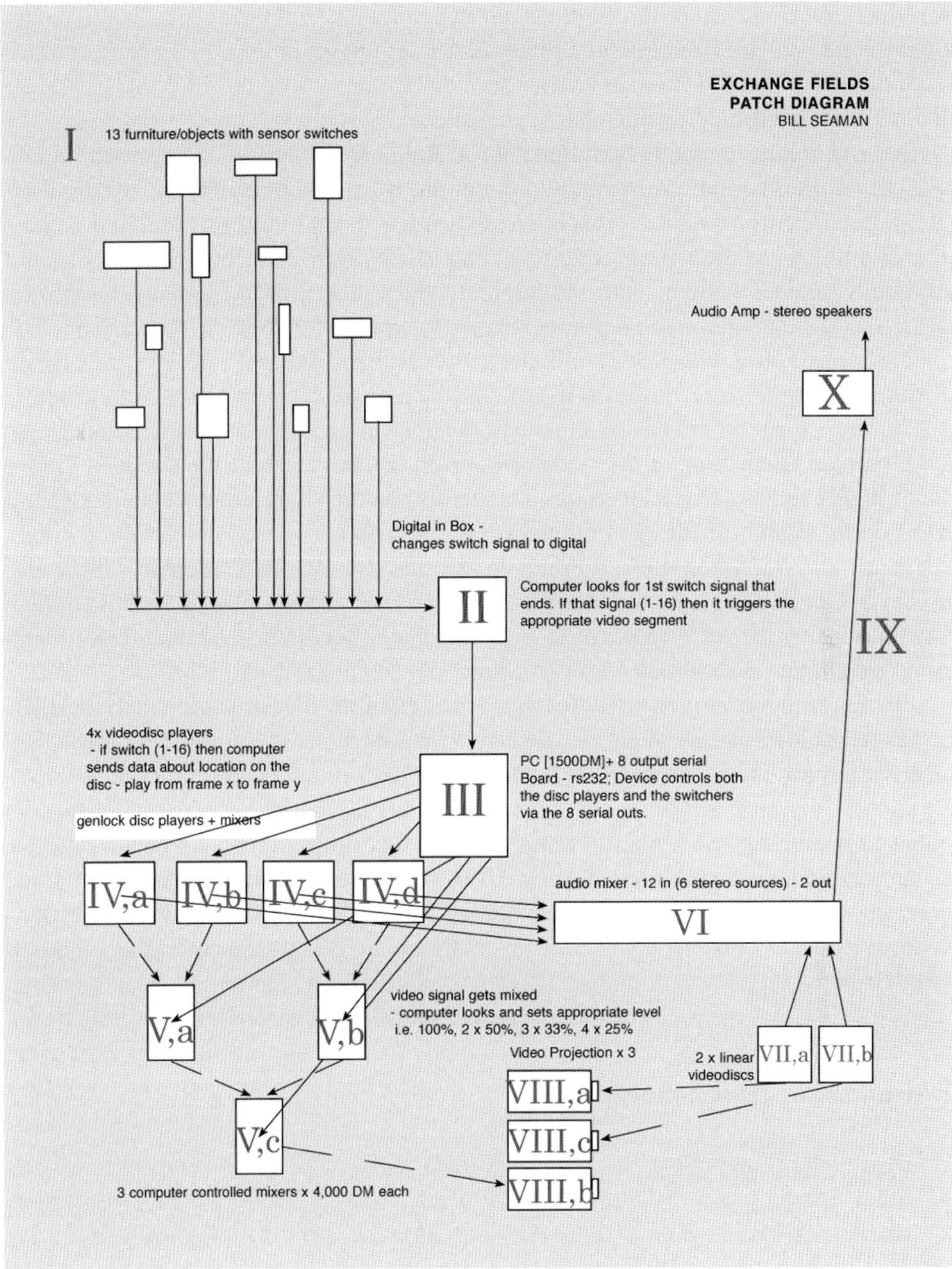

Bill Seaman, Schaltplan von / Patch diagram of *Exchange Fields*, 2000

durchgeführt.[9] Ziel war es, die Mindestanforderungen an zukünftige Ausstellungsbedingungen (wie zum Beispiel die Größe des Ausstellungsraums) und die Kriterien zur Positionierung der Interfaceskulpturen zu bestimmen sowie die Funktionsfähigkeit der jahrelang eingelagerten technischen Ausstattung zu überprüfen (Farbabb. 23–24).

Bereits zu Beginn der Fallstudie kam die Frage auf, inwiefern der Ausstellungskontext die Bedeutung der Installation beeinflusst hatte, da sie speziell für die Ausstellung *vision:ruhr* realisiert worden ist, die im Jahr 2000 in einer stillgelegten Zeche in Dortmund stattfand. Einige Elemente von *Exchange Fields* beziehen sich direkt auf den Kontext der Zeche, wie zum Beispiel die Videoprojektionen auf den beiden Seitenleinwänden oder auch der von Seaman gesprochene Text.

2001 wurde *Exchange Fields* im Rahmen des Holland Dance Festivals in Den Haag in einem kleinen Theater ausgestellt. Den Tanzsequenzen kam im Ausstellungskontext des Theaters eine andere Bedeutung zu als in der Umgebung der stillgelegten Zeche in Dortmund. Stellte der Tanz in der Arbeitswelt des Bergwerkes einen Fremdkörper dar, reihte er sich vor der Kulisse des Theaters in die dort beheimateten darstellenden Künste ein. Während die technische Ausstattung in Den Haag unverändert blieb, konnten einige der Skulpturen aufgrund des kleineren Ausstellungsraums nicht gezeigt werden.[10] Die Reduzierung der Interfaceskulpturen hat jedoch großen Einfluss auf die Gesamtwirkung der Installation, da jede Interfaceskulptur einen bestimmten Körperteil versinnbildlicht und mit den dazugehörigen Tanzsequenzen verknüpft ist. Fehlende Skulpturen beeinträchtigen die körperliche Komplexität, die dargestellt werden soll.[11]

2004 wurde *Exchange Fields* in der David Winton Bell Gallery, einem klassischen Galerieraum, in Providence (USA) ausgestellt. Der Raum war sehr groß und dunkel, einzig die Interfaceskulpturen wurden jeweils mit einem minimalen Spotlight von oben aus beleuchtet. Die Positionierung der Interfaceskulpturen entsprach der Erstinstallation, jedoch vergrößerten sich die Abstände zwischen den Skulpturen durch die vergrößerten Raumdimensionen. Bei dieser Präsentation wurden die zuvor verwendeten Liquid-Crystal-Display (LCD)-Projektoren nach Absprache mit Seaman durch neue Digital-Light-Processing (DLP)-Projektoren ersetzt, die durch einen besseren Schwarzwert stärkere Kontraste erzielen und eine intensivere Helligkeit aufweisen. Sowohl in Den Haag als auch in Providence wurde *Exchange Fields* in separaten, geschlossenen Räumen gezeigt. Bei der Erstpräsentation hingegen war *Exchange Fields* in einem offenen Ausstellungsraum aufgestellt, so dass die Installation räumlich

9 An der Test-Installation waren beteiligt: Dr. Kurt Wettengl (Museum Ostwall), Dipl.-Rest. Anke Klusmeier (Museum Ostwall), Guido Jensen (235 Media GmbH), Dr. Renate Buschmann (imai), Dr. Tiziana Caianiello (imai), Prof. Dr. Dipl.-Rest. Gunnar Heydenreich (FH Köln), Julia Giebeler (FH Köln).

10 Auskunft von Axel Wirths und Guido Jensen von 235 Media. Es wurde nicht dokumentiert, um welche Skulpturen es sich dabei handelte.

11 Bill Seaman gab im Gespräch an, dass die Skulpturen sehr nahe zusammen stehen können. Es muss einzig gewährleistet sein, dass die Rezipienten um die Skulpturen herumgehen können. Weiterhin betont Seaman, dass das Weglassen einer Skulptur immer einen Verlust der Gesamtwirkung bedeutet. Siehe das Interview mit dem Künstler in diesem Buch, S. 120.

und akustisch nicht von den anderen Kunstwerken abgeschirmt war. Diese Ausstellungssituation war für die ungestörte Wahrnehmung von *Exchange Fields* ungünstig.

Mit jeder neuen Präsentation veränderten sich die Konnotationen von *Exchange Fields*. Jeder neue Ausstellungskontext rief unterschiedliche Assoziationen hervor und jeder neue Ausstellungsraum motivierte zu anderen Herangehensweisen, die Interfaceskulpturen zu erkunden und mit ihnen zu interagieren. Dieser Zustand von wechselnden Konnotationen entspricht Seamans Intention, mit *Exchange Fields* ein offenes Kunstwerk im Sinne von Umberto Eco zu schaffen.[12] Die Installation bietet dem Benutzer eine Reihe von Bedeutungsfeldern an, aus denen der Rezipient frei auswählen, kombinieren und rekombinieren kann.[13]

Materialität versus Funktionalität

In der klassischen Restaurierungstheorie wird das Ziel der größtmöglichen Erhaltung des Originals in seiner ursprünglichen Materialität verfolgt. Bei zeitgenössischer Kunst, vor allem im Bereich der Medienkunst, ist diese Theorie jedoch nicht immer umsetzbar. Um hier eine authentische Erfahrbarkeit des Kunstwerks weiterhin zu ermöglichen, kann es notwendig werden, einzelne Werkkomponenten zu ersetzen. Für Restauratoren bedeutet die Abkopplung der Authentizität von den materiellen Bestandteilen eines Kunstwerks den „Verlust eines elementaren Referenzwerts".[14] Bei der Fallstudie über *Exchange Fields* wurde man mit der Tatsache konfrontiert, dass entweder die Materialität oder die Funktionalität der Arbeit erhalten werden konnte, denn sowohl die Projektoren als auch die DVD-Player waren nicht mehr funktionsfähig. Die für die Interaktivität notwendigen technischen Geräte funktionierten zwar noch; eine langfristige Funktionalität konnte aber aufgrund der veralteten Technologie nicht garantiert werden. Daher stellte sich die Frage, ob die bei der Erstinstallation verwendeten Geräte ebenfalls für zukünftige Präsentationen eingesetzt werden müssen. Diese Debatte veranschaulicht einen grundsätzlichen restaurierungsethischen Konflikt, denn das künstlerisch verwendete Material mit seinen Zeit- und Gebrauchsspuren wird gewöhnlich als wichtiger historischer Bedeutungsträger bewertet.

Bei *Exchange Fields* hat die Funktionalität, die die Interaktivität zwischen Mensch und Maschine sowie zwischen einzelnen Menschen über die Maschine ermöglicht, eine übergeordnete Rolle. Die Erhaltung der ursprünglich verwendeten technischen Geräte ist im Vergleich dazu nicht vorrangig. Daher wurde entschieden, für die Rezipienten eine weitgehend authentische Erfahrung mit dem Kunstwerk langfristig sicherzustellen, anstatt ausschließlich die originale Substanz der Installation zu erhalten. Die originale technische Ausstattung wurde durch ein neues digitales System ersetzt. Der Austausch der Technik erforderte zeitgleich eine Neuprogrammierung, die trotz

12 Vgl. Interview mit dem Künstler in diesem Buch, S. 124. Seaman bezieht sich auf Eco 1962.

13 Zum Begriff der „Recombinant Poetics" vgl. Seaman 1999.

14 Weyer 2006, S. 44. Übersetzung aus dem Englischen durch die Verfasserin.

der neuen technischen Ausstattung die gleiche Wirkung des ursprünglichen Steuerungsprogramms ermöglicht. Obwohl diese Maßnahmen den historischen Wert der Arbeit vernachlässigen, waren sie notwendig, um eine reibungslose Funktionalität und Erfahrbarkeit der Installation in den nächsten Jahren und Jahrzehnten zu garantieren.

Austausch der technischen Ausstattung

Bei *Exchange Fields* kommt der technischen Ausstattung kein ästhetischer Wert zu, da bis auf die Projektoren alle Geräte in einem speziellen Technikraum untergebracht und für den Benutzer nicht sichtbar sind. Allerdings spielen sie eine äußerst bedeutsame Rolle, um die beabsichtigten Effekte der Installation zu erzielen. Während der Test-Installation wurde herausgefunden, dass das ursprüngliche System unterschiedlich schnell auf die Aktion der Besucher reagierte. Die Reaktionszeit war von verschiedenen Faktoren wie der ausgewählten Interfaceskulptur, der jeweiligen Videosequenz, der Anzahl von gleichzeitig agierenden Besuchern und vielem mehr abhängig. Mit der Digitalisierung und dem Austausch der ursprünglichen Geräte verringerte sich die Reaktionszeit, was wiederum eine Veränderung in der Erfahrbarkeit der Installation zur Folge hatte.

Es musste überdacht werden, ob es gerechtfertigt sei, den Effekt der Installation in diesem Punkt geringfügig zu verändern – oder ob die ursprüngliche Wirkungsweise absoluten Vorrang habe. Da jedoch so viele Faktoren die Reaktionszeiten beeinflussten, war es unmöglich, sie exakt zu emulieren. Eine beliebige Zeitverzögerung zu programmieren, war ebenfalls keine geeignete Lösung. So wurde entschieden, die verkürzte Reaktionszeit als Konsequenz der Migration von technischen Geräten und Datenträgern zu akzeptieren. Die Originalgeräte und -datenträger wurden als wichtige historische Belege archiviert, so dass für die Zukunft ein Vergleichswert bewahrt ist.

In der neuen digitalen Version der Installation erscheint die ausgelöste Videosequenz umgehend auf der zentralen Leinwand. Der Besucher realisiert daher sofort, wenn er mit der Installation und eventuell auch mit anderen Besuchern interagiert. Diese Veränderung ist im Sinne der von Seaman verwendeten Strategie der Interaktivität, denn die Benutzer sollen die Reaktion des Systems auf ihre körperliche Handlung bewusst wahrnehmen.

Ähnliche Entscheidungen mussten für die verwendeten Projektoren der Installation getroffen werden. Bei der Erstpräsentation wurden LCD-Projektoren verwendet. Diese erzielten keine besonders starken Kontraste, da sie keinen starken Schwarzwert besitzen. Zusätzlich wiesen sie nur ein geringes Helligkeitsspektrum auf. Deswegen konnten die ursprünglich verwendeten Projektoren nicht den gewünschten Hell-Dunkel-Kontrast erreichen, der insbesondere für die interaktiv steuerbaren Tanzvideosequenzen wesentlich ist. Weiterhin war es durch die schwache Kontrastwirkung kaum bis gar nicht möglich, den Effekt der Videoüberlagerung während der Benutzung mehrerer Besucher wahrzunehmen. Da die ursprünglichen Projektoren nicht mehr funktionierten, musste entschieden werden, ob der gleiche Projektortyp erneut verwendet werden sollte, um die Wirkung der Erstpräsentation zu erhalten, oder ob er durch neue zeitgemäße Hochleistungsprojektoren ersetzt werden könne. Bill Seaman war bereits im Jahr 2000 unzufrieden mit den verwendeten Projektoren. Die Anschaffung von Hochleistungsprojektoren wäre vor elf Jahren jedoch zu kostenintensiv gewesen. Erst vier Jahre später, bei der Präsentation in der Brown Gallery in Providence wurden nach Rücksprache mit Bill Seaman solche von ihm gewünschten Projektorentypen für die Präsentation eingesetzt.

Die aufgezeigten Gründe führten schließlich zu der Entscheidung, die ursprünglich verwendeten Projektoren durch innovative zu ersetzen, die nicht nur eine stärkere Helligkeit und bessere Bildschärfe mit hohen Kontrasten erzielen, sondern zudem für den Dauerbetrieb im Museum geeignet sind.

Die Migration und Neuprogrammierung des Werkes wurden durch die Firma 235 Media durchgeführt,[15] die fundamentale technische Kenntnisse über das Werk besaß, weil sie in enger Zusammenarbeit mit dem Künstler den Aufbau von „Exchange Fields“ im Jahr 2000 technologisch begleitet und seitdem alle Folgepräsentationen der Installation betreut hatte.

Ergebnisse

Aus der Fallstudie resultierte schließlich im August 2010 eine Neupräsentation von *Exchange Fields*. Die Installation konnte im Rahmen der Ausstellung *Electronic Atmospheres* zur ISEA2010RUHR erstmals in der neuen digitalen Version der Öffentlichkeit präsentiert werden.[16] Während des Symposiums *Still Accessible? Rethinking the Preservation of Media Art* wurden die ursprünglich verwendeten technischen Geräte zum Vergleich vorgestellt und erläutert und die Erhaltungsstrategie bei einer Podiumsdiskussion mit dem Künstler und mehreren der an der Fallstudie beteiligten Fachleute[17] diskutiert. Nachdem im Verlauf der Fallstudie deutlich geworden war, dass ein ausführliches Erfassungsmodell für interaktive Installationen noch nicht existierte, ist der Vorstoß unternommen worden, ein solches Modell zu entwickeln (siehe vorheriges Kapitel) und es am Beispiel von *Exchange Fields* zu erproben.

15 235 Media hat 2010 eine Dokumentation der technischen Maßnahmen verfasst, die dem Museum Ostwall vorliegt.

16 Vgl. Electronic Atmospheres 2010, S. 94–97.

17 Dr. Tiziana Caianiello (imai, Düsseldorf), Dr. Renate Buschmann (imai, Düsseldorf), Prof. Dr. Dipl.-Rest. Gunnar Heydenreich (FH Köln), Claudia Mohr (235 Media), Dipl.-Rest. Julia Giebeler (FH Köln).

Bill Seaman im Gespräch mit Tiziana Caianiello und Julia Giebeler

via Videokonferenz am 18. Juni 2009

Warum haben Sie die Installation *Exchange Fields* genannt?
Im Jahr 2000 fand die Ausstellung *vision.ruhr* in einer ehemaligen Zeche in Dortmund statt, und das Thema Energie hat mich sehr beschäftigt, insbesondere in Hinblick auf die Beziehung zwischen Mensch und Maschine und auf die menschliche Interaktion. Bei *Exchange Fields* waren gerade diese Interaktionsfelder sehr wichtig.

Sie entwickelten speziell für *Exchange Fields* eine neue Strategie für Schnittstellen, die Sie „verkörperte Positionierung" (embodied positioning) nannten. Was war das Besondere dieser Strategie?
Ich habe den Körper mehr und mehr als holistisches System betrachtet, bei dem alle Sinne zusammenarbeiten. Bei *Exchange Fields* habe ich wirklich über das Wissen des Körpers nachgedacht. Das wird von einigen Wissenschaftlern „Affordanz" genannt. Dieser Begriff wurde von James J. Gibson eingeführt. Stellen Sie sich einfach vor, dass unser Körper Wissen über Dinge besitzt, die wir fast unbewusst tun. Wenn ich zu einer Tür gehe und die Hand ausstrecke, dann denke ich nicht darüber nach, ich öffne einfach die Tür mit der Türklinke. Deshalb dachte ich: Warum sich nicht an dieser Art von Wissen bedienen, um eine Schnittstelle zu entwickeln?

Diese Schnittstelle ermöglicht nicht nur eine Kommunikation zwischen dem Benutzer und der Maschine, sondern auch zwischen mehreren Benutzern. Warum war es für Sie wichtig, dass mehrere Benutzer interagieren konnten?
Das Werk ist sehr komplex im Hinblick auf die Kybernetik, da man sich selbst auf eine bestimmte Art positioniert und dadurch eine Tanzsequenz auslöst, so dass eine Verbindung mit dem System entsteht, indem eine dynamische Schleife gebildet wird. Wenn ein anderer Benutzer dies auch tut, ergibt sich ein Dreieck. Bis zu vier Personen können gleichzeitig aktiv sein. Wenn zwei Personen das System benutzen, überlagern sich zwei Bilder und so weiter. Dadurch entsteht eine sehr kraftvolle Beziehung nicht nur zwischen dem Benutzer und dem System, sondern auch zwischen einem Benutzer und den anderen Benutzern des Systems. Es ist fast unheimlich, denn man weiß, dass man verbunden ist, und die anderen wissen, dass auch sie verbunden sind, aber dadurch entsteht auch eine Verbindung im Raum zwischen der einen Person und den anderen.

Sie haben geschrieben, dass Sie das Verhalten der Benutzer nicht steuern möchten. Die Freiheit des Benutzers ist jedoch unvereinbar mit der Notwendigkeit, eine Reaktion der Maschine auf bestimmte Aktionen zu programmieren. Wie haben Sie diesen Widerspruch gelöst?
Ich denke bei diesen Systemen auf zwei Ebenen: auf einer konzeptionellen Ebene, bei der es um Menschen und Interaktion geht, und auf einer Ebene, bei der es nur um die Maschine geht und darum, was machbar ist. Es hat mich sehr interessiert, wie sich die Einschränkungen in Bezug auf die Körper der Benutzer auswirken, obwohl die sich ziemlich frei bewegen können und tun können, was sie wollen. Wenn man mit dem System interagiert, hält man still, wobei das Stillhalten die Bewegung, die in den Videos gezeigt wird, auslöst. Es ist eine Art Paradox, ein Widerspruch. Auf der Ebene der Maschine wollten wir ursprünglich Gestenerkennung verwenden. Dann erkannten wir aber, dass wir einfach einen einzelnen Infrarotstrahl verwenden konnten, der unterbrochen werden würde und dadurch ein bestimmtes Video einschalten würde. Für jede Skulptur wurden etwa sechs oder sieben Tänze aufgezeichnet, die im Wechsel abgespielt wurden und sich auf jenes bestimmte Körperteil bezogen, das mit einem bestimmten skulpturalen Objekt verbunden war. Würde man dasselbe Objekt ein zweites Mal verwenden, würde man einen anderen Tanz aufrufen und so könnte man eine ganze Reihe von Erfahrungen haben.

Wie kam es zur Zusammenarbeit zwischen Ihnen und der Tänzerin Regina van Berkel?
Ich arbeitete etwa eineinhalb Jahre mit dem Frankfurter Ballet an einem großartigen Stück, das *Sleepers Guts* heißt. Während ich dort war, verbrachte ich ziemlich viel Zeit mit den Tänzern, und Regina war eine sehr eindrucksvolle Tänzerin. Die Tänzer hatten viele meiner Videoarbeiten gesehen, denn ich machte ein Video für das Stück, obwohl William Forsythe schließlich nur Abstraktionen meiner Ideen und bestimmte Schlüsselbilder übernahm. Zum Beispiel anstatt Pre-Shot-Nahaufnahmen zu zeigen, entwickelten sie ein System mit Kameraübertragungen in Realzeit, das direkt an dem Tanz gebunden war. Nach dem Abschluss dachten Regina und ich, dass wir gemeinsam etwas tun sollten. Ich kam nach Deutschland zum ZKM, und wir machten diese extrem konzentrierte Aufnahme im dortigen Medientheater. Wir hatten eine sehr gute Betacam-Kamera, und die Beleuchtung war sehr klar und komplett inszeniert. Man ließ uns an diesem Ort allein, um Emotionen zu entwickeln.

Was war genau die Rolle von Regina van Berkel?
Regina van Berkel war in diesem Werk die Choreografin. Wir sprachen sehr lange darüber, wie das Werk funktionieren könnte, aber sie war ziemlich frei, die individuellen Bewegungen zu definieren. Sie tanzte manchmal auf eine sehr erotische Art und Weise. Ihre Bewegungen waren im Allgemeinen sehr sinnlich. Die Beobachter, oder Interaktionspartner, sehen dies, beispielsweise wenn sie im Stuhl sitzen, sich zurücklehnen und dieses wunderschöne Bild von Reginas Rücken sehen. Auf diese Weise wird wieder eine sehr starke kybernetische Schleife geschaffen.

Die Bilder sind sehr dunkel. Die Tänzerin kommt aus der Dunkelheit. Dieses Mittel erinnert an die Verwendung des Lichts in Gemälden des 17. Jahrhunderts, beispielsweise von Caravaggio. Ist dieser Bezug gewollt?
Ja, dies und eine Anzahl von historischen Bezügen haben mich wirklich interessiert. Diese Idee des ‚Chiaroscuro' ist sehr wichtig für dieses Werk. Der Lichteinfall dient dazu, bestimmte Teile des Körpers zu verschiedenen Zeitpunkten besonders zu betonen.

Wie entstanden die Videos für die zwei seitlichen Leinwände?
Es hatte vor allem mit dem Ausstellungsort von *vision.ruhr* zu tun. Wie ich vorher schon erwähnte, war es eine Zeche, die zum kulturellen Veranstaltungsort umgestaltet wurde. Deshalb dachte ich über Energie nach. Die zwei seitlichen Leinwände zeigten energieorientierte Aktivitäten, die zur Umgebung gehörten. Bedeutungsfelder interessieren mich sehr. In meinem Buch *Recombinant Poetics* schrieb ich über die Idee, dass ein Bild ein Bedeutungsfeld ist, Ton ein Bedeutungsfeld ist, und Text ein Bedeutungsfeld ist, und die ganze Zeit laufen die Bedeutungen als eine in uns verkörperte Geschichte zusammen. Diese seitlichen Bilder sind auch ziemlich sinnlich; die Beleuchtung kreiert auf eine gewisse Art und Weise symbolische Bilder.

Gibt es einen Zusammenhang zwischen den Bildern des Tanzes und den Bildern der energiebezogenen Prozesse?
Man weiß nicht genau, welche Bilder des Tanzes mit den äußeren zusammentreffen. Aber es gibt im Allgemeinen eine Art energetischer Beziehung. Auf der einen Seite hat man die Beziehung Beobachter-Tänzerin und dann gibt es die Tänzerin in Bezug auf diese Energien, die seitlich präsentiert werden. Mich interessieren in der Arbeit immer die unterschiedlichen kombinatorischen Potentiale.

Wie haben Sie die Musik für *Exchange Fields* ausgewählt?
Die Idee vom Überwinden der Zeit hat mich schon immer interessiert. Deshalb habe ich oft sehr flache, sehr lineare, sich wiederholende Strukturen gewählt. In diesem Fall war es ein Techno-Ambient-Soundtrack, denn ich war daran interessiert, dass Leute in eine Art meditativen Zustand versetzt werden. Wenn man im Installationsraum ist, dann bewirken die kybernetische Schleife, die Qualität des Lichts, die Qualität der Bewegung, die Resonanz all dieser Energien, dass sich alles verlangsamt und sich die Aufmerksamkeit auf den Augenblick richtet. Es ist eine sehr zentralistische Art von Schleife, sie zwingt einen, sich auf sich selbst zu konzentrieren, sie bringt einen dazu, über den eigenen Körper nachzudenken. Es bezieht sich auf die Zen-Lehre der aufmerksamen Wahrnehmung. In gewisser Weise betrachtet man die gesamte Funktionalität des eigenen Körpers und Geistes.
Ich komponierte die Musik und schrieb den Text und es ist meine Stimme, die auch spricht und singt. Es gibt einen Bassrythmus und eine Klangfolge mit meiner Stimme, aber dann hat jede Videosequenz einen Dauerton, der abhängig von den Aktionen der Benutzer kommt und geht. Es ist eigentlich ein generativer Soundtrack, da sich die Musik

ändert. Die Dauertöne wurden von einem Klarinettisten gemacht und sind sehr schwierig zu spielen, es gibt also eine gewisse Energie in diesen Dauertönen, und das erzeugt andere Gefühle, als wenn es nur einen elektronischen instrumentalen Soundtrack gäbe.

Sie realisierten *Exchange Fields* speziell für die Ausstellung in Dortmund und im spezifischen Kontext der Zeche. Später präsentierten Sie *Exchange Fields* beim Holland Dance Festival in Den Haag (2001) und in der David Winton Bell Gallery der Brown Universität in Providence (2004). Wie beeinflusst der Kontext der Präsentation die Bedeutung oder die Konnotationen des Werkes?
Das Werk ist als eigenständige Installation geschaffen, die reisen und in jedem Kontext stehen kann. Grundsätzlich entfaltet das Werk seinen eigenen Kontext, entstand aber als Antwort auf den ursprünglichen Kontext. Es gibt einen historischen Hinweis auf eine nicht-theatrale Ausdrucksform aus der Tanzgeschichte. In *Exchange Fields* wird jeder Interagierende auf eine gewisse Weise zu einem Tänzer/einer Tänzerin, auch wenn er oder sie still steht. Das Werk wurde in Auftrag gegeben, deshalb versuchte ich, mir in den ersten Ausstellungen besonders diese Idee über Energie zu vergegenwärtigen. Aber um es nochmal zu sagen, das Werk könnte jetzt überall gezeigt werden.

Waren Sie an allen Präsentationen des Werkes beteiligt?
Bis zu einem gewissen Grad war ich bei jeder Ausstellung involviert, da es immer räumliche Beschränkungen und Abweichungen gab. Jedes Mal mussten wir die möbelartigen Skulpturen leicht verstellen. Ich habe auch immer sehr darauf geachtet, dass das Lichtniveau so schwach wie möglich ist, aber gerade noch hell genug, um zu sehen, was man tut.

Können Sie uns mehr über die Art von Beleuchtung sagen, die man für die Installation verwenden sollte?
Heute kann man sehr starke Projektoren mit sehr hellem Licht erhalten, die es dann ermöglichen würden, das Werk auch in einem beleuchteten Raum zu zeigen. Aber wenn man das tut, dann muss sehr viel mehr Augenmerk auf die Oberfläche der Skulpturen gelegt werden. Jetzt sind die Skulpturen auf der Außenseite nur geölt. Wenn es nur wenig Licht gibt, sieht man nicht, dass sie gealtert sind und Kratzer haben und so weiter. Man sieht nur ihre Umrisse wie einen Schatten oder angedeutete Gebilde im Raum. Es gehört zum Ambiente und zur atmosphärischen Stimmung des Werkes, dass es sich in diesem dämmerungsartigen Raum befindet.
Idealerweise ist es ein halbdunkler Raum, idealerweise wird der Ton vor dem Eindringen anderer Töne geschützt, so dass man sich nur auf diesen Ton konzentrieren kann. Vielleicht ist es möglich, am Eingang einen Korridor zu bauen, so dass eine Art Pufferzone entsteht, die Geräusche von außen in den Raum nicht hineingelangen lässt.

Könnten wir zum Beispiel Scheinwerfer verwenden, um den Raum zu beleuchten?
Es könnten vielleicht sehr schwache Scheinwerfer für die Skulpturen eingesetzt werden, die ganz definierte Schatten bilden. Sie sollten aber so schwach leuchten, dass die Unregelmäßigkeiten auf der Oberflächenstruktur nicht sichtbar werden.

Haben Sie jedes Mal, wenn Sie das Werk präsentiert haben, dieselbe Ausstattung und dieselben Skulpturen verwendet?
Dieselbe Ausstattung und dieselben Skulpturen wurden die ersten drei Male, als das Werk gezeigt wurde, verwendet. Ich habe das Werk nie in dem Kontext eines Museums gesehen.

In Den Haag war der Ausstellungsraum so klein, dass eine oder zwei Skulpturen nicht gezeigt werden konnten. Ist es ein Problem für Sie, wenn das Werk mit weniger Skulpturen gezeigt wird?
Idealerweise würde ich gerne weiterhin alle verwenden. Sie haben alle eine unterschiedliche Funktionalität in Bezug auf den Körper, also es ist so, wie wenn man fragt, welche Hand man lieber opfern würde. Jede Skulptur repräsentiert eine andere Ebene hinsichtlich der offenen Bedeutung dieses Werkes.

Das Werk wurde bis heute nicht im Dortmunder Museum gezeigt. Nun wird es im neuen Gebäude des Museums präsentiert. Das Gebäude hat sehr viele Säulen, und es gibt vermutlich nicht genügend Platz, um die drei Leinwände in einer Art von Halbkreis wie in der Ausstellung vom Jahr 2000 zu arrangieren. Würden Sie einem anderen Arrangement der Leinwände zustimmen?
Das wäre kein Problem. Die Leinwände könnten auch in einem Winkel stehen, so dass man von der einen Seite die zentrale und linke Leinwand sieht und von der anderen Seite wieder die zentrale und die rechte Leinwand. Sie könnten eine Art ›V‹ bilden, aber mit einer hinteren Leinwand. Die Leinwände könnten auch von der Decke hängen. In diesem Fall könnte man auch eine Rückprojektion verwenden.

Welche Lichtintensität sollten die Projektoren haben?
Idealerweise hätte ich sie gerne so hell wie möglich. Beispielsweise wurden uns in Holland nicht die richtig hellen zur Verfügung gestellt, aber bei Brown bekamen wir sie. Bei der Medienkunst kann man sich eben manchmal eine anspruchsvolle Ausstattung leisten und manchmal nicht. Aber wenn erst einmal eine Situation geschaffen ist, dann wird diese nicht mit einer anderen verglichen. Es ist also immer eine sehr starke und bewegende Erfahrung, auch wenn mal etwas fehlt.

Welche Mindest- und Höchstmaße sollte der Installationsraum haben?
Nun, das hängt vom Raum ab, der zu Verfügung steht. Wenn die zentrale Leinwand etwa zwei Meter hoch und drei Meter lang ist, ist das vermutlich das kleinste Maß, das möglich ist. Einer der Gründe, der mich davon abhielt, Werke für das Internet zu machen, ist, dass mich die Phänomenologie des Bildes und sein Bezug zum Körper interessieren. Die möbelartigen Skulpturen und die Bilder sind wichtig. Je kleiner das Bild gemacht wird, desto weniger ist man im Inneren des Werkes. Deshalb sollte man versuchen, das Bild, passend zum Raum, so groß wie möglich zu machen. An der Brown Universität gab es für die Skulpturen ziemlich viel Platz, sie waren richtig weit auseinander aufgestellt. Aber sie könnten grundsätzlich auch viel enger beieinanderstehen, sofern es genügend Platz zum Herumgehen gibt.

Welche frühere Präsentation von *Exchange Fields* kam Ihrer Idealvorstellung am nächsten?

Nun, Sie haben die Dokumentation von der Ausstellung an der Brown Universität gesehen. Die haben dort wirklich eine perfekte Installation gemacht, vielleicht die beste, denn sie war in einem Raum ganz für sich allein. Sie war großzügig dimensioniert, obwohl sie auch kleiner sein könnte, und das Licht war sehr sorgfältig eingesetzt. Wenn man die Videodokumentation ansieht, kann man erkennen, dass es ausreichend Licht gab, um Menschen zu sehen, es aber sehr gedämpft war. Der Fokus war im Wesentlichen auf die Leinwände ausgerichtet. Man erhielt von den Leinwänden ein Umgebungslicht und es gab einige sehr schwache Lichter von oben.

Können Sie die Entwicklung von den Skizzen der möbelartigen Skulpturen bis zu den endgültigen Objekten beschreiben?

Ursprünglich dachte ich daran, sie ein bisschen massiver zu machen. Ich schaute mir ‚Mission-Möbel' und auch Möbel der Amischen an, die sehr solide, sehr einfache Holzkonstruktionen sind. Ich dachte auch an minimalistische und konstruktivistische Skulpturen. Aber letztendlich wollte ich etwas völlig Neues machen und ich begann einen Dialog mit der Firma Casino Container, die den Auftrag für die Herstellung der Holzskulpturen bekommen hatte. Die groben Skizzen entsprachen also der ersten Idee. Nachdem ich mit Casino Container gesprochen hatte, kam die Idee auf, die Objekte zu vereinfachen und sie etwas eleganter und zeitgemäßer aussehen zu lassen. Und wir bauten sie mit einer Basis, die sie sehr robust und stabil machte. Es fand ein ziemlich pragmatischer Dialog statt, bis die endgültigen Skulpturen ausgereift waren. Es gibt erste Zeichnungen, dann begann ich vereinfachte, schematische Zeichnungen zu machen, wir diskutierten verschiedene mögliche Formen materieller Herstellung, und am Ende gab es dann diese Darstellungen – die 3D-Zeichnungen. Wenn Menschen mit Dingen in Interaktion treten, muss man diese sehr, sehr robust machen. Es ist schwierig zu wissen, was das Beste ist. Wenn man etwas aus Marmor macht, ist das eine Sache. Wenn man etwas aus Holz macht, altert es ein bisschen und bekommt dann gewissermaßen eine Geschichte.

Warum ist auf jeder möbelartigen Skulptur eine Beschriftung angebracht, die das Körperteil benennt, mit dem man sie benutzen soll?

Das wurde an der Brown Universität gemacht. Die hatten das bereits gemacht, bevor ich die Möglichkeit hatte zu sagen, wie es gemacht werden sollte. Ursprünglich waren die Beschriftungen auf dem Boden. Nun wurden sie sozusagen Teil des Werkes. Mir gefiel es eigentlich besser, als die möbelartigen Skulpturen ganz pur waren und die Worte auf dem Boden darunter angebracht waren. Ursprünglich, als das Werk auf Gestenerkennung basieren sollte, hatten wir sogar angedacht, jeweils ein kleines Video direkt neben jeder Skulptur laufen zu lassen, um die Bewegung zu zeigen, mit der sie benutzt werden sollte. Dann dachten wir an Ideogramme, aber das Werk spricht klar für sich selbst, denn es spielt viel körperliches Wissen mit hinein. Ohne einen Hinweis wüsste man jedoch nicht unbedingt, wie man die Skulpturen benutzen soll. Deshalb werden die einzelnen Worte gewissermaßen zu Hinweisen über die Interaktion.

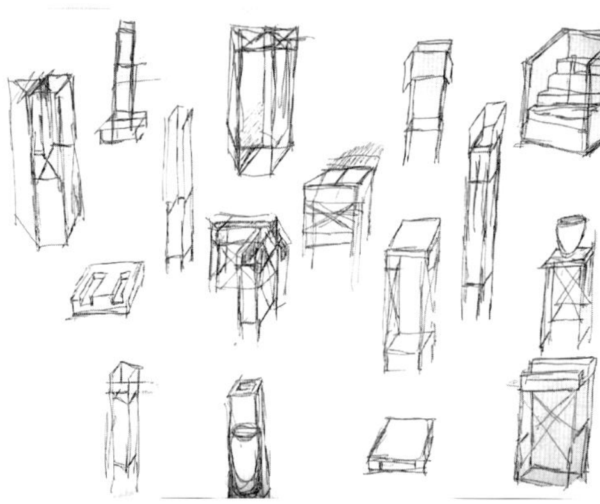

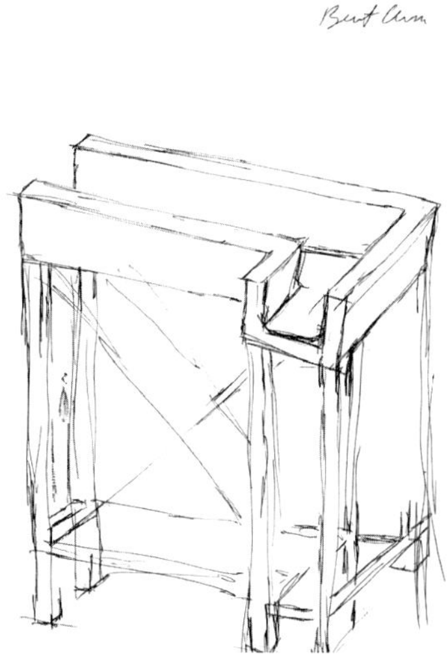

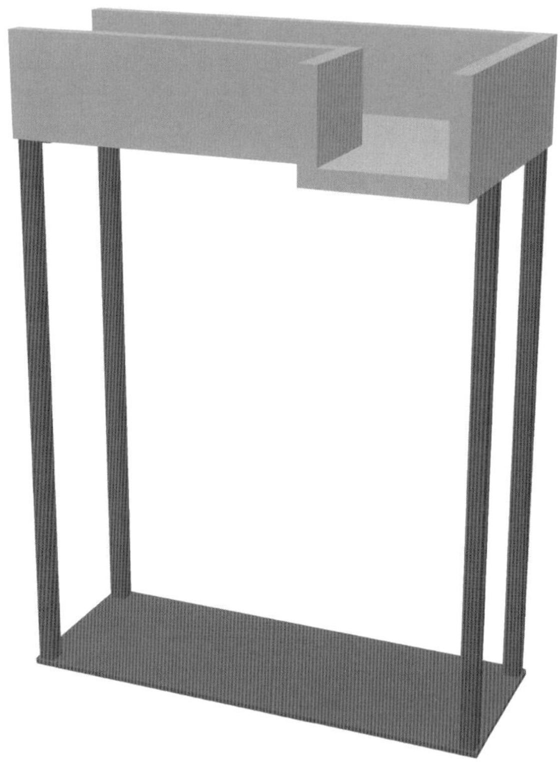

Oben / Above: Links / Left: Bill Seaman, Skizzen der Interface-Objekte für / Sketches of the interface objects for *Exchange Fields*. Rechts / Right: Bill Seaman, Zeichnung des Interface-Objektes / Drawing of the interface object *Bent Arm*
Unten / Below: 3D-Computer-Zeichnung von / Three-dimensional computer drawing of *Bent Arm*

Welche Art von Datenträger haben Sie als Master verwendet?
Ich glaube, wir haben Betacam verwendet. Dann wurden alle Videos auf eine Laserdisk übertragen, und es wurden mehrere Kopien von exakt derselben Laserdisk gemacht, jede repräsentierte einen unterschiedlichen Benutzer – bis zu vier. Für die seitlichen Videos wurde eine DVD gebrannt. Wenn eine Person eine Skulptur berührt, endet die entsprechende Videosequenz an einem bestimmten Abschnitt auf der Disk. Wenn diese wieder aktiviert wird, kommt der Übergang zum nächsten Abschnitt aus dem Schwarz heraus. Die Bilder am Ende des Abschnitts gehen dann wieder ins Schwarz zurück. Wenn zwei Leute das Werk gleichzeitig benutzen, werden zwei Laserdisks aufgerufen. In Zukunft werden zwei digitale Videodateien abgerufen werden. Die zwei Videosequenzen werden dann vermischt. Bis zu vier Personen zur gleichen Zeit können das Werk benutzen. Wenn vier Personen interagieren, dann entsteht ein sehr komplexes abstraktes Bild.

Warum entschieden Sie sich für Laserdisks?
Damals und sogar noch zum Zeitpunkt dieses Gesprächs haben Laserdisks die schnellste Reaktionszeit mit der höchsten Auflösung. Vor zehn Jahren waren Computer sehr viel langsamer. Das digitale Video war ganz neuartig, und nur ein paar wenige Leute begannen, es gerade erst zu benutzen, aber wir steckten unsere ganze Energie in diese andere, analoge Möglichkeit.

Entsprechend der Ausstattungsliste gibt es vier Laserdisks für die interaktive zentrale Leinwand, aber zwei DVDs für die zwei seitlichen Leinwände.
Die DVDs sind geeignet für die seitlichen Leinwände, denn sie laufen nur im Loop, genau wie in der originalen Installation.

Wir werden eine Probeinstallation des Werks mit der Originalausstattung aufbauen, um ihre Funktionalität zu testen. Wir sind jedoch nicht sicher, ob das originale System für einen langfristigen Gebrauch in einer Dauerausstellung geeignet ist.
Die ideale Situation für die Zukunft ist, dass alles digital ist. Wenn ich das Werk noch einmal machen würde, würde ich keine Laserdisk-Geräte mehr verwenden; ich würde das gesamte Video digitalisieren, einen neuen Code schreiben und alles auf einem leistungsfähigen Computer laufen lassen.

Können Sie uns sagen, welche Elemente der Installation von besonderer Bedeutung sind?
Der Bezug der möbelartigen Skulpturen zu dem Körper der interagierenden Person, das Aufrufen einer besonderen Videosequenz durch diese Person, das Übereinanderlagern der Videosequenzen, wenn es mehrere Benutzer gibt, das Überlagern des Tons, der hörbar wird, wenn man interagiert, die Audiowiedergabe im Hintergrund (der Text und lineare Ton) und die schwache Beleuchtung.

Könnten Sie uns sagen, welche wesentlichen Merkmale der Installationsausstattung zu berücksichtigen sind, wenn Teile davon ersetzt werden müssen, und welche Teile der Installation nicht ersetzbar sind?
Die Tänze von Regina und die Klänge – die könnte man nicht so leicht neu machen. Beide sind ganz einzigartig. Aber alles andere könnte ersetzt werden: Man könnte die möbelartigen Skulpturen neu herstellen, man könnte neuartige Sensoren in die Skulpturen einsetzen und anstatt Laserdisks zu verwenden, kann man digitales Video benutzen.
Meiner Meinung nach ist es ziemlich einfach, auf eine neue Technologie umzusteigen. Ich könnte ganz leicht definieren, wie die Installation ohne die Sensoren, die im Moment verwendet werden, funktionieren kann: ganz einfache Funksensoren, wobei jeder einen bestimmten Abstand zu einem Empfänger hat, und die Signale anstatt durch Kabel über Funk vermittelt werden, und anstelle von Laserdisks könnten sie ein digitales Video auslösen. Damit wäre es viel einfacher, die Programmierung für die Überlagerungen der Video- und Tonebenen zu steuern.

Sie haben bereits erwähnt, dass die hölzernen möbelartigen Skulpturen eine Geschichte annehmen, da die Benutzer auf ihnen Spuren hinterlassen. Wie wichtig ist Ihnen der historische Aspekt bei der Wahrnehmung des Werkes, insbesondere bei den möbelartigen Skulpturen?
Ich habe zwei Antworten. Die eine: Ich denke, dass die Geschichte am Objekt interessant ist. Die zweite Antwort ist: Man kann auch eine sehr starke Erfahrung mit dem Werk haben, eng an den ursprünglichen Komplex von Ideen angelehnt, wenn andere Objekte mit der gleichen Form wie die Originale verwendet werden. In Hinblick auf die Intention des Werkes könnten sie aus ganz neuen, ganz anderen Materialien hergestellt werden. Am meisten interessiert mich das Verhalten der interagierenden Person. Es ist mir wichtiger, dass die Leute mit dem Werk interagieren, als dass es weggeräumt wird oder dass es so wertvoll wird, dass niemand es mehr berühren darf.

Wann betrachten Sie ein Werk als beendet? Ist es beendet, wenn Sie es zum ersten Mal präsentieren oder arbeiten Sie bei jeder neuen Präsentation daran weiter?
Ich tendiere dazu, mir meine Arbeiten in unterschiedlichen Zuständen vorzustellen. Mit digitalen Medien gibt es verschiedene Weisen, Dinge zu zeigen. Obwohl das Werk im gewissen Sinne beendet ist, ist es im Sinne von Umberto Eco auch ein offenes Werk – es ist nie beendet. Man weiß, dass es sich ständig entwickelt, denn jedes Mal wenn es aufgebaut wird, ist es anders, und die Leute, die es benutzen, sind anders und so weiter. Es gibt grundsätzlich eine unendliche Reihe von Permutationen und mehrere Zeitverschiebungen. Das Werk verändert sich gewiss jedes Mal, wenn es gezeigt wird. Wir müssen die pragmatischen Fragen zur Installation des Werkes in jedem einzelnen Fall neu beantworten.

FALLSTUDIE 4

Testcuts I von Katharina Sieverding

Renate Buschmann

Einführung

Im Herbst 2010 veranstaltete das imai die Ausstellung *Katharina Sieverding. Projected Data Images. Testcuts*, in deren Zentrum die eigens dafür geschaffene Installation *Testcuts I* stand (Farbabb. 25).[1] Katharina Sieverding war vom imai eingeladen worden, ihre fortwährenden Planungen für ein künstlerisches Archivprojekt, das sich auf ihren immensen Fotobestand beziehen sollte, im Rahmen der Schau erstmals zu realisieren. Sie entwickelte daraufhin einen wandfüllenden Fries von acht aneinandergereihten Bildprojektionen, die an die architektonischen Begebenheiten des vorhandenen Ausstellungsraumes angepasst waren und im randomisierten Wechsel über 1700 fotografische Ausschnitte ihres Archivs einspielten. Die materielle Basis des Werkes *Testcuts I* bestand dabei aus den dazugehörigen digitalen Bilddateien und aus gemieteten Abspiel- und Projektionsgeräten, die nach den mündlichen Anleitungen der Künstlerin ausgewählt und installiert wurden.

Ziel der Fallstudie

Von Anfang an stand fest, dass die Installation *Testcuts I* fürs Erste nur während der Ausstellungsdauer im imai eine plastische und physisch erfahrbare Umsetzung erhalten würde und dass nach dem Ausstellungsende die entsprechenden Bilddateien ausschließlich im Besitz der Künstlerin verbleiben würden. In der Regel werden solche temporären Präsentationen von Installationen nicht zielgerichtet dokumentiert. Welche Informationslücken dadurch entstehen und welche Anstrengungen häufig unternommen werden müssen, um Jahre später die wesentlichen Informationen zu sammeln, belegt anschaulich im vorherigen Kapitel die Fallstudie zur Installation *Exchange Fields*. Während beim Werk *Exchange Fields* Bestandteile wie die zugehörigen skulpturalen Objekte, einige der ursprünglich verwendeten Geräte sowie die Laserdisks zumindest noch materielle Anhaltspunkte für seine erneute Präsentation

1 Die Ausstellung *Katharina Sieverding. Projected Data Images. Testcuts* war eine Veranstaltung des imai im Rahmen der Quadriennale 2010 und fand vom 11. September bis 21. November 2010 im Obergeschoss des NRW-Forums in Düsseldorf statt.

bildeten, verkörpert *Testcuts I* den immer häufiger auftretenden Fall eines Kunstwerkes, dessen visuelle Elemente durch ein Minimum materieller Substanz – hier in Form der benötigten digitalen Bilddateien – übermittelt werden können. Die Inszenierung dieses Bildmaterials zu einem installativen Kunstwerk ist ein darüber hinausgehender Schritt, der zumeist von den Künstlern selbst vorgenommen wird. Katharina Sieverding wird *Testcuts I* nach seiner Erstinstallation im imai vermutlich an weiteren Orten ausstellen und infolgedessen auf die jeweiligen räumlichen Situationen mit installativen Justierungen reagieren müssen, ohne die eine fortgesetzte Ausstellung von *Testcuts I* gar nicht möglich wäre. Und solange die Künstlerin eine Weiterentwicklung des Werkes intendiert, werden die von ihr veranlassten Anpassungen auch gravierende Veränderungen in der Wahrnehmung des Werkes einschließen können.

Im Unterschied dazu wird ein musealisiertes Werk üblicherweise in dem Zustand bewahrt, mit dem es in die Sammlung eingetreten ist. Unter der Voraussetzung, dass *Testcuts I* sich im Besitz einer musealen Sammlung befände, wäre zu ergründen, inwiefern unterschiedliche Folgepräsentationen aus konservatorischer Sicht zu legitimieren sind und diese dann als weitere Inszenierungen desselben Werkes, oder als Re-Interpretationen (in dem Sinne, der vom Variable Media Network dem Wort zugeschrieben wird) oder gar als Varianten der Erstinstallation zu beurteilen wären. Möglicherweise wird daraus resultieren, dass ein gewisser Grad an installativer Flexibilität dem Werk *Testcuts I* als inhärentes Merkmal zugesprochen wird.

Diese Überlegungen waren für das imai der Anlass, um am Beispiel von *Testcuts I* eine Dokumentation zu erstellen, die die speziellen Erfordernisse von nur kurzfristig bestehenden, auf digitaler Speicher- und Präsentationstechnik basierenden Installationen angemessen berücksichtigt.[2] Dabei wurde der hypothetische Fall eines Ankaufs des Werkes durch eine museale Sammlung zugrunde gelegt, in dessen Folge nicht nur die Bilddateien langfristig zu archivieren sind, sondern auch die Parameter seiner zukünftigen Präsentationen in unterschiedlichen Räumlichkeiten zu definieren sind. Die Langzeitarchivierung digitaler Daten stand in der Fallstudie explizit nicht im Vordergrund.[3] Vorrangig wurde die Frage behandelt, wie die installativen Bestandteile des Werkes gehandhabt werden könnten.

2 Die Dipl. Restauratorin Anna-Maria Virgin hat die Fallstudie maßgeblich betreut und die umfangreiche Dokumentation erstellt, die in einer gekürzten Fassung im nächsten Kapitel abgedruckt ist.

3 Tabea Lurk (Hochschule der Künste Bern) und Jürgen Enge (HfG Karlsruhe) haben in den letzten Jahren im Bereich der Konservierung von komplexen, digitalen Objekte wesentliche Erkenntnisse erarbeitet. Derzeit wird das Thema der digitalen Langzeitarchivierung im groß angelegten Forschungsprojekt *Digitale Medienkunst am Oberrhein. Restaurierung – Konservierung – Zukunftssicherung / digital art conservation* untersucht, das am Zentrum für Kunst und Medientechnologie (ZKM) Karlsruhe in Kooperation mit französischen und schweizerischen Partnern bis Ende 2012 durchgeführt wird.

Werkentstehung

Zum Ausstellungsaufbau lieferte Katharina Sieverding auf einem USB-Speicherstick ein Konvolut mit 580 Bilddateien, denen ein mehrmonatiger Vorbereitungsprozess der Auswahl, Montage und Bearbeitung vorausgegangen war. Ausgangsbasis ist ihr privates Fotoarchiv gewesen, das zigtausend Fotos der Künstlerin akkurat sortiert versammelt, die über einen Zeitraum von mehr als vierzig Jahren – seit ihren Studienjahren an der Kunstakademie Düsseldorf bis in die jüngste Gegenwart – und stets in analoger Fototechnik aufgenommen worden sind. In diesen Schwarz-Weiß-Fotos hielt sie die unterschiedlichsten Stationen ihres künstlerischen Umfeldes fest, wie Ausstellungsaktivitäten von sich und anderen, Protestaktionen, Messebesuche, Reiseaufenthalte und vor allem eine Unmenge an Porträts von Personen, die in ihrem Umkreis des Kunstbetriebs aktiv waren. Doch mit der Sichtbarmachung ihres Archivs verfolgte Katharina Sieverding weniger die dokumentarische Ambition einer Atlanten-ähnlichen Abbildung ihrer Fotobestände, sondern konzentrierte sich vielmehr auf eine Herangehensweise, die sich mit der Spezifität von analoger und digitaler Bildspeicherung und deren Wahrnehmung auseinandersetzte. In gewisser Weise wandte die Künstlerin selbst zur Herstellung von *Testcuts I* das Verfahren der Migration an, indem sie ein Upgrade ihrer analogen Fotos in digitale Formate vornahm. Die Auswahl der in die Installation *Testcuts I* integrierten Fotos erfolgte dabei über jene fotografischen Fragmente, die für das analoge Vergrößerungsverfahren charakteristisch und dennoch eigentlich ‚Nebenprodukte' sind: die Probestreifen (auf Englisch „Testcuts"). Die Fotopapierstreifen, die in etwa ein Drittel des eigentlichen Papierabzugs abdeckten, waren von der Künstlerin als Proben benutzt worden, um hinsichtlich der Belichtung und Kontraste ein optimales fotografisches Resultat bei einem dennoch sparsamen Umgang mit Fotopapier zu erreichen. Diese bereits seit Jahren vorhandenen Artefakte analoger Bildherstellung waren einst unter technischen Kriterien des analogen Vergrößerungsprozesses entstandenen und wurden nun in das Produktionsverfahren für *Testcuts I* einbezogen. Anhand dieser Zufallserzeugnisse sichtete Katharina Sieverding ihr Archiv, fügte jeweils drei inhaltlich verwandte Probestreifen zu einer vertikal strukturierten Bildeinheit zusammen und wandelte sie in digitale Bildformate um, die schließlich in der Installation in acht wandgroßen Projektionen sichtbar wurden (Farbabb. 26–27).

Erfassung der Bilddateien

Die aus der Digitalisierung hervorgegangenen 580 Bilddateien sind der Grundstock des Werkes *Testcuts I*. Die technischen Detailinformationen dieser Bildproduktion wie Dateiformat, Bildformat, Bildgröße müssen erfasst sein, um eine beständige Visualisierung der Bilddateien über die entsprechenden Abspiel- und angeschlossenen Präsentationsgeräte zu gewährleisten. Ebenso wichtig ist es, die in der Postproduktion eingesetzten Programme, beispielsweise zur Unterstützung der Datenübertragung und zur Aktivierung einer zufälligen Auswahl bei der Bildprojektion, zu dokumentieren. In Museumssammlungen wären zudem zuverlässige technische Bedingungen für die Langzeitarchivierung der Bilddateien und für die Herstellung von Sicherheits- und Ausstellungskopien zu klären. Das beinhaltet auch – möglichst im Vorfeld zum Beispiel mit dem Kaufvertrag – im Sinne des Urheberrechts die Zustimmung der Künstler einzuholen, um regelmäßige Migrationen der Speichermedien veranlassen zu dürfen.

Dokumentation der Projektionen

Im Installationsraum wurden die 580 digitalen Bildmontagen von jedem der acht unter der Decke befestigten Projektoren beständig abgespielt. Die Bedingungen der Bildwiedergabe waren von der Künstlerin während der Aufbauzeit definiert worden. Der Bildwechsel hatte nach 15 Sekunden stattzufinden und die Auswahl der Bilddateien wurde durch ein Zufallsprogramm bestimmt. Einzige Ausnahme war die in der Mitte platzierte Bildprojektion, in der die 580 Bilddateien in der chronologischen Abfolge der verwendeten Fotografien nacheinander gezeigt wurden.[4] Ausdrücklich sollten die Bildwechsel der acht Projektoren nicht gleichzeitig, sondern asynchron erfolgen. Dieses Schema des Bildwechsels zu dokumentieren, gehörte ebenso zur Aufgabe, wie die ausführliche Auflistung und Beschreibung aller für die Bildwiedergabe verwendeten Abspiel- und Präsentationsgeräte, obwohl – oder gerade weil – die Geräte, die nach genauer Absprache mit der Künstlerin ausgewählt worden waren, für die Dauer der Ausstellung von einem professionellen Multimedia-Ausstatter nur entliehen waren. Fraglich ist, ob Geräte des gleichen Typs bei Folgepräsentationen von *Testcuts I* erneut zum Einsatz kommen werden. Sicher ist aber, dass die detaillierte Informationssammlung zu den allgemeinen technischen Werten und Leistungsskalen sowie zu den gewählten Einstellungen ausreichende Anhaltspunkte geben, um sich in Zukunft für die Anwendung vergleichbarer Geräte entscheiden zu können.

Dokumentation der Projektionsinszenierung

Bei *Testcuts I* resultierte aus den kontinuierlichen, asynchronen Bildwechseln ein fluktuierender Bilderfries, der sich über drei Wände erstreckte. Jedoch waren seine Dimensionen nicht eindeutig festgelegt, denn sie orientierten sich an den architektonischen Gegebenheiten des Ausstellungsraumes. Deshalb galt es mit der Dokumentation nicht nur die messbaren, in der Ausstellung des imai angewendeten Installationsdaten zu verzeichnen, sondern vielmehr die grundsätzlichen Erwägungen der Künstlerin dar-

4 Alle 580 Bildmontagen sind im Ausstellungskatalog in chronologischer Reihenfolge abgedruckt. Siehe Katharina Sieverding 2010.

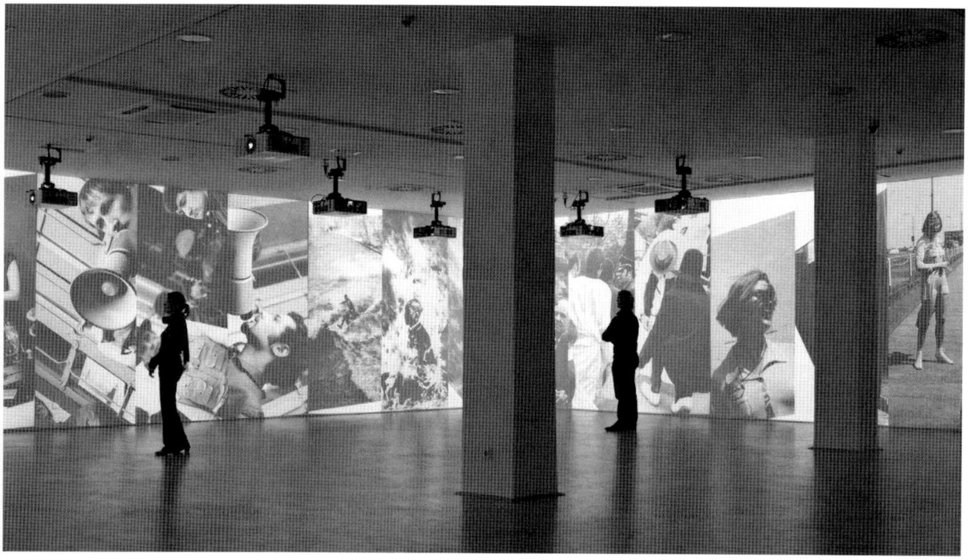

Katharina Sieverding, *Testcuts I*, 2010, imai, Düsseldorf, Ausschnitt der Installationsansicht / Detail of installation view. Photo © IKS-Medienarchiv / Dirk Rose

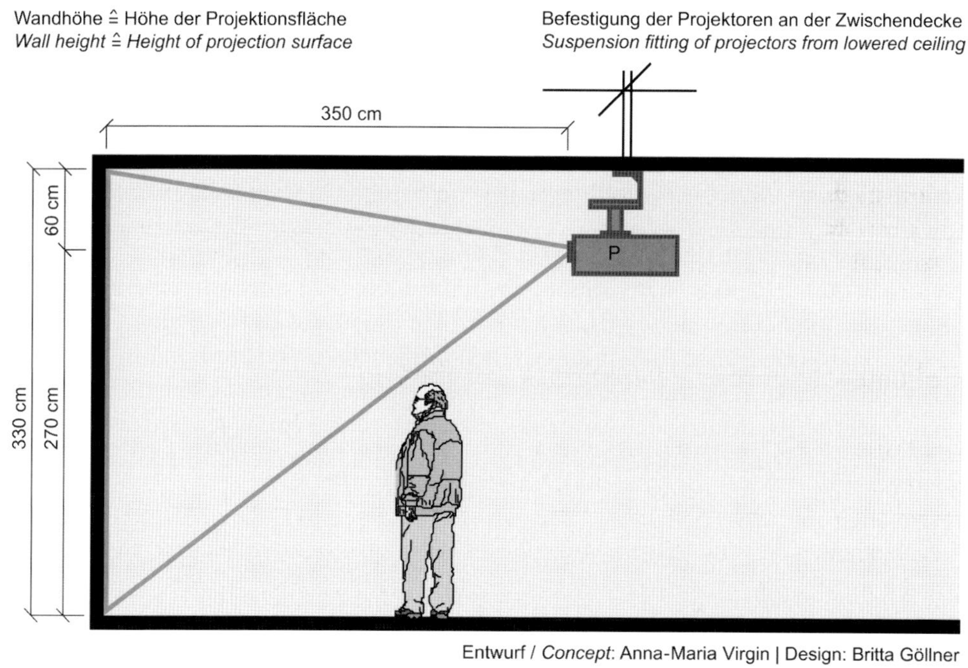

Dokumentarische Zeichnung von der Befestigung der Projektoren / Documentary plan of the suspension fitting of projectors

zustellen, die jene Entscheidungen hervorgerufen hatten und gegebenenfalls auch auf weitere Ausstellungsorte konzeptuell zu übertragen sind. Von der Künstlerin war als feste Größe vorgegeben worden, dass die projizierten Bilder die gesamte Wandhöhe ausfüllen sollen. Infolgedessen ergab sich bei der Bildwiedergabe eine proportionale Breite, die auf dem gewählten Bildformat 4:3 der digitalisierten Fotografien beruhte. Des Weiteren gehörte zum Konzept der Künstlerin, dass die Projektionen in einem umlaufenden Band lückenlos aneinander anschließen und in den Raumecken genau zusammentreffen. In der Praxis bedeutete diese Vorgabe, dass die Breite des Ausstellungsraums verringert werden musste, um exakt mit dem Maß der addierten Projektionsbreiten übereinzustimmen.

Dieses Prinzip ist – wie Katharina Sieverding im Interview selbst einräumte – auf weitere Räume zu übertragen. Es könnte zur Folge haben, dass *Testcuts I* in der Ausstellung des imai zwar mit acht Projektoren installiert war, in Folgeinstallationen aber mit mehr oder auch mit weniger Präsentationsgeräten ausgestattet sein wird. Die jeweilige Wandhöhe des Installationsraumes ist der einzige Parameter, von dem die Projektionsbreiten und ebenso die Gesamtanzahl der Projektionen proportional abhängig sind. Der gemeinsame Grundzug von allen diesen auf den jeweiligen Ausstellungsraum zugeschnittenen Projektionsarrangements wäre schließlich damit zu beschreiben, dass die nahtlos aneinandergereihten projizierten Standbilder sich über drei Wände ausdehnen und in ihrer Dimension der Wandhöhe des Raumes entsprechen.

Im imai eröffnete sich den Besuchern ein ausschließlich von den Projektionen beleuchteter Installationsraum. Zur Dokumentation der Lichtverhältnisse wären fotometrische Messungen nicht aussagekräftig gewesen, weil sich die raumbezogenen Helligkeitswerte mit jeder neuen Bildkonstellation – je nach den Anteilen der Schwarz- und Weißwerte in den projizierten Fotografien – änderten. Die Beschreibung der Lichtverhältnisse berücksichtigte deshalb die verschiedenen Faktoren (z. B. Projektorentyp, Umgebungslicht, Raumfarbe und -materialien), die zur gesamten Lichtatmosphäre beitrugen.

Die uneingeschränkte Bewegung im Raum ermöglichte den Besuchern entweder ein distanziertes Panorama der gesamten Bildreihung oder aber von einem näheren Standpunkt einen fokussierten Blick auf einzelne Projektionen zu erhalten. In jedem Fall waren die Besucher an drei Raumseiten umgeben von einem Band mit vergrößerten projizierten Fotografien, das aufgrund des stetigen Wechsels, seiner Größe und seiner Lichtintensität eine hohe Aufmerksamkeit erforderte. Im Gegensatz zu analogen Fotografien, die traditionell über einen fassbaren Fotoabzug die Aufmerksamkeit der Betrachter ununterbrochen erreichen können, war die Sichtbarkeit der nun in digitale Dateien umgewandelten Bilder trotz allem reduziert. Denn die Projektionsbilder verschwanden bereits nach wenigen Sekunden wieder aus dem Gesichtfeld der Betrachter, um durch ein anderes Motiv ersetzt zu werden. Eine maßgebliche Eigenschaft der Installation *Testcuts I* besteht eben darin, dass durch die flüchtigen Projektionsbilder und die zufallsbasierte Steuerung permanent neue, unkalkulierbare Bildkonstellationen entworfen werden. Demzufolge kann weder eine fotografische noch eine filmische Aufnahme eine hinreichende Dokumentation von *Testcuts I* bieten.

Leitlinien der Dokumentation

Nachdem über eine Vorbereitungszeit von mehr als einem Jahr das Ausstellungsprojekt vom imai begleitet worden war, stellte die realisierte Ausstellung schließlich die passende Ausgangssituation dar, um zeitnah eine Dokumentation der Installation *Testcuts I* anzufertigen und dabei die Perspektiven der Künstlerin, der Kuratorin und der an der Fallstudie mitarbeitenden Restauratorin entsprechend zu berücksichtigen. Dabei hat sich der Dialog mit der Künstlerin für das Erfassen wesentlicher konzeptueller Bestandteile von *Testcuts I* als eine unersetzliche Informationsquelle erwiesen.

Für die Entwicklung der Dokumentationsstruktur waren die verschiedenen, in den vergangenen Jahren publizierten Dokumentationsmodelle äußerst hilfreich.[5] Die für *Testcuts I* angefertigte Dokumentation gliedert sich in:

1) allgemeine Daten, die zur **Identifikation** des Werkes dienen
2) eine Auflistung aller Informationen zum digitalen **Bildmaterial** des Werkes
3) eine Formulierung der generellen **Präsentationsanforderungen** in Hinsicht auf zukünftige Präsentationen des Werkes
4) eine umfassende Zusammenstellung aller spezifischen Details zur **ersten Präsentation** des Werkes im imai
5) eine **Zusammenfassung des Künstlerinterviews**
6) ein Verzeichnis über weiteres Dokumentationsmaterial wie schriftliche, fotografische und filmische Belege zum Werk sowie eigens erstellte Installationszeichnungen.

Die Struktur der Dokumentation beruht auf der aktuellen Debatte, dass die sogenannte „Lebensdauer" (life span) eines installativen Kunstwerkes unter Berücksichtigung seiner verschiedenen Präsentationen in divergenten Kontexten darzustellen ist. Die Konservatorin Monika Jadzińska hält deshalb eine über die materielle Beschaffenheit des Kunstwerkes hinausgehende Dokumentation für notwendig: „The character of installations obliges us to preserve not only the object itself, but the experience which it provokes."[6] Aus dieser Perspektive ist die auf wenige Wochen limitierte Erstpräsentation von *Testcuts I* im imai als Debüt zu verstehen, auch wenn ungewiss ist, ob weitere Präsentationen folgen werden. In der Dokumentation wären Folgepräsentationen des Werkes genauso minuziös zu beschreiben wie die Ausstellung im imai,[7] so dass der oben aufgelistete Dokumentationsabschnitt 4 sukzessive erweitert würde.

5 DOCAM (Documentation and Conservation of the Media Arts Heritage), http://www.docam.ca/ (letzter Zugriff: 05.11.2010); Inside Installations, http://www.inside-installations.org/home/index.php (letzter Zugriff: 05.11.2010); IMAP (Independent Media Arts Preservation), 2006-2009, http://www.imappreserve.org/ (letzter Zugriff: 05.11.2010); EAI (Electronic Arts Intermix), http://www.eai.org/resourceguide/preservation.html (letzter Zugriff: 05.11.2010); Matters in Media Art, http://www.tate.org.uk/research/tateresearch/majorprojects/mediamatters/ (letzter Zugriff: 05.11.2010).

6 Jadzińska 2011, S. 28.

7 Zur Erfassung und Dokumentation von Medienkunstinstallationen vgl. Tiziana Caianiello in diesem Buch.

Die Düsseldorfer Ausstellungssituation, wie sie im Herbst 2010 vorzufinden war, ist vermutlich nur eine erste Etappe von *Testcuts I*, wenngleich die ausführliche Dokumentation eine exakte Re-Installation des Werkes im imai gestatten würde. Die Düsseldorfer Präsentation ist dennoch nicht als ultimative Festschreibung der Installation zu verstehen, da explizit keine spezielle, separate Ausstellungskoje für *Testcuts I* aufgebaut worden ist, sondern lediglich die verfügbaren Raumverhältnisse auf die Erfordernisse der Installation verkleinert wurden. Auch die Technik der visuellen Darbietung wurde situativ und entsprechend der gegenwärtigen Möglichkeiten von der Künstlerin ausgewählt. *Testcuts I* ist somit ein anschauliches Beispiel für mediale Installationen, denen zwar ein eindeutiger Grundstock an visuellem Material (hier digitale Bilddateien) zueigen ist, die darüber hinaus aber von einer Adaptionsfähigkeit ihrer flexiblen Ressourcen (räumliche Installation, technischer Support etc.) bei der jeweiligen Präsentation geprägt sind. Pip Laurenson bekräftigt, dass es aus diesem Grund wichtig sei aufzuzeigen, welche Entscheidungsprozesse zu der jeweiligen Präsentation geführt haben: "[...] conservation must not only continue to preserve the ability to display these works, but must also record the back story for decisions made about the forms in which they are realized, both now, in the past and in our projections into the future".[8] Ferner ist der Umgang mit digitalen Bilddateien, die das Endprodukt des künstlerischen Prozesses sind und in Form eines Speichermediums den Ausstellungsinstitutionen übergeben werden, ein Novum, das auch jetzt schon – ohne ausreichende Erfahrungswerte – eine aufmerksame und sorgfältige Handhabung voraussetzt.

Die vorliegende Fallstudie orientiert sich an der hypothetischen Ausgangsfrage, wie ein solches Werk im Falle eines Ankaufs und im Laufe seines Verbleibs in einer musealen Sammlung unter konservatorischen Gesichtspunkten zu erfassen sei. Es wurde eine exemplarische Dokumentation für dieses technologie- und installationsbasierte Werk ausgearbeitet, die alle Komponenten der Düsseldorfer Installation von *Testcuts I* subsumiert und Aufschluss liefert, welche installativen Optionen und flexiblen Spielräume bei zukünftigen Inszenierungen des Werkes eingeräumt werden könnten. Doch gerade diese interpretatorische Spannweite bedeutet, dass die Dokumentation nicht mit einer absoluten Auslegung des Werkes identisch sein kann. Im Sinne des gegenwärtigen Diktums „Preservation by documentation“[9] bleibt die Dokumentation ein wesentliches, unersetzliches Instrumentarium, dessen Grenzen Kuratoren und Restauratoren sich allerdings bewusst sein sollten. Würde *Testcuts I* zu einer Museumssammlung gehören und eventuell in einem separaten Ausstellungsraum in enger Abstimmung mit der Künstlerin gezeigt werden, so würde diese Ausstellung erst mal für die nächsten Jahre oder auch Jahrzehnte klare Rahmenbedingungen schaffen. Beim Umzug eines Museums beispielsweise in ein anderes Gebäude, bei architektonischen Umbauten oder gar bei einem notwendigen, längeren Verbleib des Werkes im Museumsdepot wären wahrscheinlich die ehemaligen Aufbaubedingungen nicht nachzu-

8 Laurenson 2011, S. 42.

9 Jadzińska 2011, S. 28

ahmen, sondern erneut zu definieren. Künstlerinnen und Künstler sind hinsichtlich solcher heute kaum zu kalkulierenden räumlichen und technischen Veränderungen gut beraten, beim Ankauf ihrer installativen und zugleich technologieabhängigen Werke mit der ankaufenden Institution die essentiellen Vorgaben vertraglich zu vereinbaren, um die Einhaltung ihrer künstlerischen Intentionen sicher zu stellen. Trotz alledem werden für künftige Generationen weiterhin Ermessenspielräume bei der Präsentation solcher Werke bestehen, die einerseits auf dem installativen Dispositiv solcher Werke beruhen und andererseits auch mit großangelegten Dokumentationen vermutlich niemals vollständig zu schließen sind. Die angefertigten Dokumentationen werden aber Fakten und Argumente liefern, aufgrund derer fundierte Entscheidungen über erhaltende Maßnahmen und adäquate Präsentationsformen getroffen werden können.

Konservatorische Dokumentation der Installation *Testcuts I* von Katharina Sieverding

Anna-Maria Virgin

Erfassungszeitraum: Oktober bis Dezember 2010
Ort der Untersuchung: imai – inter media art institute, Düsseldorf
Anlass: Ausstellung *Katharina Sieverding. Projected Data Images. Testcuts*, imai, Düsseldorf, 10.09.–21.11.2010 / Fallstudie des imai zur Dokumentation von Installationen

1. IDENTIFIKATION

Künstler
Katharina Sieverding

Werktitel
Testcuts I

Datierung
2010

Auflage
Zum Zeitpunkt der Dokumentation ist das Werk nur in einem Exemplar verfügbar.

Eigentümer
Im Besitz der Künstlerin

Kurzbeschreibung des Werkes
Installation mit digitaler 8-Kanal-Bildprojektion
Im Ausstellungsraum werden schwarz-weiße Bildmontagen von acht Projektoren an drei Wände nebeneinander projiziert, so dass sich ein wandhoher, umlaufender Bilderfries ergibt. Insgesamt basieren die wechselnden Projektionen auf 1740 fragmentarischen Archivfotos (Teststreifen), die in 580 einzelnen Bildmontagen anfangs analog und später digital zusammengefügt wurden. Eine Bildmontage setzt sich aus drei meist gleich großen, nebeneinander vertikal ausgerichteten Teststreifen zusammen, die sich thematisch bzw. chronologisch aufeinander beziehen.

Auf jedem der acht Computer, die mit den Projektoren verbunden sind, ist die gleiche Datei mit den 580 einzelnen Bildmontagen gespeichert. Eine Bildmontage wird 15 Sekunden gezeigt und wechselt dann zur nächsten. Dabei ist die Reihenfolge der einzelnen Bildprojektionen lediglich bei dem mittleren Projektor der zentralen Wand (P5) chronologisch sortiert. Alle anderen sieben Projektionen werden über ein Zufallsprogramm geregelt (siehe Farbabb. 28 und 31).
Die Installation läuft ohne Ton und kann sehr viele Variationen zeigen; genau berechnet, können sich im Projektionsfries 580^8 verschiedene Kombinationen ergeben. Der Betrachter kann sich im Raum umherbewegen und seinen Standort frei wählen.

2. BILDMATERIAL

Produktionszeitraum
Sommer 2009 – September 2010

Dateiformat und -umfang
580 Bilddaten im TIFF-Dateiformat

Bildformat
Einzelbilder 4:3

Bildgröße
Pro Bilddatei je eine Masterdatei: ca. 12700 x 9500 px, ca. 116 MB
und eine Projektionsdatei (Stand 2010): 1024 x 768 px, 860 KB

Farbe oder Schwarz/Weiß
Schwarz/Weiß

Speichermedium
- Als temporärer Datenträger wurde ein USB-Stick verwendet, mit dem die Bilddateien vom Computer der Künstlerin zu den Computern der Installation übertragen wurden.
- Die Datensicherung im Studio der Künstlerin erfolgt auf einem Festplattenspeicher mit RAID-System (Level 6) und zusätzlich auf CDs bzw. DVDs der Marke Archival Gold von Delkins.
- Die einzelnen Bilddateien sind gemäß ihrer chronologischen Abfolge im Dateikürzel durchnummeriert (identisch mit der Reihenfolge im Ausstellungskatalog) und in einem Projektordner zusammengefasst.

Produktion
Bei der Produktion des Bildmaterials griff die Künstlerin auf ihr eigenes, umfangreiches analoges Fotoarchiv der Jahre 1966 bis 2010 zurück. Als Ausgangspunkt

dienten sogenannte Teststreifen (Testcuts), die bei der analogen Vergrößerungstechnik entstanden waren. Die Künstlerin hatte auf Fotopapierstreifen, die in etwa ein Drittel des eigentlichen Papierabzugs abdeckten, beliebige Bildausschnitte ausbelichtet, um die optimale Einstellung der Belichtung und des Kontrastes zu testen. Jeweils drei der ursprünglichen Teststreifen wurden in analogen vertikalen Montagen im Format 30,5 x 40,6 cm zusammengefügt. Jeder Teststreifen wurde bei einer Vorlagengröße von ca. 30,5 x 13,5 cm mit 800 dpi eingescannt und digital montiert, um diese schließlich in der Installation digital projizieren zu können. Verwendet wurde ein Flachbettscanner der Marke Quatographic X-Finity Ultra (1600 x 3200 dpi).

Postproduktion
Die digitale Nachbearbeitung der Bilddateien wurde an einem Apple MacPro (2 x 2.8 GHz Quad-Core Intel Xenon, 8 GB RAM) durchgeführt. Für Retuschen, Kontrast- und Schärfekorrekturen, Composing/Montage und das Resizing auf Projektionsauflösung wurde mit den Programmen LaserSoft Imaging SilverFast 6 und Adobe Photoshop CS3 gearbeitet.
Die finalen TIFF-Dateien wurden mit der Software „Irfan View“ in eine ausführende EXE-Datei umgewandelt. Diese EXE-Datei wurde auf den acht in der Ausstellung des imai verwendeten PCs gespeichert und als Slideshow abgespielt. Mit Ausnahme des PC5 wurden alle Slideshows im Random-Modus gesteuert (Farbabb. 30).

Beteiligte Personen
Katharina Sieverding, Orson Sieverding, Studioteam

Produktionsort
Studio Katharina Sieverding, Düsseldorf

3. PRÄSENTATIONSANFORDERUNGEN

Siehe auch die Zusammenfassung des Interviews mit der Künstlerin im Abschnitt 5.

Anordnung der Projektionen
Mehrere Projektionen sind zu einem über drei Wände laufenden Bildfries zusammenzufügen. Die gesamte Wandhöhe ist für die Projektion zu nutzen. Die Gesamtbreite der auf der zentralen Projektionswand platzierten Projektionen muss exakt der Wandbreite entsprechen, um direkt und ohne Lücke an die Projektionen der Seitenwände anzuschließen. Dementsprechend sind die Anzahl der Projektionen und die Wandlänge aufeinander abzustimmen (siehe Zeichnung, Farbabb. 28).

Bildformat der Projektionen
jeweils im Seitenverhältnis 4 : 3 = 1,33 : 1 (Breite : Höhe)

Bildgröße der Projektionen
Die Höhe der einzelnen Projektionsbilder entspricht der Wandhöhe (Farbabb. 29). Aus dem Bildformat 4:3 errechnet sich deren Breite (siehe 4. Erste Präsentation).

Projektionszeit
Einzelbildprojektion von 15 sec

Gesamtdauer
Die Gesamtdauer der Projektionen ist zeitlich unbegrenzt. Nur bei der mittleren Projektion (P5), die chronologisch und im Loop verläuft, kann die Durchlaufzeit aller 580 Einzelprojektionen berechnet werden. Es ergibt sich bei einer Einzelbildprojektionszeit von 15 sec eine Durchlaufzeit von 145 min.

Ton
ohne Ton

Projektionsgeräte
Die Projektionsgeräte sollen im Raum möglichst wenig wahrgenommen werden.

4. ERSTE PRÄSENTATION

Ort
imai im NRW-Forum, Düsseldorf

Ausstellung
Katharina Sieverding. Projected Data Images. Testcuts

Ausstellungsdauer
10.09.–21.11.2010

Entstehungsgeschichte
Nachdem Katharina Sieverding 2009 auf Kisten mit archivierten Teststreifen gestoßen war, digitalisierte sie erste dreiteilige Montagen dieses analogen Fotomaterials. Bei ihrer Einzelausstellung in der Berliner Galerie Thomas Schulte anlässlich der 59. Berlinale im selben Jahr wurde als Ergebnis davon die Installation *Projected Data Images* gezeigt, bei der die Künstlerin jeweils 20 dieser digitalisierten Bildmontagen mit vier Projektoren in einem durchgehenden Streifen an eine Galeriewand randomgesteuert projizieren ließ. Es kam die Idee auf, diese Art der Darstellung auf das gesamte Archiv der Künstlerin zu erweitern. Im Rahmen der Quadriennale 2010 in Düsseldorf und mit der Hilfe des imai konnte dieses Projekt verwirklicht werden. Die Installation *Testcuts I* wurde dann eigens für die Ausstellung *Katharina Sieverding. Projected Data Images. Testcuts* produziert.

Ausstellungsraum
Im gesamten R-Forum wurde ausschließlich die Installation *Testcuts I* gezeigt. Die Fenster waren komplett verdunkelt. Der Raum war vollständig leer. Das R-Forum ist ein Saal mit Ahornparkett, weißen Wänden, Galerieleisten und Tageslicht. In der Mitte des Raumes befinden sich zwei rechteckige Stützsäulen und vor der Fensterseite mit einem Abstand von circa zwei Metern eine feststehende Trennwand. Diese Wand reicht mit ihrer Höhe von etwa zwei Metern nicht bis unter die Raumdecke, ermöglicht es aber den Raum optisch zu schließen. Der Raum öffnet sich zum Treppenhaus über einen ca. 4 Meter breiten Durchgang, der mit einer Glasschiebetür geschlossen werden kann.
Raummaße des R-Forums im Obergeschoß des NRW-Forums:
Raumgröße: 240 qm
Raumlänge: 16,30 m
Raumbreite: 14,70 m
Raumhöhe: 3,30 m

Speicherung der Bildaten
Während der Ausstellung waren die Bilddateien auf jedem der acht in der Installation verwendeten Mini-PCs gespeichert (siehe technische Ausstattung). Nach dem Ausstellungsende wurden sie wieder gelöscht. Eine Sicherheitskopie der Bilddaten lag im Ausstellungsinstitut nicht vor. Im Fall, dass Bilddateien nicht mehr funktionsfähig gewesen wären, hätte das Studio der Künstlerin neue Kopien bereitgestellt.

Größe der Projektionen
Durch das festgelegte Bildformat von 4:3 und die vollständig auszunutzende Wandhöhe waren die Größen der einzelnen Projektionen mit 4,40 x 3,30 m exakt festgelegt. Um auf der zentralen Projektionswand drei Projektionen nebeneinander zu platzieren, wurde die Wandlänge angepasst, indem vor die rechte Wand eine Wandscheibe (siehe Zeichnungen, Farbabb. 28–29, Projektionswand C) eingezogen wurde. Das bot den weiteren Vorteil, dass in dem entstandenen schmalen, nicht einsehbaren Zwischenraum die PC-Schaltzentrale (der Technikraum) aufgebaut werden konnte. Die Anordnung der Projektionen wird aus den Dokumentationsplänen ersichtlich (Farbabb. 28–31).

Technischer Aufbau
Zum Einrichten der Projektionen war im Vorfeld eine Probeinstallation notwendig, um die Raumsituation und präzise Hängung der ausgesuchten Projektoren, die über keinen Zoom verfügten, ermitteln zu können. Bei der Probe wurde mit der Anzahl und der Verteilung der Projektoren experimentiert. Die Künstlerin entschied, acht Projektoren zu verwenden, so dass sich für den Betrachter beim Betreten in der linken Hälfte des Ausstellungsraumes eine Abfolge von aneinandergereihten wandhohen Projektionen eröffnete. Die acht Bildprojektionen stießen mit ihren senkrechten Kanten genau aneinander. Sie wurden von acht Projektoren direkt auf die drei umlaufenden Wandflächen projiziert. An den Projektionswänden B und C waren jeweils drei Bild-

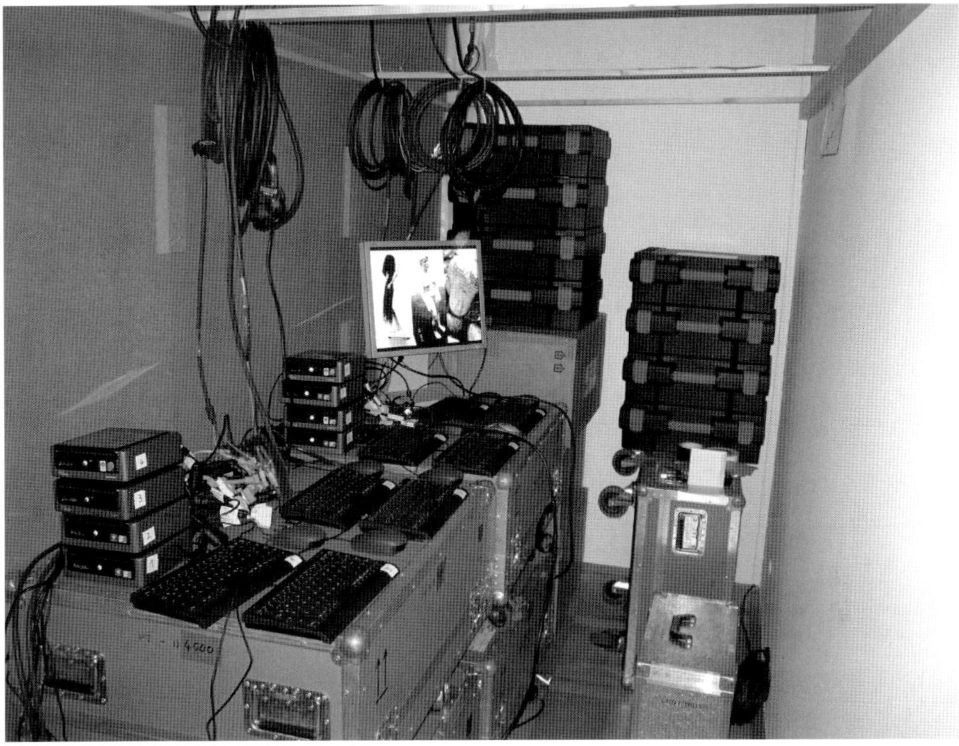

Technikraum mit PC-Schaltzentrale / Equipment room and PC switching hardware. Photo © Anna-Maria Virgin, imai

montagen und somit je 9 nahtlos nebeneinander stehende Teststreifen zu sehen. Auf die Projektionsseite A waren zwei Bildmontagen projiziert. Insgesamt ergaben sich so 24 nebeneinander projizierte Teststreifen.

Die Projektoren wurden unterhalb der Decke montiert. Die Projektoren und deren Deckenaufhängung mussten nicht nur unauffällig, sondern auch so montiert werden, dass der genau kalkulierte Abstand zur Projektionswand eingehalten und kein Schattenwurf durch die Geräte verursacht wurde (siehe Abb. S. 131). Sie waren deshalb mit speziell angefertigten Rohrhalterungen angebracht, die oberhalb der abgehängten Sichtdecke verankert waren, denn die Gipskartondecke hätte das Gewicht der Projektoren nicht tragen können. Die Kabel der Projektoren konnten auf diese Weise ebenfalls verdeckt in den Technikraum geführt werden.
Die Hängekonstruktionen waren jeweils für eine Belastung von ca. 50 kg ausgelegt, wobei die Projektoren mit Optik und Halterung ca. 20 kg wogen.

Technische Ausstattung

Bezeichnung	Modell	Anzahl	Besitzer/ Verleih:	Kommentar
Projektor (P1–P8)	PANASONIC PT-D5000ES; 1-Chip-XGA-DLP-Projektor, 5000 AL (ANSI-Lumen), ohne Optik	8	SIGMA System AV GmbH Düsseldorf	physikalische Bildauflösung: XGA 1.024 x 768 im Bildformat 4:3. Die Projektoren waren unterhalb der Decke befestigt und wurden entsprechend ihrer Position nummeriert.
Weitwinkel-objektiv (O1–O8)	PANASONIC ET-DLE050; Weitwinkeloptik 0,8:1 für PT-D	8	SIGMA System AV GmbH Düsseldorf	Alle Projektoren waren mit einem Weitwinkelobjektiv 0,8:1 ohne Zoom versehen.
Computer Mini PC (PC1–PC8)	ESPRIMO Q5030 E – STAR 4 FUJITSU-SIEMENS Model: MPC-D101 System No.: VFY:Q5030PF011DE Part No.: ABN:K1001-V511-470	8	SIGMA System AV GmbH Düsseldorf	Die Computer dienten zum Abspielen der Bilddateien. Dafür wurde die Software Microsoft® Windows® XP verwendet. Die PCs befanden sich im Technikraum und waren mit je einem Projektor verbunden. Sie waren dem Projektor entsprechend nummeriert und jeweils mit einer Tastatur und Maus versehen.
Bildschirm (B)		1	SIGMA System AV GmbH Düsseldorf	Der PC5 war mit einem Kontrollbildschirm im Technikraum verbunden, auf dem das jeweilige projizierte Bild von P5 zu sehen war.
VGA-Y-Kabel	VGA-Y-Kabel COMPUPACK A OPEN P/N.: 50.MF-S02.0010 CPC P/N.: 6611T008-004 RS1 REV.: A Date Code: 0952	8	SIGMA System AV GmbH Düsseldorf	VGA-Y-Kabel waren mit allen PCs verbunden und reichten in ein VGA in BNC Kabel.
VGA-BNC-Kabel	VGA auf BNC Kabel 5xBNC	8	SIGMA System AV GmbH Düsseldorf	Die Kabel dienten als Verbindungsglied zwischen dem VGA-Y-Kabel im PC mit den 5-adrigen BNC Verbindungen in den Projektoren.
Kabel (Verlängerungs-Kabel)			SIGMA System AV GmbH Düsseldorf	Kabel für Stromzufuhr, Verlängerungskabel zw. den Verbindungen von Projektor und PC und weitere Verlängerungskabel jeglicher Art.

Von allen Geräten sind die Seriennummern notiert. Von den Projektoren und den Computern sind die technischen Datenblätter der Hersteller archiviert.

Einstellung der Projektoren
Bildmodus: Kino
Andere Einstellungen: Standard
Die einzelnen Projektionen mussten individuell miteinander abgeglichen werden, so dass ihre Werte in puncto Helligkeit, Farbe und Kontrast möglichst identisch waren. Eine Trapezkorrektur wurde nicht vorgenommen. Die Bilder wurden so nebeneinander projiziert, dass die jeweils rechten und/oder linken Bildseiten sich in der Mitte berührten und einen nahtlosen Bilderfries erzeugten.
Aus den Weitwinkeloptiken ohne optischen Zoom resultierten an den äußeren Rändern der Projektionen leichte Tonnenverzeichnungen, d. h. die senkrechten Bildkanten wurden zu den unteren und oberen Ecken gering auseinander gezogen. Ebenfalls aufgrund der Optiken nahm in den unteren Ecken nach außen die Lichtstärke und Helligkeit des projizierten Bildes ab. Bei den gewählten lichtstarken Projektoren und der Deckenaufhängung war eine andere Darstellung nicht möglich. Die Künstlerin hat diese Nebeneffekte deshalb akzeptiert.

Wechsel bzw. Synchronisation der Projektionen
Die einzelnen Standbilder wechselten alle 15 Sekunden. Es gab kein Einblenden eines Bildes zum nächsten, sondern die Wechsel erfolgten abrupt ohne jegliche Animation (einfacher Übergang). Bei sieben der acht Projektionen erfolgte der Bildwechsel durch ein Zufallsprogramm. Lediglich der Bildwechsel der mittleren Projektion P5 (siehe Zeichnung, Farbabb. 28) demonstrierte den chronologischen Ablauf der verwendeten Fotografien.
Die Bildwechsel verliefen bei den acht Projektionen nicht synchron, sondern alternierend zu unterschiedlichen Zeitpunkten und vermittelten dem Betrachter den Eindruck einer zufälligen Abfolge. Dieser Effekt wurde dadurch erzeugt, dass die mit jedem Projektor verbundenen Computer bei der ersten Einstellung nicht nacheinander eingeschaltet wurden, sondern in versetzter Reihenfolge. War dieser beliebige Startablauf der Computer einmal festgelegt, blieb er bestehen, da im weiteren Verlauf der Ausstellung das An- und Ausschalten der Installation lediglich durch die Stromzufuhr geregelt wurde.

Auflösung der Projektionen
Aus der Nähe betrachtet, war in den projizierten Bildern ein Gitternetz, ein sogenanntes Pixelraster, erkennbar. Die Rasterung wurde erst bei einem Abstand von weniger als ca. einem Meter in den Weiß- und Grautönen sichtbar.

Technische Angaben zu den Abspielgeräten (Computern)

Prozessor und Chipsatz:	Intel® Core™2 Duo Prozessor P8400 (2.26 GHz, 3 MB L2 Cache, 1066 MHz FSB) Chipsatz Intel® GM45
Betriebssysteme und Software:	Windows Vista® Business OEMAct von Microsoft® Windows® XP Professional Nero 8 Essentials XL, Deskview, Virenscanner, Recovery DVD Vista Business, TwinLoad Win XP Prof DVD (D)
Speicher, Laufwerke:	2GB oder 4GB DDR2-667 (2x 2GB) 160GB o. 250GB Sata Festplatte 5.4k 2.5", DVD+/-RW Slot-in slim
Weitere Ausstattung:	LAN on Board, Audio, Grafik im Chipsatz integriert, WLAN, Bluetooth, 4x USB 2.0 hinten, 2x USB 2.0 vorn, 1x eSATA, 1x DVI, 1x VGA über Adapter, Audiobuchsen (3x hinten; optischer SPDIF Ausgang), 1x LAN RJ45, optische USB Scroll-Maus
Abmessung, Gewicht:	Maße (H x B x T) 50 x 165 x 165 mm Gewicht: ca. 1,7 kg
Stromverbrauch:	DC 20 V, 4,5 A

Geräteverbindungen

Anschluss / Eingang am Projektor:	Verbindung und weitere Angaben:	Funktion der Verbindung:
Netzkabel K2CM37700003	- AC IN (Stromeingang) 220-240 V, 50Hz/60Hz Wechselstrom - Stromverbrauch der Projektoren: 600W, 3,3 Amp. - P1, P2, P3, P7 und P8 sind mit Steckdosen verbunden die in den Technikraum reichen. - P4, P5, und P6 sind mit Steckdosen einer Stromleiste in der Sichtdecke verbunden.	Stromversorgung der Projektoren
REMOTE IN / REMOTE OUT	- Kabel mit stereo Ministeckern - Die Verbindungen beginnen bei der Fernbedienung, die mit dem REMOTE IN Anschluss von P1 verbunden ist. - Der REMOTE OUT Anschluss von P1 ist dann mit dem REMOTE IN Anschluss von P2 verbunden, usw. In dieser Form sind die Projektoren untereinander verbunden. - Die Reihe endet im REMOTE IN Anschluss von P8.	Die Verbindung aller Projektoren untereinander ermöglichte es, dass alle durch eine gemeinsame Fernbedienung gesteuert werden konnten.
RGB1 IN	- Anschluss für RGB- oder YPBPR- Signale 5- adriges BNC Kabel - Verbindung mit dem jeweiligen PC durch VGA BNC Kabel	Verbindung zur Datenübertragung vom PC zum Projektor

Die Computer waren jeweils mit einem Netzkabel an das Wechselstromnetz gekoppelt. Weiterhin waren sie jeweils durch zwei USB-Anschlüsse mit einer Maus und Tastatur verbunden. Alle Computer waren mit einem VGA-Y-Kabel an den jeweiligen Projektor angeschlossen. Der PC5 war dem Bildschirm zugeordnet.
Weitere Angaben siehe Verbindungsdiagramm/Schaltplan (Farbabb. 30) und archivierte technische Datenblätter des Herstellers.

Lichtverhältnisse
Die verwendeten PANASONIC-Projektoren besitzen jeweils eine Helligkeit von 5000 ANSI-Lumen, wobei die bei optimaler Einstellung erreichten Lichtströme deutlich darunter liegen können. Die ANSI-Lumen-Angabe ist ein Wert, der nur unter optimalen Bedingungen erreicht werden kann, da es sehr bald durch die Betriebsdauer der verwendeten Lampen und andere äußere Faktoren zu reduzierten Lichtstärke kommt. Eine bessere Angabe für die Lichtstärke der Projektoren kann zum Beispiel die Leistung der verwendeten Lampen sein. In den Projektoren befinden sich je zwei 240 Watt UHM Wechselstrom-Lampen, die besonders für eine konstante Helligkeit und lange Lampenlebensdauer konzipiert sind.
Die tatsächlichen Lichtverhältnisse, d. h. die Lichtstärke und das Kontrastverhältnis der Projektionen, sind von der Lichtsituation im gesamten Raum abhängig. Die Fenster waren während der Installation komplett verdunkelt. Außer den Projektoren gab es keine weiteren Lichtquellen im Raum. Lediglich durch den Eingangsbereich des Raumes drang farbiges Licht von der im Treppenhaus projizierten Installation *Ressource Terabyte* in den Ausstellungsraum hinein. Das projizierte Licht wurde durch die weißgestrichenen Wände, die Decke und den hellen Fußboden verstärkt.
Die Helligkeitswerte im Raum veränderten sich je nach den projizierten Bildern, d. h. je mehr Weißanteile die jeweils projizierten Bilder besaßen, umso heller war der Raumeindruck. Allgemein herrschte durch die schwarz-weißen Bilder ein eher kühler, klarer Lichteindruck. Es war nicht sinnvoll, die tatsächliche Lichtstärke des projizierten Bilderfrieses zu messen, da dieser sich mit jeder Bildkombination veränderte. Um in einer zukünftigen Installation möglichst ähnliche Lichtverhältnisse zu schaffen, müssten die Lampen der Projektoren, die Wand- und Bodenfarbe, sowie die Raumgröße und weiteres vorhandenes Raumlicht, welches die Projektionen überlagert, entsprechend übernommen werden.

Bedienung der Installation
Das technische Personal im Ausstellungsinstitut wurde über das korrekte Ein- und Ausschalten der Installation informiert. Zudem befanden sich an der Tür des Technikraums ausführliche schriftliche Instruktionen.

Am Aufbau beteiligte Personen und Firmen
Eine genaue Auflistung folgender Personengruppen liegt vor:
– Künstlerin und Assistenten
– Mitarbeiter der Stiftung imai
– Aufbaumitarbeiter
– Externe Firmen
– Haustechniker im Ausstellungsinstitut NRW-Forum

5. ZUSAMMENFASSUNG DES KÜNSTLERINTERVIEWS HINSICHTLICH ZUKÜNFTIGER PRÄSENTATIONEN

Das Interview fand im Rahmen von Filmaufnahmen statt, die Ralph Goertz über die Künstlerin Katharina Sieverding am 11. November 2010 in der Installation *Testcuts I* drehte. Beteiligt waren Studierende des weiterbildenden Studiengangs „Kunstkritik und kuratorisches Wissen" vom kunstgeschichtlichen Institut der Ruhr-Universität Bochum, die mit Katharina Sieverding ausführlich über *Testcuts I* sprachen. Während des Dialogs erläuterte Katharina Sieverding ihre Motivation zu *Testcuts I* sowie ihre Vorstellungen der technischen und installativen Bedingungen, die bei der aktuellen und bei künftigen Präsentationen wesentlich sein werden. Die Hintergrundinformationen und Parameter, die für die konservatorische Dokumentation relevant sind, wurden aus dem Gespräch extrahiert und werden im Folgenden zusammenfassend wiedergegeben.

Wie ist es zu dem Kunstwerk gekommen?
Katharina Sieverding sammelt und archiviert seit über 40 Jahren ihr persönliches analoges Fotomaterial einschließlich der Teststreifen, die beim Vergrößerungsprozess entstehen. Für das Kunstwerk *Testcuts I* wurde dieses Archiv aufgearbeitet und neu interpretiert. Die ausgewählten Teststreifen beziehen sich innerhalb ihrer jeweiligen Dreierkonstellationen entweder thematisch oder visuell, aber stets chronologisch aufeinander.
Die Dreierkonstellationen zeigen Bildausschnitte aus dem Leben und Wirken von Katharina Sieverding aus den Jahren 1966 bis 2010, wodurch das Kunstwerk einen autobiographischen Charakter besitzt. Inhaltlich beziehen sich die Fotos auf die Kunst, ihr Leben, ihr Studium, ihre heutige Lehrtätigkeit und viele weitere Begegnungen und Protokolle ihres künstlerischen Umfeldes.
Diese Triptychen werden achtfach über 24 Schnittstellen zu einem wand- bzw. raumfüllenden Projektionspanorama vernetzt und durch Zufallssteuerung unvorhersehbar und unberechenbar für den Moment von 15 Sekunden zu einem Gesamtstreifen neu verfilmt. So stoßen Denk-, Bild- und Zeiträume unvermutet aneinander, provozieren ungeahnte Begegnungen im Kunstsystem und mobilisieren den inneren Kinematografen im Betrachter.

Die Betrachter können in die schwarz-weiße Bilderwelt eintauchen und komplett von den wechselnden Bildern umgeben sein. Sie sollen die nur kurz erscheinenden und dann unerwartet wechselnden Bilder erkennen können, aber nicht an dem Dargestellten haften bleiben. Die vierte, in der Installation freie Wand steht für das Überwinden von Abgrenzungen. Es macht den Betrachter zum wahrnehmenden Akteur, der mit seinen eigenen Erinnerungen konfrontiert wird, sich mit dem Werk identifiziert und so auch auf seine eigene Biografie verweist.

***Testcuts I* basiert auf analogem Bildmaterial. Warum werden die Fotos in Form von Projektionen gezeigt?**
Die Anfänge der Fotografie liegen bei der Künstlerin in ihrer Arbeit mit einer Lichtschachtsucher-Kamera. Diese erzeugte bei ihr schon früh das Gefühl von Film, weil die Künstlerin durch diesen speziellen Sucher ähnlich wie bei einer Videokamera das bewegte Bild beobachtete, um sich dann jeweils für eine Momentaufnahme zu entscheiden und diese als Foto festzuhalten. Innerhalb der digitalen Installation *Testcuts I* versucht sie durch die ständig wechselnden Standbilder einen filmischen Charakter zu erzeugen.

Welche Bedeutung hat der zufällige Wechsel in den Bildprojektionen?
Diese Form der Projektion ermöglicht eine kinematografische Dynamisierung des ursprünglich analogen Ausgangsmaterials. Der quasi filmische Bewegungseindruck und der Fakt der einmaligen, nicht wiederholbaren Konstellationen in permanent wechselnder Kombinatorik fördern eine sich kontinuierlich neu konstruierende Artikulation und Lesart des individuellen wie kollektiven Gedächtnisses. Die technisch nahtlose Bildverknüpfung wird inhaltlich. Das pro-icere, „vorwärtswerfen" im Gedächtnisraum, bedingt aufgeschobene Erinnerungen, die auf dem anderen Gedächtnisschauplatz der Betrachter plastisch werden.

Warum besteht eine Bildprojektion aus einer Dreierkonstellation?
Die Dreierkonstellationen haben in erster Linie einen praktischen Hintergrund. Beim Teilen des Fotopapiers während des analogen Vergrößerungsprozesses entstanden je drei Teststreifen. Die Künstlerin hat bei dem analogen Vergrößerungsprozess das Fotopapier von 30,5 x 40,6 cm in drei Streifen zerschnitten, um so mit geringem Materialaufwand die richtige Belichtungszeit ermitteln zu können. Ein einzelner belichteter Streifen dieses Fotopapiers bildet einen solchen Teststreifen. Vor der Digitalisierung wurden dann je drei Teststreifen zusammengefügt und es entstand wieder das originale Format des Fotopapiers von 4:3, das dem Bildformat der Projektionen entspricht.
Weiterhin hat die Dreiteilung für die Künstlerin auch einen ästhetischen Hintergrund. Die drei Fotostreifen im Hochformat rufen inhaltliche wie formale Spannungen hervor, die auf das klassische Triptychon verweisen und damit weitere Bedeutungsebenen mit einfließen lassen. Sie verbinden sich in wechselnder Kombinatorik zu einem neuroplastischen Panorama.

Ist die Projektionszeit von 15 Sekunden, die für die einzelnen Bildprojektionen vorgesehen ist, auch in zukünftigen Installationen einzuhalten?
Innerhalb des Aufbauprozesses der Erstinstallation stellte sich die Projektionsdauer von 15 Sekunden als optimal heraus. Das einzelne Bild erscheint dann genau so lange, dass ein erstes Erkennen möglich ist, das Bild aber wieder verschwindet, wenn eine längere Betrachtung einsetzen will. Durch die kurze Dauer der Einzelprojektion werden der filmische Charakter des Werkes sowie der Aspekt der Momentaufnahme verdeutlicht.

Ist es wichtig, dass die Übergänge in einfachen Wechseln erfolgen, ohne jegliche Animation?
Absolut, um die schnellen und vielfältigen Cuts und Schnittstellen in eine formal klare und somit lesbare Struktur zu bringen.

Sind die Projektionen unbedingt wandfüllend, d. h. genau vom Fußboden bis zur Decke einzurichten? Oder könnten die Projektionen beispielsweise auf einen schmaleren Streifen reduziert werden?
Die Wandfläche sollte bei genormter Raumhöhe (3 bis 4m) vollständig von den Projektionsbildern ausgefüllt sein und kontinuierlich über drei Wände verlaufen. Bei sehr hohen Räumen müsste demzufolge eine entsprechend neu zu bestimmende Projektionshöhe ermittelt werden.

Im imai wird *Testcuts I* als 8-Kanal-Projektion gezeigt. Wie wichtig ist es, die genaue Anzahl der Projektionen in Folgeinstallationen von *Testcuts I* zu übernehmen?
Es wird deutlich, dass die Anzahl der Projektionen nicht festgelegt ist. Aufgrund der künstlerischen Konzeption ist es vielmehr entscheidend, dass drei Wände möglichst vollständig mit Projektionen ausgefüllt sind. Insofern ergibt sich die genaue Anzahl der Projektionen aus den Abmessungen der zur Verfügung stehenden Wände und der Größe des Raumes.
Die Anzahl der acht Projektoren beurteilt die Künstlerin als ideal. Mehr Projektionen würden den Betrachter möglicherweise überfordern, weniger dagegen das Werk zu sehr reduzieren.

Welche Faktoren sind für die Raumwirkung von *Testcuts I* wichtig?
Es ist ausschlaggebend, dass die Bildprojektionen sich lückenlos über die gesamten drei Wände erstrecken. Die ‚vierte Wand' bleibt frei für die Projektionen des Publikums, für die ‚Parallelprozesse' der individuellen wie kollektiven Gedächtnisimpulse. Für die Installation im imai wurde der Raum vollständig abgedunkelt, weil die Lichtstärke der Projektoren dies erforderte. Die Künstlerin kann sich die Installation jedoch auch bei Tageslicht vorstellen, indem die vierte Wand sich nach außen öffnet. Dabei sei es wichtig, dass die Projektoren eine ausreichende Lichtstärke besitzen und die Schwarz-Weiß-Kontraste nicht vom Tageslicht gemindert werden. Die weiße Farbe

der Wände ist in diesem Zusammenhang grundlegend, um die gewünschte Bildqualität der Projektionen, insbesondere die Kontraste, zu erzielen.
Es ist beabsichtigt, dass der Raum mit der ihm eigenen Wirkung integriert und in diesem das Werk präsentiert wird. Deshalb empfindet die Künstlerin die Säulen nicht als störend.
Die Positionierung der Projektoren ist an zwei feste Parameter gebunden: an die Höhe der Wand und den daraus resultierenden Maße der Projektionen. Alle anderen Parameter sind variabel und müssen der jeweiligen Situation angepasst werden.

Müssen es diese leistungsstarken Projektoren sein oder könnten auch andere, weniger leistungsstarke Projektoren verwendet werden? Sollten in einigen Jahren beispielsweise Projektoren mit höheren Standards auf den Markt kommen, sollten diese dann für die Installation verwendet werden?
Für die Künstlerin wäre es vorstellbar, das Werk auch bei Tageslicht auszustellen. Das hängt jedoch von der Lichtstärke der Projektoren ab. Sollte es also in der Zukunft sehr leistungsstarke Projektoren geben, wäre es im Sinne der Künstlerin, diese zu verwenden. Geringere Lichtstärken als 5000 ANSI-Lumen sollten die Projektoren, auch in vollständig abgedunkelten Räumlichkeiten, jedoch nicht aufweisen.

Wie groß muss der Ausstellungsraum sein? Wäre in Anlehnung an neue Raumsituationen die Verteilung der Projektionen über weniger Wände denkbar?
Die Projektion auf drei Wände gehört zum Konzept der Künstlerin. Der Betrachter sollte von den Bildern umgeben werden, wobei die vierte Wand frei bleiben sollte. Das Ausstellen der Bildprojektionen auf einer einzelnen Wand oder über zwei Wände reicht dafür nicht aus. Die Größe des Raumes ist variabel. Der Ausstellungsraum sollte jedoch eine Mindestanzahl von großflächigen Projektionen aufnehmen können und ist ggf. durch den Einbau von Zwischenwänden auf die für die Projektionen erforderlichen Dimensionen zu verkleinern.

Sollte die Installation allein im Ausstellungsraum präsentiert werden oder können sich noch andere Kunstwerke im Raum befinden?
Aus den bisher erläuterten Installationsangaben resultiert, dass die Installation einen kompletten Raum einnimmt.

6. WEITERES DOKUMENTATIONSMATERIAL

- Raum- und Installationspläne
- Fotos
- Filmaufnahmen
- Ausstellungskatalog
- Sammlung der Presseartikel

Zitierte Literatur

Arns 2008
ARNS, Inke, „Und es gibt sie doch – Über die Zeitgenossenschaft der medialen Künste“, in: *HMKV. Hartware MedienKunstVerein 1996–2008*, hrsg. von Susanne Ackers, Inke Arns, Hans D. Christ, Iris Dressler, Ausst.-Kat., Hartware MedienKunstVerein Dortmund, Bönen 2008, S. 66–78

Bishop 2005
BISHOP, Claire, *Installation Art*, London 2005

Baumberger 2010
BAUMBERGER, Christoph, *Gebaute Zeichen. Eine Symboltheorie der Architektur*, Frankfurt / Paris / Lancaster / New Brunswick 2010

Blanchot 2007
BLANCHOT, Maurice, *Thomas der Dunkle*, aus dem Französischen von Jürg Laederach, Basel / Weil am Rhein 2007 (Originalausgabe: *Thomas l'obscure, nouvelle version*, Paris 1950)

Blase 2010
BLASE, Christoph, „Vergessene Videos und vergessene Apparate. Ein praktisches Plädoyer für ihre Rettung“, in: Blase/Weibel 2010, S. 16–33

Blase/Weibel 2010
BLASE, Christoph, WEIBEL, Peter (Hrsg.), *RECORD>AGAIN! 40jahrevideokunst.de – Teil 2*, Ausst.-Kat., ZKM / Zentrum für Kunst und Medientechnologie Karlsruhe, Ostfildern 2010

Böll 1977
BÖLL, Heinrich, „Du fährst zu oft nach Heidelberg“ (1977), in: *Du fährst zu oft nach Heidelberg* und *andere Erzählungen*, Bornheim-Merten 1979, S. 61–67

Caianiello 2005
CAIANIELLO, Tiziana, *Der* Lichtraum (Hommage à Fontana) *und das* Creamcheese *im museum kunst palast. Zur Musealisierung der Düsseldorfer Kunstszene der 1960er Jahre*, Bielefeld 2005

Caianiello/Giebeler 2010
CAIANIELLO, Tiziana, GIEBELER, Julia, „Conserving Interactivity: imai Case Study on Bill Seaman's *Exchange Fields*“, in: *ISEA2010RUHR. 16th international Symposium on Electronic Art, Conference Proceedings*, Berlin 2010, S. 152–154

Capturing Unstable Media 2003
FOUCONNIER, Sandra, FROMMÉ, Rens, *Capturing Unstable Media. Summary of research*, 2003, unter: http://archive.v2.nl/v2_archive/projects/capturing/capturing_summary.pdf (letzter Zugriff: 12.12.2009)

Daniels 2000
DANIELS, Dieter, „Strategien der Interaktivität“, in: FRIELING, Rudolf, DANIELS, Dieter, *Medien Kunst Interaktion, die 80er und 90er Jahre in Deutschland*, hrsg. von Goethe-Institut München / ZKM Karlsruhe, Wien / New York 2000, S. 142–169

Daniels 2003
DANIELS, Dieter, *Strategien der Interaktivität*, unter: https://www.hgb-leipzig.de/daniels/vom-ready-made-zum-cyberspace/strategien_der_interaktivitaet.html (letzter Zugriff: 22.08.2009)

Decision-making Model 1999
„*The decision-making model* for the Conservation and Restoration of Modern and Contemporary Art“, in: *Modern Art: Who Cares?*, hrsg. von IJsbrand Hummelen, Dionne Sillé, Amsterdam 1999, S. 164–172

Dinkla 1997
DINKLA, Söke, *Pioniere Interaktiver Kunst von 1970 bis heute*, Karlsruhe / Ostfildern 1997

Duguet 1996
DUGUET, Anne-Marie, „Führt Interaktivität zu neuen Definitionen in der Kunst?“, in: SCHWARZ, Hans Peter, SHAW, Jeffrey (Hrsg.), *Perspektiven der Medienkunst / Media art perspectives: Museumspraxis und Kunstwissenschaft antworten auf die digitale Herausforderung*, Dokumentation der Symposien *Neue Medien – Neue Kriterien?* und *Das digitale Museum* im Rahmen des Medienkunstfestivals MultiMediale 4 im Mai 1995 in Karlsruhe, Stuttgart 1996, S. 36–41

Eco 1962
ECO, Umberto, *Das offene Kunstwerk*, Frankfurt a. M. 1990 (Originalausgabe: *Opera aperta*, Milano 1962)

Eco 1994
ECO, Umberto, *Zwischen Autor und Text. Interpretation und Überinterpretation*, aus dem Englischen von Hans Günter Holl, München / Wien 1994 (Originalausgabe: *Interpretation and Overinterpretation: World, History, Texts*, The Tanner Lectures on Human Values, Cambridge University, 1990, Cambridge 1992)

Electronic Atmospheres 2010
Electronic Atmospheres, hrsg. von Stefan Riekeles, Andreas Broeckmann, Ausst.-Kat., *ISEA2010RUHR*, Heidelberg/Berlin, 2010

Fischer-Lichte 2000
FISCHER-LICHTE, Erika, „Vom ‚Text' zur ‚Performance'. Der ‚Performative Turn' in den Kulturwissenschaften“, in: *KUNSTFORUM International*, Bd. 152, Oktober–Dezember 2000, S. 61–63

Fischer-Lichte 2004
FISCHER-LICHTE, Erika, *Ästhetik des Performativen*, Frankfurt a.M. 2004

Frohne 2010
FROHNE, Ursula, „Passagen: Projektionsräume im Museum“, in: *Bilder in Bewegung: Künstler & Video/Film*, hrsg. von Barbara Engelbach, Ausst.-Kat., Museum Ludwig Köln, Köln 2010, S. 121–128

Gfeller 2004
GFELLER, Johannes, „Pixel und Zeile zu Frame. Baukasten zu einer Theorie der Medienerhaltung", in: *Visions of a future. Art and history in changing contexts*, hsg. von Hans-Jörg Heusser und Kornelia Imesch, Schweizerisches Institut für Kunstwissenschaft, Zürich 2004, S. 207–226

Gfeller 2009
GFELLER, Johannes, „Der Referenzgerätepool von *Aktive Archive* an der Hochschule der Künste Bern. Eine Basis für die historisch informierte Wiederaufführung von Medienkunst", in: Schweizer Videokunst 2009, S. 212–221

Giebeler 2009
GIEBELER, Julia, *Interaktive Videoinstallationen. Dokumentation und Reinstallation am Beispiel des Werks Exchange Fields von Bill Seaman*, Diplomarbeit, Fachhochschule Köln, 2009, unter: http://www.imaionline.de/images/stories/2010/Erhaltung/Diplomarbeit%20-%20Julia%20Giebeler_Interaktive%20Videoinstallationen_website.pdf (letzter Zugriff: 07.07.2012)

Goertz 2004
GOERTZ, Lutz, „Wie interaktiv sind Medien?", in: Christoph Bieber, Claus Leggewie (Hrsg.), *Interaktivität. Ein transdisziplinärer Schlüsselbegriff,* Frankfurt a. M. 2004, zuerst veröffentlicht in: *Rundfunk und Fernsehen,* Jg. 43, Nr. 4, 1995, S. 477–493

Goodman 1998
GOODMAN, Nelson, *Sprachen der Kunst: Entwurf einer Symboltheorie*, Frankfurt a. M. 1998, 2. Auflage (Originalausgabe: *Languages of Art. An Approach to a Theory of Symbols*, Indianapolis 1976, 2. Auflage)

Huber 2003
HUBER, Hans Dieter, *PPP: From Point to Point or from Production to presentation to preservation of media art*, Vortrag im Rahmen des Kongresses *404 Object Not Found. Was bleibt von der Medienkunst?*, Dortmund, 19. – 22. Juni 2003, unter: http://www.hgb-leipzig.de/ARTNINE/downloads/ppp_d.pdf (letzter Zugriff: 18.06.2011)

Hünnekens 1997
HÜNNEKENS, Annette, *Der Bewegte Betrachter: Theorien der interaktiven Medienkunst*, Köln 1997

Hüther 1997
HÜTHER, Jürgen, „Neue Medien", in: Jürgen Hüther, Bernd Schorb, Christiane Brehm-Klotz (Hrsg.), *Grundbegriffe Medienpädagogik*, München 1997, S. 291–299

Il nuotatore 1984
Il nuotatore (va troppo spesso ad Heidelberg), videoambientazione sincronizzata in 24 monitor, Ausst.-Kat., Centro di Documentazione di Palazzo Fortuny, Venezia 1984

Inside Installations 2007
Inside Installations. Preservation and Presentation of Installation Art, hrsg. von Tatja Scholte und Paulien 't Hoen, Amsterdam 2007

Inside Installations 2011
Inside Installations. Theory and Practice in the Care of Complex Artworks, hrsg. von Tatja Scholte und Glenn Wharton, Amsterdam 2011

Ippolito 2003
IPPOLITO, Jon, „Accommodating the Unpredictable: The Variable Media Questionnaire“, in: Permanence Through Change 2003, S. 47–53

Jadzińska 2011
JADZIŃSKA, Monika, „The Lifespan of Installation Art“, in: Inside Installations 2011, S. 21–30

Jones 2008
JONES, Caitlin, *Surveying the state of the art (of documentation)*, 2008, unter: http://www.fondation-langlois.org/pdf/e/surveying-the-state.pdf (letzter Zugriff: 04.03.2010)

Jones/Muller 2008
JONES, Caitlin, MULLER, Lizzie, *The Giver of Names: Documentary Collection. Introduction to the Collection. Between real and ideal*, 2008, unter: http://www.fondation-langlois.org/html/e/page.php?NumPage=2122 (letzter Zugriff: 04.03.2010)

Katharina Sieverding 2010
Katharina Sieverding. Projected Data Images. Testcuts, hrsg. von Renate Buschmann, Ausst.-Kat. imai – inter media art institute, Köln 2010

Kwasteck/Spörl 2009
KWASTECK, Katja, SPÖRL, Ingrid, *Forschungsbericht: Taxonomie „Interaktive Kunst“. II. Phase*, Ludwig Boltzmann Institut, Medien.Kunst.Forschung, 2009, unter: http://media.lbg.ac.at/media/pdf/taxonomie_IA_200911.pdf (letzter Zugriff: 03.04.2010).

Langueux 1998
LANGUEUX, Maurice, „Nelson Goodman and Architecture“, in: *Assemblage*, Nr. 35, April 1998, S. 18–35

Laurenson 2004
LAURENSON, Pip, „Developing Strategies for the Conservation of Installations Incorporating Time-Based Media: Gary Hills *Between Cinema and a Hard Place*“, in: *Tate Papers*, 1, Spring 2004, http://www.tate.org.uk/download/file/fid/7240 (letzter Zugriff 15.10.2012), zuerst veröffentlicht in: *Journal of the American Institute for Conservation*, Bd. 40, Nr. 3, 2001, pp. 259–266

Laurenson 2005
LAURENSON, Pip, „The Management of Display Equipment in Time-based Media Installations“, in: *Tate Papers*, 3, Spring 2005, S. 1–8, unter: http://www.tate.org.uk/download/file/fid/7344(letzter Zugriff: 06.04.2012), zuerst veröffentlicht in: Ashok ROY / Perry SMITH (Hrsg.), Modern Art, New Museums: Contributions to the Bilbao Congress 13.–17. September 2004, London 2004

Laurenson 2006
LAURENSON, Pip, „Authenticity, Change and Loss in the Conservation of Time-Based Media Installations“, in: *Tate Papers*, 6, Autumn 2006, S. 1–15, unter: http://www.tate.org.uk/download/file/fid/7401 (letzter Zugriff: 01.04.2012)

Laurenson 2011
LAURENSON, Pip, „Vulnerabilities and Contingencies in the Conservation of Time-based Media Works of Art“, in: Inside Installations 2011, S. 35–42

Lestocart 2000
LESTOCART, Louis-Jose, „Surfing the Medium", in: MORGAN, Robert C. (Hrsg.), *Gary Hill*, Baltimore / London 2000, S. 232–239

Luber/Sommermeyer 2011
LUBER, Kerstin, SOMMERMEYER, Barbara, „Remaking Artworks: Realized Concept versus Unique Artwork", in: Inside Installations 2011, S. 235–248

Lurk/Enge 2012
LURK, Tabea, ENGE, Jürgen, *Analit Zwischenbericht. AP 2 & AP3*, Bern 2011, unter: http://www.hkb-aa.bfh.ch/images/8/8b/Abschlussbericht_LurkEnge.pdf (letzter Zugriff: 30.03.2012)

Münker 2008
MÜNKER, Stefan, „Was ist ein Medium? Ein philosophischer Beitrag zu einer medientheoretischen Debatte", in: MÜNKER, Stefan, ROESLER, Alexander (Hrsg.), *Was ist ein Medium*, Frankfurt a. M. 2008, S. 322–337

Nam June Paik 1999
Nam June Paik. Fluxus/Video, hrsg. von Wulf Herzogenrath, Ausst.-Kat., Kunsthalle Bremen u. a., Bremen 1999

Neuberger 2007
NEUBERGER, Christoph, „Interaktivität, Interaktion, Internet. Eine Begriffsanalyse", in: *Publizistik*, Bd. 52, Nr. 1, 2007, S. 33–50

Paik 1982
PAIK, Nam June, „Künstliche Intelligenz gegen künstlichen Stoffwechsel", in: *Videokunst in Deutschland 1963–1982*, hrsg. von Wulf Herzogenrath, Ausst.-Kat., Kölnischer Kunstverein u. a., Stuttgart 1982, S. 114–117

Permanence Through Change 2003
DEPOCAS, Alan, IPPOLITO, Jon, JONES, Caitlin (Hrsg.), *Permanence Through Change: The Variable Media Approach*, Guggenheim Museum, New York, Fondation Daniel Langlois, Montreal 2003, unter: http://variablemediaquestionnaire.net (letzter Zugriff: 06.04.2012)

Phillips 2009
PHILLIPS, Joanna, „Die Rekonstruktion von Videokunst. Eine Gratwanderung zwischen autorisierter Wiederaufführung und historisch informierter Interpretation", in: Schweizer Videokunst 2009, S. 202–211

Poinsot 1986
POINSOT, Jean-Marc, „In situ, lieux et espaces de la sculpture contemporaine", in: *Qu'est-ce que la sculpture moderne?*, Ausst.-Kat. Centre Georges Pompidou, Musée national d'art moderne, Paris 1986, S. 322–329

Pugliese 2009
PUGLIESE, Marina, „Un medium in evoluzione. Storia critica delle installazioni", in: FERRIANI, Barbara, PUGLIESE, Marina (Hrsg.), *Monumenti effimeri. Storia e conservazione delle installazioni*, Milano 2009, S. 22–91

Quiring/Schweiger 2006
QUIRING, Oliver, SCHWEIGER, Wolfgang, „Interaktivität – ten years after. Bestandsaufnahme und Analyserahmen“, in: *Medien & Kommunikationswissenschaft*, 54, 1/2006, S. 5–24

Rafaeli 1988
RAFAELI, Sheizaf, „Interactivity. From New Media to Communication“, in: HAWKINS, Robert P., WIEMANN, John M., PINGREE, Suzanne (Hrsg.), *Advancing Communication Science: Merging Mass and Interpersonal Processes*, London / New Delhi 1988, S. 110–134

Rebentisch 2003
REBENTISCH, Juliane, *Ästhetik der Installation*, Frankfurt a. M. 2003

Reck 2002
RECK, Hans Ulrich, *Mythos Medienkunst*, Köln 2002

Reiss 1999
REISS, Julie, *From Margin to Center: The Spaces of Installation Art*, Cambridge (Mass.) 1999

Rinehart 2003
RINEHART, Richard, „Perspectives. Berkeley Art Museum/Pacific Film Archive“, in: Permanence Through Change 2003, S. 25–27

Rinehart o.J.
RINEHART, Richard, *A System of Formal Notation for Scoring Works of Digital and Variable Media Art*, o.J., unter: http://www.bampfa.berkeley.edu/about/formalnotation.pdf (letzter Zugriff: 15.10.2010)

Rosa 2007
DI MARINO, Bruno (Hrsg.), „Oltre i confini delle immagini: l'estetica delle relazioni. Conversazione con Paolo Rosa“, in: DI MARINO, Bruno (Hrsg.), *Tracce, sguardi e altri pensieri = Clues, Views and Other Thoughts*, Milano 2007, S. 39–57

Saueracker 2009
SAUERACKER, Jochen, „Intuition und Schaltkreis. Zur Re-Installation von Paiks Videoinstallationen“, in: Schweizer Videokunst 2009, S. 196–201

Scholte 2011
SCHOLTE, Tatja, „Introduction“, in: Inside Installations 2011, S. 11–20

Schweizer Videokunst 2009
Schweizer Videokunst der 1970er und 1980er Jahre. Eine Rekonstruktion, hrsg. von Irene Schubiger, Zürich 2009

Seaman 1999
SEAMAN, Bill, *Recombinant Poetics: Emergent Meaning as Exemined and Explored Within a Specific Generative Virtual Environment*, Dissertation, Centre for Advanced Inquiry In the Interactive Art (CAiiA), University of Wales College Newport (UK), 1999, Saarbrücken 2010

Seaman 2001
SEAMAN, Bill, *Exchange Fileds. Embodied Positioning as Interface Strategy*, 2001, unter: http://projects.visualstudies.duke.edu/billseaman/pdf/exchangeFieldsEmbodied.pdf (letzter Zugriff: 22.11.2010)

Szeemann 1986
SZEEMANN, Harald, „Die Geschichte der Rekonstruktion des MERZbaus (1980–1983)“, in: *Kurt Schwitters* 1887–1948, hrsg. von Joachim Büchner und Norbert Nobis, Ausst.-Kat., Sprengel Museum Hannover, Frankfurt a. M. / Berlin 1986, S. 256–257

Trogemann/Viehoff 2005
TROGEMANN, Georg, VIEHOFF, Jochen, *Code@Art. Eine elementare Einführung in die Programmierung als künstlerische Praktik*, Wien 2005

Tykwer 2010
TYKWER, Fenna Yola, „Was wollen wir sehen?“, in: Blase/Weibel 2010, S. 362–367

Ullrich 2009
ULLRICH, Wolfgang, *Raffinierte Kunst. Übung vor Reproduktionen*, Berlin 2009

vision.ruhr 2000
vision.ruhr, Ausst.-Kat., Westfälisches Industriemuseum Zeche Zollern II/IV und Museum am Ostwall Dortmund, Ostfildern-Ruit 2000

Weyer 2006
WEYER, Cornelia, „Restoration Theory Applied to Installation Art“, in: *VDR Beiträge zur Erhaltung von Kunst und Kulturgut*, 2/2006, S. 40–47, unter: http://www.inside-installations.org/OCMT/mydocs/WEYER_RestorationTheoryAppliedtoInstallationArt.pdf (letzter Zugriff: 15.10.2012)

Weyer 2010
WEYER, Cornelia, „Media art and the limits of established ethics of restoration“, in: *Theory and Practice in the Conservation of Modern and Contemporary Art*, Tagungsakten des Interantionalen Symposiums 13.–14. Januar 2009 in Hildesheim, hrsg. von Ursula Schädler-Saub und Angela Weyer, Hornemann Institut Hildesheim, London 2010, S. 21–32

FARBABBILDUNGEN
COLOUR ILLUSTRATIONS

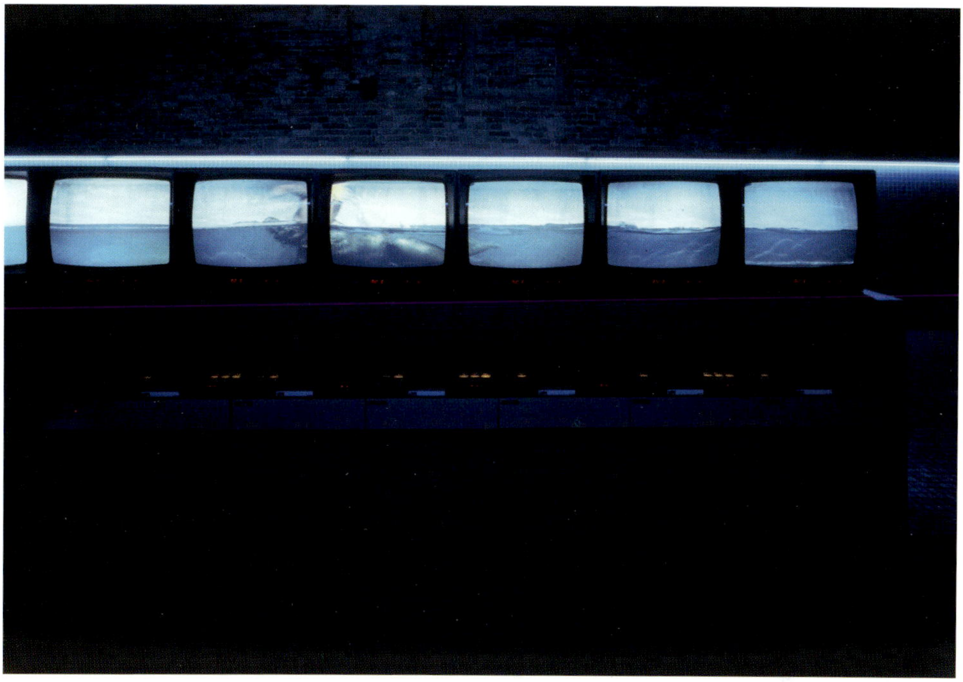

1
Studio Azzurro, *Il nuotatore (va troppo spesso ad Heidelberg)*, 1984, Museo Fortuny, Venedig / Venice 1984, Ausschnitt der Installationsansicht / Detail of the installation view. Photo © Studio Azzurro

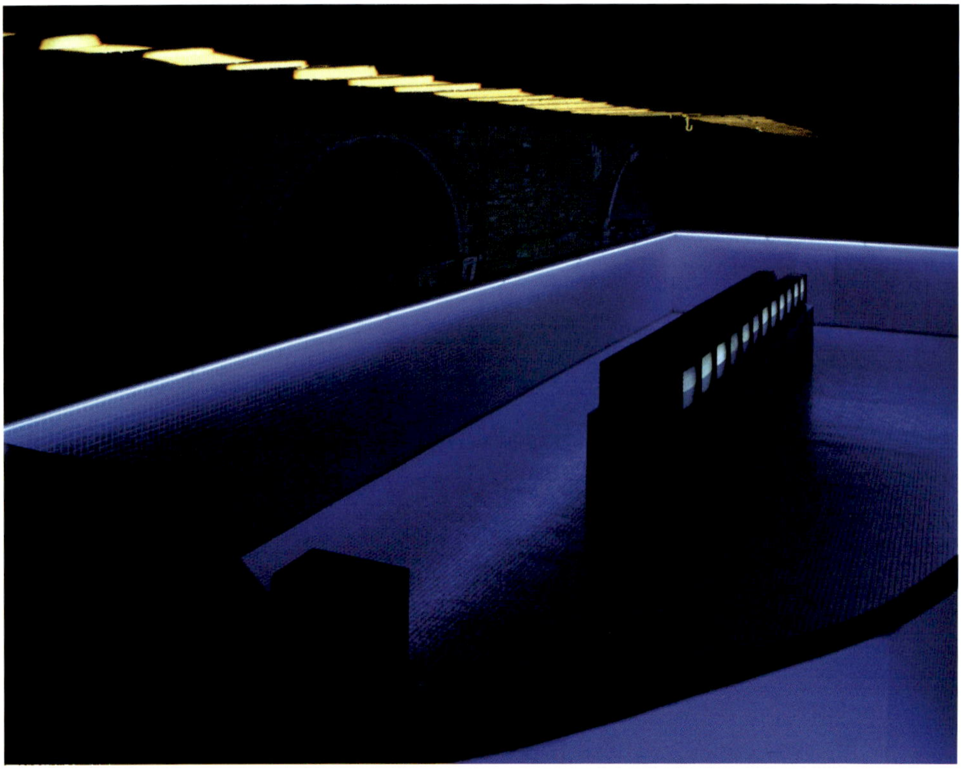

2
Studio Azzurro, *Il nuotatore (va troppo spesso ad Heidelberg)*, 1984, Museo Fortuny, Venedig / Venice 1984. Photo © Studio Azzurro

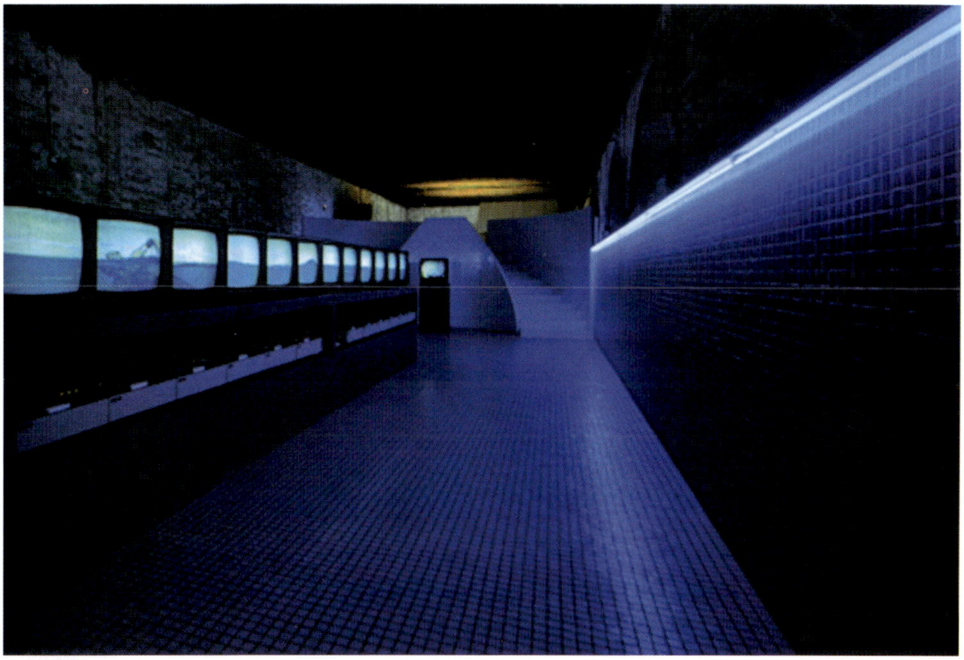

3
Studio Azzurro, *Il nuotatore (va troppo spesso ad Heidelberg)*, 1984, Museo Fortuny, Venedig / Venice 1984. Photo © Studio Azzurro

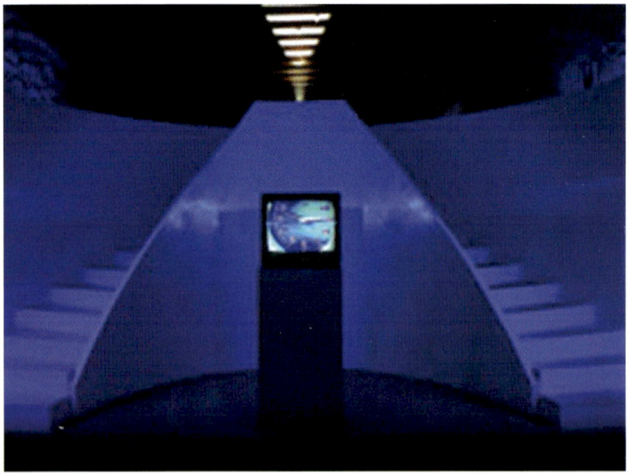

4
Studio Azzurro, *Il nuotatore (va troppo spesso ad Heidelberg)*, 1984, Museo Fortuny, Venedig / Venice 1984, Monitor mit dem Video der Uhr / Monitor with the video of the clock. Photo © Studio Azzurro

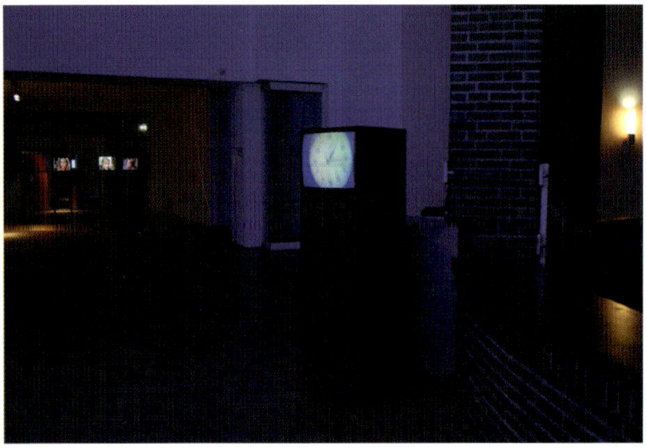

5
Studio Azzurro, *Il nuotatore (va troppo spesso ad Heidelberg)*, 1984, imai, Düsseldorf 2006, Monitor mit dem Video der Uhr / Monitor with the video of the clock. Photo © imai

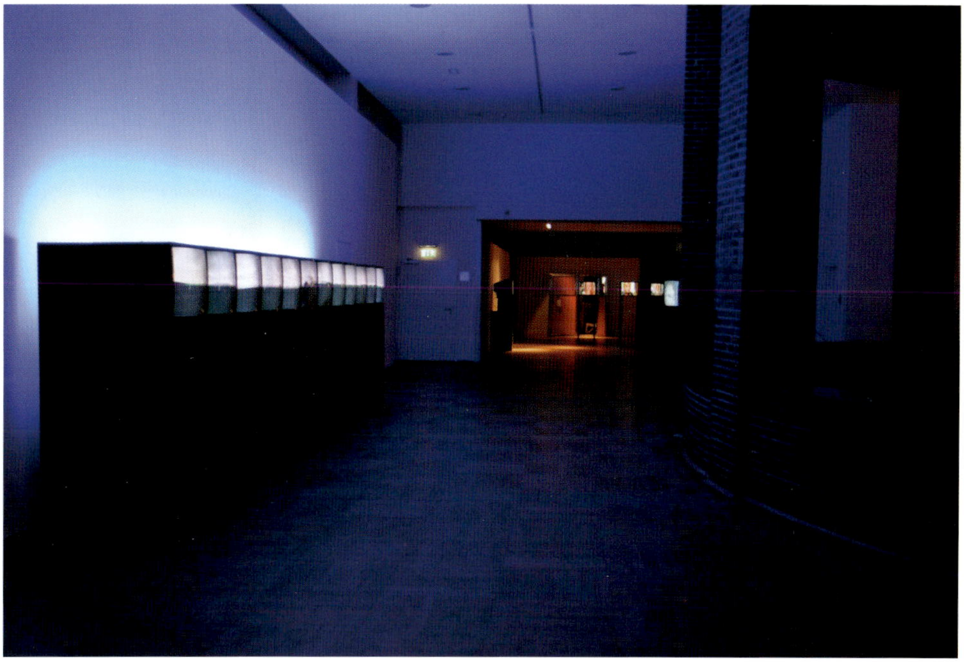

6
Studio Azzurro, *Il nuotatore (va troppo spesso ad Heidelberg)*, 1984, imai, Düsseldorf 2006. Photo © imai

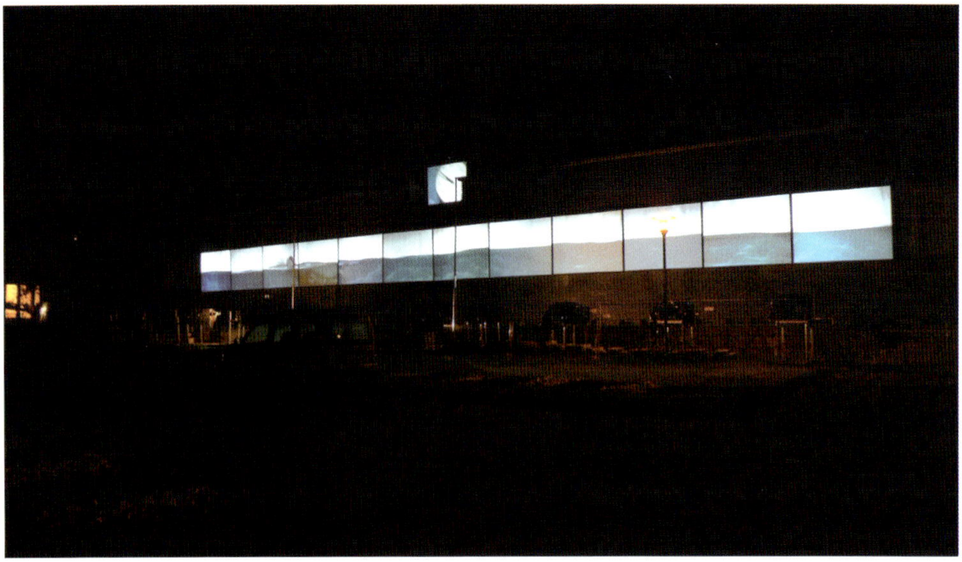

7
Studio Azzurro, *Il nuotatore (va troppo spesso ad Heidelberg)*, 1984, NRW-Forum, Düsseldorf 9. Mai /May 2009. Photo © 235 Media, Köln / Cologne

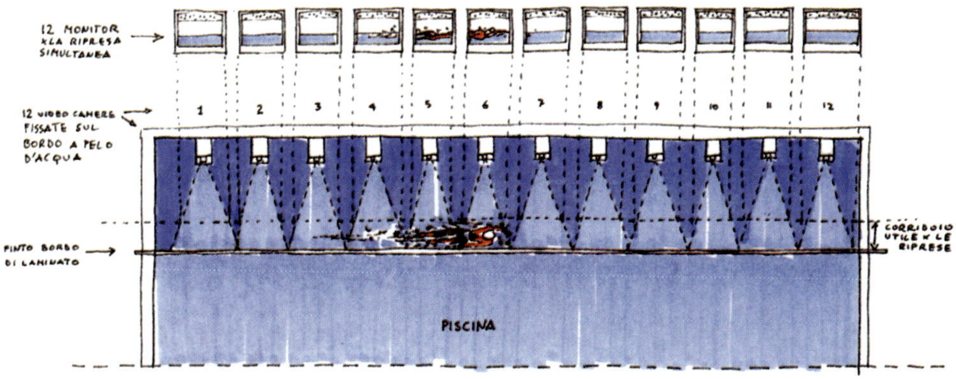

8

Studio Azzurro, Zeichnung für die Produktion der 12 Videos des Schwimmers für / Drawing for the production of the 12 videos of the swimmer for *Il nuotatore (va troppo spesso ad Heidelberg)*, 1984

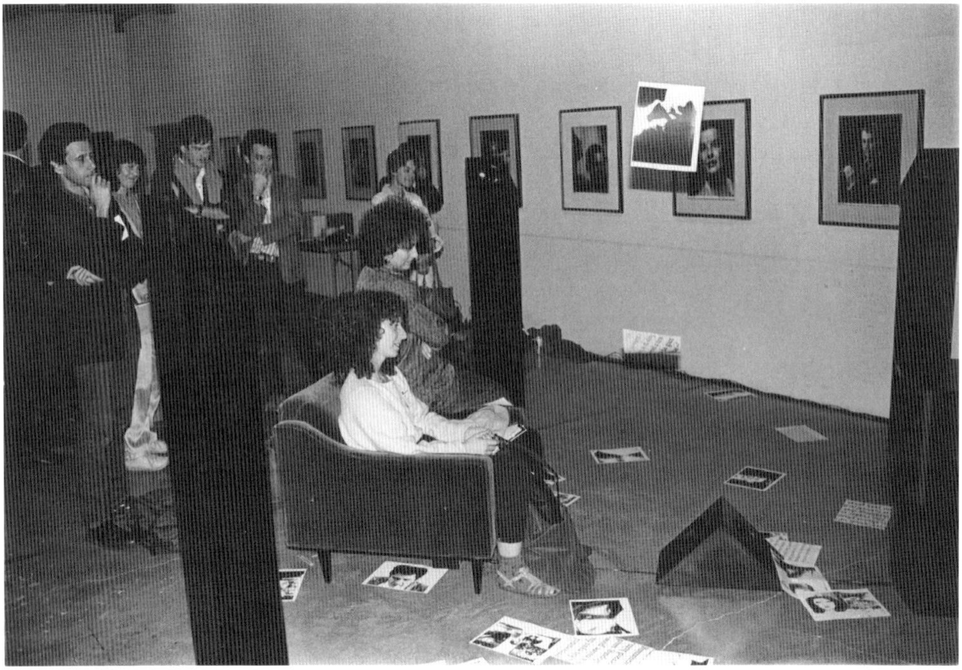

9
Gary Hill, *In Situ*, 1986, American Film Institute, Los Angeles 1986. Photo: Courtesy of the artist and Donald Young Gallery, Chicago

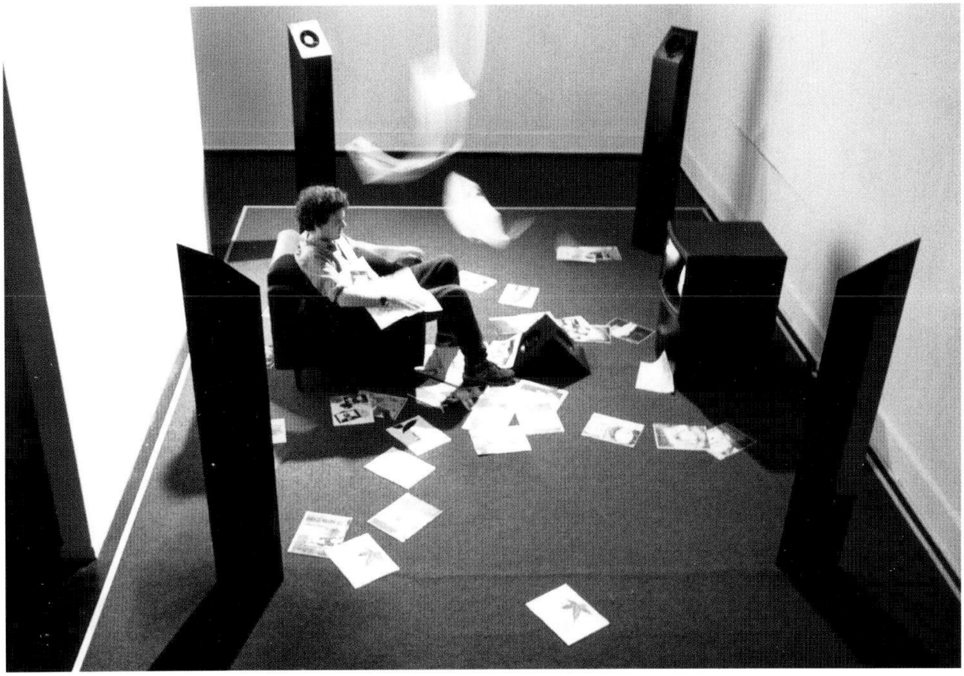

10
Gary Hill, *In Situ*, 1986, Cornish College of the Arts, Seattle 1987. Photo: Sean Chapel. Courtesy of the artist and Donald Young Gallery, Chicago

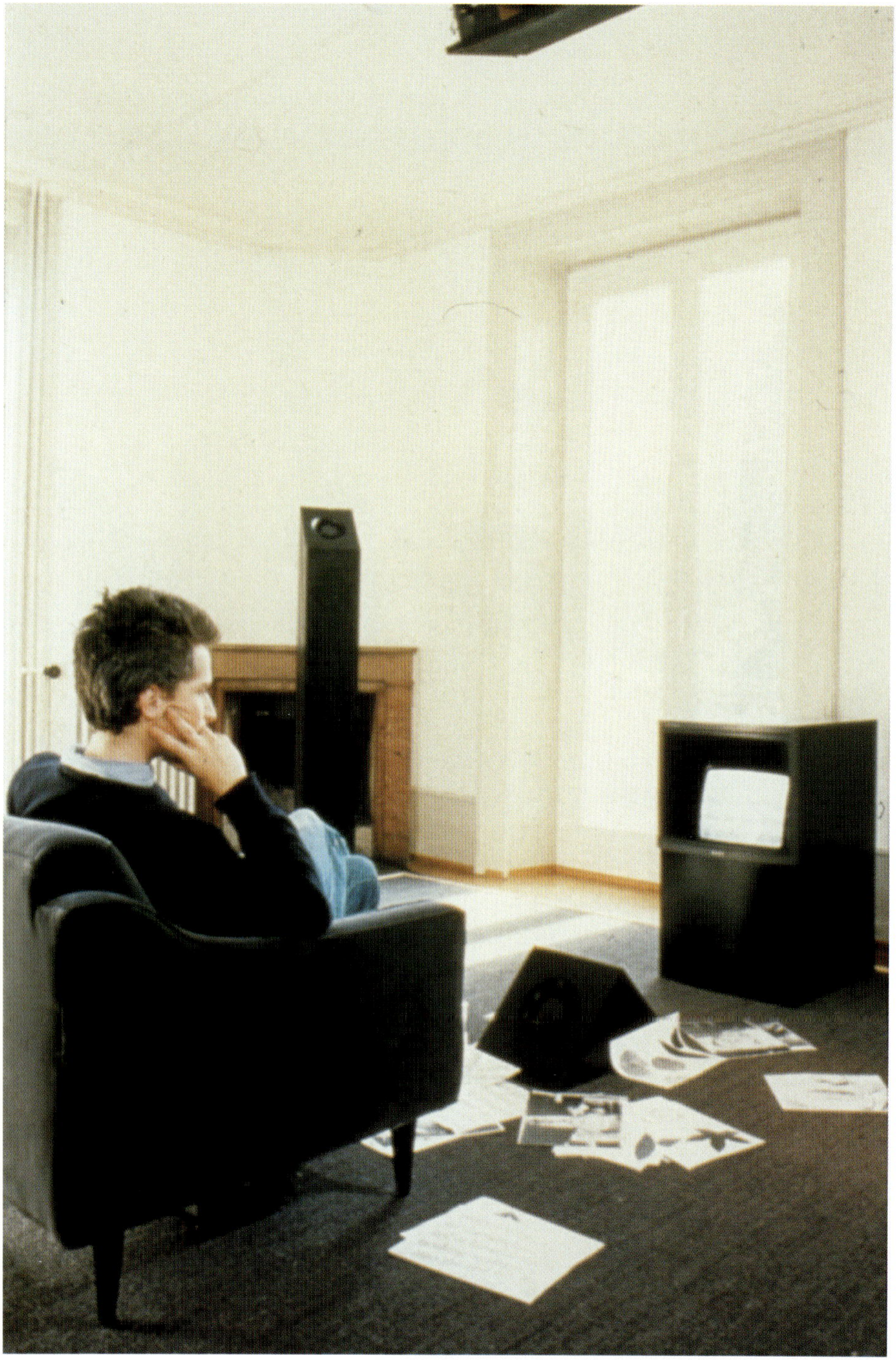

11
Gary Hill, *In Situ*, 1986, Centre génevois de gravure contemporaine, Genf / Geneva 1987.
Photo: Courtesy of the artist and Donald Young Gallery, Chicago

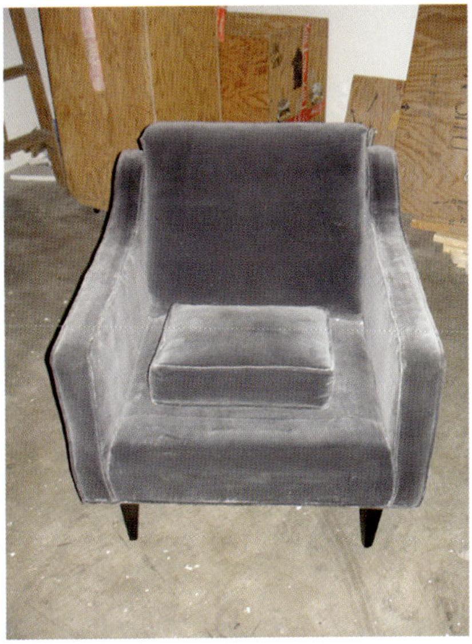

12
Originalsessel der Installation / Original armchair of the installation *In Situ*

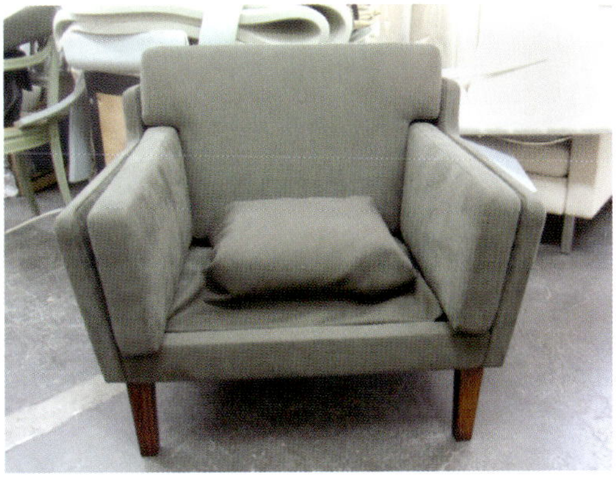

13
Vorbereitung eines Ersatzsessels für die Präsentation von / Preparation of a substitute armchair for the presentation of *In Situ*, imai, 2007

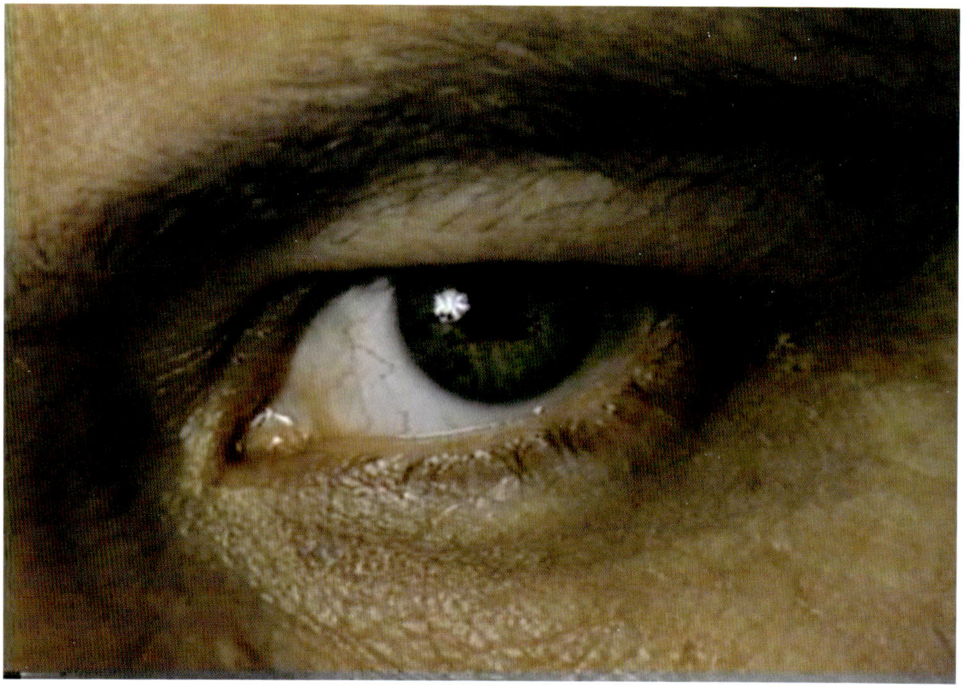

14
Gary Hill, *In Situ*, 1986, Videostandbild / Video still

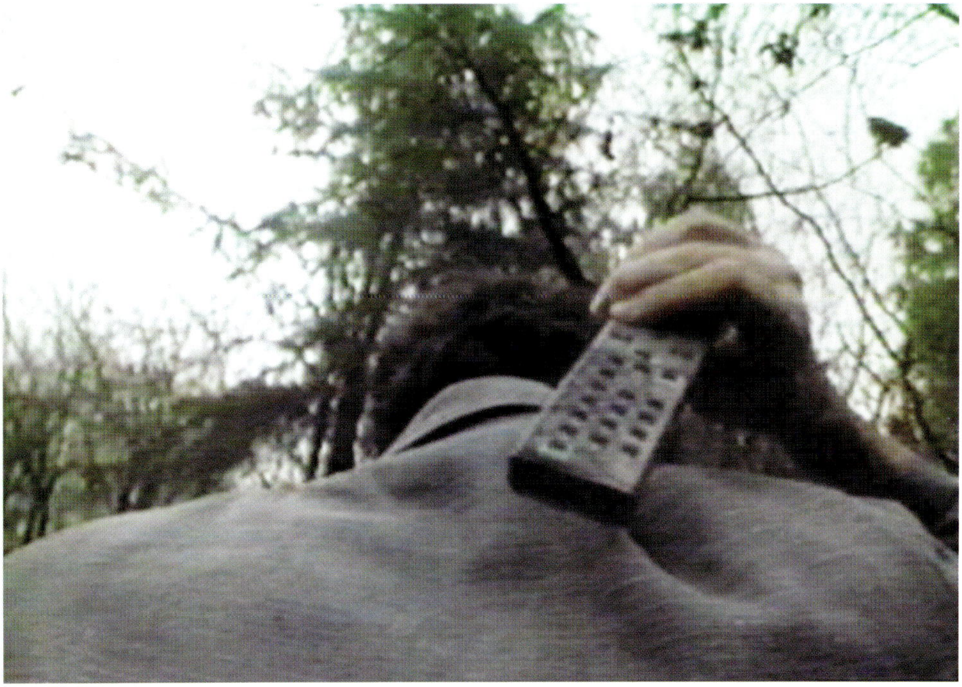

15
Gary Hill, *In Situ*, 1986, Videostandbild / Video still

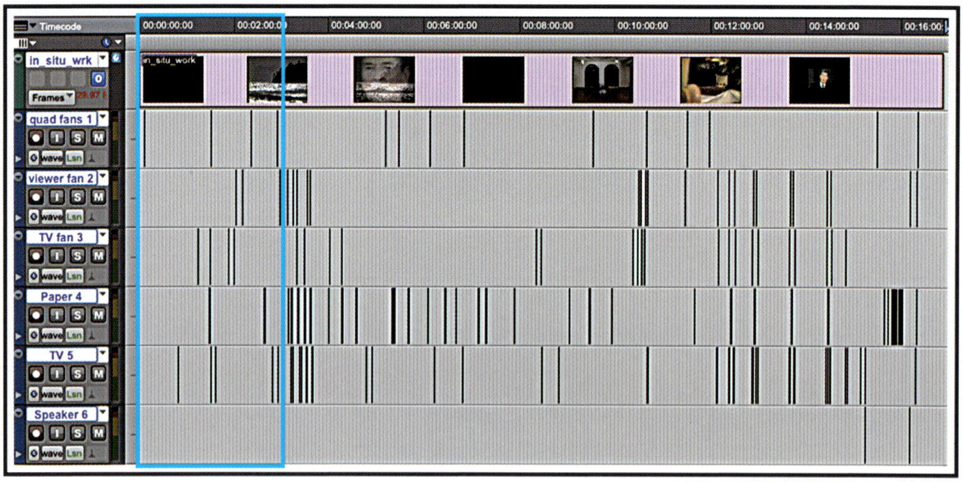

Illustration: Britta Göllner & Dr. Tiziana Caianiello. Bild / *Image:* © Gary Hill, 2012

16 a
Schaltsequenz der Geräte bei *In Situ*, aus einer Pro Tools Session von Gary Hill / Switching sequence of the various appliances of *In Situ*, from a Pro Tools Session by Gary Hill

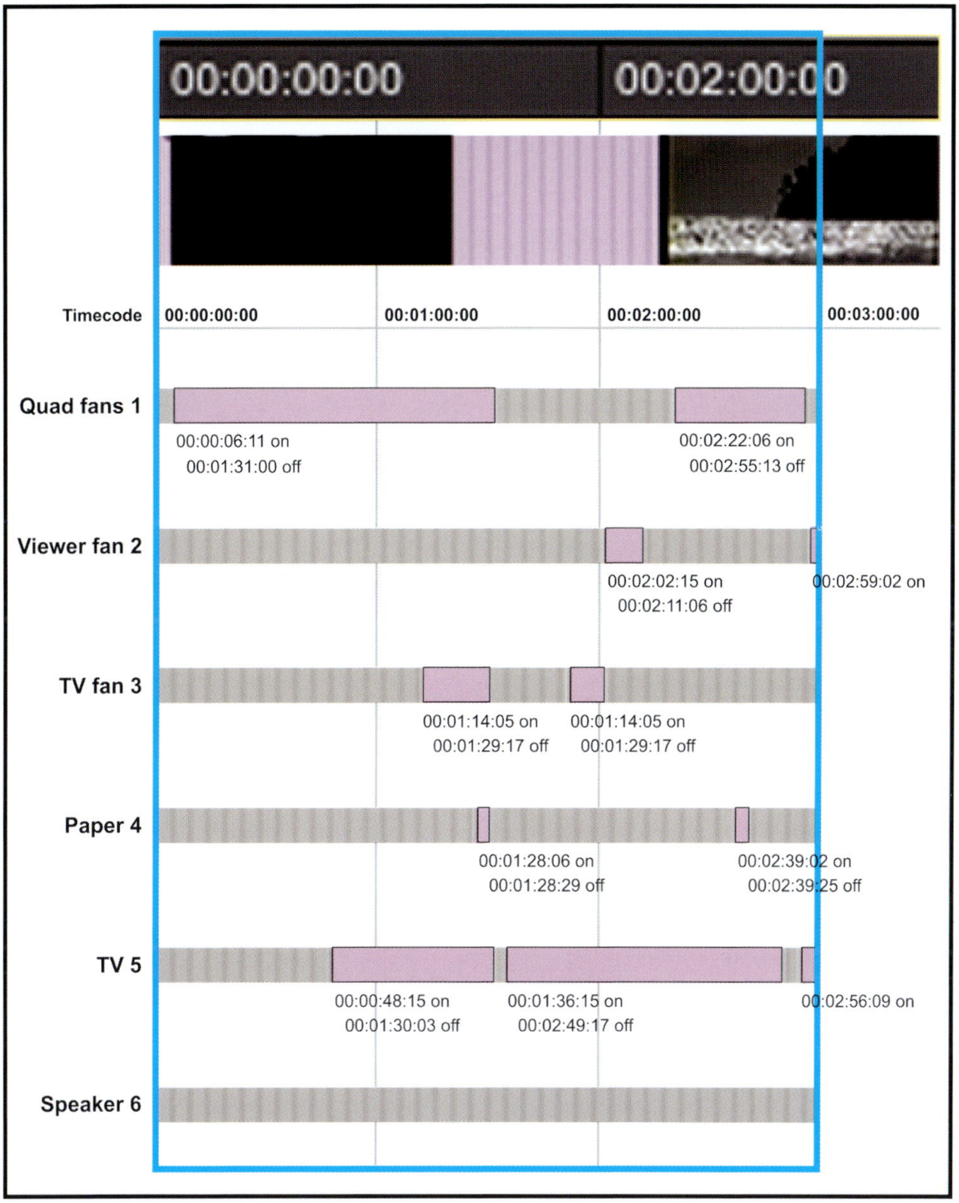

Illustration: Britta Göllner & Dr. Tiziana Caianiello. Bild / *Image:* © Gary Hill, 2012

16 b
Detail der ersten drei Minuten der Schaltsequenz / Detail of the first three minutes of the switching sequence

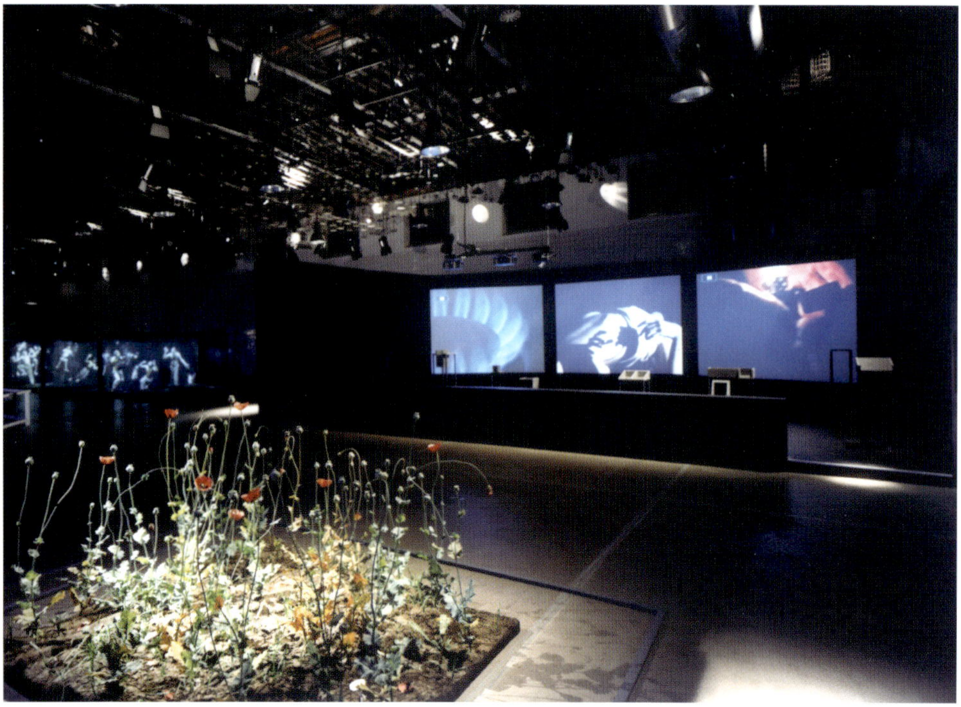

17
Bill Seaman, *Exchange Fields*, 2000, Zeche Zollern, Dortmund 2000. Photo © A. Hudemann, LWL-Industriemuseum

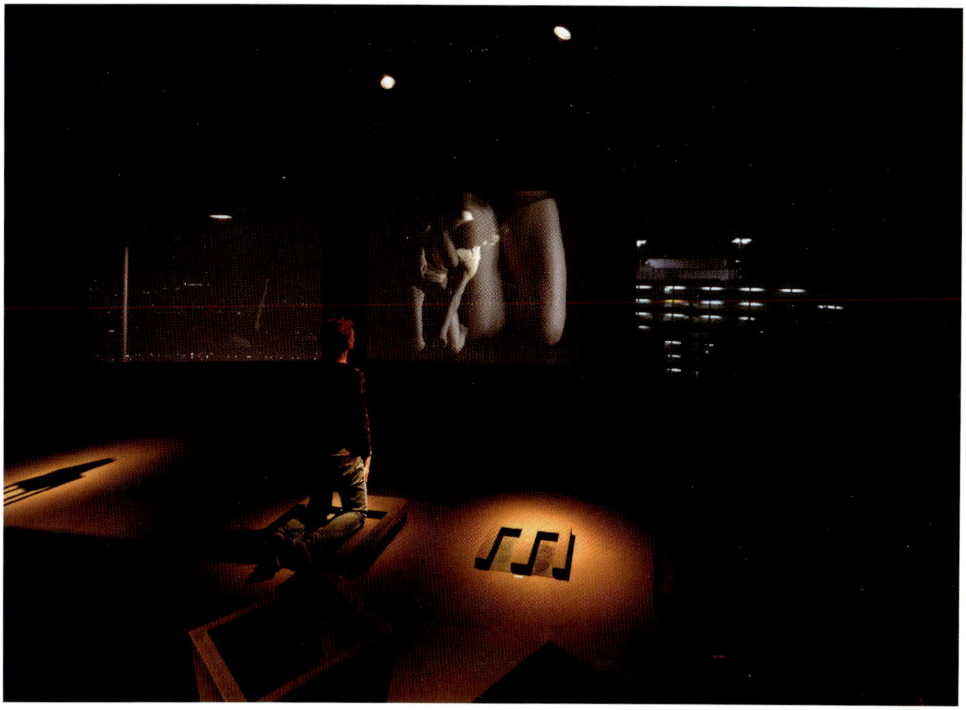

18
Bill Seaman, *Exchange Fields*, 2000, Dortmunder U, Dortmund 2010. Photo © Hans Jürgen Landes

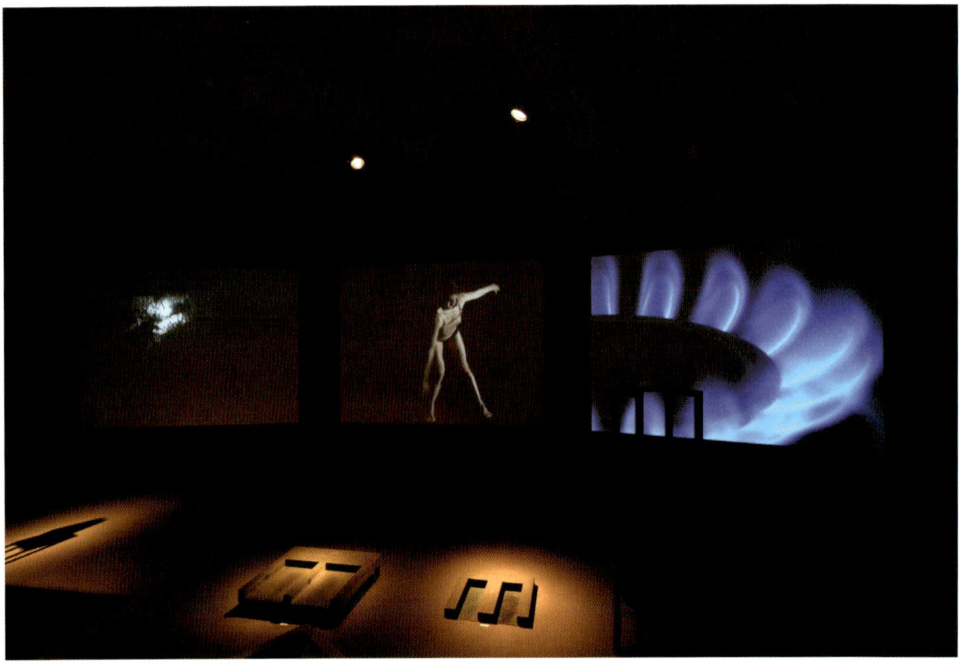

19
Bill Seaman, *Exchange Fields*, 2000, Dortmunder U, Dortmund 2010. Photo © Hans Jürgen Landes

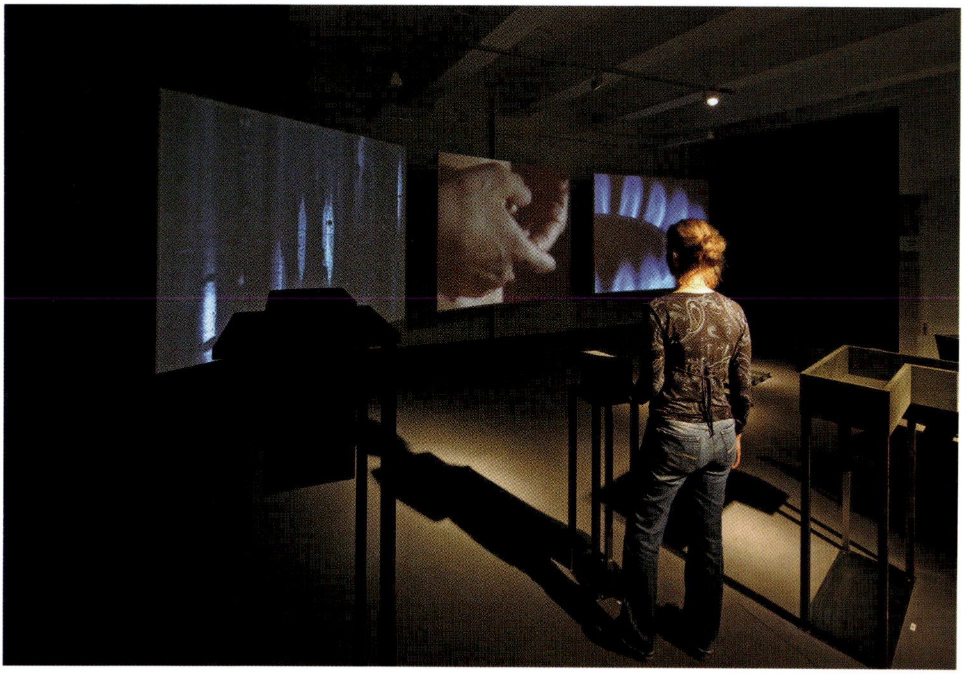

20
Bill Seaman, *Exchange Fields*, 2000, Dortmunder U, Dortmund 2010. Photo © Hans Jürgen Landes

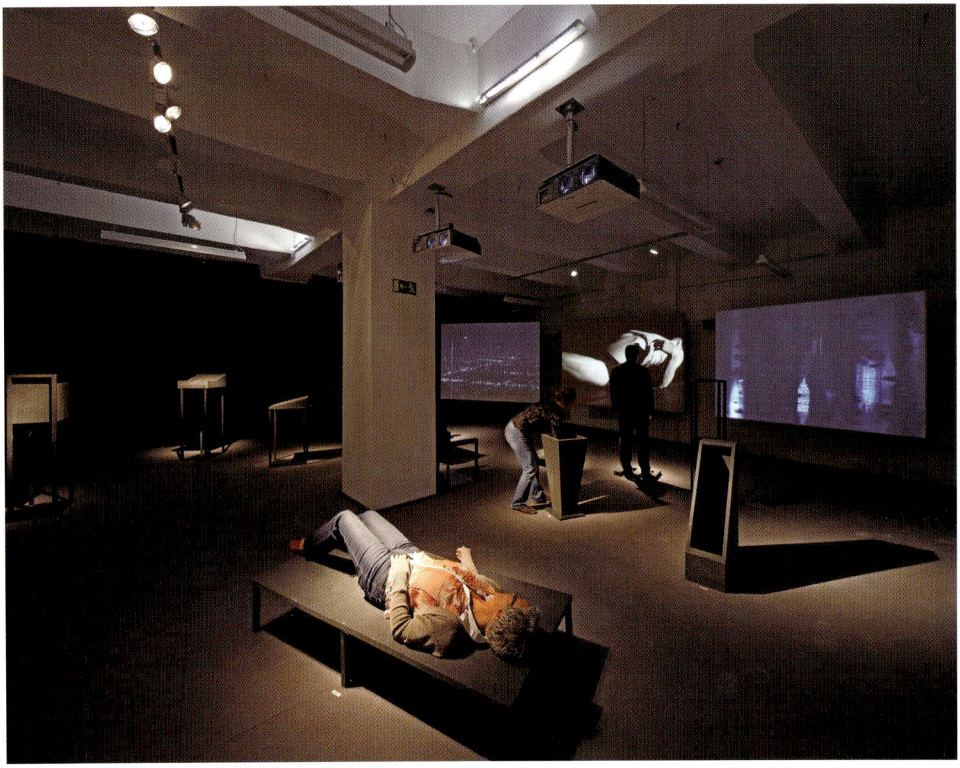

21
Bill Seaman, *Exchange Fields*, 2000, Dortmunder U, Dortmund 2010. Photo © Hans Jürgen Landes

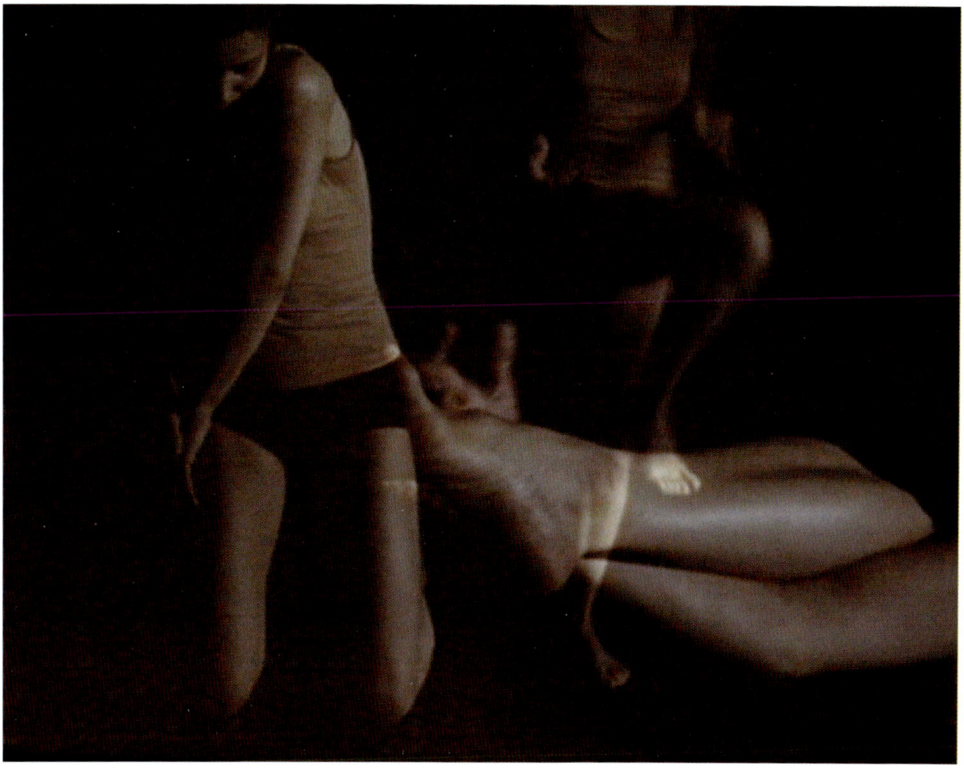

22
Bill Seaman, *Exchange Fields*, 2000, Überlagerung der Bilder auf der zentralen Leinwand bei Benutzung von mehreren Besuchern / Video sequences superimposing on the central projection screen due to the simultaneous actions of different users. Photo © Hans Jürgen Landes

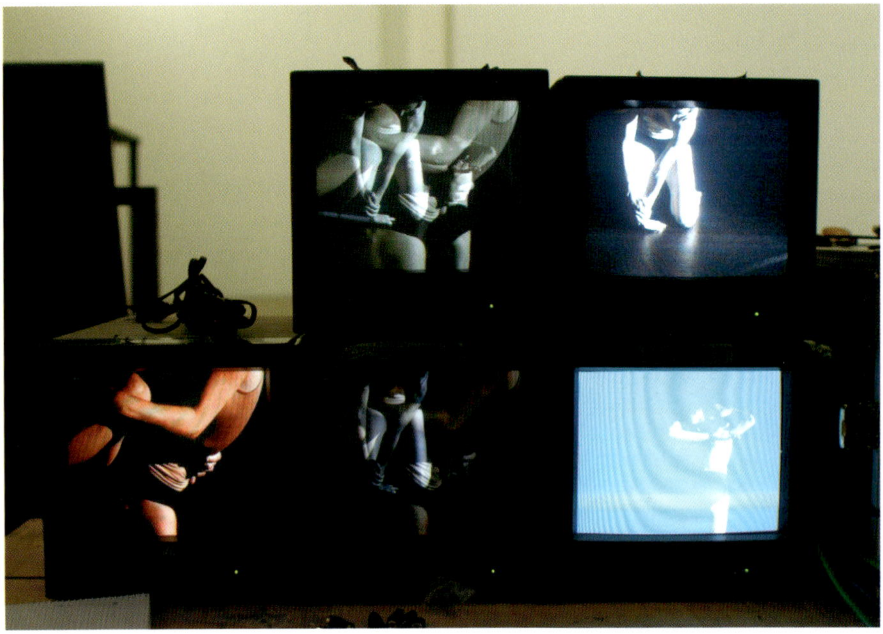

23
Kontrollmonitoren bei der Testinstallation von / Control monitors at the test installation of *Exchange Fields*. Photo © Julia Giebeler, imai

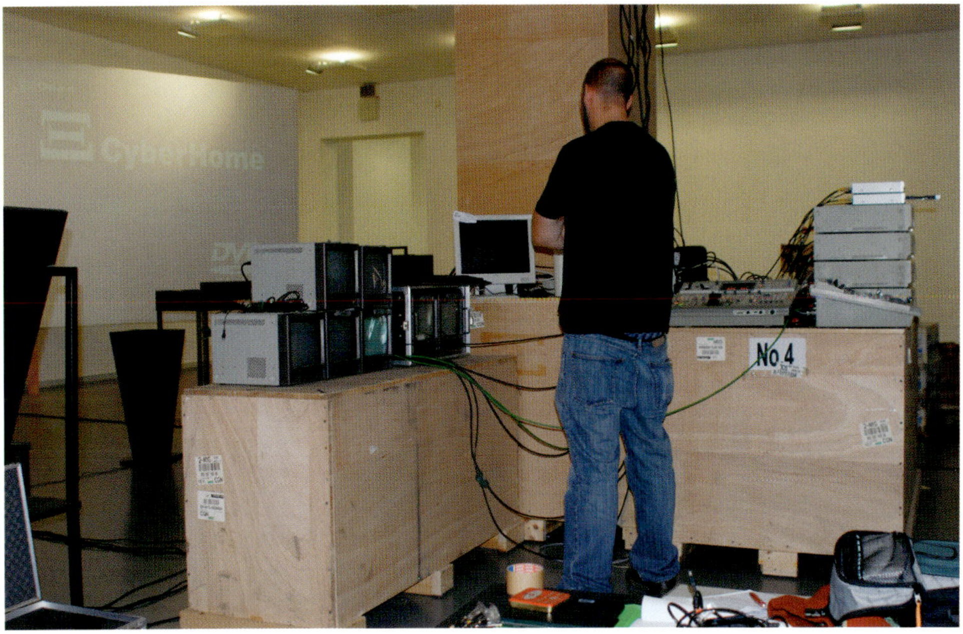

24
Testinstallation von / Test installation of *Exchange Fields*, Museum am Ostwall, Dortmund, 25. August 2009. Photo © Julia Giebeler, imai

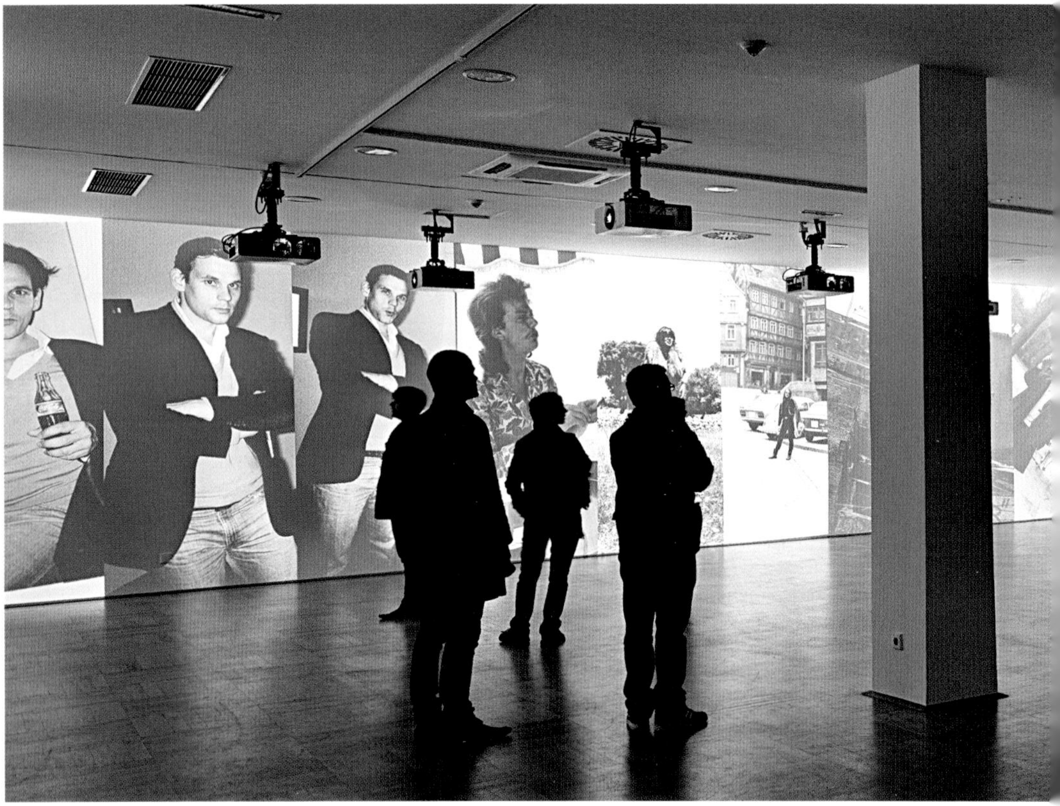

25
Katharina Sieverding, *Testcuts I*, 2010, imai, Düsseldorf, Ausschnitt der Installationsansicht / Detail of installation view. Photo © Klaus Mettig, VG Bild-Kunst

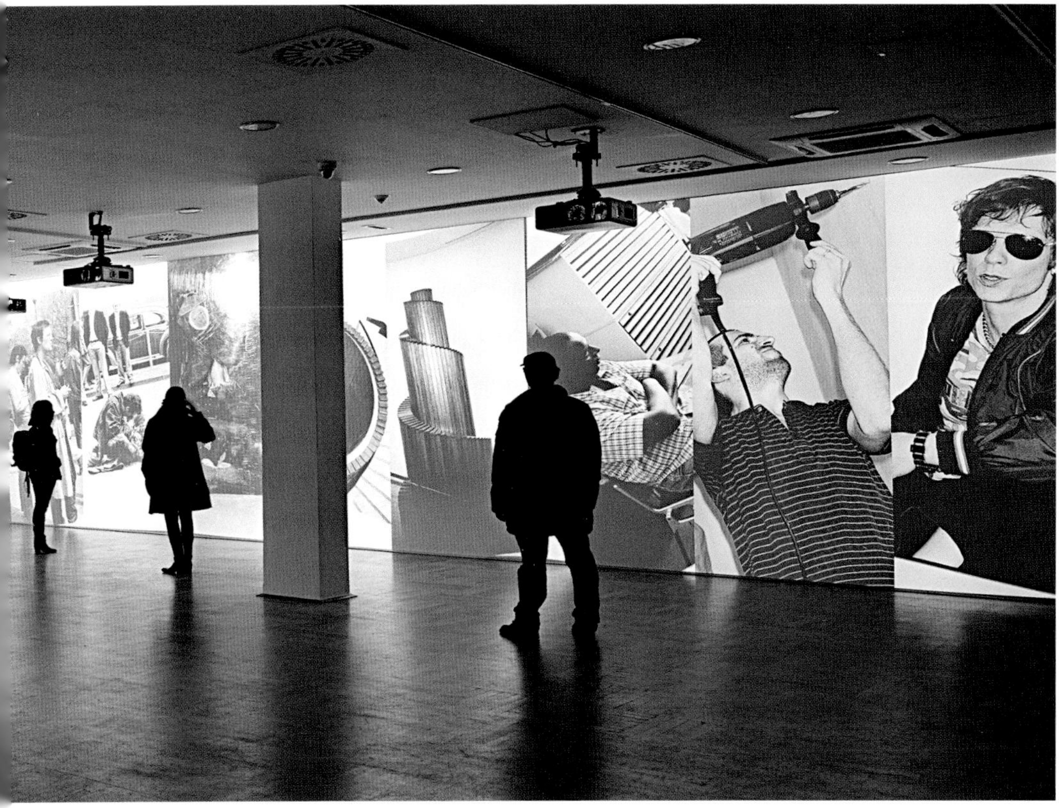

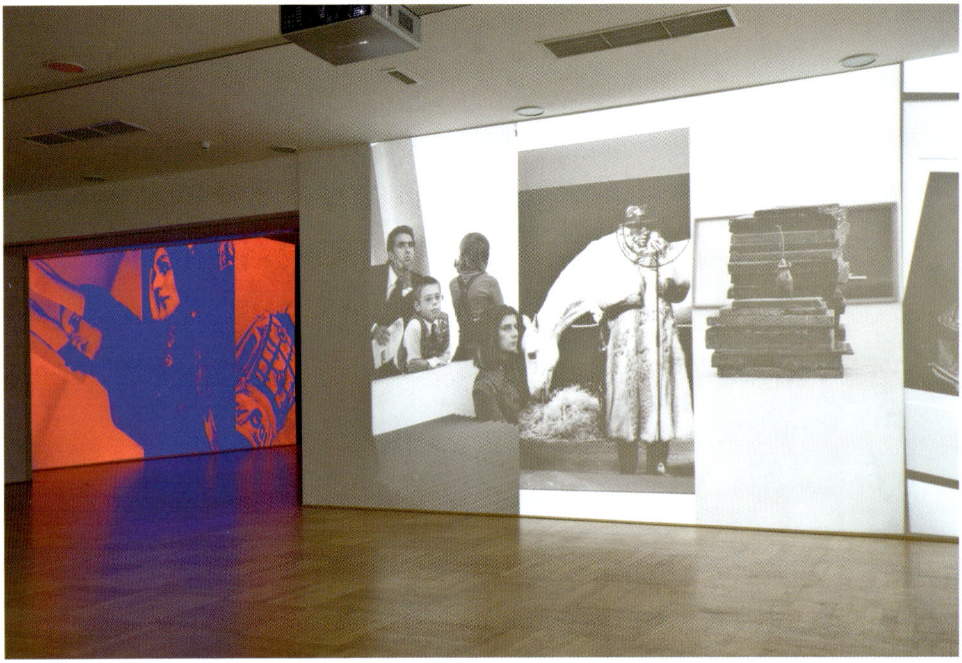

26
Katharina Sieverding, *Testcuts 1*, 2010, imai, Düsseldorf, Ausschnitt der Installationsansicht, Projektionswand A / Detail of installation view, projection wall A. Photo © IKS-Medienarchiv / Dirk Rose

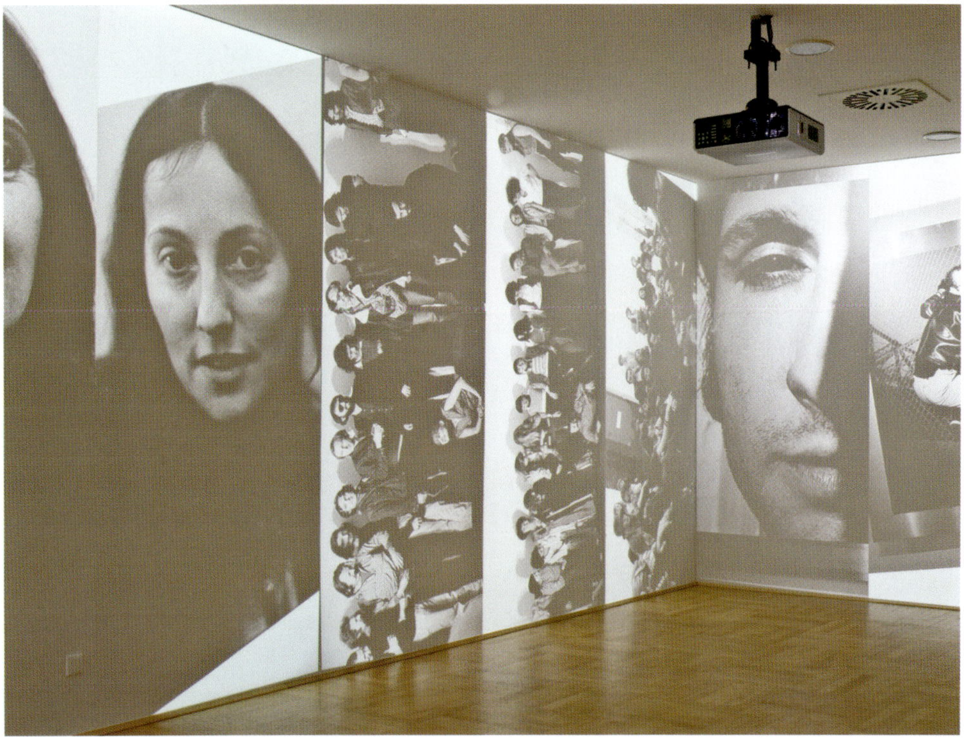

27
Katharina Sieverding, *Testcuts I*, 2010, imai, Düsseldorf, Ausschnitt der Installationsansicht, Ecke der Projektionswände B und C/ Detail of installation view, corner of projection walls B and C. Photo © IKS-Medienarchiv / Dirk Rose

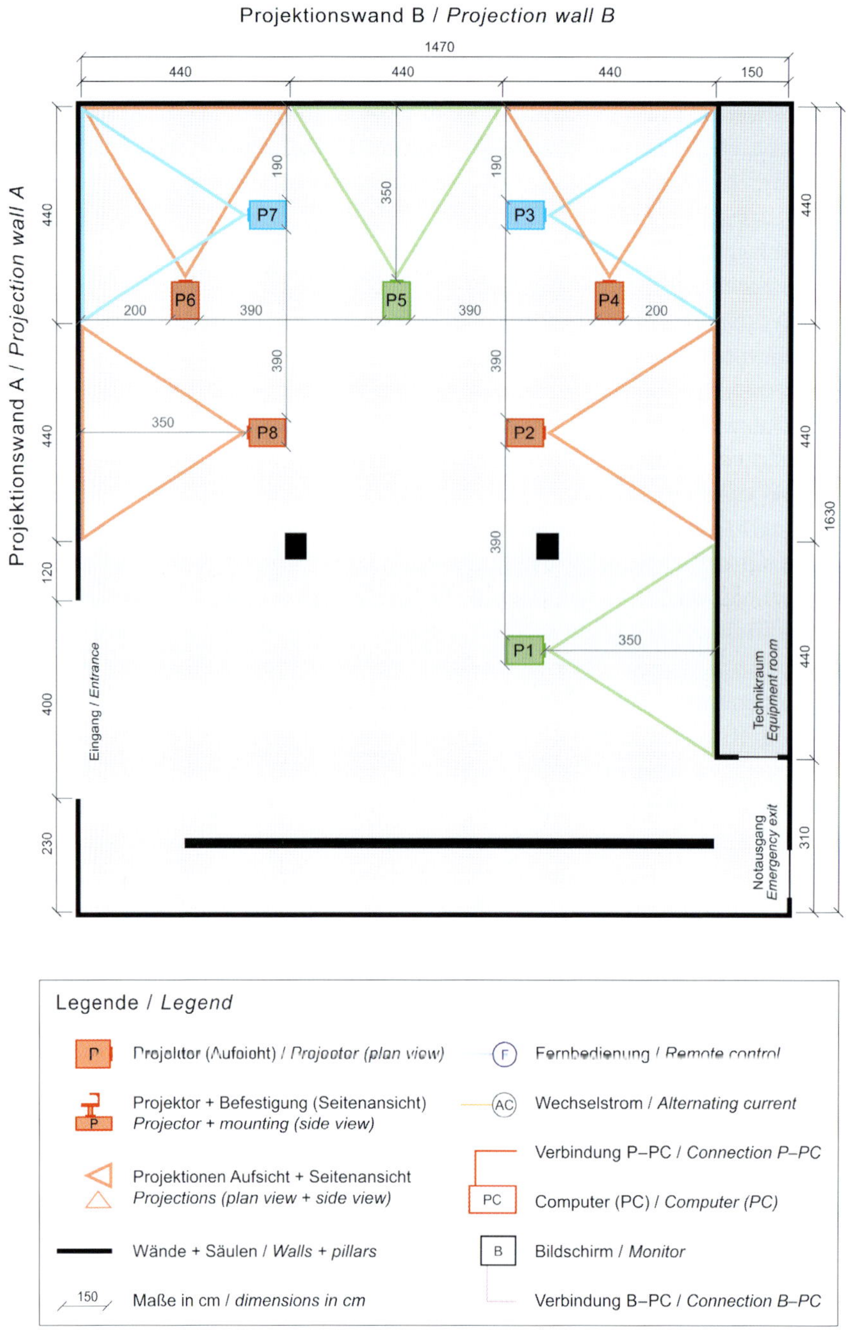

Abbildung / *Illustration* 28–31: Entwurf / *Concept*: Anna-Maria Virgin | Design: Britta Göllner

Grundriss der Installation von / Outline plan of the installation *Testcuts I*, 2010, imai, Düsseldorf

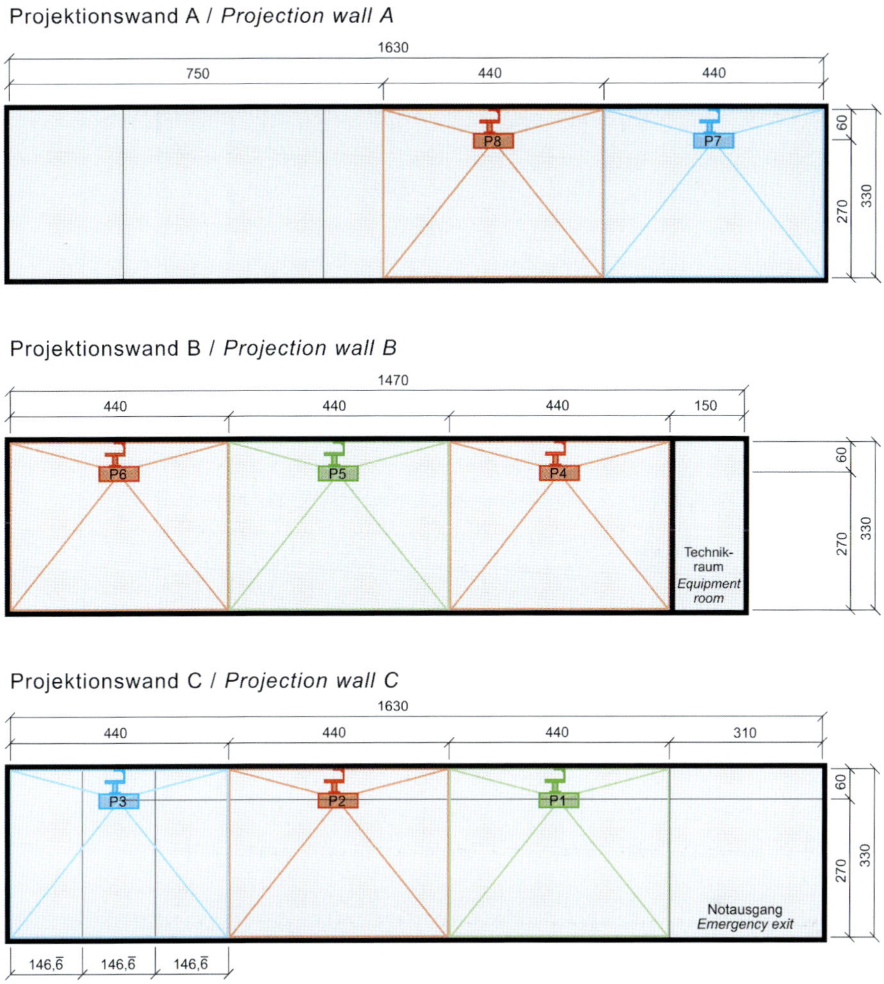

29
Aufsicht der Projektionswände A–C / Overview of the projection walls A–C

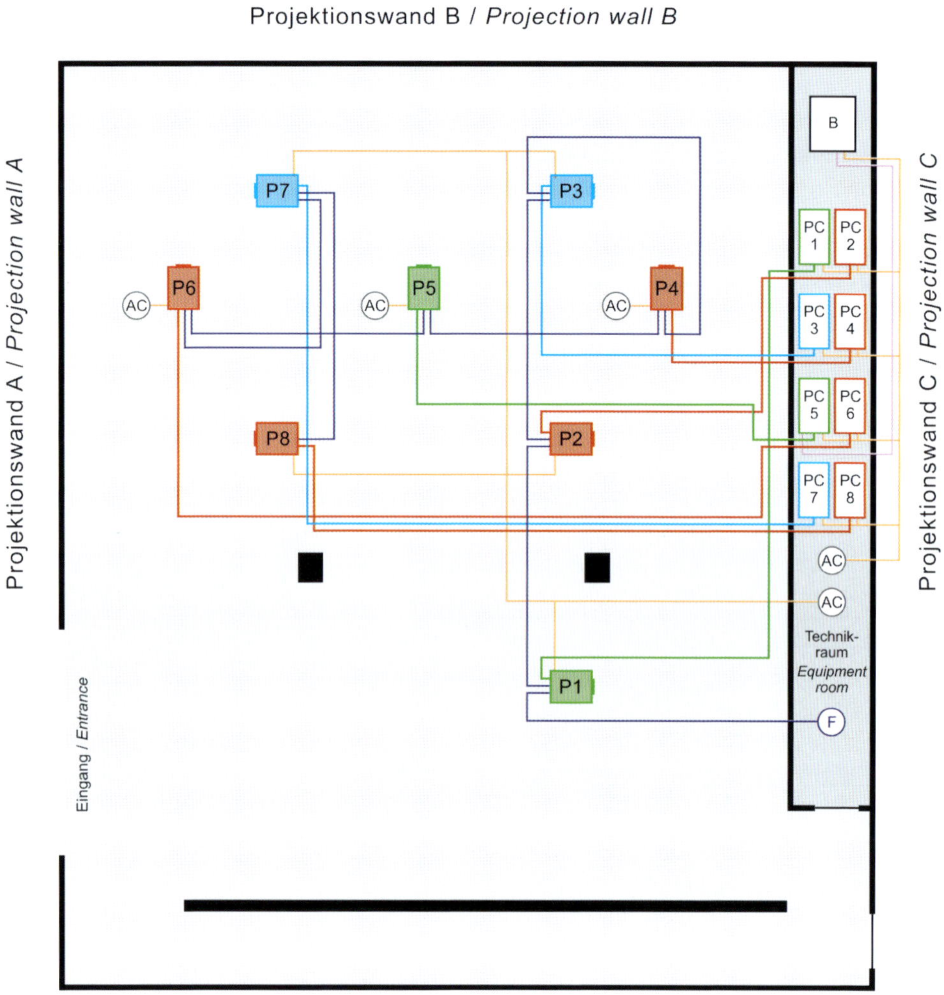

30
Verbindungsdiagramm und Schaltplan für / Connection and circuit diagrams for *Testcuts I*, 2010, imai, Düsseldorf

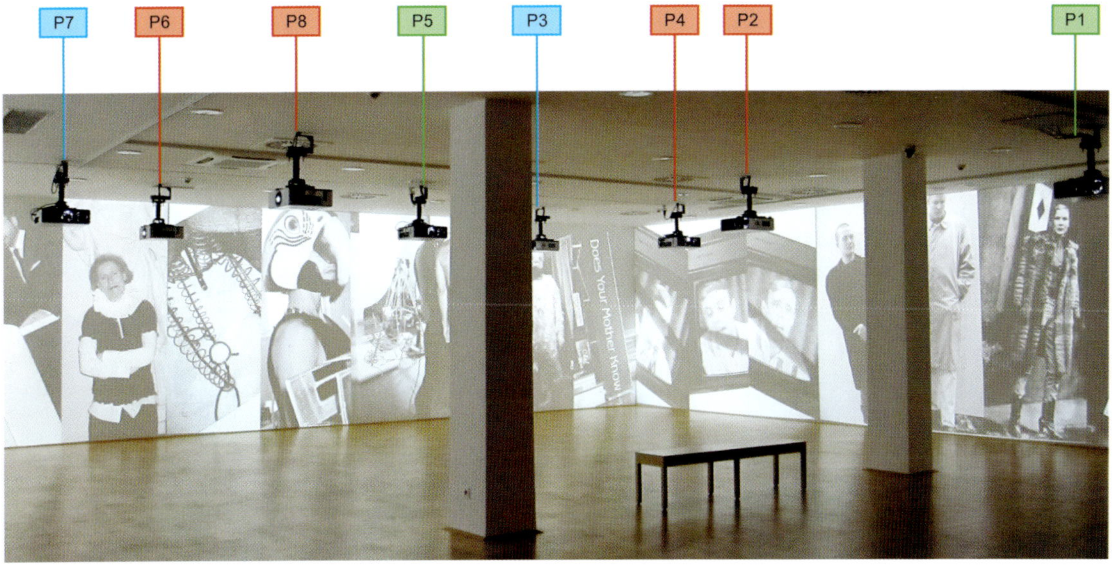

31
Hängung der Projektoren in der Installation / Mounting of the projectors in the installation *Testcuts I,* 2010, imai, Düsseldorf. Photo © Anna-Maria Virgin, imai

Preface

To look back over the history of media art in North Rhine-Westphalia is also to read a story of success. Almost fifty years ago Nam June Paik staged his now legendary show 'Exposition of Music – Electronic Television' at Galerie Parnass in Wuppertal, and in doing so fired a brilliant starting signal for an art-form that communicates by means of, and above all via the channels of technical media. The status of media art – the term that is meanwhile replacing the earlier 'video art' – has been rising steadily ever since that time.

A widely diverse landscape of artists working in the genre has come into being in North Rhine-Westphalia. A number of highly respected presentation venues have arisen in the form of specialized galleries, exhibition locations and festivals; an illustrious place of education, the Academy of Media Arts Cologne (KHM), was founded likewise. And all these activities are reflected in the purchases and acquisitions made by museums in the region, which boast several unique collections of media art. Furthermore, North Rhine-Westphalia is remarkable for the concentrated presence of institutes involved in media art-related research, teaching, production, presentation and archival work.

The pride we take in all these priceless assets in the field of media art also entails an obligation to preserve the often highly complex technology-based works for the following generations. Around the world those responsible for collections are currently contending with the problems arising from the speed at which storage formats employed by media artworks are becoming obsolete, equipment becoming outdated, and playback and presentation technologies no longer able to meet the conditions of permanent operation expected from them.

The work of imai is dedicated to finding solutions for such challenges, and for that reason the foundation must now be included among those institutions indispensable to a state such as North-Rhine Westphalia, which is aware of the cultural assets in its keeping. With the support of the state government, in 2008 imai staged a conference entitled 'Media Art in North Rhine-Westphalia. Assets – Preservation – Presentation'. In 2010 the Ministry for Family, Children, Youth, Culture and Sport underlined its commitment to assuring the long-term preservation of these highly sensitive cultural goods by establishing imai as a co-ordination and information centre for the conservation and restoration of media art.

The series of studies published in this book amount to the first printed product of imai's on-going preoccupation with urgent questions regarding the preservation of media art. The State of North-Rhine Westphalia has allocated funds to the purposes of conservation for many years, and in doing so has supported the efforts of imai. I would hope that the book may now play a part in surmounting the challenges posed by conservation of this nature, and in enabling us to meet our responsibility to protect the heritage of media art.

Ute Schäfer

Minister for Family, Children, Youth, Culture and Sport of the State of North Rhine-Westphalia

Preface

With the setting up of the foundation imai – inter media art institute in 2006, the city of Düsseldorf assumed responsibility fora singular collection of video art. The new foundation was entrusted withthe archive and distribution channels expertly built up by the media agency 235 Media in the course of more than twenty years. Today, the archive is the nucleus of all activities conducted by imai. The mission to which the foundation has successfully devoted its efforts since 2006 is to further the dissemination of video art, to facilitate and assist research in the field, and above all to guarantee the safekeeping and preservation of technology-based works of art.

Düsseldorf, the state capital of North Rhine-Westphalia, is a first-rate city in which to collect and exhibit works of art, and equally in which to archive, document, and preserve such works for future generations. The imai collection has become an increasingly interesting starting point for scholars engaged in research into video art, who alsointegrate the institute's varied collection into their teaching activities. With a view to the preservation of video art, imai is involved in drawing up conservational strategies that far exceed the immediate needs of the imai archive. These endeavours have led to important research projects and a number of co-operative projects, such as are described in this publication, with other institutions in North Rhine-Westphalia.

From the very outset imai was engaged in the cause of the conservation and restoration of video art. The institute also deserves credit fordevising advisory services, workshops and conferences that have allowed this pool of profoundspecialized knowledge to be passed on to restorers, curators, scholars, artists and students in various disciplines.

The present publication amounts to a further step in the focused direction described above. I hope that many institutions and many individuals – beyond the borders of Düsseldorf and the state of North Rhine-Westphalia – will profit from the commitment and dedication shown by imai.

Yours sincerely,

Dirk Elbers

Lord Mayor of the State Capital Düsseldorf

Acknowledgements

This publication results from a several-year series of studies begun at imai – inter media art institute in 2006 as well as from the research project 'Materializing the Ephemeral' that commenced the following year. Throughout the duration of the studies and the project many individuals supported both those theoretical investigations and the preservation measures subsequently implemented. Now, on the occasion of the book's appearance, we wish once more to convey our warmest appreciation to the following contributors: the project initiators Sandra Thomas and Alexandra Wessels, who conducted the first two case studies *Il nuotatore* and *In Situ*; Julia Giebeler, who combined her diploma thesis with a restoration analysis for *Exchange Fields,* the third case study; Professor Gunnar Heydenreich (Cologne Institute of Conservation Sciences, CICS), who acted as advisor to the *Exchange Fields* case team; Museum Ostwall, for its readiness to make Bill Seaman's work available for the latter study; the restorer Anna-Maria Virgin, who supervised *Testcuts I*, the fourth case study; the restorer Fenna Yola Tykwer, who was an invaluable source of specialized information during the compilation of this publication; the media agency 235 Media, which advised us in technical questions relating to conservational measures, and also technically implemented the latter; the artists Gary Hill, Bill Seaman, Katharina Sieverding and Studio Azzurro, all of whom supported the case studies and enriched the debate with detailed statements and points of view. We also extend our thanks to the staff of the publishing house Reimer, and to Beate Behrens especially, for their professional assistance and guidance.

No project of this scope and breadth would be possible without a sound financial basis. The research project 'Materializing the Ephemeral' was funded largely by the Gerda Henkel Stiftung. The State of North Rhine-Westphalia provided generous funding for the compilation of the individual case studies as well as the present publication. We are especially indebted, therefore, to the Gerda Henkel Stiftung, to the Ministry for Family, Children, Youth, Culture and Sport of the State of North Rhine-Westphalia, and to the City of Düsseldorf, the state capital and permanent partner of the imai foundation.

Dr. Renate Buschmann

Director of the foundation imai – inter media art institute

Dr. Tiziana Caianiello

Leader of the research project 'Materializing the Ephemeral'

On the Debate about Media Art and Its Conservation

An Introduction

Renate Buschmann

Is the exhibiting of installational works of media art comparable to the staging of operas? This unusual comparison was drawn, in 1982, by none other than Nam June Paik: 'Video installation will become like Opera, which will be always subsidized by patrons and in which only the score will be ueberliefert to the next generation and the video curators in the next and subsequent generations will be re-interpretate and install them everytime new in their "anpassende" Place and the accents of the new incarnation will have the strong personal traits of the conductor, like Karajan's "Neunte" or Toscanini's "Dritte".'[1] At a time when it was not yet possible to foresee the problems that would subsequently confront museums with regard to the preserving of media artworks, Paik, who was one of the first (and most influential) artists to work in the genre, already outlined a scenario, of which the quintessence remains strikingly applicable to the debate conducted among experts today, some three decades later.

When conserving and presenting complex installational and simultaneously technology-based works curators and restorers today must frequently find a balance between the historical materiality of the work and its artistic conception. They must decide on the extent to which the historical devices and technologies associated with the work should continue to be employed, even if doing so entails a restriction of functionality and, in consequence, of the way in which the work is perceived, or of the extent to which, precisely by means of contemporary appliances and technologies, it may be possible to successfully convey the artistic concept. In the case of installation art, however, it is not solely its equipment with appliances that lends presence to a work. Rather, it is the strikingly spatial formation that influences the reception of installations – including ones that are technology-based. Returning to Paik's comparison of the video installation and the dramatic opera, the appliances would assume the tasks of the orchestra and singers; by analogy, they would bring to performance the audio-visual material that corresponds to the libretto and score of an opera. According to Paik, the modes of presenting the audio-visual, and likewise the overall presentation of the video installation at the exhibition venue – equivalent to the musical interpretation and the performance of an opera on stage – would be left

1 Nam June Paik 1999, pp. 252–253, here p. 252. Paik's statement is referred to in Jochen Saueracker essay 'Intuition und Schaltkreis. Zur Re-Installation von Paiks Videoinstallationen', in *Schweizer Videokunst der 1970er und 1980er Jahre. Eine Rekonstruktion*, Zurich 2009, p. 201, footnote 2.

to the discretion of the person who is responsible for the performance, in the capacity of a representative of the work's original author.

On first reading Paik's idea may seem alluring, perhaps even insightful, but it can scarcely be brought into line with contemporary conservational maxims, which prioritize a consolidation of the original material substance of an artwork.[2] In particular Paik's own multi-form works have meanwhile become prominent examples of how, for some years now, a struggle has been underway to meticulously maintain the material components. Equally, many artists will reject Paik's idea because they rule out, as a basic principle, interpretational interference in their work, or would prefer at least some control over such interventions. On the basis of such considerations the research project Variable Media Network, which was coordinated by the Solomon R. Guggenheim Museum and the Daniel Langlois Foundation, pursued the objective of bringing together the interests of artists and conservators. An exemplary catalogue (the *Variable Media Questionnaire*) compiled for installational and performative artworks is intended to provide assistance in collecting comprehensive data and passing down to future generations an 'authorized' concept of the work. Jon Ippolito used the telling term 're-creating' in this context: '[...] the results of a questionnaire like this can serve as an "ethical will" to guide the curators and technicians who may be charged with re-creating the work in the future.'[3] Within the scope of the same project, Richard Rinehart, an artist and a theorist of digital media, asserted that 'preservation is an interpretive act'.[4] However, the primary question continues to be controversial even now: How much freedom and leeway may one afford interpretation with regard to the presentation of art installations?

Works of installation art that must also be classified as works of media art elude the customary conservational standards in two respects, it being impossible to outline their appearance clearly: first, because they offer a number of vantage points for perception due to their spatial dimension and, second, because they generally include audio-visual media which lead, by definition, to a permanent fluctuation of images and sounds. The term 'media art' is now established, with the result that a combination of the two words evokes associations with an art-form that employs technically innovative apparatuses and modes of function, and is thus distinct from historically rooted genres such as painting or sculpture. With a view to the specific conservational tasks discussed in this book, such a brief and generalized definition of media art is appropriate. However, it should be noted at this point that the term, and along with it the designated genre of 'media art', are problematic, perhaps even obsolete, because the notions transported are imprecise, unspecific, and heterogeneous.

A fundamental criticism levied against the term 'media art' is that it testifies to a traditional understanding of art according to which an art-form is defined exclusively

2 See, for instance, Weyer 2010.

3 See Ippolito 2003, p. 52–53, and also the Variable Media website, http://www.variablemedia.net, last accessed 27 September 2012.

4 Rinehart 2003, p. 25.

by the usage of a characteristic material and not by its thematic orientation. If the latter criteria were applied to the works grouped under 'media art' today, the heterogeneous diversity of work produced in the genre would indeed provide evidence that the term is redundant. For the same reason, there have been several appeals to abandon the term 'media art' in favour of a more differentiated designation such as 'art with media' and 'art through media'.[5] The more contemporary technologies supersede those very media considered 'new' until very recently, the more questionable becomes the application of such an understanding of media. Moreover, the well-nigh inflationary proliferation of the term 'medium' in the language of everyday life as well as in the sciences has led to the multidisciplinary usage of the term. This diversity is described succinctly by Stephan Münker: 'A medium is a means of information transfer. While this definition obviously applies to communication media such as telephone, e-mail or letters, it also covers consumer media such as film or the iPod, storage media like books and hard disks, or the mass media of the press, radio and television; it equally applies to physical mediums like air and water or to the parapsychological medium of spiritualist séances; it applies – mutatis mutandis – to anything thus designated in the course of the word medium's heady career, such as money, for instance, or power or fashion; the list, as we know, is long.'[6]

In the light of the works produced in the course of roughly the past decade, the *What Is Media Art?* debate has shifted towards detaching the art-form from a strict requirement for purely technical determination. Media art is now viewed increasingly as a form of art that pursues the objective of triggering reflection about the significance of media and technologies. In 2008, Inke Arns clearly pointed to this paradigm shift: 'More precisely, media art, in a paradoxical movement, is increasingly emancipating itself from the use of new media and technologies. At the same time, it is speaking with great composure about how the surrounding world, which is based even more on digital technologies, is changing precisely through these media and technologies.'[7]

There can be no doubt about the inadequacy of the term 'media art' if one takes it to mean exclusively artworks with components made up of technical apparatus. However, the present publication concentrates on precisely this group of works, which may be considered to belong to the 'classical' field of media art, since such works impose specific demands with respect to their conservational and curatorial handling. The preservation and presentation of such apparatus-dependent works of art repeatedly raises the question of the role played by the industrially manufactured apparatuses for the complexity of the work as a whole, since the artistic content can be appreciated only if the associated technical devices and applications function (the video players, monitors, computers, projectors, software programs, internet, and much more besides). While in some cases these accessories are no more than the means to an end, that is to say, serve to make visible the artistic message, in other cases the apparatuses

5 Reck 2002, pp. 21–23.
6 Münker 2008, p. 322 (transl. TM).
7 Arns 2008, p. 74.

must be rated as sculptural elements with an ancillary technical function. It is often difficult to decide on the nature of their status as objects, since works of installation art generally elude any 'objectivist concept': 'In any case, installation art resists an objectivist concept of the work by transgressing the boundaries of the traditional arts into ever new fields of intermedia hybridity. [...] What is created under the umbrella term "installation" is not so much works but models of the possibility of works; not so much examples of a new genre but ever new genres.'[8] Juliana Rebentisch's finding with respect to the inconstant nature of installations proves to be apt for works of technology-based installation art in particular, meaning that the conservational handling of this species of art requires an altered consciousness of assessing what must be viewed as the original of such a work in the first place. Equally, Nam June Paik's comparison, cited at the beginning of this essay, between video art and opera performances, and the necessity to maintain the function of technical equipment may lead to the view that technology-based installations are, for the most part, artefacts of which the 'components' need not necessarily be linked with the time at which the work was created.

Any debate about preservation strategies for media art is dominated by the question of identifying, to begin with, what amounts to the conservation-worthy, 'original' state of a media artwork. The differing opinions on this matter range from the strict view that the material constellation of a work as first exhibited should be seen as the original, up to the liberal notion that a work can be reduced to a thematic concept whereby the material equipment is flexible. Terms such as 'authenticity' and 'integrity' are replacing the obsolete notion of the original creation, and contemporary restoration is oriented towards an identification of the work based equally on material <u>and</u> concept. The aim to ensure the conservation of the original apparatuses for the maximum possible duration frequently contradicts the wish of many museums to keep artistic audio-visual material on show and, in some cases, to uphold the interactive functions once foreseen by the artist, so that visitors can experience the artworks without restrictions. However, if making the artistic material accessible entails replacing, or even upgrading, the technical apparatus, then one is already operating in the fluid zone of transition to a work status that might be termed a reconstruction or, possibly, a reproduction.

The hierarchic relationship between original and reconstruction would appear to be defined clearly in the field of visual art: while originals are considered to be valuable and unique, any reconstructed versions – no matter how faithful to the original they may be – always represent a supposedly inferior quality because they were made subsequently and not (usually) by the artist. For video and media art, however, other standards must be applied in this respect. The possibilities and boundaries of reconstruction were explored and presented for discussion in the exhibition 'Reconstructing Swiss Video Art from the 1970s and 1980s', a project that aimed to present each particular work of video art exclusively with equipment manufactured

8 Rebentisch 2012, pp. 14–15.

and sold when the particular work was being created and/or presented for the first time. The decisive factor influencing the reconstructions was, alongside imitative reproduction aiming to transport the artistic concept, above all historical anchorage by means of historical apparatuses.[9]

The reproduction, which differs from a reconstruction that simulates a work defined as unique, entails transferring the artistic content to both a different technology and a different material, and furthermore always involves an entitlement to produce multiple copies. Art historian Wolfgang Ullrich's examination of the relationship between originals and reproductions showed vividly that prior to the onset of the 'cult of the original in the 19th and 20th centuries' reproductions of artworks, that is to say, primarily graphical reproductions of oil paintings in wood or copperplate engravings, or etchings, were highly esteemed artefacts by no means considered second-class substitutes.[10] The advantages of the graphical equivalents were considered to consist in the more vivid display of the original's qualities produced precisely by its 'translation' into a different medium. The 'interpretive achievement' of the makers of reproductions lay in this translation.[11] Ullrich's persuasive line of argument for rehabilitating reproductions extends all the way to contemporary art, where he discerns a significant increase in the importance of reproductions, above all the photographic, specifically with regard to paintings and sculptures. The exclusive study of the originals would not achieve comparable results. 'Only when an original pops up in various environments, having been variously reproduced and further processed, and functions as a starting point for new images, only then does it unfold its manifold potential and become open to many interpretations.'[12] Ullrich talks here of the 'Reproduktionsbedürftigkeit' ('neediness for reproduction') and likewise of the 'Inszenierungsbedürftigkeit' ('neediness for staging') of contemporary works, and concludes on the basis of his historical derivations that reproductions should be recognized as high-quality sources, and their viewing as an enriching experience.[13]

The advantage of reconstructions has long been recognized for cultural-historical sites such as the Paleolithic cave paintings of Lascaux and Altamira. In order to protect the original caves from irreparable damage, three-dimensional replicas of the caves were provided for the numerous visitors several decades ago. Although aware that they are inside true-to-the-original surrogates manufactured with modern materials and technologies, the vast majority of visitors find the experience of the paintings as

9 Joanna Philipps delivered a detailed description and résumé of the understanding of reconstruction on which the exhibition was based: 'The aim of such a reconstruction, then, is not only to recreate the artistic intention of a work, but also its original and authentic appearance and so its historical anchorage in a particular time.' See Philipps 2009, p. 160.

10 See Ullrich 2009, p. 15 (transl. TM).

11 Ibid., p. 33.

12 Ibid., p. 117.

13 Ibid., p. 11.

fascinating as they would at the original sites.[14] Such examples from conservation practice with regard to historical monuments, and above all Wolfgang Ullrich's findings with regard to the elevated status of graphic reproductions, raise doubts as to whether the most intensive experience of an artwork is achievable only by viewing the original – particularly when the work in question is aged or damaged.

Such models and deliberations obviously cannot be applied to video art and media art installations without further consideration. All the same, they should encourage us to revise our assessment of reconstructions – and, under certain circumstances, closer orientation towards the term 'reproduction' – in preservation strategies for media art. Such a shift of perspective might support the realization that any categorical distinction between original state and reconstruction is no longer sustainable in contemporary technology-based art, and that what we describe as the reconstruction, or reproduction, of a media artwork actually amounts to the continuation of its 'staging'. In the course of reflection upon media artworks, not least, their performative structure is emphasized, with the result that not only their status as objects must be taken into consideration but equally their performative character – as Tiziana Caianiello will discuss in the essay that follows this one – in order to enable effective and memorable presentations of such works in the future as well.

These considerations with regard to the staging of media art as well as its capacity for interpretation and reproduction are presented as an introduction to the complex themes associated with the preservation of this art-form. For more than ten years now, precisely these special requirements of media art installations and the search for solid conservational concepts have preoccupied those in positions of responsibility for museums and collections, resulting in a number of research initiatives being established around the world. When imai commenced a series of case studies on conserving media installations in 2006, the primary aim was the practice-oriented exploration of ways in which video material could be transferred from the analog to the digital, and, if necessary, equipment within installations replaced accordingly, in a responsible manner that also takes into account restorational guidelines. 'Materializing the Ephemeral. The Preservation and Presentation of Media Art Installations', a two-year, follow-on research project begun by Tiziana Caianiello at the end of 2007, laid the necessary theoretical foundations and provided a scholarly analysis of the imai case studies and the considerable range of international approaches in the relevant field. Caianiello's study is informed by the finding that the preservation of a work of media art's material and conceptual substance is inseparably bound up with presenting and imparting the work in public.

Parallel to several large-scale European and international co-operative projects, imai initiated four solution-oriented studies in North-Rhine Westphalia between 2006 and 2010 dealing with the conservation of media art installations. It is hoped that the

14 Joanna Philipps in her essay likewise alludes to the reconstruction of Altamira Cave, but expresses the contrary opinion that the viewers feel 'defrauded of the experience of original art.' See Philipps 2009, p. 158.

publication of these studies will enrich current debates by contributing practical examples of application. The results are being placed at the disposal of partner institutions and professionals in the field, so that they may profit from the conclusions. Methods undergoing trials can only be proven if they can be reviewed and questioned, so leading to new suggestions and an exchange of expert views. It is hoped that the publication of the four case studies and the findings resulting from Tiziana Caianiello's research project may contribute to this on-going process of exchange and debate.

Materializing the Ephemeral

The Preservation and Presentation of Media Art Installations

Tiziana Caianiello

Media art installations are generally brought to life merely for the duration of an exhibition, after which time they disappear from view until next presented. Unlike works produced in traditional genres, such as oil paintings that can be studied closely even when in storage, in order to have access to installations (and in particular to media art installations) they must be fully assembled, with their audio-visual media playing. The form in which an installation is materialized can change from exhibition to exhibition, since the installation is adapted to the spatial circumstances as well as, in many cases, to current technologies.

Talking to Bruno Di Marino in 2007, Paolo Rosa, a member of the Studio Azzurro group of artists, stated: 'I often say that these works [media art installations, TC] don't clutter. [...] They don't clutter museums, cellars or squares. They simply disappear and if they are of any worth they will persist in people's memory.'[1] In times of overflowing museum depots, his statement initially seems promising, possibly even laudably environmentally friendly. But does any creative work – even one of significant artistic value – automatically stay in people's memories? Practical experience shows that works not regularly exhibited tend to be forgotten. And whether a work is shown, or not shown, is not always a matter of the value ascribed to it; in the case of media art, technical expenditure likewise plays a role. The appliances used to make a work visible are not always purchased together with the piece, and have to be hired for each presentation, incurring high costs. Furthermore, the rapid pace of technological advance means that in order to remain accessible electronic data must be transferred to new storage media at regular intervals.

Due to the process-based character of media art, defining the "original status" of media art installations is problematic. Since an installation can be presented in various ways, it seems more appropriate to talk about various realizations (concretizations) of an artistic concept, or to adopt Hans Dieter Hübel's formulation of the "structures" or "embodiments" of an "abstract organization": "In regard to a particular work one may speak of the abstract organization that may be structured or embodied by wholly tangible and various objects, appliances, machines or rooms.'[2]

1 Rosa 2007, p. 72.
2 Huber 2003, p. 2 (transl. TM).

The Capturing Unstable Media research project conducted at the V2_Institute in 2003 reached the conclusion that a material- and object-based approach is not suitable for capturing unstable media (the term the study uses for electronic art). In order to do justice to the heterogeneous, process-based nature of media art, it is necessary to document the occurrences, that is to say, the various phases and limited-duration activities of a project (e.g. artistic research, technical development and production) as well as its results (e.g. presentations), instead of the original state of an artwork.[3] In this way the Dutch research project foregrounded the 'occurrence' instead of the traditional notion of the work of art, and deemed the preservation and reconstruction of the object resulting from such an 'occurrence' to be 'less relevant than in contemporary art preservation'.[4]

The approach taken by the Capturing Unstable Media project can be read in the context of a perspectival shift discernible in cultural theory in the 1990s. Research then began to focus on cultural production processes and occurrences and no longer on the work of art.[5] Since then the term 'performance', borrowed from the fields of music and the performing arts, has been used repeatedly to express the temporally limited ability of the works to be perceived and experienced. In the next section of this essay I will therefore define the term 'performance' and show how it differs from 'staging'. I will then proceed to examine the possibility of developing a system of notation for media art installations that defines the identity of the work in the same way as a musical score does, but leaves scope for interpretation at the same time. Special attention will be paid to the hermeneutical factor. I will subsequently explore the roles played in the preservation of media art installations by the spatial and situative context as well as by the material substance. In contrast to the approach underlying the Capturing Unstable Media project, my deliberations will therefore include not only the occurrences but also the objects and materials serving the manifestation of an artistic concept. I will close with a proposal for a registration and documentation structure based on the various presentations of a media art installation.

Performance and Staging

The theatre theorist Erika Fischer-Lichte describes the 'performative turn' registered in various artistic fields in the early 1960s as follows: 'The boundaries between these diverse art forms became increasingly fluid – more and more artists tended to create events instead of works of art, and it was striking how often these were realized as

3 Capturing Unstable Media 2003, pp. 5–6.

4 Ibid., p. 5.

5 The journal *KUNSTFORUM International* dedicated an issue to the theme *Kunst ohne Werk* ('art without an artwork'): *KUNSTFORUM International*, vol. 152, October–December 2000. Within that publication, see, in particular, Erika Fischer-Lichte, 'Vom "Text" zur "Performance". Der "Performative Turn" in den Kulturwissenschaften', pp. 61–63.

performances.'[6] Fischer-Lichte emphasises how within visual art the 'performative approach' began to predominate over the artefact, not just in Action Painting and Body Art, but later also in light sculptures and video installations.[7] A closer definition of the performative character of media art installations is therefore given below.

The term 'performance' is often used in relation to media art installations. Johannes Gfeller distinguishes between 'debut performance', 'performance', and 're-performance', with 'debut performance' being the 'first valid manifestation of a work of video art'.[8] Presentations of the work not long after the first showing are 'performances'. According to Gfeller, a 're-performance' takes place when the 'direct continuity with the original performances is interrupted'.[9] While within the foregoing quotations 'performance' would seem to signify the manner in which a work is presented, elsewhere in the same article Gfeller defines 'performance' as follows: 'the physical-sensual presence of the viewer who participates in the sculptural environment as a recipient and protagonist at the same time.'[10] Here it is necessary, in my opinion, to distinguish between 'performance' and 'staging' – the preparatory planning of a performance.

My usage of staging (or mise en scène) follows Fischer-Lichte's definition of the term: '[...] I shall define staging as the process of planning [...], testing, and determining strategies which aim at bringing forth the performance's materiality. On the one hand, these strategies create presence and physicality; on the other, they allow for open, experimental and ludic spaces for unplanned and un-staged behaviour, actions and events.'[11] Although Fischer-Lichte writes that this definition of staging also applies to installations,[12] she does not explain how the term should be used in that connection.

In the case of media art installations staging can be taken to mean the conception of a presentation. The conception includes all the decisions associated with the exhibition of an installation: the choice of space and lighting (room size, open space or black box, placement of light spots, and similar), the spatial arrangement of the components, the choice of appliance models, the manner of visitor guidance, and so forth.

If Fischer-Lichte's definition of performance is applied to media art installations, a performance is an event that occurs only when an installation has already been staged and is taking effect on (at least) one viewer. The performance is first generated by a viewer's perception of the staging and by the viewer's reaction to what is perceived. Although a staging aims to produce a specific effect, the possibility of unplanned occurrences and unforeseen reactions cannot be ruled out. For that reason, a performance does not necessarily correspond to what was intended by the staging. Accordingly, one must agree with Gfeller's description of performance as the 'the

6 Fischer-Lichte 2008, p. 18.
7 Ibid., p. 19. See also Fischer-Lichte 2000, p. 63.
8 Gfeller 2009, p. 168.
9 Ibid.
10 Ibid., p. 167.
11 Fischer-Lichte 2008, p. 188.
12 Ibid., p. 189.

physical-sensual presence of the viewer',[13] if not with his distinction between debut performance, performance, and re-performance, since every performance is a one-off, unrepeatable event. The various presentations of media artworks ought to be described, in line with the terminology proposed in this essay, as the first staging or, as applicable, the subsequent stagings.

The process of creating a media art installation can be roughly divided into three phases:

1. The artist (or an interdisciplinary team) drafts the concept of the work, produces the audio-visual material, and implements the necessary technology (hardware and software).[14]
2. A 'director' (the artist or a third party) stages the work in a public situation. Only now does the installation take on a visible, material form allowing it to be physically experienced.
3. A viewer perceives the installation, and by reacting participates in the performance of the work.

A performance (see point 3) thus occurs each time a work is shown in the presence of an audience: 'Here one could evoke a third mode of existence for these works – after the conceptual mode and the installation mode – namely that of performance, of experience. The installation is designed to be explored by visitors who, in so doing, not only progressively build their own perception and awareness of it, but also that of other visitors. [...] one visitor effectively executes a performance for the others.'[15] A staging (see point 2) occurs whenever an installation is set up. In theory, the conception of a work as well as the production and possible post-production (see point 1) in each case amount to one-off procedures. In practice, however, it is often observed that prior to a new staging artists revise their original concept for a work along with the associated technical equipment and/or visual material (for example, by re-editing). In such cases one must ask whether the re-staging amounts to a manifestation (instantiation) of the same work, to a new version of the same work, or even to an entirely new work.

In most cases, initially the artist is both the author and director of an installation. The artist plans and rehearses, and for every re-installation defines the strategies that 'aim at bringing forth the performance's materiality'[16] by once again selecting, combining and presenting the constitutive components of a particular work. But is it permissible in certain circumstances for a third party (an assistant, a curator, a restorer) to assume the directorial function? The work of the theatre director is now

13 Gfeller 2009, p. 167.

14 The first phase encompasses a number of procedures that may take place prior to the staging of a media art installation; the ones actually carried out may vary in accordance with the particular installation.

15 Duguet 1996, pp. 147–148.

16 Fischer-Lichte 2008, p. 188.

assigned an autonomous artistic value, whereas in the 19th century the term 'staging' denoted a 'presentational strategy' aiming to make visible something that 'existed "elsewhere", in the play text or in the realm of aesthetic ideas'.[17] As of the 20th century, staging was seen as a 'strategy of creation', that is to say, as a creative activity in the course of which it is decided which elements will be shown to the viewer, at which point in time, in what sequence, and in what spatial configuration.[18] As I will explain in the next section, the staging of an installation is not an objective or purely technical procedure, either. Taking on this task, which is to some degree creative, can lead to ethical conflicts particularly in the case of restorers, whose profession the guidelines of the European Confederation of Conservator-Restorers' Organisations (ECCO) explicitly deem to be non-creative: 'Conservation-Restoration is distinct from related fields (e.g., art and crafts) in that its primary aim is the preservation of cultural heritage, as opposed to the creation of new objects or maintaining or repairing objects in a functional sense.'[19]

Some curators, by contrast, view their profession as 'creative'. The artist Gary Hill, when interviewed for the present publication, complained that curators are often so focused on their own exhibition concept that they ignore the constitutive attributes of the individual works of art.[20] Harald Szeemann, for instance, a leading role model for contemporary curatorship, remarked in regard to his reconstruction of Kurt Schwitters' *Merzbau*, which is, in fact, irreproducible, that he had been carried away by his curatorial passion: 'Ought one to reconstruct a myth? Is it possible to arrest one state out of an entire creative process? These questions, long mulled over, were rendered invalid on the day that a desire so typical of the egocentric ways of exhibition organizers triumphed, namely the desire to have once been inside the Merzbau, to have spent one night inside it.'[21]

All of the artists interviewed in the course of the imai case studies were open to the possibility of their installations being staged by third parties, provided the latter had thoroughly preoccupied themselves with the work.[22] However, when asked what kind of specialist could assume the directorial role, the artists doubted that an appropriate job specification existed. Pip Laurenson ascertains that in general artists find it difficult to delegate responsibility for the staging of their work: 'Passing on authority to determine how a work is installed is difficult, and even highly pragmatic artists [...] speak of a difficulty in letting go.'[23] She notes that in the early phase of a work's life the artist is

17 Ibid., p. 185.

18 Ibid., p. 187.

19 *E.C.C.O. Professional Guidelines. The Profession* (1 March 2002), http://www.ecco-eu.org/about-e.c.c.o./professional-guidelines.html, last accessed 24 February 2012.

20 See interview with Gary Hill by Tiziana Caianiello and Sandra Thomas in the present publication (p. 269).

21 Szeemann 1986, p. 256 (transl. TM).

22 Particularly Leonardo Sangiorgi of Studio Azzurro expressed a hope that the group's works would one day be subject to re-interpretation via staging by others.

23 Laurenson 2006, p. 7.

normally involved in its staging in order to try out ways of adapting the installation to different spaces and contexts. The artist's involvement subsequently decreases, until ultimately the museum assumes responsibility for the work: 'As time passes, the artist may lose interest and become less involved and ultimately the museum is expected to outlive us all.'[24] Nevertheless, artists and museum staff may have different attitudes to conserving and staging the works: 'Conservators are likely to link their ideas of the acceptable parameters of change to an existing work of art rather than a pre-existing idea held by the artist.'[25] The artist's transfer of responsibility for staging, therefore, can amount to a fraught process, in which various decision-makers (artists, restorers, custodians and curators) represent disparate positions. Neither a perspective solely oriented towards the existing material of the work nor an arbitrary interpretation can satisfy the requirements for a successful staging.

Notation and Interpretation

A staging is always more complex than even the most detailed instructions for installation ('the installation is richer than its specifications')[26] and is invariably based on a new interpretation of the work. The exhibition 'Reconstructing Swiss Video Art from the 1970s and 1980s' and the associated symposium showed that even the most accurate reconstruction of an installation leaves leeway for interpretation: 'Although during reconstructions some effort is made to keep interpretation to a minimum, it is still almost impossible to prevent individuals involved from leaving a kind of subjective signature on various levels of the reconstruction.'[27] All the same, different stagings of an installation can be viewed as manifestations of one and the same work, provided they demonstrate the qualities deemed to be essential attributes of its identity. According to Pip Laurenson, the stipulation of the 'work-defining properties' (as she terms the constitutive elements of a work) enables an installation to be re-interpreted repeatedly without jeopardizing its authenticity, just as a score permits various performances of a piece of music. Laurenson therefore refers to the distinction between autographic and allographic arts, as formulated by Nelson Goodman in *Languages of Art*, and categorizes media artworks as belonging to the allographic arts.[28] In the framework of the autographic arts even the most faithful duplication of a work is considered to be a 'forgery', as Goodman puts it.[29] The only original version is the artwork itself, as

24 Laurenson 2005, p. 5.
25 Ibid.
26 Laurenson 2006, p. 6.
27 Phillips 2009, p. 160.
28 Laurenson 2006, p. 5. As early as 1995 Anne-Marie Duguet defined installations as allographic works (see Duguet 1996, p. 147), basing her definition on a 1984 treatise by literary theorist Gérard Genette (Gérard Genette, *L'ouvre de l'art*, Paris, 1984, p. 52).
29 Goodman's term 'forgery' is adopted here, even if 'copy' might be more apt in this context.

in the case of painting and sculpture: 'Let us speak of a work of art as *autographic* if and only if the distinction between original and forgery of it is significant; or better, if and only if even the most exact duplication of it does not thereby count as genuine.'[30]

An art-form must be termed allographic, by contrast, if it lends itself to a system of notation. Unambiguous notation – such as supplied for music, for instance, by the score – in fact 'provides the means for distinguishing the properties constitutive of the work from all contingent properties – that is, for fixing the required features and the limits of permissible variation in each.'[31] Notation makes it possible to verify whether the performance of a work fulfils all the requirements of the artist. Allographic arts like music, dance and drama allow a work to be updated by various interpreters. 'A score [...] has as a primary function the authoritative identification of a work from performance to performance. [...] First, a score must define a work, marking off the performances that belong to the work from those that do not.'[32] According to Goodman, however, this attribute is not sufficient to define a system of notation. One must be able, in his opinion, to draw conclusions in either direction: from the core of the work to the performance, and from the performance to the core. 'Scores and performances must be so related that in every chain where each step is either from score to compliant performance or from performance to covering score or from one copy of a score to another correct copy of it, all performances belong to the same work and all the copies of scores define the same class of performances.'[33]

The need for notation arises, as Goodman sees it, either when works are ephemeral (as in the case of singing and reciting), or when a number of people are required to produce the work (as with works of architecture). Notation then serves to 'transcend the limitations of time and the individual. This involves establishing a distinction between the constitutive and the contingent properties of a work.'[34] Notation would allow a work to be re-staged over and over again, irrespective of the author's presence. Media art installations are for the most part temporary, and moreover are realized by several individuals (artist, technicians, programmers and the like). Media art would therefore seem suitable for notation. Within the scope of the project Archiving the Avantgarde: Documenting and Preserving Digital/Media Art, the media artist Richard Rinehart did in fact develop a customized system of notation: the *Media Art Notation System* (MANS).[35] His system is founded on a conceptual model defined and implemented in an XML-based annotation language permitting the documentation structure for media

30 Goodman 1976, p. 113.

31 Ibid., p. 116.

32 Ibid., pp. 128. Following the distinction between staging and performance drawn for media art installations in the previous paragraph, the term 'performance', when quoted from Goodman's book, should be read as 'staging'.

33 Ibid., p. 129.

34 Ibid., p. 121.

35 Rinehart n.d., no pag.

art to be largely standardized.[36] A further advantage of MANS is that the system can be read by human beings but also supports computer-mediated usage. So far, however, MANS has failed to be adopted by either artists or museums.[37]

The question remains open, in my view, whether media art in general can be considered to be allographic, as largely asserted in the reference literature. The comparison with music – that allographic art *par excellence* – holds up only to a certain degree. Media art installations share with musical works the attribute of having various phases of creation. While in the case of 'one-stage' arts like painting the work is executed directly by the artist, in the 'two-stage' arts the creative process consists of two separate phases.[38] A piece of music is generally composed first, then performed according to the score. The performance need not necessarily be carried out by the composer. Just as the final product of a work of music must be equated with the performance rather than the score, so too the plans and technical diagrams relating to media art installations should not be viewed as amounting to the works themselves, although museums that purchase a media art installation sometimes acquire no more than such plans and diagrams. Although an installation can be conceived and planned in an artist's studio, the final product comes into being only through assembly at the site of exhibition. The audio-visual material, for its part, is first recorded, and during the subsequent exhibition played by means of the appropriate appliances. As explained in the foregoing section, the process of creating media art installations is divided into three phrases: 1. Overall conception and production of audio-visual material; 2. Staging; 3. Performance. In this respect, media art installations seem more akin to dramatic works than to music, since plays too must be staged, after being written, in order to be presented to an audience.[39] Pip Laurenson presents the fact that media art installations are created in several phases as evidence of the allographic nature of such works.[40] Multi-stage production, however, is not unique to allographic works.[41]

The decisive criterion applying to the classification of any art as allographic is the possibility of recognizing an execution, or performance, as a single instance of a specific work without having to refer to the history of production ('how or by whom an object was produced').[42] While a painting is considered to be original only if it was produced by a specific artist, dates from a specific period, and consists of the original

36 XML (eXtensible Markup Language) is a meta mark-up language with which annotation languages can be developed for the compilation of logically and semantically structured documents. XML is used primarily for the exchange of data between computer systems (especially over the internet).

37 Caitlin Jones holds the view that MANS is highly normative in structure: 'too much so, in our opinion, for a realistic and easily repeatable documentation project' (Jones 2008, p. 4).

38 See Goodman 1976, p. 114.

39 It would be possible to see the preparation for a musical performance, together with all the decisions a conductor takes with respect to the interpretation of a work of music, as an intermediate phase with a function identical to that of staging a work of media art.

40 See Laurenson 2006, pp. 5 and 7.

41 Goodman classifies prints as autographic, although they are produced in two phases (the making of the plate, followed by the transfer onto paper). See Goodman 1976, p. 114.

42 Ibid., p. 122.

materials, the production history is not a factor in the authenticity of an allographic work: the performance of a piece of music does not require a defined origin – a musical composition can be performed by various interpreters at different points in time.[43] The crucial question with regard to a media art installation, therefore, reads: Is the history of production as irrelevant as it would be in the case of a musical performance?

Unlike music, which is immaterial (although it requires instruments in order to be played), media art installations may possess a material substance whose role is not confined to playing back the audio-visual information. I therefore wish to discuss material components as a contributing factor to the identity of a work. Should these components be retained in every materialization of a work, or are they comparable to the stage set and props that are re-made, or re-selected, for every new production of a play?[44] Moreover, some parts of an installation may have been executed or modified by the artist, and must then be viewed as autographic.

Besides, there is one essential aspect in which installations differ from works of music and drama, namely in their relationship to the space and to the exhibition situation.[45] As Maurice Lagueux rightly notes, a musical work might take into account the context in which it is created, but it is not created to exist in a single, specific context.[46] The same holds true, in my opinion, for plays. Although the stage of a particular theatre may be important for an individual production, the stage is not crucial to the identity of the play. Art installations, by contrast, can be space-related or even, in some cases, site-specific.

Media art cannot be classified as allographic without further ado, then, because the history of production is considered to be an important aspect of the identity of works of media art. Any system of notation must be based on an established practice, and identify works without reference to their production history.[47] In the case of installations, however, the original materials or site of production might be deemed significant, and in exhibition practice importance is often attached to a work being staged by the artist personally.

Media art must be viewed, in my opinion, as falling within a grey area between the autographic and allographic arts, and as possessing a status comparable to the one Goodman assigns to architecture.[48] According to Goodman, building plans may be seen as scores, but they may contain specifications (relating, for instance, to building materials) that do not meet his stringent requirements for a system of notation, and

43 While obviously the composition must stem from the person held to be the composer, the latter's handwritten score is not needed in order to perform the piece of music.

44 See 'Functionality and Original Substance' in this chapter.

45 See 'The Context: Space and Situation' in this chapter.

46 'A musical work might take into account the context present at the time of its creation, but […] music is not created to exist in a single, particular context. Furthermore, this context is actually outside it […]' (Langueux 1998, p. 24).

47 See Goodman 1976, p. 198.

48 The comparison with architecture is especially useful insofar as context also plays an important part for edifices.

therefore cannot be viewed as integral components of a score. At the same time, these specifications concern elements normally viewed as crucial to an architectural work. The question must remain open whether two edifices built according to the same building plan are 'instances' of one and the same work. In practice they will be viewed as two works, since in architecture the concept of a work is more extensive than the elements of a building plan that can be recorded through a notational language. 'We are not [...] comfortable about identifying an architectural work with a design.'[49] Insofar as the notational language of architecture has 'not yet acquired full authority to divorce identity of work in all cases from particular production, architecture is a mixed and transitional case.'[50] Christoph Baumberger confirms this finding: 'Architecture is [...] partly allographic and partly autographic (and perhaps partly neither one nor the other). Notation is available for some works, but not for others, making architecture a mixed case.'[51] The same applies to media art: the assembly plans for some installations can be viewed as notations, and allow a work to be staged in various contexts. For other media artworks, by contrast, no valid identifying criteria exist that are independent of the history of production, meaning such works cannot be defined by a system of notation. In the case of other installations, autographic and allographic elements may exist alongside each other.

If an installation is suitable for notation, the latter can either be provided by the artist, so that a potential implementation can be deduced from the score, or else produced on the basis of the documentation of previous materializations of the work, in which case the performance provides the information for the score. However, the purpose of notation is not to achieve full control over the way a work is executed, since a measure of leeway for its implementation is an integral component of any allographic work, as Goodman puts it: '[...] ironically the demand for absolute and inflexible control results in purely autographic works.'[52]

Some artists try to draft installation instructions with the maximum possible degree of detail and exactitude; for others, this aspect is less important. Research into methods of preserving media artworks has therefore included the question of how the essential attributes of a work can be identified retrospectively. A first approach was to learn more about the artist's intention by conducting an interview. The many years in which interviews have been tried out in international projects such as INCCA and Variable Media Network have demonstrated, in my opinion, both the advantages and equally the limits of the interview. Although interviews with artists are indispensable means of compiling valuable information about a work and its history, they are of limited use

49 Goodman 1976, p. 221. This aspect was further investigated by Christoph Baumberger, who distinguishes between 'serial architecture', which may be considered to be allographic, and 'artistic architecture' that must be viewed as autographic because the production history contributes to the identity of the edifices (see Baumberger 2010, pp. 468–492).

50 Goodman 1976, p. 221.

51 Baumberger 2010, p. 490 (transl. TM). However, Baumberger does not accept that architecture is in a phase of transition.

52 Goodman 1976, p. 191.

in reconstructing and recording the intention of an artist since, among other reasons, this intention undergoes constant change. The meaning an artist assigns to a work may change over time.[53] Moreover, the responsibility that museum personnel (restorers and art historians) bear for preserving the works should not be passed onto the artists. For instance, the *Variable Media Questionnaire* (which is linked to a database and was developed by the Variable Media Network) attempts to anticipate any questions that might arise in preserving and presenting an artwork: '[...] the variable media approach asks creators to play the central role in deciding how their work should evolve over time, with archivists and technicians offering choices rather than prescribing them.'[54] Although born of a justified need to involve artists in the process of preserving their works, this approach is so radical in nature that it releases museum personnel from their responsibility and rouses misleading hopes that the artist's authority can create unassailable guidelines for action in the future. Decisions can be taken only in response to tangible situations, however, and are always the outcome of a compromise between different requirements. Asked which strategy ought to apply in the future to the soon-to-be-obsolete cathode-ray tube used in his installation *In Situ*, Gary Hill replied as follows: 'And I really don't know the answer to that question. Thankfully, I will not be here.'[55] He also points out that a clear answer on his part would rob future conservators of any leeway to use unexpected possibilities. Not every technical development is foreseeable.

While the Variable Media Network focuses on the artist's intention, a more recent approach concentrates on how a work is received by visitors to an exhibition. Targeted interviews are used to document the way visitors experienced an installation. In order to develop an 'holistic approach', Caitlin Jones and Lizzie Muller combined both methods in a case study of David Rokeby's *The Giver of Names*. The authors assert that it is possible to distinguish between an 'ideal' and a 'real' version. The ideal version, as they see it, is the artistic intention, irrespective of the way the work was finally realized. The real version, by contrast, is how the realized work is perceived by the visitors.[56]

In my opinion this distinction between the artist's intention and the viewer's experience fails to take into account the realized work. In reference to literature, the Italian semiotician and writer Umberto Eco uses the notion of *intentio operis* ('intention of the work').[57] The latter does not wholly correspond to the intention of the artist, but is in a dialectical relationship with this intention. According to Eco it is the task of the interpreter to formulate a substantiated 'conjecture' about the intention of the work (and not about that of the author).[58] In my opinion a media artwork should be re-staged on the basis of such an interpretation (or conjecture, to use Eco's term).

53 See Luber and Sommermeyer 2011, p. 244.
54 Ippolito 2003, p. 47.
55 Gary Hill interviewed by Tiziana Caianiello and Sandra Thomas in the present publication, p. 268.
56 Jones and Müller 2008, p. 2.
57 Eco 1990, p. 145.
58 Ibid., p. 180.

But how can the limits of permissible scope for interpretation be defined? According to the distinction Eco draws between interpretation and 'over-interpretation', the latter is an interpretation that assigns to the work meanings not supported by a stringent analysis of the work.[59] In other words, an over-interpretation is an interpretation that does not take into account the intention of the work: that which the work imparts (independently of the author's intention and the interpterer's pragmatic purposes). There remains the question, however, of what amounts to 'the work' in the case of a media art installation. Juliane Rebentisch writes the following: 'Aesthetic experience [...] exists only *in relation* to an aesthetic object; conversely this object becomes aesthetic only by virtue of the processes of aesthetic experience.'[60] Since only the material manifestations of an installation can become the object of our experience, they also provide the basis for our interpretations, meaning our interpretation is always based on the results of the previous interpretations of the same installation.[61]

While any ascription of meaning and reactions on the part of visitors are permissible (provided they do not endanger the work) and are part of the unforeseeable aspect of any performance, the interpretation of a work on which a staging is based must not be arbitrary. In the context of public discourse the individual aesthetic experience becomes related to the '*sensus communis*',[62] with the result that an academic consensus builds up regarding how a work is to be interpreted; although historically and culturally influenced, this consensus can serve as orientation. However, no interpretation will be conclusive, since in principle the analysis of a work of art is a never-ending process.

Since the previous interpretations provide the basis for the re-staging of an installation, documenting these interpretations is crucially important. All stagings should be meticulously recorded, together with those deliberations of which they are the outcome.

The Context: Space and Situation

The space and the situation in which media art installations are to be presented must be included among the most important parameters with regard to the staging of such works. Installation art has its roots in early 20th-century avant-garde experiments with extending the work of art into physical space and with the exhibition medium. The most important precursors of installation art include, on the one hand, such works as El Lissitzky's *Proun Room* (1923) or Kurt Schwitters' *Merzbau* (1923–36) and, on the other hand, such exhibitions and displays as the 'Abstract Cabinet' (1928), designed by El Lissitzky for Hanover's Provinzialmuseum, or the Surrealist shows of the late 1930s and early 1940s.[63]

59 Ibid., pp. 162–182.

60 See Rebentisch 2012, p. 11.

61 See Eco in relation to texts: '[...] the text is an object that the interpretation builds up in the course of the circular effort of validating itself on the basis of what it makes up as its result' (Eco 1990, p. 180).

62 Rebentisch 2012, p. 275.

63 See Pugliese 2009, pp. 25–34.

After 1945 the terms 'ambiente' and 'environment' were coined to describe works extending across the space of entire rooms. Lucio Fontana's *Ambiente spaziale a luce nera* (Spatial Environment with Black Light), realized in Galleria del Naviglio in Milan in 1949, was a dark room in which sinuous paper-maché forms suspended from the ceiling were made fluorescent by means of Wood's light. In 1958 Allan Kaprow introduced the term 'environment' for his three-dimensional works that followed the principle of assemblage.[64] From the 1960s onward there appeared diverse types of sculptural works connected with the space surrounding them; the range encompassed everything from Minimal Art objects to kinetic objects and Light Environments. Round about the same time, English-language art magazines began to use the word 'installation' to describe the hanging and arrangement of the works in an exhibition.[65] As increasing numbers of space-related artworks found their way into museums the term 'installation art' came into currency, and works of that kind began to be called 'art installation', or simply 'installation'. Unlike in the case of an arrangement of disparate works in one exhibition space ('installation of art'), the overall spatial effect of an art installation is more important than its individual components.[66]

As this brief historical outline shows, the word 'installation', unlike the term 'environment', came from institutional exhibition practice. As the term 'installation' has gradually come to replace 'environment' in specialized usage, so too have the connotations roused by this art-form changed. The artists' group Studio Azzurro, for instance, reject the usage of 'installation' for their works because the term is too closely connected with the standardized exhibition spaces of art institutions.[67] The fact that installation art found its way into museums led to the art-form being institutionalized, on the one hand, and at the same time to major challenges that have been facing museum practitioners ever since. These challenges are not limited to the preservation and presentation of the works; many installations turn upside down the once obligatory 'Please do not touch' signs: 'Installation art had the potential to change the relationship between the viewer and the work of art, and could break the rules of proper museum decorum.'[68]

The variegated spectrum of installation art created in the course of the past fifty years apparently condemns to failure any attempt to draw up a general definition of the genre. However, one attribute is common to all art installations: they are de facto first created at the site of exhibition. Although the artist can deliver completed elements of a work, it is the arranging, setting up and hence the on-site staging of these elements that brings an installation into being. Tatja Scholte draws up the following résumé of a several-year European research project on the preservation and

64 See Reiss 1999, p. 8.

65 See Bishop 2005, p. 6.

66 'An installation of art is secondary in importance to the individual works it contains, while in a work of installation art, the space, and the ensemble of elements within it, are regarded in their entirety as a singular entity' (Bishop 2005, p. 6).

67 See Case Study *Il nuotatore (va troppo spesso ad Heidelberg)* in the present publication.

68 See Reiss 1999, p. 78.

presentation of installation art: '[...] it is impossible to give a singular definition of installation art. [...] There is one important connecting element, however, and that is the word installation in its most literal sense: the functional act of installing the work of art in the space concerned.'[69] Even if the term 'installation' is not used uniformly, all the definitions agree insofar as they underscore the relation of the artwork to the space. According to P. W. Hartmann's *Kunstlexikon*, an installation is characterized by the reciprocal influence of objects and space. 'In the visual arts a designation for the interplay and influence of a room on works it contains or, as applicable, the influence of the works of art on the character of a room. A fusion of room and artwork is attained if a room is created especially for an object of art, such as is the case with "objects that can be entered".'[70]

The definition offered by *DuMonts Begriffslexikon zur zeitgenössischen Kunst* more closely relates the space of the installation to the viewer: 'The term encompasses all phenomena of spatially related artworks that very explicitly include the space of the viewer, and differ from traditional works of sculpture in that they dissolve the boundaries between the work and the viewer's environment.'[71] If one follows this definition, an art installation is any assembly of objects that does not aim to separate the latter from the space of the viewer. Accordingly, statues not placed on pedestals may be viewed as a first form of art installation. Auguste Rodin had expressed the wish already that his sculpture *The Burghers of Calais* (1885–95) should be set up close to the viewers so that passers-by might be incorporated into the scene. The definition offered by *DuMonts Begriffslexikon* allows for the often fluid border between sculpture and installation art that results from the wide range of works included in the latter category.

While the terms 'ambiente' and 'environment' are primarily used for works that take up physical space and can be entered, the term 'installation' is also used to describe works that do not occupy the entire exhibition space but nevertheless remove the separation between the space of the work and that of the viewer. In Bill Spinhoven's installation *I/Eye*, for instance, the only work-related objects visible to the viewer are a monitor and, lying on top of it, a nondescript section of pipe. There is no spatial whole to which the individual components of the work are subordinate: the artist neither incorporates the monitor into a specially designed and equipped space, nor surrounds it with a special atmosphere. But as soon as a visitor moves in front of the monitor a camera hidden in the pipe registers the motion and a human eye shown on

69 Scholte 2011, p. 11.

70 *Das große Kunstlexikon von P.W. Hartmann*, http://www.beyars.com/kunstlexikon, last accessed 9 July 2012 (transl. TM).

71 Johannes Stahl, 'Installation', in: *DuMonts Begriffslexikon zur zeitgenössischen Kunst*, ed. Hubertus Butin, Cologne, 2002, pp. 123–124. Quoted in: Lena Nievers, *Juan Muñoz. Das Verhältnis von Figur und Raum*, Berlin 2009, p. 140, note 1. Ursula Frohne likewise underscores this aspect: 'In the art installation the "space of the image" and the "space of the viewer" are no longer separate; rather, the museum setting correlates in manifold references to the narrative realm' (Frohne 2010, p. 124, transl. TM).

the monitor screen appears to react to the visitor.[72] In this case, the camera's recording range may be considered to be the space of the installation; since this range is invisible, the visitor crosses the boundary into the space of the work without noticing.[73]

Some installations take up merely part of the exhibition space, others extend across several rooms or dissolve the separation between indoors and outdoors.[74] Studio Azzurro, for example, included in the installation *Vedute (quel tale non sta mai fermo)* [Views (that bloke never stays still)], which was shown at Museo Fortuny in Venice in 1985, live images relayed from 12 surveillance cameras posted at various locations in the city. Pre-recorded colour sequences were superimposed over the black-and-white outdoor footage showing on 12 monitors arranged in a semi-circle in the exhibition space.

While the definition given by *DuMonts Begriffslexikon* refers to the role of the viewer with regard to the space, Claire Bishop declares the core attribute of installation art to be the holistic experience that installations offer the viewer. Media such as sculpture, painting or photography privilege the eye, in Bishop's opinion, whereas installations address all the senses and involve the viewer's entire body: 'This insistence on the literal presence of the viewer is arguably the key characteristic of installation art.'[75] In her book she describes four forms of experience that installation art can offer the viewer, thereby concentrating on the subject of the experience (the viewer) and neglecting the object (the work that makes this experience possible). However, as Juliane Rebentisch notes, 'what the subject grasps, that is, what it can articulate as an object, is inevitably constrained by that object itself.'[76] In other words: '[...] the question of what constitutes an aesthetic object always already *implies* the question of what constitutes aesthetic experience. The two questions are two sides of the same coin.'[77] The 'inclusion of the beholder' that is often presented as an innovation of installation art is, according to Rebentisch, a 'characteristic of *all* experiences of art', if this inclusion is taken to mean the performative process of meaning production on the part of the viewer.[78] Installation art, however, underscores the performativity of aesthetic experience through its various spatial stagings: 'This effect is a consequence not least of the fact that the viewer here creates relationships to the aesthetic object by virtue of, among other factors, his physical activity–for example, by moving around [...] the elements of the installation.'[79]

72 The correct positioning of the work within a space is essential, so that the camera is able to register a viewer's movements.

73 In regard to *I/Eye* see also pp. 259 and 276 in the present publication.

74 See Pugliese 2009, p. 66.

75 Bishop 2005, p. 6.

76 Rebentisch 2012, p. 62.

77 Ibid., p. 12.

78 Ibid., p. 56.

79 Ibid. In this last respect, the position held by Juliane Rebentisch is identical with that of Claire Bishop (see Bishop 2005, p. 10).

Ultimately, it is possible to experience an installation only when it takes on concrete form within a specific space and specific situation. The context in which an installation is presented crucially influences the meanings ascribed to it. Every change of context subjects an installation to some degree of change in meaning. This aspect must be sufficiently considered when making decisions about preserving and presenting an installation. The following questions will help to identify the central attributes of an installation-based work:

Description of the attributes that qualify the work as an installation

- How does the work relate to the space? Is it a room-filling work that can be entered, or does it take up only part of the exhibition space?
- If the work is not a room-filling work that can be entered, how do the space of the work and that of the viewer correspond to each other?
- What is the spatial relationship of the individual components of the work to each other?
- Which senses does the work address?

Analysis of context-related aspects of the installation

Site

- What role is played by the cultural, historical, political and societal connotations roused by the site of the installation?
- Is the installation site-specific (bound to a specific site)?
- If the installation is not site-specific, to what extent is a shift in meaning permissible when the exhibition venue is changed?

Space

- Are the required dimensions of the room for the installation fixed or variable?
- If the dimensions are variable, what measurements and proportions must be complied with in the case of a re-installation?
- Must certain device settings be changed in order to ensure that the physical experience of the installation remains unimpaired even in different exhibition spaces?

Analysis of the presentation history

- Did the artist supervise the previous stagings of the installation, or was the presentation delegated to third parties?
- Who were the third parties (assistants, curators, restorers, and so forth) involved in setting up the installation?
- Which elements of an installation have remained unchanged in every presentation?
- Which elements have been continuously adapted to new conditions?
- Which stagings might be considered to be particularly successful? For what reasons?
- Which stagings must be viewed with hindsight as unsatisfactory? For what reasons?

Functionality and Original Substance

The foregoing sections concentrated on the ephemeral nature of media art. Media art installations are ephemeral in the sense that they exist only when they are set up. However, one would be mistaken to conclude that the materiality of media works is irrelevant, or that media art is immaterial in nature. The material – the storage media, the devices employed and any associated objects of a different kind – decisively influences the impact of a work in function. In the following I therefore deal with the role of the materials, and particularly the devices necessary in order to present media art installations.

Since media art encompasses a variety of technologies and typologies, the different pieces of technical equipment included in an installation may include video players, monitors, video or slide projectors, computers, control devices, user interfaces and custom-developed apparatuses. In video art, the genre that accounts for a large part of media artworks, the technical equipment serves primarily to display the recorded images. Nevertheless, opinion differs as to what may be termed the image carrier in this case. In painting the image carrier is the material (such as canvas or panel) to which the paint (composed of priming, paint layer and, perhaps, varnish) adheres. In a painting the support and the image are closely connected, whereas an image produced by video technology is not fixed to the support, or image carrier: there is a separation between the information carrier and the image carrier. An information carrier is the material on which the coded information is stored, for example a magnetic tape, laserdisc or DVD. The information carrier is read by a playback device that converts the information stored magnetically, laser-optically or electronically into an electronic video signal. Finally, a visualizing device (a monitor or a projector) displays the signal as a volatile image.[80] In video technology a distinction is therefore drawn between playback devices and display devices. If a monitor is used as a display device, the screen must be seen as the image carrier of the video work. If, by contrast, the video is projected, the image carrier must be identified as occupying two physically separate places: on the one hand, the image carrier must be viewed as the surface of 'light-formation' inside the projector, and on the other hand as the surface of 'light-reflection' outside the projector (for example, a screen onto which the image is projected).[81]

In conditions of continuous operation, technical equipment is subject to high wear and requires regular service and maintenance. Replacing technical components is often necessary to uphold the function of a media artwork. In many cases, however, the fast pace of technological advance makes it difficult, or even impossible, to find suitable replacement parts and obsolete appliance types on the (second-hand) market. Older tape formats, for example, cannot be played if the right playback device is no longer available. Furthermore, the operational life of information-carriers is limited even under optimum storage conditions. In response to the preservation issues raised,

80 See Gfeller 2004, pp. 208–210.

81 Ibid., p. 211.

various potential solutions have been developed in the course of the past decade. In 2003 the Variable Media Network, established on the initiative of the Guggenheim Museum in New York, listed four strategies for the preservation of artworks made with 'variable media'; with regard to media art, these strategies can be summed up as follows:

1. The storage of historical appliances and their replacement parts as spare stocks for conservation purposes.
2. The migration of stored contents to new storage formats, and the updating of hardware and software. This strategy takes into account the possibility that the appearance of the work may be 'modernized' likewise.
3. The emulation of original software and hardware by new technologies. Unlike in the case of migration, the aesthetic impact of a work generally remains unchanged.
4. Free 're-interpretation' of the work in extreme cases, in which no other strategy can be applied.[82] Re-interpretation is considered to be permissible only if the prior consent of the artist has been obtained, because this strategy offers considerable scope for action on the interpreter's part.[83] In my view, however, one must remember that every re-staging requires an interpretation. As described above, it is a matter of avoiding 'over-interpretation', that is to say, an interpretation that ignores the 'intention of the work' – even if to the benefit of the artist's intention. If the intention of the work can no longer be preserved, the question arises whether curators and restorers should not accept the loss of the work rather than carry out a re-interpretation that would amount to an over-interpretation. The memory of the work can then be preserved by documentation, or (providing the artist is still alive) a new version of the work can be commissioned. In the latter case, the work would have to be clearly identified as a new version.

Within the scope of the Analit project conducted at the Hochschule der Künste Bern, the strategies listed above were revised and expanded with regard to digital conservation.[84] Tabea Lurk and Jürgen Enge define, from an IT perspective, emulation in particular as 'encapsulation', that is to say, as the preservation of the original program in a new system by simulating the running environment. They differentiate this strategy from re-programming, in which the effect of the original program is imitated.[85] This definition of emulation is thus considerably narrower than the one delivered by the Variable Media Network.

The various strategies can also be combined. During the restoration of Bill Seaman's interactive installation *Exchange Fields*, for instance, the migration of the storage

82 Ippolito 2003, pp. 51–52.

83 Permanence through Change 2003, p. 128.

84 Lurk and Enge 2011, pp. 11–12.

85 Additional strategies derived from the field of computer science are cloning (the automatic copying of digital objects) and virtualization; Lurk and Enge see the latter as a first step towards emulation. Lurk and Enge 2011, pp. 11–12.

media and the appliances made it necessary to re-program the control system. Although the new program was developed in accordance with the parameters of its predecessor and instigates the same procedures, due to the hardware migration, the response time of the installation nevertheless dropped slightly (see Chapter 3).

The strategy of migration has largely won acceptance for the storage of content. In order to preserve the readability of encoded information, it is recommended that the content of information-carriers be migrated to more current media at regular intervals, and that the playback devices be exchanged accordingly. If such a strategy is employed, it must be taken into consideration that every storage medium specifically influences the aesthetic of the image. The qualities of the image may alter with this transfer to a new medium, especially if the transition is from analog to digital.

Johannes Gfeller notes that the Variable Media Network accentuates the updating of equipment together with re-interpretation, thereby neglecting the role of the original devices.[86] In particular, the influence exercised on the image by presentation devices should not be underestimated. It has long been accepted in the field of painting restoration that the image-carrier crucially influences the appearance of a painting. Invasive interventions such as relining, marouflage or transfer of the paint to a new support – all practices at one time common among restorers – are no longer carried out (save in very rare cases). When video art is restored, by contrast, the presentation devices are often replaced by new models whose attributes may vary widely. Depending on the particular model, cathode-ray monitors may differ in the shape of their housing, as well as in the size, framing and curvature of the screens, all of which can influence the sculptural appearance of a work. The technical characteristics of the various CRT monitor types differ likewise. If one then compares CRT monitors with flatscreens, one is obviously struck by the shape of the monitor and the technical characteristics of the image with regard to structure, contrast, colour volume, and picture repetition frequency.[87] Moreover, the image on the screen differs considerably from the projected image: while the monitor itself is the source of light, the projected image merely reflects the light. Since the variety of technical attributes characterizing different projectors is similar to that of monitors, the choice of presentation devices clearly influences the image quality and aesthetics of video playback. For these reasons Gfeller recommends that such appliances be stored in depots specially equipped for this purpose, and further pleads against the migration of presentation devices, a strategy he views as an option only when neither restoration nor the substitution of identical models is possible.[88]

However, even if the updating of equipment can be deferred, at some point it becomes inevitable: procuring historical appliances becomes increasingly difficult, and sooner or later the stockpiled resources will be exhausted. Strictly speaking, the

86 Gfeller 2004, pp. 220–224, and Gfeller 2009, p. 173.

87 Gfeller 2004, p.211. The potential significance for art installations of the external attributes of CRT monitors is discussed in the case studies on *Il nuotatore (va troppo spesso ad Heidelberg)* and *In Situ* in the next chapter.

88 See Gfeller 2009, pp. 171–173.

storage of old appliances and spare parts does not amount to a preservation strategy, since a proper preservation strategy is supposed to cover a minimum duration of one hundred years, while spare stocks of appliances can offer security merely for several decades.[89] However, the exhibition 'Reconstructing Swiss Video Art from the 1970s and 1980s', which presented all the works with appliances dating from the time of their creation, demonstrated that it remains possible to experience and to document historical works of video art complete with the original technical equipment. In this era of transition from analog to digital the market offers a plentiful supply of disused analog appliances.[90] For that reason (and in spite of the necessary expenditure) this chance to collect certain historical appliances should not be missed; as well as playback devices useful for playing obsolete video formats for the purpose of migration to new storage media, it is advisable to store presentation devices like CRT monitors, which provide a basic reference for future restorations.[91] While perceptual habits are subject to constant change in view of rapid technological advance, the historical appliances provide important points of reference with regard to the original image qualities.

For the staging of an historical installation it is possible to employ, in each case, the original device, or a model identical to the original, or one similar to the original, or one typical of the time, or a new one.[92] An 'original' object is understood to be one passed down with its original material. The original material makes legible the specific history of a work. The traces of usage on the user interfaces of an interactive installation, for instance, indicate the degree to which visitors took advantage of the interactive potential. As mentioned previously, the life of original technical components is limited by wear. Since, as in the case of kinetic works of art, functionality is the primary consideration, it often becomes necessary to present a work with new components substituted for the original equipment.

Replacing an original with a device of the same model will no longer allow the specific history of a work to be traced via its material, but will make it clear to viewers that the work dates from a bygone era. Possible connotations likewise remain intact regarding the usage and popularity of a particular model when the work was created (for instance, the affluence that might be associated with the television set in the 1960s).[93]

A replacement model is described as 'similar to the original' if it differs only minimally from the original and, preferably, is also made by the same manufacturer, or at least resembles the original in design. However, the question of what amounts to 'similar' is always discretionary.

In exceptional cases 'time-typical' devices were used in the exhibition 'Reconstructing Swiss Video Art from the 1970s and 1980s': if it was impossible to find the same

89 See Tykwer 2010, p. 516.

90 See Phillips 2009, p. 161.

91 See Gfeller 2009, pp. 170–173, and Phillips 2009, p. 164.

92 These terms were first used by the research project 'AktiveArchive' for the exhibition 'Reconstructing Swiss Video Art from the 1970s and 1980s' in 2008. See also Tykwer 2010, p. 517, footnote 22.

93 See Laurenson 2005, p. 3 ('Relationship to context and history').

model as the original or a model similar to the original, or the original model had not been documented, a model was chosen that was already on the market when the work was being made and was commonly used in the field of art. While generally chosen as the method of last resort in the Swiss exhibition, the strategy was applied as a general rule for the exhibition 'RECORD>AGAIN! 40jahreviedokunst.de – Teil 2' (2009). As Christoph Blase explains, the video works were presented with display devices that dated from the time the videos were made but had not necessarily ever been used for that specific purpose and were not, moreover, necessarily widespread in the art sector: 'Ultimately, it was decided that the exhibition would take an entirely different approach, which was at the same time historically accurate and had never existed in that form.'[94] This mode of proceeding is reminiscent of the notion of restoration cultivated by the French architect Eugène Viollet-le-Duc (1814–79), a leading 19th-century conservator of medieval buildings. His maxim of restoring edifices to a 'state of perfection that had possibly never before existed' was controversial even during his lifetime, because it foresaw works being restored in accordance with an abstract notion of what might have been typical of the style of a historical epoch.[95] While the usage of time-typical appliances falsely rouses the impression of being faithful to the original, the employment of new equipment makes it clear to those viewers who recognize the contemporary provenance that a break has occurred with the original mode of presentation.

Decisions concerning the replacement of technical components are ultimately governed by the function of each appliance for the work as a whole. Are the specific technical attributes indispensable? Is the appliance visible in the installation, or is it concealed? If the device is visible, should its appearance be considered decisive for the work? Will it be possible to find the same model as the original? Is the technology from the period of creation sufficiently stable to guarantee sustained functionality? The *Decision Tree* developed by DOCAM (Documentation et Conservation du patrimoine des Arts Médiatiques), a project on preserving and documenting media artworks, conducted by the Daniel Langlois Foundation in association with further Canadian institutions between 2005 and 2010, is a useful methodical instrument. It offers guidelines to specialists on how to analyse the importance of technical components, how to weigh up possible preservation strategies, and how to find an appropriate solution.[96] While taking into account the material integrity of the work and the technical attributes of the appliances, the DOCAM tool also pays attention to conceptual, aesthetic and historical criteria. Pip Laurenson already proposed an extensive perspective of this nature

94 The curators thereby imagined a hypothetical collector or curator from the past who was interested in design and therefore applied design criteria when choosing the display devices for the video artworks (Blase 2010, p. 38).

95 See Ingrid Scheurmann, *Eugène Viollet-le-Duc. Wirken in der Denkmalpflege*, n. d., http://denkmal-debatten.denkmalschutz.de/protagonisten/eugene-viollet-le-duc/viollet-le-duc-wirken, last accessed 1 April 2012.

96 http://www.docam.ca/en/restoration-decisions/see-the-decision-tree.html, last accessed 28 November 2011.

in order to define the role played by technical components with regard to the authenticity of a work.[97] In this way the concept of authenticity is grasped in all its complexity instead of being reduced to the integrity of the original substance.

Media art installations are complex systems that may display non-technological components alongside their technical equipment.[98] Conservatorial decisions concerning non-technological components can be taken according to the general guidelines for the preservation of contemporary art. For non-technological components, just as for appliances, it is necessary to take into consideration several aspects. What role do they play for the concept and aesthetics of the work? Do they bear the stamp of the artist, or were they industrially produced? What is their historical value? Can they be conserved permanently? Can they perhaps be replaced by identical components? The answers may well be contradictory, meaning that priorities ultimately need to be set among the various requirements.[99] Thus, the interpretation of the work also influences the decision-making process concerning the material substance of the media art installation.

Cataloguing and Documentation

Conventional cataloguing and documentation structures foresee an initial description of the artwork and its components in order to record definitively its materials and techniques. Only changes in the condition of the original materials are added over the course of time. A documentation structure of this kind is not suited to media art installations because it fails to do justice to the process-based character of such works. Documentation models specially developed for media art and installations have attempted to remedy this inadequacy by adding the possibility of recording any replacement of components or changes in the technology. For instance, the *Concept-model Registration Multimedia Installations* drawn up by the Netherlands Media Art Institute in 2003 expects the appliances used in the current presentation as well as the original equipment to be noted under 'Specification of equipment'.[100]

The European project Inside Installations drew up a documentation model (*2IDM*) that delivers the structure for developing a database system and consists of four basic modules.[101] The modules Material and Technique and Condition and Conservation

97 Laurenson 2005, pp. 2–3.

98 See chapter 2.4 'Non-technological equipment' in the *Conservation Guide* of the DOCAM project: http://www.docam.ca/en/-24-non-technology-equipment.html, last accessed 6 April 2012.

99 See Decision-making model 1999.

100 The model does not offer space for details of any equipment that may have been used in the intermediate phases between the first and the current presentation of the work (http://www.nimk.nl/en/conservering/resource/d_models.html, last accessed 16 April 2012).

101 See *Inside Installations Documentation Model* (*2IDM*), http://www.inside-installations.org/research/detail.php?r_id=484&ct=model, last accessed 23 April 2012. The basic modules are: Identification and Description, Material and Technique, Location and Exhibition History and Condition and Conservation.

are subdivided into categories (for instance, Technical Description, Condition Report, Conservation Strategy, Conservation Report, and so forth). Within any one category the documents are ordered chronologically, making it possible to trace any changes in materials as well as the conservation and restoration history of a work.

The Documentation and Archival Management Committee set up by the DOCAM Research Alliance devised a structure for the collectible information ('digital work-file') that reflects the 'lifecycle' of media artworks. This model orders the documents according to the following four categories: Creation, Dissemination, Research and Custody. Any of the artist's documents or drawings relating to the conception and production of the work are grouped under Creation. Documents relating to the various presentations of the work are filed under Dissemination. Critical analyses of the work are compiled under Research, while Custody encompasses documents on the acquisition, cataloguing, management and conservation of the work.[102] However, this well thought-out structure for collecting documents was not adopted in the *Cataloguing Form* developed by the Cataloguing Committee of the DOCAM Research Alliance on the basis of existing database systems.[103] The *Cataloguing Form* is supplemented by a form for documenting any technological changes undergone by a work (migration, emulation, and similar).[104]

Most of the documentation models also provided space for describing the presentation history of an installation. In my view, however, this history should not be the subject of a separate section; rather, the presentation history should provide the framework for the cataloguing and documentation model as a whole, and define the chronological structure. Every time an installation is staged, the spatial situation must be documented together with the configuration of the individual components as well as the materials and technologies employed. Only if every manifestation of a work is separately recorded and documented will it be possible to trace the lifecycle of an installation, and thus create a solid basis for future stagings.

102 See *DOCAM Documentation Model*, http://www.docam.ca/en/documentation-model.html, last accessed 23 April 2012.

103 See *Cataloguing Form for New Media Works*, http://www.docam.ca/en/tools/cataloguing-form.html, last accessed 16 April 2012.

104 See *Documentation for technological changes*, http://www.docam.ca/en/tools/documentation-for-technological-changes.html, last accessed 16 April 2012.

Case Studies on Restoration

A Series of Studies by imai – intermedia art institute between 2006 and 2010

Renate Buschmann and Tiziana Caianiello

In 2006, immediately after being inaugurated as a foundation for video and media art, imai launched a several-year project dedicated to preserving media art installations.[1] The objective was to investigate, by means of case studies, methods that might guarantee the long-term preservation of technology-based art.

At that time the preservation and presentation of media art confronted museum practitioners with an acute problem that had only begun to be solved. The need for action remains urgent, since media artworks are represented in practically every exhibition of contemporary art, and are being purchased increasingly by museums and collectors. Which restorer or curator has not already faced the challenges and problems resulting from the day-to-day handling of media artworks? Which criteria ought to apply when migrating videotape footage to current storage media? Is it valid to substitute flatscreens for CRT monitors? What spatial prerequisites are demanded by a specific projection? Which projectors are suitable? Which aesthetic components are inherent to the work of art, and must come to bear in future stagings? Above all: who defines these conditions?

The conservation and restoration of media art installations thus raises specific questions due, on the one hand, to the fast-ageing technologies employed and, on the other, to their site-dependent staging. The conservation tasks and problems resulting from the demands posed by media art installations are as complex as the technologies and materials deployed. For that reason, no standard solutions exist for preserving the substance of these often technically complex art-forms. The four case studies conducted by imai between 2006 and 2010 aimed to obtain specific findings on the basis of differing types of media art installations in order to arrive at general conclusions applicable to comparable works. The categories respectively applied to each installation referred to a specific technical attribute, for which the chosen preservation strategy needed to make special allowance. The first case study is devoted to the group Studio Azzurro's multi-channel video installation *Il Nuotatore (va troppo spesso ad Heidelberg)* (1984). For a 2006 presentation it was necessary to devise a

1 The project, initiated by Sandra Thomas and Alexandra Wessels, was led by Sandra Thomas until the end of 2008, and subsequently by Renate Buschmann. Tiziana Caianiello presented initial project findings at the conference 'Media Art in North Rhine-Westphalia. Assets – Preservation – Presentation', which was held at imai on 23 October 2008.

solution that would maintain the characteristic synchronization of several videos under conditions of continuous operation. The second study dealt with the constitutive attributes of Gary Hill's installation *In Situ* (1986), in which devices of various types are activated and de-activated in accordance with a sequence stipulated by the artist. The case study relating to Bill Seaman's *Exchange Fields* (2000) directed attention to the specific attributes of an interactive installation for which viewer participation, as the most important aspect, must be upheld. The case study initiated in 2010, coinciding with the first exhibition of Katharina Sieverding's installation *Testcuts I* (2010), demonstrates the requirements that should be met by documentations of installations based purely on digital visual material.

All four case studies were directly connected with imai exhibition projects. The examination of the specific problems and the solution-oriented evaluations in the first three case studies were aimed towards the subsequent implementation of specific preservation measures. Each project concluded with a presentation of the preserved and/or restored works. *Il Nuotatore (va troppo spesso ad Heidelberg)*, for instance, was shown by imai in 2006 as part of the exhibition 'Crossing the Screen'. *In Situ* was installed for the Gary Hill retrospective organized by imai in 2007. After fundamental restoration, Bill Seaman's *Exchange Fields*, which spent ten years in storage as part of the collection of Museum Ostwall in Dortmund, was re-staged by imai for the ISEA2010RUHR exhibition. *Testcuts I*, by contrast, an installation first produced in 2010, was chosen not from the viewpoint of restoration but instead as an ideal basis for documentation studies during the imai-curated exhibition 'Katharina Sieverding. Projected Data Images. Testcuts'.

Intensive dialogue with the artists was an integral component of all the case studies. In order to make clear the artists' perspectives and the ways in which the latter influenced the results of the studies, these conversations are included as separate interviews or, in the case of *Testcuts I*, as documentation units. Furthermore, it was possible to derive from the case studies findings more generally applicable to corresponding conservation cases. The results of the first two case studies are summarized in two questionnaires, while the third case study was followed up by the development of a separate model for the cataloguing of interactive installations; the documentation appended to the fourth case study is structurally applicable to similar works. All in all, the results published here explain which priorities applied in each separate decision-making process. At the same time, the findings demonstrate the route by which a restoration and/or staging concept was obtained for each of the media art installations under examination and by which it was possible to define parameters that must be considered in future in order to do justice to the underlying artistic concept.

CASE STUDY 1

Il nuotatore (va troppo spesso ad Heidelberg) by Studio Azzurro

Tiziana Caianiello

Introduction

The investigated work by Studio Azzurro is a synchronized, 13-channel video installation. The terms 'single-channel' and 'multi-channel' video installation are not used uniformly in the specialist literature. According to the *EAI Online Resource Guide for Exhibiting, Collecting & Preserving Media Art* issued by the American organization Electronic Arts Intermix, a video or media art work should be defined as 'single-channel' if it involves no more than one information source, one playback device, and one display device,[1] whereas a multi-channel video installation consists of two or more display devices such as monitors or projectors.[2] These definitions have not been adopted for the present publication, which defines a single-channel installation as one involving a single information source, and a multi-channel installation as one involving two or more information sources. This categorization, according to which the channels of a video installation are quantified in line with the number of data carriers as opposed to the number of display devices employed, follows the stipulations for technical documentation applied in the exhibition catalogue *Reconstructing Swiss Video Art from the 1970s and 1980s*. The latter describes Alexander Hahn's installation *Arthur* (1988) as a 5-channel video installation, for instance, although the work involves eight monitors. This is because only five videotapes are played in the installation, since four of the eight monitors display the images of one and the same videotape.[3] Although *Il nuotatore* was first presented with twenty-five television

1 "The term 'single-channel' refers to video or media work that involves a single information source (such as one DVD), a single playback device (such as a DVD player), and a single display mode (such as a flat-screen monitor)." *EAI Online Resource Guide for Exhibiting, Collecting & Preserving Media Art*, http://www.eai.org/resourceguide/collection/singlechannel/basicquestions.html#QUESTION1, last accessed 25 October 2010). Within the scope of our research project 'Materializing the Ephemeral', single-channel video works were included only as components of installational works (such as Bill Seaman's *In Situ*)

2 "A multi-channel video installation consists of two or more display devices, such as monitors or projectors, used in the same work of art, in the same viewing space." *EAI Online Resource Guide*, http://www.eai.org/resourceguide/collection/installation/basicquestions.html#QUESTION2, last accessed: 25 October 2010).

3 Swiss Video Art 2009, p. 38.

sets, as described below, it should be viewed as a 13-channel video installation, since thirteen videotapes are played. Multi-channel installations are often 'synchronized', that is to say, the various videos are played in accordance with a predefined temporal sequence.[4] Twelve of the thirteen videos in *Il nuotatore* are synchronized. One focal point of the case study was therefore the long-term preservation of the synchronization.

Work Description

Il nuotatore (va troppo spesso ad Heidelberg) [The Swimmer (goes to Heidelberg too often)] occupies a central place in the oeuvre of Studio Azzurro, the artists' group founded by Fabio Cirifino, Paolo Rosa and Leonardo Sangiorgi in Milan in 1982. Rosa and Sangiorgi studied art at the Accademia di Brera, Cirifino is a trained photographer. Since the early 1980s Studio Azzurro have been investigating how the confines of the screen can be transcended in such a way that video images appear to be components in physical space. As early as 1982, when making *Luci di inganni* (Lights of Deceit), the artists stacked monitors on top of each other in order to combine video images into one composite picture, thus creating the impression of real-size objects.

Il nuotatore (1984) was made two years after *Luci di inganni*. On the basis of drawings, the artists developed the idea of a swimmer completing his lengths without pause; the moving images of him are not confined to one monitor image but instead appear to overcome the borders of the twelve monitors positioned next to one another. The impression is conveyed that the image of the swimmer is gliding seamlessly through the row of monitors (see full-colour illus. 1). These contemplative images are disrupted merely by the unexpected insertion of image sequences (video of a falling ball, a sinking anchor, a woman jumping into the water, and other footage) lasting no more than a few seconds. The visual impressions are accompanied acoustically by electronic music and the sound of water. A monitor standing separately shows a video with images, some distorted and wobbly, of a clock stating times that advance in vast leaps and are not in chronological sequence. This video is accompanied by a heavily Italian-accented woman's voice reading the German text of Heinrich Böll's short story 'You go to Heidelberg too often'.[5] The voice of a second woman intermittently corrects the pronunciation of words, which are subsequently spoken again by the reader. In this way the short story is overlayered by duplications that do not substantially impair the course of the plot. The blue light produced by tubular lamps creates something of the atmosphere of an underwater world.

4 'It is typical for installations with two or more playback devices to be linked with a synchronizer, which ensures that all the programs begin, end, and repeat at the appropriate intervals, prescribed by the artist.' *EAI Online Resource Guide*, http://resourceguide.eai.org/collection/installation/basicquestions.html#QUESTION3, last accessed: 8 August 2011.

5 Böll 1979, pp. 61–67. The installation's Italian subtitle was inspired by the title of the short story (rendered in English as 'You go to Heidelberg too often').

In 2006 imai decided to show *Il nuotatore* at its forthcoming exhibition 'Crossing the screen' (30 November 2006 – 14 January 2007). However, restoration of the installation was necessary prior to exhibition; the twelve videos containing images of the swimmer were originally recorded on U-matic tapes and transferred to laser-discs in the 1990s. These discs already displayed the first signs of ageing; moreover, their synchronization was insufficiently stable for continuous operation during an exhibition scheduled to run several weeks. Such problems made it seem expedient to choose this work for the first imai case study, which would consider not only the installation's technical components but also follow-on questions regarding the most adequate form of presentation.[6]

Presentation

Il nuotatore was first presented at Museo Fortuny in Venice in 1984 (see full-colour illus. 2).[7] Studio Azzurro commissioned the designer Flavio Albanese to devise a kind of swimming pool, inside which the monitors would be placed. A circular double-staircase granted access to the pool, which was covered with small blue glass tiles, meaning visitors could literally climb down into the artwork (see full-colour illus. 3). The images of the swimmer were presented in two rows of twelve television sets each, standing back-to-back on a platform at the centre of the space. Each one of the twelve U-matic tapes was played by a U-matic playback device and relayed to two of the television sets. The visitors were able to walk around the platform and watch the moving images of the swimmer on either side. Blue fluorescent tubes were mounted at the edge of the pool. A separate monitor showing the video recording of a clock was positioned next to the staircase at some distance from the twenty-four monitors (see full-colour illus. 4).

The swimming pool was not re-created for any presentation after the one in Museo Fortuny.[8] Furthermore, the swimmer footage was subsequently shown only on a single

6 The case study was initiated and led by Sandra Thomas.

7 See Il nuotatore 1984.

8 'Video-Skulptur. Retrospektiv und aktuell 1963-1989', Kölnischer Kunstverein (venue: DuMont Kunsthalle), Cologne, 18 March – 23 April 1989; '25 Jahre Video-Skulptur', 39. Berliner Festwochen, Berlin, 27 August – 24 September 1989; Festival MANCA (Musiques Actuelles Nice Côte d'Azur), Musée d'Art Moderne et d'Art Contemporain, Nice, 21–24 June 1990; 'L'amour de Berlin', Centre Culturel de Cavaillon, Cavaillon, 6 July – 26 August 1990; 'Studio Azzurro: Videoambienti 1982 –1992', Fondazione Mudima, Milan, 10 December 1992 – 31 January 1993 and museums Laforet of Tokyo, Niigata and Kokura, April – May 1993; 'Ambienti sensibili, Spielart, Aktionsforum Praterinsel', Munich, 15–25 October 1997; 'Electronically Yours', Metropolitan Museum of Photography, Tokyo, 1998; 'Il mare dentro lo schermo', 38° Rassegna Internazionale delle Attività Subacquee, Ustica (Palermo), September 1998; Castel Mareccio, Bozen, 1999; 'Ambienti sensibili. Esperienze tra interattività e narrazione', Palazzo delle Esposizioni, Rome, 10 March – 24 May 1999.

row of twelve monitors. Since the monitors were now placed against a wall, visitors were no longer able to walk around them. The conditions under which *Il nuotatore* was experienced had changed accordingly, raising the question for the case study of which aspects of the work were important for its presentation.

Seeking an appropriate word with which to describe their own work, the members of Studio Azzurro introduced the term 'videoambientazione' (video environment), which they viewed as a counterpart to 'videoinstallazione' (video installation). The word 'videoambientazione' (which they later replaced with 'videoambiente') foregrounds the physical space and its atmospheric composition. According to Leonardo Sangiorgi, the term video installation is employed primarily in the institutional context, which is shaped by standardized spaces: galleries and museums are laid out in such a way that they emphasise the pure objects, he asserts, in this way becoming sites for revering the works of art and their creators. Studio Azzurro, by contrast, aims to transgress the borders between so-called fine art, architecture, and industrial design.[9]

One might conclude from the premises stated above that the blue-tiled swimming pool employed in the first presentation of *Il nuotatore* is an essential component because it crucially influenced the installation's perception in spatial and atmospheric terms. However, research conducted in the course of the case study indicates that from the outset *Il nuotatore* was conceived for installation in various contexts; the presentation of the work in a kind of swimming pool was a staging specifically for Museo Fortuny, and did not necessarily have to be repeated. The original project description for *Il nuotatore* found in the Studio Azzurro archives states that the overall equipment could be assembled at relatively low installation costs for different purposes and at other sites.[10]

Paolo Rosa asserted the following in regard to the presentation of works by Studio Azzurro: 'We have moved our works to places that were completely different from the ones for which they were originally designed. The adaptation to a new reality is a virtue and makes installations similar to shows that, by their very nature, are designed to be adaptable to the various theatres where they are going to be shown. [...] The flexibility of a work of art is something that interests me very much. We don't believe in the final work that fixes the artist's gesture and freezes it in a certain material and a certain form.'[11] This opinion is echoed by Leonardo Sangiorgi, who views all presentations of *Il nuotatore* up to the time of his interview with this author as manifestations of one and the same work.[12] While the imitation of a swimming pool as an environment and the duplication of the 12-monitor row have proved not to be essential for *Il nuotatore*, the blue light should be considered a central element because it is crucial to the special atmosphere of the environment. For the imai exhibition, *Il nuotatore* was presented in the upper storey of NRW-Forum (see full-colour illus.

9 See interview with Leonardo Sangiorgi in the present publication, p. 244.

10 *Progetto per videoambiente sincronizzato*, typewritten text, undated, archive of Studio Azzurro.

11 Rosa 2007, p. 72.

12 See interview with Leonardo Sangiorgi in the present publication, p. 248.

6).[13] Twelve monitors showing the moving images of the swimmer were positioned on the back wall of the upper foyer. The fluorescent tubes were concealed behind the monitors with the result that the blue light they produced was diffused around the installation. The monitor showing the video with the clock was positioned next to the staircase railing several metres away (see full-colour illus. 5).

Digitization and Synchronization

Primarily decisive for the impact of *Il nuotatore* is that the swimmer appears to 'swim through' the frames of the individual monitors. This effect is attainable only by precisely co-ordinating the twelve videos. Studio Azzurro recorded the swimmer with twelve video cameras connected with twelve U-matic recording devices. When the actor began to swim during the recording session, the starting shot was given by a flashlight that was recorded by all twelve cameras and served the subsequent synchronization of the twelve video recordings. When the work was first presented, synchronization took place manually with the assistance of a remote control allowing all twelve playback devices to be switched on simultaneously. On completion of one cycle, the Studio Azzurro artists had to rewind each tape until the flashlight recorded in the swimming pool appeared. When all the tapes had been rewound to the starting point marked by the flashlight, all the playback devices were started simultaneously by pressing PLAY on the remote control. The length of the U-matic tapes dictated a runtime of one hour, after which it was necessary to rewind the tapes individually, meaning the operation of the installation was interrupted.

The technical implementation of the video synchronization was altered several times in the years that followed. The point in time is not documented at which the artists added a sound signal to Channel 2 of each video recording of the swimmer. This signal sounded at that point in the video when the flash of light appeared. In this automated version the twelve playback devices were synchronized with a control device that automatically searched for the starting point of each video by detecting the sound signal. As soon as the sound signals of all the videotapes had been registered, the device activated the playback mode.[14] From the mid-1990s onward – following the migration from videotape to laserdisc – synchronization took place by means of an external computer and synchronization program. In this version, too, a pause occurred at the end of the runtime before the laserdiscs started up from the beginning.

The condition of both the original U-matic tapes and the subsequently produced laserdiscs was evaluated at the beginning of the imai restoration project. The image

13 The initial idea was to install the work on a landing on the ground floor. A platform developed for this purpose would have levelled off the difference in heights of the first steps of the double-staircase in order to make room for the row of 12 monitors. In this location the installation would immediately have caught the eye of visitors entering the NRW-Forum.

14 See interview with Leonardo Sangiorgi in the present publication, pp. 247–248.

quality of the laserdiscs appeared superior to that of the U-matic tapes when the two were compared; this was due to the laserdisc versions having been compiled at a point in time when the analog tapes displayed few signs of age. As early as 2006, however, age damage was detected on the laserdiscs. While various image errors, and above all drop-outs, occurred when the U-matic tapes were played, the laserdiscs displayed large-scale flickering and low-contrast, fuzzy image quality: impairments attributable to the destruction of the data layer liable, according to present-day empirical findings, to commence after ten to twelve years in the case of some laserdisc products.

The evaluation also established that the runtime of the video footage stored on the laserdiscs was thirty, as opposed to sixty minutes, and that the editing of the disc footage deviated from the U-matic tapes: all of the inserts appearing in the longer U-matic version were included in the laserdisc version, although the latter was only half as long, and therefore occurred more frequently. However, Studio Azzurro had not documented this revision of the video footage, raising the question of which version of the work ought to be conserved. After the U-matic tapes had been cleaned, a decision was taken to transfer to Digital Betacam tapes the footage from both the U-matic tapes and the laserdiscs. A restored Digital Betacam copy was additionally compiled in each case from the digital masters of the two versions (U-matic and laserdisc). The Digital Betacam tapes with the restored versions served as source footage for producing exhibition copies in MPEG-2 format. On account of the perceived superior image quality described above, the MPEG-2 files derived from the laserdisc footage were used for the presentation at imai. However, it would be possible at any time to present the work with the digitized video footage from the U-matic tapes. The clock video recorded on a Betacam SP tape was likewise digitized and transferred to Digital Betacam. Once again an MPEG-2 file was produced as an exhibition copy.

The synchronism of the twelve videos of the swimmer had been subject to flaws during continuous operation in earlier presentations. At the imai exhibition the swimmer footage was played and synchronized by a 12-channel MPEG player with integrated control software providing for sustained synchronism. However, this migration of the synchronizing equipment also altered the conditions under which the installation was viewed. While technical reasons had formerly necessitated a pause (especially long in the case of the U-matic devices) at the end of the videos, the digitized version permits seamless looping, with the result that the swimmer is apparently completing his lengths ad infinitum.

Display Devices

The CRT monitors and their curved screens imbue the installation with a specific aesthetic. Viewing the imagery of *Il nuotatore* on CRT monitors, one feels one might be inside a ship, observing the swimmer and the movement of the water through a row of portholes. *Il nuotatore* was installed with CRT monitors for every exhibition up to 2009, meaning that a visible technical relationship with the time of the work's creation remained, together with the equipment's qualities as sculptural objects along with the associations they evoke. Since it is foreseeable that CRT monitors and the necessary spare parts will soon no longer be available, the question whether flatscreens can validly replace the CRT monitors was discussed in the case study. Leonardo Sangiorgi believes that flatscreens are equally suitable for the presentation of the work, and that it would even be feasible to implement *Il nuotatore* with projections. For the 'Lange Nacht der Museen' (Long Night of Museums) in Düsseldorf on 9 May 2009 a form of presentation deviating considerably from any of the foregoing was in fact chosen: the 12 swimmer videos and the clock video were projected onto giant screens on the facade of the NRW Forum building (see full-colour illus. 7).

Attempting to overcome creatively the restricted dimensions of the screen in the early 1980s, Studio Azzurro had deployed monitors as modules that could be stacked on top of each other or lined up in a row. The projected version, by contrast, moved *Il nuotatore* into the proximity of the group's later installations, in which projections were to used to liberate the video image from the monitor frame completely.[15] Nothing of the historical connotations of *Il nuotatore* remains legible in the 2009 version. Moreover, neither the blue light nor the acoustic components of the work were used for the 'Lange Nacht der Museen', meaning that the viewers encountered the images of the swimmer differently. While the monitors in earlier presentations had been at the viewers' eye level, the videos projected in 2009 were several metres over their heads. The audience was no longer immersed in an environment saturated with blue light but saw from a distance the projected images of the swimmer, luminescent in the dark. Although the Rhine, only a stone's throw away from the NRW-Forum, was not visible to the viewer, the presence could be felt of the river that flows parallel with the front of the building.

From an art-historical perspective, the 2009 presentation must be viewed as a new version of *Il nuotatore* that reduces the work to a number of its components. As Sangiorgi suggests in the interview in this book, Studio Azzurro views the revision of works for various reasons as part of their work. Since the artists still own *Il nuotatore*, the work has not become a museum artefact and the re-interpretation of 2009 may be considered part of the creative process (see the phases in the process of creating a media art installation, Chapter 'Materializing the Ephemeral'). If the work belonged to a museum collection, however, the decision-making process for any future presentation would need to take into account the historical importance of the CRT monitors as well as the associated aesthetic – assuming CRT monitors are still available when such a decision is made. The case of *Il nuotatore* exemplifies the possibilities opened up by new playback and presentation techniques in regard to synchronizing and staging video installations. Any such migration, however, inevitably entails a change in the effect of the works, and thought must be given to this aspect.

15 See Rosa 2007, pp. 67–68.

Outcome

The *Il nuotatore* case study revealed a number of aspects that must be considered in regard to the preservation of (synchronized) multi-channel installations. First, it is a matter of registering the information carriers of the installation, and likewise the display devices. The production and post-production conditions of the various videos must be established, since this information makes it easier to distinguish between age damage and production-induced attributes. The twelve cameras used by Studio Azzurro to record the twelve swimmer videos, for instance, were all of the same make (JVC), but not identical models. The varying technical attributes of the cameras led to slight differences in the colour tones of the twelve videos. It would not be possible to fully harmonize the colour of the water in all the videos, and any attempt to do so would deprive the work of an original attribute that, according to Sangiorgi, need not be seen as a flaw.[16]

It is necessary to analyse what role synchronization plays for the meaning of a synchronized multi-channel installation, and it should be established whether the video footage and synchronization technology have been subject to previous alterations. For that reason, the completeness of any existing documentation should be verified. In the case of *Il nuotatore*, for instance, it was not known that Studio Azzurro had re-edited, and not just shortened, the video footage when the migration from U-matic to laserdisc took place.

A further question requiring discussion is the extent to which the possible asynchronism of the videos is acceptable, and the degree of deficiency at which it becomes necessary to interfere with the synchronization technology. The response to this question is always dependent upon the significance of synchronization for the work. Any migration of synchronization technology must take into consideration that while the continuous operation of a particular work will be guaranteed on a sustained basis, at the same time consequences will arise for the work as a whole.

The questionnaire resulting from the case study can be summarized as below:

- How many information sources does the installation possess?
- How many display devices are used, and what are these devices?
- How were the individual videos produced for an installation?
- Were these videos post-produced, and if so, what post-editing was carried out (e.g. cutting, colour correction, and so forth)?
- In what storage format(s) are the videos currently available?

- Are the videos synchronized?
- If so, what effect is intended with the synchronization?

16 See interview with Sangiorgi in the present publication, pp. 249–250.

- How was synchronization carried out in previous presentations of the installation?
- Have any changes undergone by the videos and their synchronization been documented in full?
- If changes were made to the synchronizing technology at any time in the past, what consequences did they have for the work as a whole?

- To what extent is asynchronism of the videos tolerable?
- What effects does updating the synchronization technology have on how the work is viewed?

Leonardo Sangiorgi, Member of the Artists' Group Studio Azzurro, in Conversation with Tiziana Caianiello

Fabbrica del Vapore, Milan, 22 April 2008

Why do you prefer the word 'videoambientazione' or 'videoambiente' (video environment) to define your video installations?
The term 'video installation' seemed a bit narrow to us in comparison to 'video environment', since it indicates the object of the production but neglects the context or environment in which the work is placed. After all, the term 'video installation' is commonly used in the production and distribution system typical of art and of the art market with their 'pre-packaged' spaces: galleries and museums, predisposed to spotlight the work and hence also the emblematic figure of its creator, becoming places for celebration of the object and the artist. So we decided to utilize a new term, one that echoes its precedent but shifts the accent to the space, which is no longer a 'black box' or a 'white cube.' The space doesn't simply accommodate the work, it also plays a role in its development. For us, what is really important is the interaction between the installation – made up of the program and the object that enables the visualization of the image, the space in which the object is set, and the visitor. Video environment, in comparison to the term video installation, shifts the discourse in the direction of the architecture. When inside architecture, the visitor is more an inhabitant, immersed in a 360-degree field of perception, than a passive observer.

How did *Il nuotatore (va troppo spesso ad Heidelberg)* [The swimmer (goes to Heidelberg too often)] come into being?
Our own beginnings were not technical, and all things considered, that's a good thing because in this way we avoided being influenced by the limits of technology and treated video like a sculptural medium. This enabled us to imagine content before we started planning it in the function of the technology. At the beginning of the 80s electronic images were normally located inside monitors, so they had those physical confines. Right off, we felt that the dimensions of the monitor were too small and always pictured images that were larger than the capacity of the monitor to contain them. Even before the development of the video wall, we felt the need to enlarge the video image to bring it closer to full-scale dimensions, maybe echoing the cinematic image. It didn't make sense to us to bring to life a 28-inch image – which means a standing figure 40 centimeters tall – in a real space. If the environment and the observer both play an essential role, it's obvious that the electronic image, the third element in this triad, has to match them, even physically have the same weight. The question was

how to achieve this result. Our solution was to transform the monitors into the tiles of a mosaic and then assemble the cubes like you would children's toys. Each 'tile' was realized with the maximum resolution available at the time, that is, we took as many shots as pieces of the mosaic that we needed. The idea of synchronizing the monitors enabled us to get beyond a Lilliputian dimension to reach an electronic image on the scale of 1:1, so that we could meet reality on equal terms and pervade the surrounding space. The first work we did using this concept was the 'video wardrobe' in the project *Luci di inganni* (Lights of Deceit) from 1982.

Another driving force at that time was the advent of private TV and video clips. They gave us a push, kind of by reaction, to initiate a discourse in completely the opposite direction.

So your work was deliberately in contrast to the aesthetic of video clips?
Yes, because whereas video clips were being produced for television, we were working to create an environment. The spectator isn't nailed to one place, but is free to move, to choose different points of view and decide when to watch, thus enacting a kind of personal directorship of the images. Our idea of the spectator wasn't that of a viewer but that of a director. In video clips you had a compressed narration working as a function of the music, but we had created a narration from narrative segments, each with a prolonged duration and with some simple, repeating images.

From some of the texts I read about *Il nuotatore* I got the idea that the relationship between the foreground with the water, the trajectory of the swimmer's movement, and the plane of the background all played a fundamental role in the installation.
During the initial design phase, this theme wasn't very strongly present. Later on, though, it produced a whole series of reflections. The synchronization of 12 images creates visual-optical compositional problems, because the extremities of the optical cones of the twelve cameras conjoin perfectly only on a flat surface with no depth, while for the filming we had to calculate the space needed for the swimmer. So between the optical cones there was a gap that the cameras didn't register, that resulted in an image that appeared to be split (see full-colour illus. 8). We then found we had a space for the action that was an extremely compressed stage, initially designated by two planes: the plane represented by the strip of water, and the background plane. In the preparatory drawings you can already see the beginnings of the delineation of a line of separation between the water and the air, which is another of the main themes of *Il nuotatore*. When the visitor enters the environment and before the swimmer begins to swim, what is perceived is a two-dimensional space made up of bands of different colours defined by the line separating the water and the air. The moment the swimmer begins to swim, the space becomes three-dimensional, as if the two-dimensional image had undergone a slippage, a shift, and you see the white of the background, the body of the swimmer, and the blue of the water.

What function does the reference to Heinrich Böll's short story 'You go to Heidelberg too often' have in *Il nuotatore*?
It points out even more strongly the literary, as opposed to electronic, origins of the work. Paolo Rosa, who had worked for a while with a group that had strong political and social connotations, was the first to read the story and start to connect it with inchoate ideas that were already circulating in the studio.

What made you decide to have Heinrich Böll's story read aloud in its original language by an Italian, Marina Aldovisi, with frequent interruptions by Christina Kubisch to correct her pronunciation of some of the words?
This closes the loop. We were asking ourselves for a way to stagger a narrative without altering its content, and how to obtain literary and temporal shifts without making the operation annoying or mechanical, but rather transforming them into an additional narrative level. The work is organized on three narrative levels: the first is synchronous with the swimmer, who makes you wonder who he is and why he goes back and forth for an hour, especially since you can see he is not an athlete because after half an hour he shows signs of fatigue. Then there is the narrative level constituted by the hundred micro-events that appear on the single monitors. And finally you have the story itself, though genetically modified because interferences have been introduced. In the same way that the hundred micro-events don't ever hamper the swimmer's movements because they begin and end on a screen he isn't occupying at that moment, the correction of the pronunciation interferes with the story but doesn't really interrupt it.

To conclude the whole discourse, when we set up *Il nuotatore* in Palazzo Fortuny, we used a two-sided composition: 24 monitors were arranged so that you could walk around them. The installation was placed at the center of the space and gave the impression that a piece of reality had been extracted from its original context like a slice of watermelon: we had cut out a piece of water, a piece of a story, and were displaying them. Or else we had done exactly the opposite: since the installation was set up in what appeared to be an empty swimming pool, it seemed that we had removed most of the water from the pool and enclosed the remainder inside the monitors, allowing the public to move around a space that had been drained.

What is the function of the 'micro-events'?
To put it succinctly, they reinforce even more strongly the concept of a do-it-yourself kit. The event is packaged inside the monitor. We have expanded virtual reality, but we enjoy telling the public that it is still composed of closed modules. On the one hand we pervade the space with this reality, while on the other we reveal that it is still an illusion, because by enclosing some events in a single module, we let people discover the trick that lies behind it. Besides this, another fundamental theme of *Il nuotatore* is that of time. There are three representations of time in the project of *Il nuotatore*: the first is the continuity provided by the synchronism and back-and-forth movement of the swimmer inside the twelve monitors; the second is that of the fragmented time of the hundred micro-events; and the third is constituted by the video

of the clock, which – let's not forget – is an integral part of *Il nuotatore*. This clock, besides having its hands going backwards, skips hours, and moves. The clock thus represents asynchrony.

How did you create the clock video?

That video was shot with our portable camera (a Betamax) in a busy square near Palazzo Fortuny, with a hand-carried clock. I don't remember if we moved the camera or the clock. We did the shot directly from life with the right exposure, and then the footage was transmitted onto a monitor, and then recorded by a camera. So the video is actually the recording of a recording. I can't remember anymore whether the colour variations were due to the camera or the monitor that was showing the footage. The camera was a Sony using a standard NTSC aimed at the American market. It wasn't an RGB system of colour representation. Control of colour tone was done via two knobs. That is how we introduced some of the dominant colours in the video, probably when we did the second recording of the clock.

How did you rework the twelve videos of *Il nuotatore* in postproduction? Did you add a synchronization signal?

The sychronization signal wasn't added in postproduction, it was done live. We had 12 video cameras and 12 VCRs (see illus. p. 66), and we had built a little box that remote-controlled the various 3/4 U-matic players, so that by pressing the Play/Rec button on the box, all of the recorders were simultaneously turned on. The same control box helped us to record *Il nuotatore*. It was custom built by a JVC store technician. The JVC store staff were also a big help locating twelve almost identical video cameras so that we could make the videos.

In the first version of *Il nuotatore*, we achieved synchronization by firing a flash at the pool just as the swimmer began to swim. In the opening of the original videos you can see a white image caused by the flash. It was recorded by the video recorders linked to the twelve cameras. This way we were able to synchronize the twelve videos of the swimmer manually. This meant that when we first presented *Il nuotatore*, someone was required on site to re-synchronize the playback every hour. Usually, it was one of us who did it. There was a box with 12 switches and the normal stop, pause, and play buttons. The box enabled the remote control of the 12 players. The setup began by selecting Player 1 and pushing Play, so that you could start to watch the video on the first screen. When you saw the flash on the monitor, you pushed 'Pause' and deselected the first player. Then the second player was selected and you pushed 'Play' to begin, and when the flash came, you again pushed 'Pause'. This operation was repeated twelve times for all of the players. In this way, all twelve videos were set to the flash that had been simultaneously recorded on all the tapes. After this, we turned on all the 12 switches, pushed 'Play', and the 12 players would all start simultaneously. At the beginning this was how the installation functioned. Later, in a second edition of *Il nuotatore*, this operation was taken over by a 'black box', a simple analog circuit having a relay for each player and connected to one of the audio channels of each tape. We had recorded a beep at 1000 Hertz corresponding to the flash, so that when the beep sound was registered by this device, the connected relay closed and a command was sent to the remote of the respective player. It worked like a classic alarm. You heard twelve beeps and all the players would stop, one after the other, and then the control device, which had a timer, let a few seconds pass, verified that all the players were on pause, and then gave the command to play. But since electronic devices don't always work, we often had technical problems.

What status do the reinstallations of a video environment have for you? Are they reconstructions of an original, or variants that reinterpret the same work in a different way, or is each one an autonomous work?
All these solutions have been tried to some degree – one doesn't necessarily exclude the others. The reinstallations of *Il nuotatore* were all editions of the same work.

The installation was changed notably, though.
Yes, but change is embedded in the potentials of the research and the work. The 're-staging' of a work, the possibility of varying it, duplicating it, presenting it contemporaneously in two different places, of simply turning it off and on, or the possibility that it may break down are all constituent elements in the universe of these works – this is brought home by some of the mutations in the titles of our video environments. *Il nuotatore* has maintained its identity surprisingly intact, because however much Palazzo Fortuny and the pool imprinted the work, the essential elements of the video environment – the twelve monitors and the line of blue light – have a capacity to travel.

So for you, the core of *Il nuotatore* is the monitors and the light. But after the first time, in later presentations, not only was the pool not rebuilt, but the monitors were reduced from 24+1 to 12+1. So viewers couldn't walk around the piece, as they could in Venice, where the swimmer was visible on two sides because of the double line of television sets. Don't you agree that this substantially changed the way viewers engage with *Il nuotatore*?
Yes, definitely. But in the case of *Il nuotatore*, we perceived this change much less strongly in comparison to the initial project. The double-sided *Swimmer* was only thought of later. In the preparatory drawings you can see that the first idea was to give it a single front. It occurred to us later that it would be nice to be able to move around the installation. The backs of televisions are so ugly though, which is why we thought of doubling the number and placing them back to back. That way we resolved the aesthetic problem as well as emphasizing even more strongly the importance of the space in which the installation was set. This doubling turned out to be effective, the classic cherry-on-top, letting us hide one thing and reiterate another by making it perfectly evident. But I can assure you that you would miss the clock video more than you do the other twelve video screens of *Il nuotatore*, even though the clock was introduced later. The genesis of the clock belonged to a theme that was probably inherent to the general concept of the work, but that we were unable to perceive at the

very beginning, though later it emerged very strongly: the discourse of how time is read, of synchronies and asynchronies. The clock is closely tied to Böll's story. And since the story didn't actually produce *Il nuotatore*, but was adjusted to it later, the clock didn't appear at the very beginning of the project, either. Only when we adjusted the story to the video work did we start dealing with the issue of how to integrate it visually as well, which is how the clock came into being. The paired presence of clock and swimmer in turn generated the interweaving of times: visual time and literary time.

For us, this information is very important for an understanding of which elements of the work are essential, also in regard to future exhibitions.
I have to say that it is not so much the physical elements as the perceived elements. For example, a shiny, reflecting floor that would give the idea of wetness is an element we have hardly ever used, but one that would work extremely well with the installation of *Il nuotatore*, just as would glass, a transparent, containing surface. Time, transparency, light and synchrony-asynchrony: these are the components, the building blocks of the work, beyond the tiles, beyond the pool used for the first presentation. Then, if you wanted to set up *Il nuotatore* in a real, emptied-out pool it could work, though we haven't ever tried this. We have considered installing *Il nuotatore* with fewer monitors (6+1), and something we have discussed many times is which of the monitors could be dispensed with, to re-edit the work. Obviously it would be the lateral ones. That way the pause between the swimmer's u-turns would be lengthened because the viewer would have to wait for him to get to monitors 4 and 5 before he would be visible.

We even presented *Il nuotatore* in a fortress at Bolzano (Castel Mareccio). I have to say that this was one of the most discordant settings ever, and yet I remember that it worked!

Why discordant?
Because you know, in a medieval castle in the South Tyrol with thick stone walls, wooden ceilings and fresco decoration, *Il nuotatore* looked like an alien object!

So, in theory *Il nuotatore* could be installed anywhere.
Yes. Except that the presence of real water in an installation environment could be problematic: in that situation either the real water would win out over the electronic water, or the electronic water would short circuit the real water, and the two impressions would cancel each other out. When we designed the scenography for an open-air theatrical performance, for example, the show took place at night, when electronic images, which emit light, are able to overpower the force of reality.

One of the many transformations *Il nuotatore* has undergone over the years has been that of the migration of the various storage media. During the 90s you transferred the U-matic tapes to laserdiscs.
Before talking about the migration of the storage media, we need to take a step back. At the time we were producing *Il nuotatore*, we had various video cameras available

to us. Of the 12 video cameras that we used on that occasion, at least two were a different model to the others, and the cameras that were the same had been used for very different purposes, so that there were qualitative differences in the lenses and variations in the way light passed through the lens material.

This explains the differences in colour in the various recorded videos. When we presented *Il nuotatore* in Tokyo, the videos had to be converted to the NTSC standard, which is what they use in Japan. On that occasion the Japanese technician tried to equalize all the greens of the water. He came very close, but he wasn't able to achieve total homogeneity because the original video cameras were different, and as a consequence the reality captured by each of the cameras corresponded to the parameters of that particular camera. This could be considered a weakness, but it's also a strength because in the end, the work isn't a sterile exercise.

For the presentation in Düsseldorf, the *Il nuotatore* videos were digitalized, which introduced a significant change: there is no longer the need to rewind the tapes at the end of each cycle, because the video automatically starts at the beginning. Do you think this change influences the viewers' engagement with the video environment?

Our work, which reflects the spirit of the times, incorporates the theme of the ephemeral and the overproduction of images. We think that in the future there will be a real natural selection of images. Those meriting conservation will survive, even into future centuries, on various types of storage media. It is selection that guarantees the continuation of the species. In the case of less interesting images, money won't be invested to conserve them or transfer them onto updated storage media. At the same time it's worth reflecting on the capacity of works of art from the past to survive long periods and maintain their efficacy. We then shifted this line of reasoning into contexts like music and theater. Shakespeare's *King Lear* is no longer the same play presented at the Globe Theatre in London in 1605, nor is *The Magic Flute* the production staged by Mozart and Schikaneder in Vienna in 1791, but they have both maintained their effectiveness – and why is that? The answer is because there have been interpretations. There are interpretive and executive dimensions of the work that permit its perpetuity, its continuity. The video environments and installations that we create, besides having a sculptural and architectural dimension, have a theatrical and cinematic one. These aspects permit a work to be reinterpreted. I've always asked myself why no one has thought of interpreting *Il nuotatore* or *Vedute* (Views), in spite of the fact that these works contain all these potentials. We've seen some pretty bad *Magic Flutes*, but we've also seen some that have been powerful and evocative to the maximum. The value of the composer, the writer, the dramaturge, goes beyond the single performance. This separation between work, representation, and artist permits the work to live on; it gives it the possibility of updating itself, all the while maintaining a powerful communicative charge. So I would like it if our work, which is so tied to technology, and thus so volatile and variable – sometimes it works and others it doesn't, the storage media changes, after ten years the tape cassettes disintegrate – would instead hold on to its expressive power. So, if on the one hand it can't be anything but positive if works that survive natural selection undergo a transfer from one storage medium to another, on the other hand I would be happy if someone were to consider the possibility of re-making and interpreting our work. For instance: so-and-so interprets *Il nuotatore* by Studio Azzurro.

Who would be the right person to take on the role of the interpreter: a curator, a conservator, or one of your assistants?
The designer or producer sometimes designates a stand-in to organize the showing of a work, depending on what is feasible at that time. What counts, though, is that the work is created from the beginning with the idea of interpretation in mind. People who compose music and write for the theatre know this and take it for granted. From this point of view I think we need to detach ourselves from traditional ideas about art. Video environments, video installations, productions, are all works that are still very tied to a centralizing figure who might be either a single individual or a group that recognizes its own work as an absolute opus, beyond which nothing more will be done, excepting its philologically exact reconstruction. Instead, in my opinion we need to adopt a more hybrid solution, to the same extent that our work and research is hybrid. I do think it right that our work be recognized and valued as 'an artist's work', and thus closely linked to the presence and mind of the person who conceived it, but at the same time this should also allow for performance by an interpreter.

Looking ahead to a distant future when Studio Azzurro no longer exists, if someone wants to re-present *Il nuotatore*, who could be designated to interpret it?
I think it would be a figure that would have to be created ex novo.

In a musical or theatrical context there is usually a score or text that acts as a reference point for the interpretation of the work. What could future interpreters use to orient themselves with regard to your video environments?
Studio Azzurro writes a great deal, and has published many books and catalogues. Also crucial is the documentation of the works because it is all that remains as a compendium. We have been increasingly careful regarding the documentary sources; for instance, we have conserved the original folders with the first drawings for *Il nuotatore*.

Do you think the preparatory drawings could also be useful for future reinstallations?
Yes, but call them 'philological reinterpretations'. Analysis of the early drawings could inspire a reinterpretation that differs from the work that resulted from our creative process. I allow for the idea of using the preparatory studies for a work like *Il nuotatore,* in order to create a new edition of it. It would be like staging an idea that had been thought of, but never actually carried out. This is definitely another possibility.

Where do you see the limits of reinterpretation? For example, what would happen if *Il nuotatore* was reinstalled using flatscreens instead of CRT monitors?
No, that isn't a limit. I am not at all scandalized by the idea that *Il nuotatore* could end up on 12 plasma screens or be projected. By contrast, something I would have a lot of trouble accepting would be the violation of the narrative unity. If the themes embedded in the work – the contrast between synchrony and asynchrony and the continuity of the crossing – were estranged, it would no longer be *Il nuotatore*.

And what about the light? You were saying that the neon light plays a fundamental role, too.
At least as far as I'm concerned, this aspect could represent the permeable threshold, the razor's edge on which to vary the interpretations. Even we made changes to the light: in Palazzo Fortuny the neon was at the edge of the pool, while at the Fondazione per l'arte contemporanea Mudima in Milan we put it behind the monitors instead. This physical element is therefore variable; for me, what is not alterable is the conceptual and narrative aspect that lies behind the work. If you reinterpret it, that's fine, but if you violate it, it becomes something else.

So it isn't so much the machinery or the scenography in general ... what you really care about is the content.
Yes, that is the most important aspect, taking into account, though, that the nature of the work is ambiguous: if you think of it as a painting, there is a difference between a reproduction and the original, but if you think of it as a film, there is no difference between the original and a copy.

In conclusion, could you sum up which elements of *Il nuotatore* are essential for a presentation of the work that would not falsify it?
The contrast between synchrony and asynchrony is fundamental. Another essential element is the narrative unity. For me, the most important thing is to narrate those things, and to narrate them in just the way they were conceived. In third place I would put the spatial dimension of the environment. It is important to be able to move around the work, and therefore – whether the monitors are flat or volumetric – the images must be located in a space in which it is possible for the spectator to physically move. They could even be holograms, which would enable the viewers to pass through them. What I would put in last place are the physical dimensions of the object and therefore the philological reconstruction of the installation. At that point, though, you'd also have to find the Saba televisions that were used the first time the work was shown!

CASE STUDY 2

In Situ by Gary Hill

Tiziana Caianiello

Introduction

Gary Hill's *In Situ* (1986) is a single-channel video installation in which all the associated appliances are operated by an automatic control system. Instead of regulating the playback of several videos as in the case of synchronized, multi-channel installations, this system controls the activation and deactivation of various devices in accordance with a defined sequence. Gary Hill defines *In Situ* as a 'system performance', a performance executed by a technical system as opposed to human beings. In my introductory essay I attribute performative character to all media art installations. The duration of the programmed cycle in *In Situ* is approximately 17 minutes, followed by a pause necessary for the manual preparation of the next cycle. Thus, the various performances are clearly separated, with the result that the performative character of the installation is more evident than in the case of loop-based works.

In 2007 imai presented the solo show 'Gary Hill. Strange Trajectories' (16 September to 28 October 2007), which included the installation *In Situ*. This work occupies a central position in Gary Hill's oeuvre, being the first for which the artist employed a cathode-ray tube removed from a television set, and also containing the first reference to the novel *Thomas the Obscure* by the French writer Maurice Blanchot. The unusual deployment of cathode-ray tubes re-occurred in later works by the artist, such as *Between Cinema and a Hard Place* (1991). Hill returned to Blanchot's novel in the video work *Incidence of Catastrophe* (1987–88). The installation *In Situ*, which is owned by the artist, had last been presented in 1990. The proposed presentation at imai in 2007 raised questions that invited the compilation of a case study, since it was necessary to clarify to what extent and in accordance with what parameters components of *In Situ* could be replaced without jeopardizing the authenticity of the installation.[1] A further focal point of the case study was to analyse and document the sequence in which appliances were activated and deactivated.

1 The case study was initiated and led by Sandra Thomas.

Work description

Visitors to the installation *In Situ* watch a video on a cathode-ray tube that, possessing a 13-inch image diagonal, has been removed from the original cabinet of a television set and placed inside the housing of a 20-inch computer monitor. The video was originally recorded on u-matic tape, and has been digitized by the artist. An exhibition copy on DVD was provided to imai. The video is composed of a montage of television recordings and of video footage shot specially for the installation. The recorded television footage shows coverage of the Iran-Contra affair in 1986. The scenes shot by Hill are inspired by Maurice Blanchot's novel *Thomas the Obscure*. Opposite the monitor is an armchair with a cushion that is far too small for the size of the seat. The viewer is expected to sit down in the easy chair. A case housing two fans is positioned on the floor between the monitor and the chair. Four more ventilators, directed towards the centre of the space, are housed inside pillar-like elements positioned in all four corners. Suspended from the ceiling is an appliance (here called the paper feeder) that is made especially for the installation and ejects A4-size sheets of paper (see illus. p. 83). Stills from the video film are printed on both sides of the individual paper sheets, which – as they fall down – are blown about by the currents of air from the fans. On various soundtracks of the audio-and-video carrier are control signals assigned to the various devices in accordance with a predefined sequence; these signals activate the relays that switch on and off the screen, the paper feeder, the fans and a loudspeaker.

Presentation

Just as the first staging of the installation *Il nuotatore* amounts to a special situation within its presentation history, so the first presentation of *In Situ* was not definitive for the follow-on stagings (even if for different reasons). Gary Hill first showed *In Situ* during the National Video Festival of the American Film Institute (AFI) in December 1986 (see illus. p. 77).[2] For the installation, he was provided with a room in which black-and-white photographs of actors hung on the walls. Hill installed the work diagonally, placing the various elements directly on the available flooring (see full-colour illus. 9). The second presentation of *In Situ* occurred one year later as part of the exhibition 'The Situated Image' in the Mandeville Gallery in San Diego.[3] In this case the installation ran parallel with the exhibition space, and carpeting had been laid, which clearly separated the space of the installation from the rest of the gallery. This manner of staging was adopted in the follow-on presentations, the only subsequent addition being that of a low platform (see full

2 National Video Festival, American Film Institute, Los Angeles, 4–7 December 1986.
3 'The Situated Image', Mandeville Gallery, San Diego, 16 May – 14 June 1987.

colour illus. 10).[4] The dimensions of the installation are therefore dictated by the size of the platform.[5]

At the imai show, too, the objects were arranged on a wooden platform covered by a carpet, with the solid wood border of the platform acting as a line of demarcation for the installation. The appropriate carpet material was chosen in consultancy with Gary Hill, who stressed that this material should be grey and ridged.[6] In this process it became clear that the structure of the carpet demanded special attention, because the artist associated the ridges with the scan lines of a cathode-ray TV set: 'The platform on which the installation takes place also mirrors the proportions of a TV and is carpeted with a grey ridged material that is reminiscent of scan lines.'[7]

One question that arose in the course of the case study related to the understanding of the title *In Situ*. In the art world the Latin term 'in situ' is normally used for installations closely connected to their place of creation. The French artist Daniel Buren wrote in 1985 that a 'work in situ' (a term he began to use in the early 1970s) can be defined as the transformation of a site by a visual means, whereby the site and the means reciprocally influence each other in such a way that a connection arises between the site and the work.[8] It would be misguided, however, to interpret the title of Gary Hill's installation along similar lines. In principle, the rectangular platform can be set up in any space large enough to accommodate it, and then amounts to a self-contained 'island': 'It's almost like planting rather than being site-specific: that whole island can be put anywhere.'[9] For the same reason, the artist saw no problem with installing *In Situ* in an exhibition space in Düsseldorf that was much larger than any of those used for the preceding presentations: 'Because it is an island, it can float.'[10]

So what does the title *In Situ* mean if the installation is not site-specific? In Hill's work it is the encounter between video images and viewers that is actually shown 'in situ', that is to say, in a kind of living-room, in the place where television is generally watched. The armchair and the TV set give the viewer the initial impression of being in a familiar space. According to information provided by the artist, the exhibition

4 'Cinq pièces avec vue: 2e Semaine Internationale de Vidéo', Centre génevois de gravure contemporaine, Geneva, 16–21 November 1987; solo show in Cornish College of the Arts, Seattle/Washington, 1–30 September 1987; 'Otherwordsandimages', Video Galleriet, Huset und Ny Carlsberg Glyptotek Museum, Copenhagen, 20 April – 13 May 1990. Following the imai presentation the work was exhibited in the show 'TV/Arts/TV. The television "shot" by artists', Arts Santa Mònica, Barcelona, 14 October – 8 December 2010.

5 Platform dimensions: 364 x 488 cm, height 2 cm.

6 Hill's assistant Rayne Wilder sent a sample to imai as assistance in preparing the forthcoming presentation; her cover note to Sandra Thomas of 7 August 2007 is filed along with the sample in imai's documentation of the installation.

7 Gary Hill interviewed by Tiziana Caianiello and Sandra Thomas, 9 September 2007 (p. 264 in the present publication).

8 Poinsot 1986, p. 327.

9 Gary Hill interviewed by Tiziana Caianiello and Sandra Thomas, 9 September 2007 (p. 266 in the present publication).

10 Ibid.

space should not be completely dark, since people do not usually watch TV with the lights out. Lighting should be used in the same way as for a sculptural object, but should not compete with the video image.[11]

The room used for the installation on the occasion of the 1987 exhibition 'Cinq pièces avec vue' in Geneva (Centre génevois de gravure contemporaine) was not a typical exhibition space but instead a bright room with a fireplace (see full-colour illus. 11). The artist considered the environment suitable for his installation because the room encouraged associations with a living-room.[12]

However, the appearance of the everyday is deceptive in the case of *In Situ*. Both the upholstered armchair and the TV set have been altered by the artist. Just as the seat of the armchair is too small, so the cabinet of the TV set houses a screen that is too small. At times the viewer is exposed not just to the wind from the fans but also to a literal deluge of images when the printed sheets of paper come cascading down. The place for watching TV is anything but cosy, as it turns out, and confronts the viewer with an unexpected situation that opens up new possibilities of perception.

Monitor and Armchair

The installation *In Situ* reflects the reciprocal nature of the act of seeing. The armchair (the observer's location) is connected imaginarily with the TV set (the object of seeing). Both appear to have 'shrunk': the TV set with the too small cathode-ray tube 'gave the impression of the tube being an eye shrinking from its skull. This relationship was mirrored in an easy chair facing the set; its seat cushion was about two-thirds normal size.'[13] The reciprocal reflection between viewer and TV pictures in Hill's installation points to the symbiotic relationship between reader and text addressed in the novel *Thomas the Obscure*. The written word comes to life only when the viewer's glance lends it sense: 'The words, coming forth from the book which was taking on the power of life and death, exercised a gentle and peaceful attraction over the glance which played over them. [...] And so Thomas slipped toward these corridors, approaching them defencelessly until the moment he was perceived by the very quick of the word. [...] The reader contemplated this little spark of life joyfully, not doubting that he had awakened it. It was with pleasure that he saw himself in this eye looking at him.'[14] Like Blanchot's reader, the viewer of *In Situ* is seen by that which he sees. Due to the curved cathode-ray tube, the TV set is reminiscent of an eye surveying the viewer. This metaphor is created immediately at the beginning of the video, when the close-up of the artist's eye is inserted (see full-colour illus. 14).

11 See ibid., p. 266. At imai the installation was illuminated by two spotlights trained on the armchair.
12 See ibid.
13 Gary Hill interviewed by Louis-Jose Lestocart. Lestocart 2000, pp. 233–234.
14 Blanchot 1973, p. 25.

While Blanchot's novel is a text that offers its readers a diverse range of interpretations and the possibility of exploring unimagined depths, the message conveyed by the reporting of the Iran-Contra affair, which was ubiquitous in 1986, was one-sided and superficial. The United States had clandestinely sold weapons to Iran, a hostile state, in order to divert the revenue to channels of support for the right-wing Contras in Nicaragua in their war against the Sandinista government. Although viewers were inundated with media reports on the affair, the role of Ronald Reagan, US president at the time, and his cronies remained unclear. In Hill's video there are recurrent excerpts in which Reagan claims that no mistakes were made. Messages drained of meaning and the passive consumption of information are mutually interrelated: the screen in the oversized cabinet, in which the artist sees a desiccated eyeball threatening to fall out of a skull, is placed in relation to the small seat cushion that symbolizes the narrowing of the viewer's perspective.

For reasons connected with the aforementioned metaphors, the tube monitor with its characteristically curved shape plays an important role in this installation. In the case of a sculpturally trained artist like Gary Hill the sculptural function of the monitor can scarcely be overestimated. However, for some years now the cathode-ray tube has been considered a vanishing technology. For *In Situ*, and for many other installations, the question arises whether alternatives to the cathode monitor can be considered should the original piece of equipment no longer function and no replacement of similar type be available, and if so, which alternatives are permissible. In view of the intended ocular connotations, it would be wrong to replace the CRT monitor of *In Situ* with a flatscreen. The main criterion governing the choice of a new equipment type is the curvature of the screen. It is not possible to predict what technical alternatives will have been developed by the time the problem becomes real. One potential solution might be to emulate the cathode-ray tube by means of new techniques such as back projection onto a glass tube. This method would make it possible to preserve the curved CRT monitor, on the one hand, but would present the viewer with the illusion that an obsolete technology still existed, an aspect that the artist views as a clear disadvantage, as he explains in the interview in the present publication (p. 268).

In Situ is comparable with Bill Spinhoven's *I/Eye* (1993), in which the eye motif is likewise closely linked to the video presentation on a tube monitor. The monitor shows a closed eye in close-up, which is "woken up" when a visitor passes the screen: the eye opens and appears to follow the viewer, although in reality the viewer is controlling the work with his or her movements.[15] In this case, too, it will be difficult to replace the tube monitor with a screen based on a more modern technology. Although for Spinhoven the sculptural qualities of the work are less important than for Hill, after developing a new version of his work with an LCD screen Spinhoven concluded that the old version with the tube monitor looked "more organic" due both to the curvature of the tubes and the softer edges of the images.[16] His new version therefore clearly differs from the original version.

15 See work description p. 276 in the present publication.

16 Interview with Bill Spinhoven by Tiziana Caianiello and Renate Buschmann, 21 October 2009, unpublished.

The *In Situ* case study also included a discussion about replacing the armchair that forms a conceptual unit with the cathode-ray tube. According to Gary Hill, usage of the original easy chair is not strictly necessary for the installation: in principle, it would be possible to use another grey armchair styled in the same retro look as the original. Instead of the original armchair, which still exists, a similar model was used for the Düsseldorf show. In accordance with the artist's specifications, this model was given a grey cover and the seat cushion was reduced in size. Although the velour cover was chosen in consultation with Gary Hill,[17] the artist was not wholly satisfied with the result because the fabric was not the shade of grey he had imagined, showing that such instructions may still be open to error or misinterpretation (see full-colour illus. 12–13). The original objects are important not only as historical testimonials but also as the basis for producing replacements. For that reason accurate documentation is of great importance.

The 'system performance'

The video footage, the falling sheets of paper, and the starting-up of the various appliances were orchestrated by Gary Hill in such a way that during the 'system performance' the viewer can experience the installation with his entire body. The sheets of paper printed with stills from the video (or with images resembling the video) fall down on the viewer when the same (or similar) images are showing on the screen. The paper feeder is the machine activated most frequently, and at specific intervals within the cycle it unleashes a regular deluge of paper on the viewer. The four fans that surround the installation are switched on and off simultaneously, and have lengthy operational phases in order to blow about the falling sheets of paper. The television set switches off at several points within the cycle, thus interrupting the flow of images on the screen.

The mode of function of the various fans is linked up to the image sequences: the very first sequence shows the viewer a turbulent sea inspired by the first chapter of *Thomas the Obscure*, and at the same time currents of air from the fans become palpable: 'It was then that the sea, driven by the wind, broke loose. The storm tossed it, scattered it into inaccessible regions; the squalls turned the sky upside down and, at the same time, there reigned a silence and a calm which gave the impression that everything was already destroyed.'[18] The wind can also be associated with the media storm provoked by the Iran-Contra affair – but for all its vehemence, the storm could not persuade those involved to break their silence about the central details of the scandal. At a different point in the cycle the activation of the two fans positioned in

17 E-mail correspondence.

18 Blanchot 1973, p. 7. This passage is shown briefly in the video, throughout which, at different points, a number of pages from the book appear. However, the passages were filmed in such a way that it is scarcely possible to read them.

the case on the floor (see illus. p. 82), from which air is alternately blown towards the TV set and then towards the viewer, is coordinated with a video sequence in which a paper kite ascends and descends, a situation that symbolizes, according to the artist, the 'fluctuating space of reception'.[19]

When, at the end of the video, we see the artist walking through leaves on the ground, we are reminded of the sheets of paper that cover the floor of the installation by the end of the performance. And, for the first time, the sound emanates not from the loudspeaker behind the screen but from a second loudspeaker concealed beneath the seat cushion. Thus, the viewer gains the sensation of walking through the leaves shown on the screen or through the sheets of paper on the floor of the installation. Finally, in accordance with the interaction between viewer and work that *In Situ* addresses, the video shows the artist, with his back to the audience, operating a remote control apparently in order to 'switch off' the viewer (see full-colour illus. 15). At this point the performance, which lasted almost 17 minutes, ends.

Instead of being performed in automatic loops, each performance of *In Situ* requires individual preparation. At the end of each cycle museum staff must collect the sheets of paper and, by means of a ladder, re-fill the paper distributor with a fresh set of printed pages (see illus. p. 83).[20] Only then can a new performance begin; moreover, the presence of a visitor on the armchair is required.

Every performance is, as I explained in my introductory text, unique and unrepeatable because, among other reasons, the perception and reaction of the viewer vary every time. This uniqueness of individual performances is especially striking in the case of *In Situ*: the sheets of paper always fall differently and land on different spots. Nevertheless, it is valid to ask which differences between the performances are intended, and which deviations from the prescribed sequence should not be tolerated. The sheets of paper, for example, are numbered and ought to be ejected in accordance with a defined sequence at specific points in the cycle. For technical reasons, however, the papers may get mixed up or fall at the wrong point in time. In the artist's view it is important that the correct sequence be observed at least at the beginning, but some degree of deviation may subsequently be tolerated.

In the case of *In Situ* the sequence and rhythm in which the various appliances are activated and deactivated is of essential importance for the work. In this respect the work resembles some of the kinetic installations of the 1960s, for which preservation strategies have been compiled based on the documentation of the switching sequences, which may provide a useful starting point.[21]

19 Gary Hill interviewed by Tiziana Caianiello and Sandra Thomas, 9 September 2007, p. 264 in the present publication.

20 A set of photocopied sheets of paper serves as a master to make new photocopies for the individual performances.

21 See, for example, *Lichtraum (Hommage à Fontana)* by Heinz Mack, Otto Piene and Günther Uecker. This installation dating from 1964 is composed of seven light-kinetic objects that switch on and off in accordance with a defined sequence. Caianiello 2005, pp. 59–94.

In addition, it is possible to compare *In Situ* with *Between Cinema and a Hard Place*, a Garry Hill work that was documented extensively when it was purchased by the Tate Modern in London. This complex installation dating from 1991 is composed of 23 cathode-ray tubes of various sizes that have been removed from their housings. Different video sequences are distributed over the cathode-ray tubes by a computer-controlled switching device adhering to a programmed sequence. The Tate staff were able to access the control program and write down all the procedures it contains. The result was a score that records for the entire eight-minute cycle which video sequences are played on which screens at which point in time, and for how long.[22]
Since no computer program was used for *In Situ*, the situation is different. It is a matter of recording the time code of the acoustic signals controlling the activation and deactivation of the particular appliances to which they are assigned. All the same, here too the result is a score that would make it possible to reconstruct the switching sequence of the various appliances in the case of a failure in the control system (see full-colour illus. 16a–16b).

In regard to the automatically controlled sequence, the following set of questions result from the *In Situ* case study:

- Of what automated procedures is the whole cycle composed?
- What is the significance of the various procedures within the framework of the installation?
- To what extent is a disruption of the programmed cycle acceptable?
- How is a new cycle to be started: automatically, or by human intervention?
- What is required for the periodical start of a new cycle?
- Is the sequence according to which the appliances are controlled documented in such a way that it can be reconstructed in the case of technical damage or failure?

22 Laurenson 2001, pp. 259–266.

Gary Hill in Conversation with Tiziana Caianiello and Sandra Thomas

imai, 9 September 2007, during the setting up of the exhibition 'Gary Hill. Strange Trajectories'

In a dialogue with George Quasha and Charles Stein you said that 'video' was the wrong word for what you were involved with. What are you involved with?
The etymology of the term video is rooted in Latin 'to see'. Although I use an abundance of images, the primary focus is not on images themselves as something one looks at. It is more about questioning, let's say the tyranny of the image; how one can dismantle its support and structure and what its relationship is to language and the body. Consequently, the image is rarely a given in the work I do.

Could you tell us about the creation of *In Situ*?
At the time I was trying to draw attention to the object of television – let's say as furniture, and its place in the space as the default focal point which led me to the title *In Situ*. At the time I was experimenting with taking the cathode ray tubes (CRTs) out of their casings, making them naked in a sense, perhaps even vulnerable. During the same period the Iran-Contra affair was unfolding and I had just started reading Maurice Blanchot's *Thomas the Obscure*. I wanted to jam these two extreme events together – one being a political watershed moment that you couldn't get away from and the other an extremely private event in which I felt a text was kind of reading me. I thought about that stare one has before that all pervasive stream of information and the fatigue one can have reading something so intense. I imagined the drying eyes of a dead man shrinking and becoming loose in the sockets of his skull. That is how I came up with the image of the smaller tube slipping from a larger frame of a television. I mirrored this with the chair and shrunken cushion – a kind of double 'in situ' of television and viewer.

What about the automation system in the work *In Situ*?
I was thinking about the idea of a system's performance – that is, scoring the various components of the installation in order to merge the images and textual material with the physicality of the components, so attempting to get at a more visceral experience. There's a kind of synergistic aspect to the overall automation of the 'in situ'. The television going on and off; electric fans blowing air from the four corners towards the center – I was thinking of the 'news' as north, east, west and south; back to back fans alternately blowing at the viewer and at the TV, and the paper feeder spitting out images from the program at specified times ... There's a kind of syntax at play.

What role does the viewer have in this piece?
Ultimately, that's up to the viewer but the work certainly calls attention to the notion of a viewer/reader. It is self-consciously about viewership and quite literal in that sense. This is where you normally sit, so sit; this is what you normally watch, so watch. We are watching ourselves being information. At the same time there is the feeling of the entire apparatus being orchestrated with the viewer as one of the players.

The viewer sits down on a chair with a 'shrunken' cushion that corresponds to the 'shrunken' monitor. I understood that the installation is also about the relationship between these two elements.
I specifically played with this mirroring in the way I scored the fans blowing at the viewer and the TV and by incorporating the simple binary element of turning electrical components on and off – interrupting the ubiquitous TV gaze – making one aware of the process of reception. The shrunken cushion is about the comfort of a static place/point of view literally shrinking. I thought of the TV in the same way – again, the metaphor is of a dead man's eyes shrinking from their frame (the skull) – the quality and transparency of the information is lessening. In a sense, the viewer in *In Situ* is *on* television. The platform on which the installation takes place also mirrors the proportions of a TV and is carpeted with a grey ridged material that is reminiscent of scan lines. At one point and only one point the sound that is coming out of the television speaker switches to a speaker that is under the chair, which is louder, and suddenly there's a deeper sense of immersion. This happens at a point where one might say the protagonist of *Thomas the Obscure* and the reader become one in the work, and he is walking away from/with the viewer on a path full of fall leaves. The leaves then are a metaphor of all the images that have fallen on the space via the paper feeder. The visceral sound of crunching leaves shifts literally to the feet of the viewer sitting in the chair, transporting them in a sense to the walking path. One is thus walking through all this 'information' that has been streaming from the television. This kind of physicality is foregrounded in much of my work. Typically, I try to implement this aspect reflexively. Although there may be content – Iran-Contra affair, *Thomas the Obscure*, 'television' or what have you – I'm really interested in the body and thought itself really coming into contact with the media.

One of the fans is placed in front of the viewer. Is that to create a sort of disturbance?
There is a scene with a kite. When you run towards a kite it will drop and when you run away from it, it will rise up – all having to do with tension. I thought of this kite movement as similar to the relationship between author and reader: there is give and take where you are meeting the author, at the fence of the text. During that scene there is a play with the fans as if the fans were making the kite rise and fall. A fan blows towards the television, the kite rises; when it is blowing towards you the kite drops – the viewer is flying the kite; the fluctuating space of reception. I developed this notion further in a later piece, *Incidence of Catastrophe* (1987-88).

If you work on an installation do you make sketches and drawings that would be helpful to re-install your work?
Typically, when I'm developing a work I might make notes and drawings – more like very rough sketches – sort of notes in my head really. If I am going to be installing at a specific location I will make specific diagrams for that space. For the most part I'm not beholden to exact dimensions and proportions of space. Many times I'll reconfigure works for specific spaces but there are limits and it is on a case by case basis. In the end there might be notes about hardware and software, technical diagrams, block diagrams of components and occasionally drawings that try to get a feeling of the installation and its scale.

When you work out a multimedia installation, do you involve other people like technicians or do you do everything on your own?
Invariably yes – some of these works are quite complex technically and in many instances I've had people engineer new hardware/software for a particular idea. I have worked several times with Dave Jones, who I met at the Experimental Television Center in 1975. I have worked with him on and off for 35 years. More recently I've worked with some people coming out of the DXARTS program at the University of Washington. Today, there are more and more highly skilled and motivated engineers that enjoy working on something a little different.

When do you have the feeling that a work is finished? Is there a final version of something?
I don't think I ever really finish works – it is more like the fire of the idea has been harnessed and it is happening (or not). I'm sure I've 'finished' work simply because I had a deadline and I had to stop. There is a point where it almost says: I can live alone now. Once the work has its identity, and this is usually clear, the fact of whether it has a button-down collar or a scar or whether the image is in this resolution or that loses importance. In most works I've done, I prefer to use very small-format cameras allowing for spontaneity and quick access, so the image quality can be relatively poor but this far from compromises the work.

According to our research, the installation was shown five times between 1986 and 1990. Each time, the exhibition space was different. How did you proceed with the presentation of the work?
Imagine you have just moved to a new flat and you have brought your furniture from your previous flat. The layout is a little different so the furniture has to be arranged a little differently. Now, if the room was only half the size of your previous place there could be a problem. Now, imagine the 'furniture' and carpet/platform size of *In Situ*. The questions that might arise don't seem a whole lot different. There are dimensions and there is the layout of the space. A 12 ft x 16 ft platform has to fit comfortably in the space. If there are no windows (optimal), then you have complete control of the light. If there are windows then it matters where they are and what kind of light

comes through – the prosaic has entered into the equation (not optimal but still possibly playable).

The only presentation that considerably differs from the others was the first one. The reason was that the installation was presented for only three or four days on the occasion of a festival at the American Film Institute. That is why there were photographs on the wall. It was a situation with limited possibilities. All the other presentations have this kind of island, the platform.

One installation of *In Situ* was in a house; the room had a window and a fireplace. Light was streaming in, and yet the work was not compromised, since the entirety of it is a kind of self-contained object, a platform that is inserted into the space and also because the nature of the work is comfortable with viewing conditions that are suggestive of a living room or perhaps a large office – places where television viewing happens. The important aspect is to understand that once we've left the neutral gallery space (optimal) another set of judgement calls arises. How much of an 'everyday space' can the work exist in? Up to a point, the installation instructions deal with the issue of light. *In Situ* is not supposed to be in a dark room. Usually people don't watch TV in the dark. They watch films in the dark, but the TV is just on like another light. The work should be lit similar to if one was lighting a sculptural object, with any light being keyed off of the CRT itself, of course.

Have you always been present at the installation of your works?
Of this one I have been, always. But there will come a time …

Let's imagine the situation that we have to install the work without you. Could you describe what is essential for the installation itself, aside from the components?
Since the platform has fixed dimensions and all the components are installed in relationship to that, the installation will be consistent. It's almost like planting rather than being site-specific: that whole 'island' can be put anywhere and it is 'in situ'. About the only variable would be the height of the paper feeder. If it is too high the paper can tend to float outside the platform too much and if too low it simply won't float enough. The work is something that kind of gets inserted into a space. Sure, some spaces are considerably more suitable than others in terms of light, architectural details and what not. In this respect every 'performance' is a little different. The only way to have it completely repeatable is to have the space with the same dimensions every time – a white box, as I mentioned before. I actually prefer the challenges that different situations provoke – the work accumulates a different kind of history than if it were shown only in exactly the same kind of space … but I would still have to say that is the optimal space.

The proportions within the gallery space could be important. Isn't it different depending on whether you build the island in a small or a big space?
It is. Here in Düsseldorf the space is going to be a little bigger, which I think is fine, because it is an island, it can float. I am open to different spaces; the world is a living,

breathing place full of obstacles and fluctuating boundaries. I'm open to the accumulation of difference. There is an amount of it that should be what it is.

Where is the boundary between what can be replaced and what we really need to conserve in order to keep the work's idea and authenticity?

I think that boundary is always in flux to a degree. I would like to see more collaboration between conservators, curators, art historians and even students involved in these issues. It's a little different from organising everything around some fixed point of authenticity, particularly the idea that all the components and parts in *In Situ* must be replaced with the exact same technology. This is completely counter-productive. The way you come to what the piece is – that is a series of encounters like the ones we had concerning the chair.

The chair used here is not the original one. I could say: well, you really must use that chair, and it is going to cost us $2,500 to ship it back and forth. But I have to recognise that it doesn't make any sense. If we can find a chair for $100 here that is more or less an easy chair, that has that kind of old 'modern look' and if we can reupholster it and get the cushion shrunken down, it will function successfully for the piece. For instance, the colour of the chair here is not quite grey but it is grey enough to go ahead with exhibiting the piece. By the same token, I would have to admit that I could be in some kind of mood, at some other time, that might prevent me from accepting that 'not quite grey' colour.

Even if I was not there, if this work is meaningful enough to the culture of the day to support it, to carry it forward, there is going to be someone in some sort of position who is closer to the work than others. There is obviously a history, there are photographs, there are videos and there are all kinds of material: how much is somebody going to engage creatively with this material to install the work? I'm here and we discussed the chair, I sent photographs of the chair and you sent photographs back of a chair that you had found. It is not like a sheer random interpretation, there is actually collaboration to find a chair creatively that is authentically linked to the impulse of what the work was and continues to be.

What about the fans?

If the fans are broken they need to be replaced – that seems simple. Now, if you can't find an exact replacement it becomes a little more complicated, at least from a conservator's view. Specifically for me, whether a fan is replaced with an exact replacement or not is not of much importance. It's important that it puts out a similar amount of air, has a similar industrial look and is the same size. For argument's sake, let's say you couldn't find the exact fan or even a fan of the same size. Only a larger fan is available and the posts have to be rebuilt in relation to the fan. I see no problem with that. The work is still going to have the four identical posts with angled tops with fans mounted in them. Obviously, if you could only find fans twice as big that wouldn't work since it would distort the scale of the posts. At some point I have to rely on common sense for the very reason that there are an infinite number of hypothetical questions that could arise having to do with what is acceptable or not. Again, the most important piece of the puzzle is to understand what the piece is about and what it is not about.

The tube is essential to the work. What would happen if it didn't work any longer and we couldn't find another CRT?
It would be counter to the meaning of the work to replace the CRT with a flat screen. Let's look at the question pragmatically. I would estimate, assuming some foresight by conservators, that CRTs could be obtainable and/or kept working for at least 50 years. Now fast forward those 50 years and the culture of that day will either think that *In Situ* is worth maintaining or not. If so, one could manufacture a CRT—it is not that cost-prohibitive. Given the number of media works that could wind up in the same situation, a consortium could tool up and make them, dividing the cost. As a parallel thought, thinking about singularity, virtual reality, simulacra and the philosophical questions swirling about the original and synthetic/modelled experience, I think it is important to understand that the same questions we are discussing will be framed entirely differently in 50 years. There could be any number of solutions to replacing the CRT in order to keep the integrity of that aspect of the work intact. We are only discussing it from the point of view of what we know today. It is so complex that whatever I say in the current context is ultimately rendered moot. Even now, with the advent of laser projectors, one can imagine a small projector fitted into a blown glass CRT that has been surfaced in such way that the image would appear similar to an electron gun. That would be a situation in which the appearance might pass for a CRT, but you would still have the nagging philosophical issue that it is not a CRT complete with vacuum and all kinds of invisible attributes that make it what it is, and that – in a nutshell – is the dilemma. So, at that point, what do you do? Say you were at the point where it was impossible to replicate the CRT in a satisfactory way. Is that the end, or do we come up with some best possible solution which brings us back to your question – who decides that? And I really don't know the answer to that question. Thankfully, I will not be here. That is a difficult thing. If I wrote in the description/certificate if there ever comes a time when the components can't be replaced the piece should no longer be exhibited, then it's 'case closed'.

In this interview we have worked out which parts are necessary to maintain the authenticity of the work. If I understand you correctly, you wouldn't say there is a so-called original version that we should keep in the state it was shown the first time. It is more a kind of process. To re-install this work means to understand what it is about.
Sometimes I like to think in terms of the model of a musical score and its relationship to the experience of the music itself. There are scores that are somewhat improvisational and the conductor or musicians have a certain freedom within defined parameters. But let's look at the more traditional scores, say of Bach or by Beethoven, just to keep it simple. When you look at the score, what does it sound like? What is it supposed to be? Beethoven's Symphony 9 sounds different when it is played by different orchestras

and conductors, but it's not a question of whether it's the same piece of music. To install *In Situ* it's necessary to understand what it is about so that when specific installation questions arise there's an overall grasp of the work in addition to the detailed descriptions, diagrams and photographs that are supplied for this very purpose. The more times it is installed, the more documents there are pertaining to these questions.

So would you say that this is the responsibility of the curators? Who is the conductor?
The question is very different, depending on whether the artist is alive or not, as s/he has to be considered the final reference. Given that it is surely a more complicated issue when the artist is no longer around, that's what we have to focus on. Well, there has to be a new name for something maybe. Right now, I'm sorry to say, some of these 'conductors' surprisingly install works wrong even when all the components and the spatial dimensions are defined exactly. How many times have even paintings been hung with the wrong orientation!? Why does this happen? Someone is not paying attention or they are more concentrated on the overall look of 'their' show and the details of single works are missed. So, even though we're having this discussion primarily about *In Situ* but also generally about media installations in terms of the problematic of conservation and technologies going obsolete, it's not as if these same problems don't exist with more traditional media.

CASE STUDY 3

What Is an Interactive Installation? An Attempt at Clarification

Tiziana Caianiello

Interaction and Interactivity

The reference literature offers very different notions of how the term 'interactive installation' should be understood. The following explanation begins with an analysis of the terms 'interaction' and 'interactivity', then describes the usage of the term 'interactive installation' within the scope of this publication. The term 'interaction' is central to the field of sociology, where it signifies human actions carried out in relation to each other, and always implies interpersonal communication. Although the term originally meant face-to-face communication, interaction now likewise signifies interaction among communication partners via technical media.

The term 'interaction' was adopted by computer scientists in the early 1960s to denote a computer's capability to react to user input without a substantial delay.[1] As soon as computers began to be used by the public at large and not only by experts, the development of user-friendly interfaces for human-machine communication became an essential task for computer science. Since such interfaces are based on the model of interpersonal communication, the branch of computer science concerned with producing user-adequate human-machine interfaces is called Human-Computer-Interaction (HCI).[2] As a consequence, the term 'interaction' has undergone a shift of meaning in the context of computer science. While sociologists apply the term exclusively to communication among human beings (whether directly or through the agency of a medium), computer scientists use the term to denote communication between human being and machine.[3] However, both notions of interaction include the possibility of computer-based interpersonal communication.

The term 'interactivity' emerged in the 1990s, and usually referred to human-machine communication.[4] According to communications theorist Christoph Neuber-

1 Dinkla 1997, p. 14.

2 See Quiring and Schweiger 2008, p. 149.

3 'Pure man-machine dialogue as examined from the HCI point of view is not considered communication from the social perspective. Vice versa, direct interpersonal communication is not of interest for computer sciences.' Ibid.

4 'Since the end of the 1980s, two usages [of the term 'interaction', TC] have received more and more attention [in general language usage, TC]: on the one hand, the theory stemming from the social sciences of reciprocal actions by humans, and on the other hand, the technological category of human-machine communication, which is largely referred to as interactivity.' (Daniels 2003, no pag.).

ger, however, the term need not necessarily be viewed in connection with technical systems. He defines interactivity as 'the *potential* of a discrete technical medium or a communicative situation that favours interactive communication',[5] and interaction, by contrast, as the *process* of reciprocal communication.[6]

Adopting the definition of the communication theorists Oliver Quiring and Wolfgang Schweiger, however, the project 'Materializing the Ephemeral' defines interactivity as technically mediated communication that can be conducted either among individuals or between human being and machine.[7] Although interactivity, when so defined, describes a process and thus contradicts Neuberger's distinction, the interactive potential offered by the technical system invariably plays an important role in this process, and therefore resonates in the definition I have chosen to adopt. In this publication the term interaction is restricted to interpersonal communication (human-human or human-medium-human), and is thus distinct from the term interactivity. The term interactivity can always be used in connection with interactive media art installations, whereas the term interaction is applicable only if the installation permits human-medium-human communication.

Definition of Interactive Artworks

The adjective 'interactive', which can be understood in the sense of 'concerning interaction' as well as 'concerning interactivity', is applied to many different types of artworks. For instance, a work can be described as interactive if it permits the user to communicate with a machine but not with other people. On the other hand, Happenings may be viewed as interactive although they envisage purely face-to-face communication. However, human-machine communication should not be equated with interpersonal communication. While a machine can react to the actions of its user and can present content, it cannot actively construct meaning.[8] In order to distinguish computer-based interactive works from other participatory art-forms such as Happenings, Söke Dinkla proposes that 'the term "interactive" be used only if a

5 Neuberger 2007, pp. 43–44 (italics TC, transl. TM).

6 See ibid., p. 42.

7 See Quiring and Schweiger 2008, pp. 148–154. See also Daniels 2003: 'Because in a media society, people communicate with other people by means of machines, the overlapping of the two fields [interaction and interactivity, TC] is evident. For this reason, in the following the concept of interactivity will stand for all forms of media-based communication and interaction that occur between human and machine as well as between humans.'

8 Neuberger 2007, pp. 45–46. From this finding Quiring and Schweiger logically conclude that communication basically does not take place between a user and a computer, but between a user and the developers of the content and technology (e.g. the programmers). In terms of computer-based media art installations this means that communication ultimately takes place between the visitor and the artist (who has possibly been assisted by technicians).See Quiring and Schweiger 2008, pp. 152–153.

computer is moderating the communication'.[9] Thus, Dinkla interprets the adjective 'interactive' in such a way that not only face-to-face communication is excluded, but equally interpersonal communication not conducted via computer-based media (but instead, for instance, over the traditional telephone). Whereas Dinkla proposes a constrained usage of the adjective interactive, the Variable Media Network extends the usage of the word to further participatory art-forms: 'While the word is most commonly applied to electronic media such as computer-driven installations and Web sites, interactivity also describes installations that allow visitors to manipulate or take home components of a physical artwork.'[10]

The chosen interpretation of the terms interaction and interactivity provides for a differentiated consideration of interpersonal communication and human-machine communication, but does not exclude face-to-face communication. However, since the research project 'Materializing the Ephemeral' is devoted to media art installations, these investigations do not cover artworks based on face-to-face communication. Moreover, the adopted definition excludes installations that do not involve a technical communication medium but instead permit physical manipulation by viewers (for instance, by shifting components), or allow viewers to take objects away with them, since such installations permit neither technically mediated interpersonal communication nor human-machine communication.

The Exchange Process

Until now, the concepts of interaction and interactivity were analysed under the aspect of the participating communication partners. However, the exchange of meaning is also an important factor in defining the two terms. Scheizaf Rafaeli imposes high requirements from the characteristics distinguishing interactivity in that respect, and is of the opinion that not every exchange process is interactive. He distinguishes between two-way communication (not interactive), reactive communication (quasi interactive), and real interactive communication.[11] According to Rafaeli, full interactivity is first achieved when a message has been answered, and this answer is followed by a thematically connected reaction from the first communication partner (or a third party). In terms of this notion of interactivity, a process in which an e-mail is sent by one user and is answered by another user is merely reactive as opposed to interactive, because the third, connected message is absent. Aptly observing that the requirements Rafaeli imposes on the notion of interactivity are excessive, Quiring

9 Dinkla 1997, p. 13 (transl. TM).

10 Permanence Through Change 2003, p. 126.

11 'Two-way communication is present as soon as messages flow bilaterally. Reactive settings require, in addition, that later messages refer to (or cohere with) earlier ones. Full interactivity (*responsiveness*) differs from reaction in the incorporation of reference to content, nature, form or just the presence of earlier reference' (Rafaeli 1988, p. 119).

and Schweiger consider to be interactive those processes that consist of the two-way exchange of related messages.[12]

In the field of art theory, too, a distinction is drawn between the attributes 'reactive' and 'interactive'. Dinkla describes as reactive those works that do not employ a computer but instead 'simple feedback mechanisms without digital storage possibilities for an involvement of the viewers.'[13] She is referring to kinetic artworks in which visitors can unconsciously trigger certain effects: 'In reactive works the viewers do not deliberately intervene in the context of the work, but are abruptly involved in a visual or aural process by means of (often concealed) electronic sensors.'[14] However, Dinkla adds that the same principle is followed by several interactive works (that is to say, computer-controlled works, according to Dinkla's definition). That is the case, for example, with Bill Spinhoven's *I/Eye* (see illus. p. 99).[15] The latter consists of a computer monitor on top of which a small pipe has been mounted with a camera concealed inside. The monitor shows a close-up of an eye. If no visitor is within the camera's recording range, the eye displayed on the monitor is closed. As soon as a visitor moves in front of the camera, the software program linked with the camera reacts by inserting images of an open, moving eye. Viewers receive the impression that they are being followed by the eye, and in this way become themselves the objects of observation; the artwork 'observes' the viewer. Viewers of this work do not initially notice that their movements are registered by a camera and thus influence the movement of the eye on the monitor. This means that the reaction of the eye displayed on the monitor is not attributable to any deliberate action by the viewer. The viewer can begin to interact consciously with the artwork only after noticing that the eye's reaction is viewer-dependent.

Exchange Fields by Bill Seaman is a different case. The objects serving as the user interface in the installation were conceived in such a way that they solicit intuitive usage by the visitor.[16] Visitors investigate the objects with their bodies and, via sensors, trigger the playing of certain video sequences. Moreover, the work permits several users at once to participate in an interactive process, so that not only human-machine communication takes place but also a kind of interpersonal communication by means of the machine. However, users of *Exchange Fields* are permitted a choice only up to a certain degree; although they can decide which objects they touch, it is not possible to choose one specific video sequence. Several sequences have been assigned to each object and are played in a pre-defined order. In other words: the system's possibilities of reacting far exceed the user's possibilities of choosing.

12 Quiring and Schweiger 2008, p. 161.
13 Dinkla 1997, p. 15 (transl. TM).
14 Ibid. p. 37 (transl. TM).
15 One example of the work is in the collection of the Netherlands Media Art Institute in Amsterdam and is currently being examined in the course of a case study. Another is owned by the Deutsche Arbeitsschutzausstellung (DASA) in Dortmund and is due to be restored in the near future. The DASA restoration concept was drawn up in consultation with imai.
16 See Seaman 2001. See also text by Julia Giebeler in the present publication.

While many theorists attempt to draw a dividing line between interactive and non-interactive systems, others such as Quiring and Schweiger 'consider the interactive potential of systems as gradually classifiable'.[17] I subscribe to Quiring and Schweiger's view, which is appropriate for application to the field of art. As previously stated, a disparate range of contemporary installations are described as interactive (often by the artists who made them). It hardly seems helpful to define lines of demarcation between interactive and non-interactive systems for categorizing such works; offering art historians, curators and conservators a model on the basis of which they can investigate which interactive attributes denote an installation, and the degree to which these attributes are given, is more useful in my opinion.

Introduction to the Registration Model for Interactive Installations

Within the scope of the case study about *Exchange Fields* a model for recording the interactive attributes of installations was developed in collaboration with the conservator and restorer Julia Giebeler. The model is intended to help deliver a quantitative and qualitative analysis of the possibilities of intervention offered to the users by a technical system, and the reactive possibilities of the system itself. The quantitative analysis records interactivity by listing the options offered by the technical system. The qualitative analysis, by contrast, records certain attributes of interactivity that are not measurable. By no means should the qualitative analysis be considered an instrument for assessing the artistic quality of an interactive work. Nor does the attempt to distinguish various degrees of interactivity by means of quantitative and qualitative analyses aim to compile a scalar range of the works' artistic quality.[18]

The recording and scaling of various attributes of interactivity facilitates the decision-making process when preserving interactive works. Particularly in situations in which migration to a different technology or emulation of the existing one are being considered, it is important to know which type and degree of interactivity characterize a specific work in order to be able to obtain the same result with the restored version. We recommend that the model be re-completed for every new version of an installation in order to check whether the interactive attributes of the specific work have changed.

The model for recording interactivity should be seen as one module of a more extensive documentation model for media art installations,[19] which was conceived

17 Quiring and Schweiger 2008, p. 156.

18 Moreover, it would be misleading to assume that a higher degree of interactivity necessarily corresponds to high artistic quality.

19 See Giebeler 2009, pp. 109–120.

as a supplementary enhancement of existent models.[20] It builds on the 'Proposal for an interaction model' put forward by the Capturing Unstable Media project.[21] Moreover, media- and communications-theoretical approaches were applied, with important sources of inspiration being Goertz's listing of categories for identifying the degree of interactivity[22] as well as the table by Quiering and Schweiger that compiles the levels, dimensions and characteristics of interactivity from the perspective of communications theory.[23] Finally, the model was revised and augmented on the basis of the results, published in 2010, of the 'Taxonomie "Interaktive Kunst"' project; in particular, it adopts several of the definitions formulated by Ingrid Spörl in the course of this project, led by Katja Kwastek.[24] The model compiled to record the degree of interactivity as a 'continuum'[25] between low-level and high-level interactivity is presented below.

20 *Conceptmodel Registration Multimedia Installations*, Netherlands Media Art Institute, http://www.nimk.nl/en/conservering/resource/d_models.html; *Installation Documentation Guidelines* of the Matters in Media Art project, http://www.tate.org.uk/research/tateresearch/majorprojects/mediamatters/use.htm; documentation form of Inside Installations, http://www.inside-installations.org/research/index.php; *Variable Media Questionnaire*, http://variablemediaquestionnaire.net/; *Capturing Unstable Media Conceptual Model* (CMCM) of the Capturing Unstable Media project, http://capturing.projects.v2.nl/; *Cataloguing Guide for New Media Collections* of the DOCAM project,: http://www.docam.ca/en/cataloguing-guide.html; all sites last accessed 17 July 2012.

21 Capturing Unstable Media 2003, pp. 20–22.

22 Goertz 2004.

23 Quiring and Schweiger 2008, p. 155. Another reference for the model was Trogemann and Viehoff 2005.

24 See Ingrid Spörl, 'ANHANG 4: Definitionen' (2009), in Kwasteck and Spörl 2009, pp. 30–39.

25 Goertz 2004, p. 102.

Model for Registration of Interactive Installations

Tiziana Caianiello and Julia Giebeler

- **Point in time of interaction/interactivity**

  a. defined by time schedule and/or the artist (e.g. performance, telephone communication between interacting parties, etc.)
  b. not defined

- Place of interaction/interactivity

  a. Interaction/interactivity takes place at the site of the installation
     a.1 site-specific installation (bound to a place or room, constructed for a specific space/context)
     a.2 non-site-specific installation (can be exhibited in various places)

  b. Interaction/interactivity is distributed over physically separated rooms or sites
     b.1 site-specific installation (bound to a site, bound to specific spaces, constructed for specific spaces/contexts)
     b.2 non-site-specific installation (can be exhibited at different venues)

  c. Undefined location (e.g. cyberspace, web, and so forth.)

- **Number of users for activation of the work**

  a. Minimum number of users:

  b. Maximum number of users:
     b.1 fixed number:
     b.2 not defined

- **The user interacts with:**

    a. one or more co-users/performers without the mediation of a technical medium (human-human communication). This kind of interaction is not covered by the present model

    b. a machine (human-machine communication)

    c. other users via a technical medium (human-medium-human communication)

    d. the following combination of the above-named communication forms:

    e. Reciprocal (re-)action between technical systems (without human participation). This kind of interactivity is not covered by the present model

- **Interface hardware**

    a. sensors
    b. mouse
    c. keyboard
    d. touchscreen
    e. microphone
    f. video camera
    g. VR helmet
    h. VR data glove
    i. combination of the above:
    j. other:

- **The user activates the work through:**

    a. movement
    b. noises / voice
    c. touch
    d. operating an interface such as keyboard, mouse, etc.
    e. other:

- **Senses employed by user activating the work (input)**

  a. sight
  b. hearing
  c. touch
  d. smell
  e. taste

- **Possibilities of user control**

  a. Selection

  a.1 Quantitative registration of selection options

  Level 0: no possibilities of selection
  - The user activates a process **unconsciously** (e.g. via sensors)
  - The user activates a process **consciously** (e.g. by pressing a button) but has only one option (apart from the possibility of not activating the work)

  Level 1: The user has limited possibilities of selection
  Number of possibilities of selection:

  Level 2: The user has an infinite number of possibilities of selection

  a.2 Qualitative registration of selection options

  Level 1: The user has limited possibilities to make selections among the system's offerings (i.e. is able to choose among various pre-set options but has no influence on the process activated by a choice)

  Level 2: The user can freely select content and/or routes from the system's offerings (all options can be chosen consciously). This also includes navigation within information structures such as the internet or within virtual worlds.

b. Modification

b.1 Quantitative registration of modification options

Level 0: The user has no possibilities of modification

Level 1: The user has limited possibilities of modification

Level 2: The user has infinite possibilities of modification (and can, for example, add an infinite quantity of data)

b.2 Qualitative registration of modification options

Level 1: The user is able to modify predefined elements within the system

Level 2: The user is able to add and/or modify data (e.g. text, images, sound, etc.) within the system, and by doing so **temporarily** modify the result of the process

Level 3: The user can add and/or modify data within the system (e.g. text, images, sound, etc.) and in this way modify **permanently** the outcome of the process. However, modification of the programmed system is not possible

Level 4: The user can modify the programmed system permanently, and in this way becomes co-responsible for its conception and design (c**o-authoring**)

- **Reaction possibilities of the system**

Quantitative registration of response possibilities

Level 1: The possible reactions of the system are limited. Number of possible reactions:

Level 2: The possible reactions of the system are apparently inexhaustible (but in fact limited)

Level 3: The possible reactions of the system are infinite

- **Interrelatedness of user action and system response**

  a. No thematic relation exists between action and reaction

  b. A thematic relation seems to exist between action and reaction (but actually it does not)

  c. A thematic relation exists between action and reaction

  d. The system is adaptive and can refer to preceding actions and incorporate them in the new reaction

- **Response speed of the system**

Time interval between action of the user and reaction of the system:

- **Senses addressed by the system (output)**

  a. sight
  b. hearing
  c. touch
  d. smell
  e. taste
  f. sense of balance

Exchange Fields by Bill Seaman

Julia Giebeler

Introduction

Bill Seaman developed the interactive video installation *Exchange Fields* especially for the exhibition 'vision:ruhr', which was mounted at Zeche Zollern, Dortmund, in 2000 (see full-colour illus.17).[1] The installation was purchased by Museum Ostwall in Dortmund after the show closed. In order to be able to preserve and present media art installations with maximum authenticity, it is important to record in writing, at the time of purchase, the essential details of a work as well as points to be noted with regard to archiving, presentation and preservation. At the time when *Exchange Fields* was purchased, however, there was little awareness of the specific requirements of media art installations, and guidelines for documenting works of this kind were rudimentary.

When the case study began, Museum Ostwall had not exhibited *Exchange Fields* in the period since its acquisition. In 2009 it became clear that the museum lacked important information regarding the *Exchange Fields* installation. The goal of the imai case study was to collect information about the process of the installation's creation, to identify its constitutive attributes, and to devise a strategy for its preservation. Knowledge in these respects is not just a basic requisite for future decision-making processes with regard to the conservational handling of the work, but is also important for guaranteeing the authenticity of follow-on presentations. A further goal was to develop a method of documentation that could be applied to other interactive installations. The case study was conducted in co-operation with the Cologne Institute of Conservation Sciences (CICS).[2] The results were first presented within the framework of 'Still Accessible? Rethinking the Preservation of Media Art', a symposium organized by imai, on the occasion of ISEA2010RUHR.[3]

1 See vision.ruhr 2000.

2 See Giebeler 2009.

3 See Caianiello and Giebeler 2010.

Description of the Work

The interactive video installation *Exchange Fields* is made up of three large-size screens onto which video sequences are projected and of thirteen furniture-like sculptures that serve as user interfaces. The sculptures are equipped with infrared sensors. The visitor who touches one of the sculptures inevitably makes contact with the infrared beam, thereby triggering the projection of dance sequences (see full-colour illus. 18–21). The content of these short dance pieces is thematically tailored to the body part with which a particular user has touched the sculptural interface. The dance sequences gradually emerge from the darkness of the space to become visible on the projection screen, and fade out equally slowly. When recording the dance sequences, Seaman employed an intensive cone of light through which a specific part of the female dancer's body was put into focus. This device is reminiscent of the use of light in 17th-century painting, as for instance in the works of Caravaggio. Seaman uses light to illustrate which part of the body is the focus of a particular dance sequence. Moreover, the black background reinforces the integration of the video sequences into the spatial darkness of the installation as a whole. When a dance sequence is called up by contact with one of the sculptural interfaces, the associated audio sequence simultaneously activated consists of a continuously ascending tone produced by a clarinet.

The videos projected onto the right- and left-hand screens are not subject to interactive control and deal with the theme of winning energy, in the broadest sense, and of transforming energy into movement. A separate audio source feeds in a meditative, techno-ambient soundtrack, accompanied by a lyrical, self-penned text about energy and bodies that Seaman recites and, in part, sings.

Interface Strategy

The aesthetic of interactive media installations is essentially defined by the artistic strategy of interactivity. A significant part is played in this respect by the type of interface, that is to say, the point of intersection between user and installation, as well as the system-specific attributes of the installation, the technology employed, and the reaction speed thereby attained. Interactive video installations rely on active viewer participation in order to perfect the character of a work, for which reason the viewer's response and behaviour at the interface are likewise crucial for the effect exercised by the installation.[4] Since the late 1980s artists and engineers have been experimenting with new interface strategies aiming to surpass conventional interfaces such as keyboards or joysticks in order to permit the viewer's intensified physical participation.[5] As early as 1988 Jeffrey Shaw, for instance, a pioneer of interactive media art, encouraged users of his work *The*

4 See Hünnekens 1997, p. 84.
5 See Daniels 2000, pp. 155–56.

Legible City to move through a virtual city using a bicycle as an interface. The control element employed in Shaw's *Virtual Museum* of 1991 is a chair.[6]

The sculptural interfaces of *Exchange Fields* permit the physical participation of not just one user but simultaneous usage by more than one visitor, with up to four users being able to use the installation simultaneously. When several users are involved, up to four video sequences can be superimposed over each other on the centre screen (see full-colour illus. 21–22). In this way visitors are able to interact with other viewers via the system, as well as with the installation. Interactivity is implemented in technical terms by the computer control of four laserdisc players and three video mixers.

A circuit diagram of the installation, drawn by Seaman, illustrates the precise mode of function (see illus. p. 111). Triggered by the tactile usage of the sculptural interfaces (I) by the viewer(s), the signals are transformed from analogue to digital via the digital in-box (II), then relayed to the computer (III), which passes them to one of the four laser-disc players (IV, a–d); the requested video sequence is then played. The content stored on each of the four laser discs is identical, and includes a specific quantity of video sequences for each sculpture. The three video mixers (V, a–c), which are also software-controlled, are connected to the laser-disc players. Depending on how many of the four laser-disc players are activated simultaneously by the users, up to four video sequences may be superimposed over each other on the central projection screen. The two side projectors (VIII, a+c) project the video sequences looped over the DVD players (VII, a + b). The audio mixer (VI) mixes the interactively triggered soundtracks of the laser disc with the audio tracks of a DVD, and distributes them to the four loudspeakers (X, a–d) via an amplifier (IX).

Bill Seaman developed a new interface strategy for *Exchange Fields*, to which he gave the name 'embodied positioning'.[7] Seaman designed the objects in such a way that they suggest to the visitor the manner in which they can be used; his intention was the intuitive usage of the installation. The interface objects have a sculptural function within the exhibition space, and at the same time are reminiscent of items of minimalist furniture. The sculptural interfaces were manufactured on the basis of simple sketches and linear design drawings by Seaman, and were translated into three-dimensional computer drawings by the company Casino Container.[8]

Presentation History

At the beginning of the case study, *Exchange Fields* was in storage in the depot of Museum Ostwall. Like any media art installation, however, *Exchange Fields* is not fully existent unless actually installed. In order to grasp the overall effect of the

6 Ibid., p. 154.

7 Seaman 1999. The control software was programmed by Gideon May. The installation was technically implemented by 235 Media, the company that also supervised the follow-on presentations.

8 The company no longer exists.

installation, a test installation was carried out in Museum Ostwall.[9] The goal was to identify the minimum requirements with regard to future exhibition conditions (such as, for example, the size of the exhibition space) and how the sculptural interfaces would be positioned, as well as to check the functional performance of the technical equipment after years of storage (see illus. p. 109 and full-colour illus. 23–24). One question that immediately arose was the extent to which the original exhibition context had influenced the meaning of an installation specifically implemented for the 2000 exhibition 'vision:ruhr' on the site of an abandoned colliery in Dortmund. Several compositional elements of *Exchange Fields*, like the video sequences projected onto the two lateral screens or the text recited by Seaman, refer directly to the mining context.

During the Holland Dance Festival in 2001, *Exchange Fields* was shown in a small theatre in The Hague, Netherlands. In this theatrical exhibition context the dance sequences were imbued with a significance differing from that in the former coal-mine in Dortmund. While dance had seemed like a foreign body in a coal-mine setting resonant of manual labour, it slotted easily into the performing arts background of the theatre venue. The technical configuration remained unchanged in The Hague, but several of the sculptures could not be shown due to the smaller size of the exhibition space.[10] However, any reduction in the number of sculptural interfaces exercises a major influence on the overall effect of the installation, since each sculpture symbolizes a specific part of the body and is linked with the associated dance sequences. Absent sculptures impair the physical complexity that the installation is aiming to represent.[11]

In 2004 *Exchange Fields* was shown in David Winton Bell Gallery, a classical gallery space in Providence, USA. The very large room was dark; the sculptural interfaces alone were separately lit from above by one minimal spotlight in each case. The positioning of the sculptures was identical to the original installation, but the distance between them was greater on account of the larger size of the room. In consultation with Seaman, the previously employed Liquid-Crystal-Display (LCD) projectors were replaced with new Digital-Light-Processing (DLP) projectors, which achieve stronger contrasts and display more intensive brightness due to an improved black level. *Exchange Fields* was shown in separate, closed-off exhibition spaces both in The Hague and in Providence. The first presentation, by contrast, had been in an open exhibition space, meaning that the installation was not screened off from the other

9 The test installation involved the participation of Prof. Dr. Kurt Wettengl (Museum Ostwall), Dipl.-Rest. Anke Klusmeier (Museum Ostwall), Guido Jensen (235 Media), Dr. Renate Buschmann (imai), Dr. Tiziana Caianiello (imai), Prof. Dr. Dipl.-Rest. Gunnar Heydenreich (Cologne University of Applied Sciences), and Julia Giebeler (Cologne University of Applied Sciences).

10 Information provided by Axel Wirths and Guido Jensen of 235 MEDIA. The documentation does not indicate which sculptures were omitted.

11 Bill Seaman stated that the sculptures may be positioned very close together, provided the viewers are still able to walk around them. He also stressed that omitting any of the sculptures inevitably impairs the overall impact of the installation. See interview with Seaman in the present publication, p. 294–295.

artworks either spatially or acoustically. This exhibition situation was detrimental to the possibility of viewing *Exchange Fields* without interfering external factors.

The connotations of *Exchange Fields* changed with each new presentation. Different associations were evoked by each exhibition context, and each new exhibition space encouraged fresh approaches to exploring and interacting with the sculptural interfaces. This situation of changing connotations is in line with Seaman's intention to create an open work along the lines of Umberto Eco.[12] The installation offers the user a series of fields of significance among which they can freely choose, combining and re-combining them as desired.[13]

Materiality versus Functionality

The classical theory of restoration pursues the goal of preserving, to the maximum possible extent, the material substance of the original. However, this theory is not always practicable in the case of contemporary art, and media art especially. In order to ensure that the viewer's experience of an artwork remains authentic, the replacement of individual components may become necessary. This separation of authenticity from the material components of an artwork means that restorers are deprived of an 'elementary reference value'.[14] The *Exchange Fields* case study revealed that since both the projectors and the DVD players were no longer operable, it would be necessary to decide between preserving the materiality or the functionality of the work. While the technical apparatus necessary for interactivity still functioned, long-term functionality could not be guaranteed because the technology was obsolete. The question arose whether the devices employed in the first-time installation ought to be used for future presentations as well. This debate illustrates a fundamental conflict from the viewpoint of restoration ethics, since – with all their traces of time and wear – the materials employed by the artist are generally considered to be historically important.

In *Exchange Fields* the functionality that enables interactivity between human being and machine and between human beings via the machine is of primary importance. Since preserving the originally employed technical appliances is secondary by comparison, the decision was taken to provide for a largely authentic user experience rather than preserve the original substance of the installation. The original technical equipment was replaced by a new digital system. The replacement of the equipment required reprogramming to be carried out in such a way that the same effect was achieved as it had been with the original control program, although the devices had changed. Although these measures neglect the historical value of the work, they were necessary in order to guarantee the smooth functioning of the installation and the immediacy of the viewer experience in the years and decades to come.

12 See interview with Seaman in the present publication; Seaman refers to Eco 1962.
13 On the notion of 'recombinant poetics', see Seaman 1999.
14 Weyer 2006, p. 44.

Replacement of Technical Equipment

Since all the appliances except for the projectors are housed in a special equipment room and are not visible to the visitors, no aesthetic value is attributable to the technical equipment of *Exchange Fields*. However, the appliances are an extremely important factor in achieving the intended effects of the installation. During the test installation it emerged that the original system reacted at varying speeds to the actions of the visitors. This reaction time was contingent upon factors such as the chosen sculptural interface, the particular video sequence, the number of visitors acting simultaneously, and many other factors besides. Digitization and the replacement of the original appliances reduced the reaction time, in turn bringing about a change in how the installation is experienced.

It was necessary to consider whether slight alterations in the effect of the installation in this respect were justified – or whether the original function enjoyed absolute priority. However, the reaction times were influenced by so many factors that it proved impossible to emulate them exactly, and to programme a random delay did not seem appropriate either.

The decision was taken to accept the reduced reaction time as a consequence of the migration of technical appliances and data carriers. The original appliances and data carriers were archived as important historical documents, meaning a comparison has been preserved for the future.

In the new digital version of the installation the triggered video sequence immediately appears on the central screen, meaning viewers immediately realize that they are interacting with the installation and possibly with other visitors. This change is in line with Seaman's strategy of interactivity, since it enables viewers to perceive consciously the reaction of the system to their physical actions.

Similar decisions were necessary with regard to the projectors employed in the installation. Due to the low black level of the LCD projectors used for the first installation, they do not achieve particularly strong contrasts. Moreover, their brightness spectrum is low. The original projectors were therefore unable to achieve the desired bright-dark contrast especially important for the interactively controllable dance video sequences. In addition, due to the weak contrasts it was scarcely possible, if indeed possible at all, to notice the effect of the video overlaying during usage by several visitors at once. Since the original projectors no longer functioned, it was a matter of deciding whether to use the same projector model once again in order to preserve the effect of the first presentation or to replace this model with contemporary, high-performance projectors.

In 2000 Seaman had already been dissatisfied with the projectors employed. However, the purchase of high-performance projectors would have been too expensive eleven years ago. The projector models favoured by the artist were first employed four years later, after consultation with Seaman, when the installation was presented at the Brown Gallery in Providence.

In view of the factors set out above, a decision was taken to replace the original projectors with innovative models that not only achieve heightened brightness and enhanced definition with high contrasts but are also suitable for continuous operation in a museum.

The migration and reprogramming of the work was carried out by the company 235 Media, which had closely co-operated with Seaman in technological questions relating to the set-up of *Exchange Fields* in 2000. Having supervised all subsequent presentations, the company possessed detailed knowledge of the work's technical configuration.[15]

Results

The case study ultimately led to a new presentation of *Exchange Fields* in August 2010. The new digital version of the installation was presented at the exhibition 'Electronic Atmospheres' during ISEA2010RUHR.[16] During the symposium 'Still Accessible? Rethinking the Preservation of Media Art', the technical devices originally employed were described and presented for comparison, and the preservation strategy was discussed in the course of a panel discussion with the artist and several of the specialists involved in the case study.[17]

The lack of a detailed documentation model for interactive installations had become clear in the course of the case study, so that the development of such a model was initiated (see previous chapter) and a draft version of the model was tested using *Exchange Fields* as a trial object.

15 A documentation of the technical measures compiled by 235 Media in 2010 is now in the possession of Museum Ostwall.

16 See Electronic Atmospheres 2010, pp. 94–97.

17 Dr. Tiziana Caianiello (imai, Düsseldorf), Dr. Renate Buschmann (imai, Düsseldorf), Prof. Dr. Dipl.-Rest. Gunnar Heydenreich (Cologne University of Applied Sciences), Claudia Mohr (235 MEDIA), and Dipl.-Rest. Julia Giebeler (Cologne University of Applied Sciences)

Bill Seaman in Conversation with Tiziana Caianiello and Julia Giebeler

via video conference on 18th June 2009

Why did you call the installation *Exchange Fields*?
In 2000 the 'vision:ruhr' exhibition took place at a former mine in Dortmund and I was very interested in the idea of energy but especially in terms of the relationship between human being and machine, and human interaction. *Exchange Fields* was very much about those fields of interaction.

You developed a new interface strategy especially for *Exchange Fields* that you called "embodied positioning". What was the peculiarity of this strategy?
More and more I have been looking at the body as a holistic system where all senses are working together. In *Exchange Fields* I was really thinking about body knowledge. Some people write about a theory of "affordances". This term was introduced by James J. Gibson. Basically, imagine that our bodies have knowledge about things that we do almost unconsciously. If I go to a door and I reach out, I don't think, I just open the door with the door knob. So I was thinking: why couldn't I make an interface with this kind of knowledge?

This interface enables communication not only between the user and the machine but also between multiple users. Why was it important to you that several users could interact?
The piece has a very complex kind of cybernetics about it because you are positioning yourself in a certain way and this calls up a dance, so you are connected, forming a dynamic loop. When other users are also doing that, it becomes a triangle with up to four people working at the same time. If two people are using the system, two images are layered together and so on. It makes a very powerful relationship not only between the user and the system but also between the user and other users of the system. It is almost uncanny because you know that you are connected and they know that they are connected, but then you become connected to them in the space.

You wrote that you don't want to control the behaviour of the users. However, the freedom of the user is inconsistent with the necessity of programming a response of the machine to particular behaviours. How did you deal with this discrepancy?
I think of these systems on two levels: on a conceptual level of what's going on in terms of the people and interaction and on the pure machine level of what we can

do. I was most interested in this relationship of the constraint of the users' bodies although they are quite free to move and do what they want. When they interact with the system they hold still while their stillness triggers the movement shown in the videos. It is a kind of paradox, a contradiction. On the machine level, initially we were going to use gesture recognition. Then we realized we could just use a simple beam which would be broken and switch on a particular video. For each different sculpture there were about six or seven dances recorded, alternately played and related to that particular part of the body as it became associated with a particular sculptural object. If you used the same object a second time, a different dance would come on and so you could have a whole series of experiences.

How did the collaboration between you and the dancer Regina van Berkel come about?
I worked with the Frankfurt ballet for about a year and a half on a major piece of theirs called *Sleepers Guts*. While I was there I spent a lot of time with the dancers, and Regina was a spectacular dancer. The dancers had seen a lot of my video work because I was contributing a video set for the piece, although in the end William Forsythe only explored abstractions of my ideas and certain key images; for example, instead of showing pre-shot close-ups they devised a live camera system that was tied directly to the dance. At the end of that, Regina and I thought we should do something together. I came to Germany to ZKM and we did that very concentrated shoot in the media theatre there. We had a very good BetaCam camera and the lighting was very pure and completely set up and we were left alone in this place to find emotion.

What exactly was the role of Regina van Berkel?
Regina van Berkel was the choreographer in the piece. We did a lot of talking about how the piece might work, but she was quite free to define the individual movements. She danced sometimes in a very erotic way. Her movements were generally very sensual. The viewers, or interactants, see this, for example, when they sit in the chair, lean back and see this very beautiful image of Regina's back. So again a very strong cybernetic loop is created.

The images are very dark. The dancer comes out of the darkness. This expedient recalls the use of light in paintings of the 17th century, for example by Caravaggio. Is this reference intended?
Yes, I was very interested in this and a number of art historical references. This idea of "chiaroscuro" is very specific to the piece. The beam of light was a way to focus on particular parts of the body in different moments.

How did the videos for the two side screens come about?
It was very much about the exhibition place of 'vision:ruhr'. As I mentioned before, it was a mine that was being transformed into a cultural space. So I was thinking about energy. The two side screens showed energy-orientated activities that are in proximity.

I am very interested in fields of meaning. In my *Recombinant Poetics* I wrote about the idea that an image is a field of meaning, and sound is a field of meaning, and text is a field of meaning, and all the time there is a kind of meaning accumulating, where we bring our embodied history. These side images are also rather sensual; the lighting here also creates symbolic images in certain ways.

Is there a correlation between the images of the dance and the images of the energy-related processes?
You don't know exactly which dance image will be coming up with the outside ones. But you know in general that there is a kind of energy relationship. On the one hand, you have the viewer-dancer relationship and then you have the dancer in relation to those energies that are presented on the side. In the work I am always interested in different combinatory potentials.

How did you choose the music streams for *Exchange Fields*?
I have always been very interested in the idea of transcending time. So I would often use very flat, very linear, very repetitious structures. In this case it was ambient techno music — I was interested in enabling people to get into a meditative state of mind. When you are in the installation space the cybernetic loop, the quality of the light, the quality of the movement, the resonance of all these energies effect a slowing down and draw your attention to the moment. It is a very centralist kind of loop, so it forces you back on yourself; it makes you think about your own body. It relates to the Zen ideas of mindful awareness. In a certain way, you are looking at the entire functionality of your body and mind.
I composed the music and wrote the text and it's also my voice speaking and singing. There are bass rhythmic and tonal series with my voice, but then each movie has a drone that comes in and comes out depending on the actions of the users. It is actually a generative soundtrack because the music changes. The drones were made with a clarinet player and are very difficult to play so there is a certain energy in those drones which gives a different feeling from just an electronic instrumental track.

You realized *Exchange Fields* especially for the exhibition in Dortmund and the very specific context of the coal mine. Later you presented *Exchange Fields* at the Holland Dance Festival in The Hague (2001) and at the David Winton Bell Gallery of Brown University in Providence (2004). How does the context of the presentation influence the meaning or the connotations of the work?
The work is made as a self-contained installation that can travel and exist in any context. In general it articulates its own context but was authored in response to the initial context. There is a historical pointing to a part of dance history, which is a form of non-theatrical performance. In *Exchange Fields* each interactant becomes a dancer in a certain way, even when she/he stands still. The piece was commissioned and so I was trying to be aware in the initial showings of that idea of energy. But again, the piece could be shown at any place at this point.

Have you been involved in all the presentations of the work?
I was involved in each of the exhibitions to a certain degree because of space limitations and differences. Each time we have had to move the furniture slightly in different ways. Also, I have been very careful to make sure the light level is at the lowest it can be but still bright enough to allow you to see what you are doing.

Could you tell us more about the kind of light we should use for the installation?
Now you can have very strong projectors with very bright light that would allow you to show the work in a lighted room as well. But if you do that then you have to direct much more attention to the surface of the sculptures. Like now, the sculptures are just oiled on the outside. When the light is low you don't see that they are rusted and that they have some marks and so on. You just see their outline like a shadow or suggested shapes in the space. Part of the ambient, part of the resonance of the mood is that it is in this dusk-like space.

Ideally, it's in a semi-darkened room, ideally you have a sound – it's protected from other sounds, too, so you are very much focused on that sound. I don't know if there is a way to make a corridor when you walk in so that there is a kind of buffer space, and sounds from outside couldn't get into the space.

Could we use spots, for example, to light the space?
There might be very low level spots on the sculptures with very settled shadow, but they need to be so low that you don't see the details on the surface structure.

Did you use the same equipment and the same sculptures every time you presented the work?
The same equipment and sculptures have been used for the first three times that it has been shown. And I have never seen it in the museum context.

In The Hague, the exhibition space was so small that one or two sculptures could not be displayed. Is it a problem for you if the work is presented with fewer sculptures?
Ideally, I would continue to use all of them. They all have a different functionality in relation to the body, so it's a little bit like: which hand do you want to get rid of? Each one represents a different layer of the open meaning of the work.

The work has not been shown in the museum of Dortmund until today. Now it will be presented in the museum's new building. The building has a lot of pillars and probably there will not be enough space to arrange the three screens in a kind of semicircle like in the exhibition in 2000. Would you agree to another arrangement of the screens?
That wouldn't be a problem. The screens could also be angled inwards, so from one side you could see the central and the left screen and from the other side, the central one again together with the right screen. They would form a kind of ›V‹ but with a

back screen. The screens could be also suspended from the ceilings. In this case, you might use a rear projection as well.

What light intensity should the projectors have?
Ideally, I want them to be as bright as possible. For example, we didn't get super bright ones in Holland, but at Brown we obtained some. In media art sometimes you can afford the high level things and sometimes you cannot. But once the situation is set up, you are not comparing it to another one. So it's still a very strong and moving experience even if it's missing a point.

What minimum and maximum dimensions should the installation space have?
I mean, it depends on the space that you have. If the central screen is about two metres tall and three metres long, that's probably the smallest viable unit. One of the reasons why I was resisting making pieces for the internet is that I am interested in the phenomenology of the image and its relationship to the body. The furniture sculptures and the images are important. The smaller you make the image the less you are inside the piece. So you try to make the image on the maximum scale that fits into the space. At Brown University the sculptures had quite a lot of space, they were really spread out. But basically they could be much closer together if you still have enough room to move around them.

Which past presentation of *Exchange Fields* was the closest to your ideal installation?
Well, you have seen the documentation from the show at Brown University. They really did a perfect installation of it there, perhaps the best one because it was in a room by itself. It was set up in a large way although it can be smaller, and the light was controlled very carefully. If you watch the video documentation, you can see that there is enough light to see people but it is very much dimmed. So the focus is primarily on the screens. You get an ambient light from the screens and some very low lights from above.

Can you describe the development from the sketches of the furniture sculptures to the final objects?
Originally I was thinking of them being a little bit more reinforced. I was looking at things like 'Mission furniture' and at some of the Amish furniture, which are very strong wooden structures, very simple. I was also thinking about minimal sculpture and constructivist sculpture. But in the end I wanted to make something which was completely new and that started a dialogue with Casino Container, the fabricator of the wood. So these rough sketches were the initial idea. After talking to Casino Container, the idea was to simplify them and to make them look a little bit more elegant and contemporary. And we built a base that made them very strong and very stable. It was a certain pragmatic dialogue that went on and we arrived at very final sculptures. There are the initial drawings, then I began to make these simplified diagrammatic

drawings, discussed different forms of material manufacture, and finally there were these renderings as they ended up - the 3-D drawings. When you have people interacting with things, you have to make things very, very robust. It is hard to know what way is the best. If you make something out of marble, that's one thing. If you make it out of wood it taints a little bit, it takes on a history in a sense.

Why does each furniture sculpture have a label on it that names exactly the part of the body that is to be used by the visitors?
That was something that they did at Brown University. They had already done it before I had a chance to say how to do it. Initially, the labels were on the floor. Now they sort of became part of the work. I actually liked it better with the furniture pure and the words on the floor underneath it. Initially, when the work was going to be based on gesture recognition, we were even thinking of having a little video next to each one to teach the gesture of how to use it. Then we thought of ideograms, but the work functions so clearly because there is so much at play related to body knowledge. You would not necessarily know how to use it without a hint. So in a way the single words become hints regarding the interaction.

What kind of data carrier did you use for the master?
I believe we have a Betacam master. Then all videos were transferred onto a laserdisc and multiple copies of the exact same laserdisc were pressed, each representing a different user – up to four. A DVD was pressed for the side videos. When one person is using a sculpture, it comes to an end with a certain segment of the disc. If you engage it again, an increment to the next section comes out of black and goes into black. If two people are using it, then it calls up two laserdiscs. In the future it will call up two digital video files and tell them to mix together. Up to four people at the same time. When it's four people at the same time, it makes a very complex kind of abstract image.

Why did you decide to use laserdiscs?
At that time, and even now at the time of this conversation, laserdiscs have the fastest reaction with the highest resolution image. Ten years ago computers were much, much slower. The digital video was new and maybe a couple of people were just beginning to use it, but we invested all our energy in this other, analogue way of doing it.

According to the equipment list there are four laserdiscs for the interactive central screen, but two DVDs for the two side screens.
The DVDs on the side screens are fine because they are just looping as we did in the original installation.

We are going to set up a trial installation of the work with the original equipment in order to test its functionality. However, we are not sure if the original system is suitable for long-term usage in a permanent exhibition.
In the future the ideal situation is to have everything digital. If I remade the work, I would no longer use laserdisc-players; I would digitize the entire video, write a new code and make everything run with a powerful computer.

Could you say which elements of the installation are of particular importance?
The relationship of the furniture/sculpture to the body of the interacting person, the calling up of the particular video by that person, the layering together of the videos when there are multiple users, the layering together of the sound, which is also happening when you interact, and the background audio playing – the text and the linear audio –, and the low light level.

Could you say which essential features of the installation's equipment should be taken into consideration if parts of it need to be replaced, and which parts of the installation are not replaceable?
The dances by Regina and the sound – you couldn't easily remake them. They are both so specific. But everything else could be replaced: you could rebuild the furniture, you could put a new kind of sensors in the furniture, and instead of using a laserdisc player you could use digital video.
To my own mind it is fairly easy to make a change to a new technology. I could very easily define how the installation can work without the kind of sensors that are in it now: just simple radio sensors, where each one has a distance from one receiver and so the signals, instead of passing through wires, would pass through radio and instead of triggering laserdiscs they would trigger a digital video. It would be much easier to control the programming of the layering of the video and audio levels.

You mentioned before that the wooden furniture sculptures take on a history because the users leave traces on them. How important is the historical aspect for the perception of your work, particularly with respect to the furniture sculptures?
I have two answers. One is: I think the history is interesting in the object. The second answer is: you can still have a very strong experience, with the piece close to the initial set-up of ideas, by using different objects with the same shape as the originals. In terms of the intention of the piece, they could be made with very new, different material. It is the behaviour of the person interacting that I am most interested in. I am more interested in people interacting with the work than having it put away or having it become so precious that nobody may touch it.

When do you regard a work as finished? Is it finished when you present it for the first time or do you continue to work on it at every new presentation?
I tend to think of my works as having different states. With digital media you can have very different ways to show things. Although in a sense it's finished, it's also an open

work in Umberto Eco's sense – it is never finished. You know it is always developing because each time you set it up it's different and the people that use it are different, and so on. There is basically an infinite set of permutations and several time shifts. It is certainly changing each time it is shown. We have to answer the pragmatics of the installation in each case.

CASE STUDY 4

Testcuts I by Katharina Sieverding

Renate Buschmann

Introduction

In autumn 2010 imai mounted the exhibition 'Katharina Sieverding. Projected Data Images. Testcuts', which centred on *Testcuts I*, an installation made especially for the show (see full-colour illus. 25).[1] Katharina Sieverding was invited by imai to implement, for the first time, her on-going plans for an artistic archival project based on her vast collection of photographs. She responded by developing a wall-sized frieze of eight adjacent projections adapted to the architectural features of the given exhibition space and presenting, by randomized changeover, more than 1,700 photographic details from her archive. The material basis of *Testcuts I* was this stock of digital image files along with hired playback and projection devices selected and installed in accordance with the artist's verbal instructions.

Object of Case Study

It was clear from the outset that *Testcuts I* would be realized initially in the physical form of an installation with sculptural elements merely for the duration of the show at imai, after which the image files employed would remain the exclusive property of the artist. As a general rule, such temporary presentations are not subject to exhaustive documentation. The previous chapter presenting the case study for the installation *Exchange Fields* clearly illustrates the resultant gaps in information that may result in such cases, as well as the effort frequently needed to collect the essential information some years later. While in the case of *Exchange Fields* components such as the integral sculptural objects, several of the appliances originally employed, and also the laserdiscs provided at least material starting points for a renewed presentation, *Testcuts I* embodies the ever-more frequent case of a work of art whose visual elements can be conveyed by a minimum of material substance (the requisite digital image files, in this case). The staging of this visual material to produce an art installation is a further step,

1 The exhibition 'Katharina Sieverding. Projected Data Images. Testcuts' was mounted by imai for the Quadriennale 2010 and ran from 11 September to 21 November 2010 on the upper floor of NRW-Forum in Düsseldorf.

generally taken by the artists themselves. Subsequent to the first installation Katharina Sieverding will presumably show *Testcuts I* at other venues, and will be required to respond to the given spatial situation by adjusting the installation configuration. No resumed exhibiting of *Testcuts I* would be possible without such adjustments, and as long as the artist intends to develop her installation further, her adjustments may entail radical changes in the way the work is perceived.

By contrast, a work already part of a museum collection will usually be preserved in the state in which it was acquired. If *Testcuts I* belonged to a collection, it would be a matter of establishing the extent to which divergent follow-on presentations would be justified, and whether these presentations should be viewed as further stagings of the identical work or else as re-interpretations (in the sense in which the word is used by the Variable Media Network) or even as variations upon the first-time installation. One potential result might be that a certain degree of installation-related flexibility is deemed to be an inherent attribute of *Testcuts I*.

These deliberations occasioned imai to use *Testcuts I* as an example when compiling a documentation making appropriate allowance for the special requirements of temporary installations based on digital storage and presentation technologies.[2] The hypothetical premise was the purchase of the work for a museum collection, in consequence of which it would become necessary not only to archive the image files but also to define parameters for future presentations of the work in various spaces. The case study explicitly does not foreground the long-term archiving of digital data, but instead concentrates on the question of how the installation-related components of the work might be handled.[3]

History of Production

To set up the show Katharina Sieverding delivered a USB memory stick storing 580 image files compiled in several months of preparatory selection, mounting and editing. The artist's starting point was a meticulously ordered personal archive containing thousands of photographs taken over a period of more than forty years (from her time as a student at the Düsseldorf academy up to the present day). These black-and-white photographs, without exception taken with analogue technology, record very diverse phases in her artistic career, such as her own exhibitions and those of others, protest

2 The conservator Anna-Maria Virgin was largely responsible for the case study, and compiled the comprehensive documentation reprinted in abridged form in the next chapter of the present publication.

3 In recent years important findings with regard to the preservation of complex digital objects have been presented by Tabea Lurk (Hochschule der Künste, Bern) and Jürgen Enge (Hochschule für Gestaltung, Karlsruhe). Matters relating to long-term digital archiving are currently the object of the major research project 'Digital Media Art in the Upper Rhine Valley. Conservation – Restoration – Sustainability - Digital Art Conservation' being conducted up to the end of 2012 by the Center for Art and Media (ZKM) Karlsruhe in co-operation with French and Swiss partners.

actions, visits to art fairs, trips abroad, and above all a wealth of portraits of people who mixed in the same artistic circles. By revealing her archive, however, Katharina Sieverding was less concerned with producing an atlas-like reproduction of her stock of photographs than with pursuing an approach that explored the specificity of analogue and digital image storage, and how such storage is perceived. In order to produce *Testcuts I* the artist also used the method of migration to some extent, since she upgraded her analogue photographs to digital formats. The photographs integrated into *Testcuts I* were selected on the basis of those photographic fragments characteristic of the analogue enlargement process yet 'by-products' all the same: the testcuts. The artist took those strips of photographic paper covering approximately one third of the actual paper print as samples to obtain optimum results in terms of exposure and contrast, while at the same time minimizing the amount of photographic paper required. These artefacts familiar for many decades came about under the technical conditions of enlargement by analogue means, but were now incorporated into the production method for *Testcuts I*. Katharina Sieverding reviewed her archive on the basis of these random products, joining up three thematically related testcuts to form one vertically structure image unit, each one then being converted into digital image formats ultimately presented as part of eight wall-sized projections (see full-colour illus. 26–27).

Indexing of Image Files

Digitization produced 580 image files that amount to the basis of *Testcuts I*. Technical details such as file format, image format and size must be recorded in order to guarantee any continuous display via the appropriate playback and presentation devices. Equally important is the documentation of any post-production programs employed, for instance, ones serving data transfer or the activation of random image selection for projection. In the case of museum collections, moreover, it would be necessary to settle upon reliable technical conditions for the long-term storage of the image files as well as for the production of backup and exhibition copies. A further aspect would be to obtain the artist's consent with regard to copyright issues, if possible in advance and at best simultaneously with the purchase contract, in order to be able to migrate the storage media at regular intervals.

Documentation of the Projections

In the installation space the 580 digital image-montages were played by each of the eight ceiling-mounted projectors. During the set-up the artist had defined the conditions applying to playback of the images: the changeover interval was set at 15 seconds, with the image files being selected by a random-selection program. The sole exception was the central projection successively showing all 580 image files in the chronological order in which the photographs were taken.[4] Katharina Sieverding made it clear that the eight projectors ought to change images asynchronously as opposed to simultaneously. Documenting this changeover scheme was as much a part of the task as listing and describing in detail all of the playback and presentation devices used for showing the images, although (or perhaps because) the appliances chosen in close consultation with the artist were hired, merely for the duration of the show, from a professional multi-media equipment supplier. It is questionable whether identical models will be used for subsequent presentations of *Testcuts I*, but one may be certain that the information collected on the general technical ratings and performance ranges, as well as on the chosen settings, is sufficiently detailed to supply a basis for choosing comparable appliances in the future.

Documentation of the Staging of the Projections

The continuous, asynchronous changeover of images in *Testcuts I* resulted in a fluctuating frieze of images stretching across three walls. The dimensions of the frieze were not clearly defined, however, but geared towards the architectural setting of the exhibition space. Therefore, it was necessary to document not only the measurable installation data employed for the imai presentation but also the basic deliberations on the part of the artist that had led to such decisions being taken; these would be applicable, if the occasion arose, to the concepts for other exhibition spaces. One specification by the artist was that the images should be projected from floor to ceiling, which resulted for image reproduction in a proportional width based on the selected 4:3 image format of the digitized photographs (see illus. p. 131). The artist's concept further required the projections to join up seamlessly in a circulating band and to meet exactly in the corners of the room. In practice this specification required a reduction in width of the exhibition space in order to match exactly the width achieved by the accumulated projections.

The same principle should be applied to other rooms, as Katharina Sieverding stated in the interview conducted for the case study. One consequence might be that *Testcuts I*, which for the imai show was installed with eight projectors, would be equipped with more, or less, presentation devices for follow-on installations. The height of the walls in the installation space is the only parameter on which the projection widths, and likewise the total number of projections, are proportionally dependent. Ultimately, the basic feature common to any projection arrangement tailored to the given exhibition space would be that the still images projected with no gaps between them extend over three walls and correspond in height with the walls in the space.

4 All 580 image montages are printed in chronological sequence in the catalogue produced for the exhibition. See Katharina Sieverding 2010.

The projections were the sole source of light for visitors entering the room housing the installation at imai. Photometric data would not have sufficed for documenting the lighting conditions, since the room-specific intensities changed with every new image constellation, and fluctuated according to the proportion of black-and-white values in the projected photographs. The lighting conditions were therefore described by including the various factors (such as projector type, ambient light, and the colour and building materials of the room) contributing to the overall quality of the light.

The visitors' ability to move about the room as they pleased meant they could view the overall image sequence as a panorama from a distance but equally move closer to individual projections on which they wished to focus. In either case, three walls of the room surrounding the visitors were covered by a band of blown-up, projected photographs that demanded close attention due to the constantly changing nature of this band, its size and luminous intensity. Unlike analogue photographs, which lay claim as tangible prints to the uninterrupted enjoyment of the viewer's attention, the visibility of the projected images, although digitally transformed, was reduced. Within seconds they vanished from view, only to be replaced by a different subject. A crucial attribute of *Testcuts I* consists precisely in the permanent creation of new, unpredictable image constellations through the fleeting projected images and the random nature of their selection. Accordingly, the installation cannot be adequately documented by means of either photography or film.

Documentation Guidelines

Having supervised the exhibition project throughout the preparatory period of longer than a year, imai viewed the realization of the show as a suitable starting point to document the installation of *Testcuts I* with full allowance for the perspectives of the artist, the curator, and the restorer involved in the case study. The dialogue with the artist proved to be an invaluable source of information for recording essential conceptual components of *Testcuts I*.

The various documentation models published in the course of recent years proved extremely helpful for developing the documentation structure.[5] The documentation compiled for *Testcuts I* is divided into

1) general data serving to identify the work,

5 DOCAM (Documentation and Conservation of the Media Arts Heritage), http://www.docam.ca/, last accessed 5 November 2010; Inside Installations, http://www.inside-installations.org/home/index.php, last accessed 5 November 2010; IMAP (Independent Media Arts Preservation), 2006-2009, http://www.imappreserve.org/, last accessed 5 November 2010; EAI (Electronic Arts Intermix), http://www.eai.org/resourceguide/preservation.html, last accessed 5 November 2010; Matters in Media Art, http://www.tate.org.uk/research/tateresearch/majorprojects/mediamatters/, last accessed 5 November 2010.

2) a list of all information pertaining to the digital image material of the work,
3) a formulation of the general presentation requirements with regard to future presentations of the work,
4) a comprehensive compilation of all specific details regarding the first presentation of the installation at imai,
5) a summary of the interview with the artist, and
6) an index of further documentary records in the form of text, photographs and film as well as installation drawings.

The documentation structure reflects the current discussion whether the 'life span' of an art installation must be represented with allowance for its various presentations in divergent contexts. The conservator Monika Jadzińska is of the opinion that this aspect necessitates a documentation going beyond the material attributes of the artwork: 'The character of installations obliges us to preserve not only the object itself, but the experience which it provokes.'[6] Viewed from this perspective, the first presentation of *Testcuts I* at imai, which was limited to a few weeks, must be considered to be a debut, even if it remains unclear whether further presentations will follow. Follow-on presentations would have to be documented no less meticulously than the exhibition at imai[7], with the result that the documentation section (item 4 in the above list) would be expanded successively.

The exhibition situation recorded in Düsseldorf in autumn 2010 presumably represents merely a first incarnation of *Testcuts I*, although the detailed documentation would permit the work to be re-installed in imai in exactly the same form. All the same, the Düsseldorf presentation should not be viewed as an ultimate, fixed definition of the installation because no dedicated exhibition bay was built for *Testcuts I*. The given spatial situation was merely reduced to match the requirements of the installation. The technical equipment for the visual presentation was chosen likewise by the artist in accordance with the situation and possibilities at hand. Thus, *Testcuts I* is a telling example of media-based installations that possess a clearly defined, basic stock of visual material (digital image files, in this case) but beyond that display adaptability in their flexible resources (spatial installation, technical support, and so on) on each occasion of presentation. For the same reason Pip Laurenson stresses the importance of delineating the decision-making processes that led to the given form of a presentation: '[…] conservation must not only continue to preserve the ability to display these works, but must also record the back story for decisions made about the forms in which they are realized, both now, in the past and in our projections into the future.'[8] Furthermore, the handling of digital image files, which – as the end product of the artistic process – are passed on storage media to the exhibiting institution, is a

6 Jadzińska 2011, p. 28.
7 With regard to the cataloguing and documentation of media art installations, see Tiziana Caianiello in the present publication.
8 Laurenson 2011, p. 42.

new aspect that already – although sufficient empirical data must yet to be gathered – requires close attention and care.

The present case study is geared towards the hypothetical opening question of how such a work, supposing it were purchased for a museum collection, ought to be recorded in conservational terms. The exemplary documentation worked out for this technology- and installation-based work subsumes all the components of the Düsseldorf installation of *Testcuts I*, and indicates the potential range of installation options and space for manoeuvre with regard to future stagings of the work. At the same time, however, precisely this interpretational scope means that the documentation cannot amount to an absolute description of the work. In the sense of the current appeal for 'preservation by documentation'[9], the documentation remains an essential instrument for which there is no substitute, but at the same time one with limitations, of which curators and restorers should be aware. Supposing *Testcuts I* belonged to a museum and was shown, after close consultation with the artist, in a separate room: this instance of exhibition would create clear framework conditions for the coming years, even decades. If this museum underwent architectural alteration or moved to a different building, for example, or if long-term storage of the work was deemed necessary, then it would probably be a matter of redefining, as opposed to reproducing, the former conditions of installation. In view of scarcely calculable changes of premises and technology, artists are well advised to contractually agree with the institution that purchases a technology-based installation essential conditions that will ensure compliance with their artistic intentions. Nevertheless, future generations presenting such works will continue to enjoy discretionary leeway resulting from the installational configuration of these works, and some flexibility will presumably remain, no matter how comprehensive the documentation may be. However, the compiled documentations will supply facts and arguments on the basis of which sound decisions can be made with regard to preservation measures and adequate forms of presentation.

9 Jadzińska 2011, p. 28.

Documentation of the Installation *Testcuts I* by Katharina Sieverding

Anna-Maria Virgin

Period of documentation: October–December 2010
Location of study: imai – inter media art institute, Düsseldorf
Occasion of study: Exhibition *Katharina Sieverding. Projected Data Images. Testcuts*, imai, Düsseldorf, 10 September – 21 November 2010 / Case study by imai regarding documentation of installations

1. IDENTIFICATION

Artist
Katharina Sieverding

Title of work
Testcuts I

Date
2010

Edition
Only one copy of the work is available at the time of documentation.

Owner
The artist

Short description of the work
Installation with digital, 8-channel image projection
Eight projectors cast black-and-white image montages adjacent to each other on three walls in order to create a circulating, floor-to-ceiling frieze of images. The changing projections are based on a total of 1,740 fragmentary archive photographs (testcuts) that were joined together, by analogue and then digital means, to produce 580 single image montages. One image montage is composed of three testcuts, usually identical in size, placed upright next to each other and bearing some thematic and/or chronological relation to each other.

The identical file containing the 580 individual image montages is stored on each of the eight computers connected with the projectors. One image montage is shown for the duration of 15 seconds and then changes to the next one, with the sequence of individual montages being chronologically predefined only in the case of the central projector serving the middle wall. The seven other projectors are controlled by a random-selection program (see full-colour illus. 28 and 31).

The installation, which runs without sound, is capable of showing a vast number of variations: exactly 580^8 different combinations can be shown as part of the projection frieze. Viewers can move about the room and choose their own vantage point.

2. VISUAL MATERIAL

Production period
Summer 2009 – September 2010

File format/quantity
580 image files in TIFF format

Image format
Ratio of each projected image 4:3

Image size
Per image file respectively one master file, c. 12,700 x 9,500 px, c. 116 MB, and one projection file (as per 2010), 1024 x 768 px, 860 KB

Colour or black and white
Black and white

Storage medium
- For the transfer from the artist's computer to those employed in the installation the image files were stored on a USB stick.
- In the artist's studio the files were saved on a hard disk using the RAID system (Level 6), and additionally stored on CDs or DVDs (make: Archival Gold by Delkins).
- The image files are grouped in a project folder, with the individual image file names denoting chronological sequence (identical with the sequence in the exhibition catalogue).

Production
The artist produced the visual material on the basis of her voluminous personal archive of analogue photographs taken between 1966 and 2010. As a starting point

she took the test strips (testcuts) derived as a by-product of analogue enlargement techniques. On these strips of photographic paper, which covered approximately one third of the actual paper print, the artist had exposed random picture details in order to test whether exposure and contrast was optimal. Three of the original test strips at a time were placed together to form analogue vertical montages (format 30.5 x 40.6 cm). Each test strip, with an original size of c. 30.5 x 13.5 cm, was scanned at 800 dpi and then digitally mounted in order to allow subsequent projection in the installation. The flat-bed scanner used was a Quatographic X-Finity Ultra (1600 dpi x 3200 dpi).

Post-production
The image files were post-processed digitally on an Apple MacPro (2 x 2.8 GHz Quad-Core Intel Xenon, 8 GB RAM). The programs LaserSoft Imaging SilverFast 6 and Adobe Photoshop CS were used for retouching, correcting contrast and focus, composing/montage, and resizing to projection resolution.
The final TIFF files were converted into an EXE file with the assistance of the software program Irfan View. This EXE file was stored on the eight PCs used in the imai exhibition, and was played as a slide show. All the slide shows except for the one running on PC5 were controlled in random mode (see full-colour illus. 30).

Persons involved
Katharina Sieverding, Orson Sieverding, studio team

Production location
Studio Katharina Sieverding, Düsseldorf

3. PRESENTATION REQUIREMENTS

See also the abridged interview with the artist in Section 5.

Arrangement of projections
Several projections at a time must be joined together to form a frieze running over three walls. The projection must stretch from floor to ceiling. In order to join up seamlessly with the projections on the side walls, the overall width of the projections placed on the central projection wall must correspond exactly with the width of that wall. Accordingly, the number of projections must be matched to the length of the wall (see plan, full-colour illus. 28).

Image format of projections
Ratio of sides per projected image 4:3 = 1.33:1 (width:height)

Image size of projections
The height of the individual projected images corresponds to the height of the walls (see full-colour illus. 29); the width can be calculated on the basis of the 4:3 image format (see Section 4 below).

Projection duration
15 sec. per single image

Overall duration
There is no time limit on the overall duration of projection, save for the central projection (P5), which is chronological and looped, meaning that the time for a cycle of 580 single projections can be calculated (145 min. with a single-image projection time of 15 sec.).

Sound
Silent

Projection apparatus
The projection apparatus should be as inconspicuous as possible.

4. FIRST PRESENTATION

Location
Imai at NRW-Forum, Düsseldorf

Exhibition title
'Katharina Sieverding. Projected Data Images. Testcuts'

Duration of exhibition
10 September to 21 November 2010

History of production
After chancing upon boxes of archived testcuts in 2009, Katharina Sieverding digitized a first batch of tripartite montages of the analogue photographic material. The outcome was the installation *Projected Data Images*, which was presented later that year as part of the artist's solo show in Galerie Thomas Schulte, Berlin, during the 59th Berlin International Film Festival. Employing four projectors, the artist projected twenty of these digitized montages by random control to form a continuous strip on one gallery wall. The idea was born to extend this type of representation to the artist's entire archive. The project was realized with assistance from imai as part of the Quadriennale 2010 in Düsseldorf. The installation *Testcuts I* was subsequently specially produced for the exhibition *Katharina Sieverding. Projected Data Images. Testcuts*.

Exhibition space

The entire space of the R-Forum was devoted exclusively to the showing of the installation *Testcuts I*. The hall-like space was empty, and the windows were blacked-out completely. The R-Forum has maple parquet flooring, white walls, gallery picture rails, and natural light. There are two rectangular pillars at the centre of the space, and a fixed partition wall is installed some two metres in front of the window wall. Approximately two metres high, the partition wall does not reach the ceiling, but optically seals the space all the same. The room is connected to the stairwell by a corridor, circa four metres wide, which can be closed off by means of a sliding glass door.
Dimensions of the R-Forum on the upper floor of the NRW-Forum building:
Area: 250 m^2
Length: 16.30 m
Width: 14.70 m
Height: 3.30 m

Storage of the image files

For the duration of the exhibition the image files were stored on each of the eight mini PCs (see technical equipment) employed in the installation. They were deleted after the close of the exhibition. The exhibiting institution (imai) did not possess backup copies of the image files; if any of the files had no longer functioned, the artist's studio would have provided new copies.

Size of projections

Due to the specified 4:3 image format and the requirement to cover the walls from floor to ceiling, an individual projection size of exactly 4.40 x 3.30 m was specified. In order to place three projections alongside each other on the central projection wall, the length of the wall was adjusted by the construction of a new wall in front of the right-hand wall (see plan, full-colour illus. 28–29, projection wall C). A further advantage of this arrangement was the creation of a screened-off, narrow corridor in which the PC switching hardware (equipment room) could be set up (see illus. p. 141). The documentation plans clearly show the arrangement of the projections (see full-colour illus. 28–31).

Technical set-up

Aligning the projections required a trial installation in order to identify the spatial situation and the precise hanging for the chosen projectors, which were not equipped with a zoom facility. Experiments with the number and distribution of the projectors took place during the trial. The artist decided to use eight projectors so that visitors entering the left half of the exhibition space would be met by a sequence of conjoined floor-to-ceiling projections. The vertical edges of the eight projections were flush with one another. The eight projections were projected directly onto the three rotating wall surfaces by eight projectors. Three image montages – amounting to nine seamlessly conjoined testcuts – were visible at any one time on each of the projection walls B and C; two image montages (six testcuts) were projected onto wall A respectively, meaning that 24 test strips in total were projected alongside each other.

The projectors were mounted below the ceiling. Not only did the projectors and their suspension fitting need to be inconspicuous, the projectors had to be mounted in such a way that the precisely calculated distance from the projection wall was complied with and the projectors did not cast shadows on the wall (see illus. p. 131). For that reason they were mounted with specially fabricated tubular mounts that were bolted to the proper ceiling above the lowered plasterboard ceiling that would not have been capable of bearing the weight of the projectors. This arrangement also enabled the projector cables to be concealed for the length of their route into the equipment room.

The suspension mounts were designed to each bear a weight of circa 50 kg; the weight of the projectors together with lenses and mounts amounted to circa 20 kg (see drawings and photographs).

Technical equipment

Description	Model		Owner / Hirer:	Notes
Projector (P1-P8)	PANASONIC PT-D5000ES; 1-chip XGA-DLP projector, 5000 AL (ANSI lumen), without lens	8	SIGMA System AV GmbH, Düsseldorf	Physical resolution: XGA 1.024 x 768 in 4:3 image format. The projectors were fitted below the ceiling, and numbered in accordance with their individual positions.
Wide-angle lens (O1-O8)	PANASONIC ET-DLE050; wide-angle lens 0.8:1 for PT-D	8	SIGMA System AV GmbH, Düsseldorf	All the projectors were equipped with a wide-angle lens 0.8:1 without zoom.
Mini PC (PC1-PC8)	ESPRIMO Q5030 E – STAR 4 FUJITSU-SIEMENS Model: MPC-D101 System No.: VFY:Q5030PF011DE Part No.: ABN:K1001-V511-470	8	SIGMA System AV GmbH, Düsseldorf	The computers served to play the image files. The operating system was Microsoft® Windows® XP. Located in the equipment room, the PCs were each connected to one projector, equipped with a keyboard and mouse, and numbered in accordance with the projector.
Screen (B)		1	SIGMA System AV GmbH, Düsseldorf	PC5 was connected to a control screen, located in the equipment room, on which the image currently being projected by P5 was displayed.

VGA-Y cable	VGA-Y cable COMPUPACK A OPEN P/N.: 50.MF-S02.0010 CPC P/N.: 6611T008-004-RS1 REV.: A Date Code: 0952	8	SIGMA System AV GmbH, Düsseldorf	VGA-Y cables were connected to all the PCs, and extended up to a VGA in the BNC cable.
VGA-BNC cable	VGA on BNC cable 5xBNC	8	SIGMA System AV GmbH Düsseldorf	The cables served to link the VGA-Y cable in the PC with the 5-wire BNC connections in the projectors.
Cable (extension cable)			SIGMA System AV GmbH Düsseldorf	Cable for power supply, extension cable between connections of projector and PC as well as of further extension cables of any kind.

The serial numbers of all devices have been noted. The technical specifications provided by the manufacturers of the projectors and computers have been archived.

Projector settings
Picture mode: cinema
Other settings: standard
The settings of the individual projectors were aligned with each other in order to obtain practically identical brightness, colour and contrast values. No trapezoid correction was carried out. The images were projected alongside each other in such a way that in each case the right or, as applicable, left side met in the middle and produced a seamless image frieze.
The employment of wide-angle lenses with no zoom led to slight barrel distortion on the outer edges of the projections, that is to say, the vertical edges bent inwards somewhat towards the bottom and top corners. The lenses also caused the luminous intensity and brightness of the projected image to decrease towards the outer, bottom corners of the image. In view of the high-aperture projectors chosen and their suspension from the ceiling, no other mode of display was possible. For that reason the artist accepted these side-effects.

Changeover/synchronization of projections
The individual stills changed every 15 seconds. There was no fading of one image into the next: the changeover was abrupt and devoid of animation of any kind (simple transition). For seven out of eight projections the changeover was executed by a random-selection program. Only the changeover of the middle projection P5 (see plan, full-colour illus. 28) demonstrated the chronological sequence of the photographs deployed.

Image changeover was not synchronous in the case of the eight projectors, but took place in alternation, at different points in time, thus conveying the impression of a random sequence. This effect was achieved during the first set-up by switching on the computers respectively connected with each projector not consecutively but in a staggered sequence. Once this arbitrary computer start-up had been defined, it remained in place, since in the further course of the exhibition the activation and deactivation of the installation was controlled merely by the supply of power.

Resolution of projections
When the projected images were viewed close-up, a reseau of lines – a so-called pixel grid – could be discerned. This grid became visible in the white and grey tones only at a distance of less than approximately one metre.

Technical data for the playback devices (computers)

Processor and chip set	Intel® Core™2 Duo processor P8400 (2.26 GHz, 3 MB L2 Cache, 1066 MHz FSB) Chip set Intel® GM45
Operating systems and software	Windows Vista® Business OEMAct of Microsoft® Windows® XP Professional Nero 8 Essentials XL, Deskview, virus scanner, recovery DVD Vista Business, TwinLoad Win XP Prof DVD (D)
Memory, drives	2GB or 4GB DDR2-667 (2x 2GB) 160GB or 250GB Sata hard disk 5.4k 2.5", DVD+/-RW slot-in slim
Further equipment	LAN on board, audio, graphics integrated in chip set, WLAN, Bluetooth, 4x USB 2.0 at rear, 2x USB 2.0 at front, 1x eSATA, 1x DVI, 1x VGA via adapter, audio jacks (3x rear; optical SPDIF output), 1x LAN RJ45 , optical USB scroll mouse
Dimensions, weight	Size (H x B x D) 50 x 165 x 165 mm Weight: c. 1.7 kg
Power consumption	DC 20 V, 4.5 A

Device connections
Each computer was connected by a power cable to the AC network, and via two USB ports to a mouse and a keyboard. Each computer was connected to the assigned projector by means of a VGA-Y cable. PC5 was assigned to the control monitor.

Input/output on projector:	Connection, additional details:	Function of connection:
Power cable K2CM37700003	- AC IN (power input) 220-240 V, 50Hz/60Hz alternating current - Power consumption of projectors: 600W, 3.3 Amp. - P1, P2, P3, P7 and P8 are connected to sockets extending into the equipment room. - P4, P5 and P6 are connected to a multiple socket in the lowered ceiling.	Supply of power to the projectors
REMOTE IN/REMOTE OUT	- Cable with stereo mini connectors - Connections begin with the remote control, which is connected to the REMOTE IN port of P1. - The REMOTE OUT port of P1 is then connected to the REMOTE IN port of P2, and so on, establishing the interconnection of the projectors. - The serial interconnection ends at the REMOTE IN port of P8.	The interconnection of all the projectors enables them to be controlled by a shared remote control.
RGB1 IN	- Port for RGB or YPBPR signals 5- wire BNC cable - Connection with assigned PC via VGA BNC cable	Connection for data transfer from PC to projector

For further details, see connection/circuit diagram, and archived manufacturers' specifications.

Lighting conditions

The PANASONIC projectors employed possess a luminance of 5,000 ANSI lumen, whereby the light streams obtained at optimum adjustment may undercut this value significantly. The stated ANSI-lumen rating is attainable only under optimum conditions, since luminous intensity is very soon reduced by the service life of the lamps employed and by other external factors. The wattage of the lamps employed, for example, may more usefully indicate the luminous intensity of the projectors. The projectors are equipped with two 240-Watt UHM alternating-current lamps specially designed for constant brightness and long service life.

The actual lighting conditions, i.e. the luminous intensity and contrast ratio of the projections, are dependent on the lighting situation in the overall space. The windows were completely blacked out for the duration of the installation at imai. The projectors were the only light sources in the room. Coloured light from the installation *Resource Terabyte* in the stairwell outside entered the space through the entry. Due to the white-painted walls, the ceiling and the light-coloured flooring, the effect of the projected light was intensified.

The brightness of the room fluctuated according to the projected images: the higher the component of white in the projected images at any given time, the brighter the room appeared. The prevailing impression produced by the black-and-white images was generally one of cool, clear light. There was no point in measuring the actual luminous intensity of the projected frieze since the latter changed with every new combination of images. In order to attempt to replicate as faithfully as possible the original lighting conditions, it would be necessary to employ the same projector lamps, the same wall and floor colouring, the identical room size and additional existing room light that superimposes itself over the projections.

Operation of the installation

The technical personnel of the exhibiting institute were instructed as to the correct manner of activating and deactivating the installation. Detailed written instructions were likewise posted on the door of the equipment room.

Individuals and companies involved in the assembly of the installation

Detailed lists exist for the following groups of people:

- the artist and her assistants
- staff of imai
- staff directly involved in the assembly work
- external companies
  in-house technicians of NRW-Forum (exhibiting institute)

5. SUMMARY OF INTERVIEW WITH THE ARTIST REGARDING FUTURE PRESENTATIONS

The interview was conducted while Ralph Goertz' was filming Katharina Sieverding on the site of the installation *Testcuts I* on 11 November 2010. Students attending the advanced course 'Kunstkritik und kuratorisches Wissen' (Art Criticism and Curatorial Knowledge) offered by the Institute of Art History at Ruhr-Universität Bochum were present, and talked in depth with Katharina Sieverding about *Testcuts I*. The artist explained her reasons for producing the work as well as the technical and installation-related conditions that would be important for the current and future presentations. Background information was excerpted from the interview together with parameters relevant to the work's conservational documentation; the interview below summarizes the substance of the full interview.

How did the artwork come about?

For more than 40 years Katharina Sieverding has been collecting and archiving her personal analogue photographic material, including the testcuts produced during the process of enlargement. She examined and re-interpreted this archive for the installation *Testcuts I*. Within any given constellation of three, the chosen testcuts bear either thematic or visual relevance to one another, and are chronologically related in every case.

The triple constellations show details of photographs from the life and work of Katharina Sieverding in the years 1966 to 2010, making the work autobiographical in character. The photographic subjects relate to art, the artist's life, her student years, her present teaching activities, and many other encounters and events in her artistic circles.

These triptychs are interconnected eight-fold over 24 interfaces to produce a floor-to-ceiling panorama of projections on three walls of a room, and are re-filmed by random control to produce an unbroken strip for the duration of 15 seconds. In this way, spaces of thought, imagery and time are unexpectedly brought together, thereby provoking surprising encounters within the art system, and awakening the cinematographer dormant inside every viewer.

The viewers can become immersed in a black-and-white visual world in which they are completely surrounded by the changing images. They are supposed to be able to recognize the pictures that appear fleetingly then change unexpectedly, but not to linger over the depicted subject matter. The fourth wall, which remains free in the installation, stands for the overcoming of demarcations. It turns the viewer into the observing actor who is confronted by his or her own recollections, identifies with the work, and in this way also refers to his or her own biography.

Testcuts I is based on analogue image material. Why are the photographs shown as projections?

The artist's work in photography began with a box camera. Even then, the latter produced some sensation of working with film because the artist observed the moving image through this special viewfinder in much the same way as with a video camera, and then in each case chose a 'snapshot' to be recorded photographically. By means of constantly changing stills Katharina Sieverding attempts to produce a filmic character within the digital installation *Testcuts I*.

What is the significance of the random changeover of projected images?

This form of projection allows the originally analogue material to be dynamized cinematographically. The quasi-filmic impression of motion and the fact of the one-off, non-repeatable constellations in permanently changing combinations encourage the continuous re-articulation and re-reading of the individual and collective memory. The technical device of seamlessly combined photographs becomes thematic. The 'proicere' (the Latin verb for 'project') in the one space of memory produces postponed memories that become vivid in the other venue of memory, namely that of the viewers.

Why is each projection composed of a tripartite constellation?

The reason for the tripartite constellations was primarily practical. Three testcuts were produced per photograph each time the photo-paper was divided during the analogue enlargement process. In order to determine the correct exposure time with minimal expenditure of material, the artist cut the photo-paper (size 30.5 x 40.6 cm) into three strips during the analogue enlargement process. A single exposed strip of this photo-paper amounts to one such testcut. Prior to digitization three testcuts were joined together at a time, reproducing the original 4:3 format of the photo-paper, which corresponds with the image format of the projections.

Furthermore, the artist sees an aesthetic reason for the tripartite constellation. Presented in upright format the three testcuts evoke thematic and formal tensions pointing to the classical triptych and thus permitting further planes of meaning. In the course of the changing combinations the testcuts join up to form a neuro-plastic panorama.

Should the 15-second projection duration foreseen for the individual image-projections also be observed in future installations?
The 15-second projection duration proved to be optimal when the first-time installation was being set up. The individual image is visible long enough for initial recognition, but vanishes if one wants to study it for longer. The short duration of the individual projections makes clear the filmic aspect of the work as well as the aspect of the snapshot.

Is it important that the transitions take place as simple changeovers, without animation of any kind?
Absolutely, in order to bring the fast and diverse cuts and cutting points into a formally clear, and thus legible, structure.

Is it essential that the projections be set up to 'fill the wall', i.e. stretch exactly from floor to ceiling? Or could the projections be reduced in size – for instance, could the strip be narrowed?
In the case of standard room height (3 to 4 metres), the entire surface of the wall ought to be covered by the projection images, which run continuously over three walls. In the case of very high walls it would be necessary to re-define the projection height accordingly.

***Testcuts I* is being shown as an 8-channel projection at imai. How important is it to adopt the same number of projections in any follow-up installation of *Testcuts I*?**
It is becoming clear that the number of projections is not stipulated. It is crucial in terms of the artistic concept that the three walls are covered as fully as possible by projections. The exact number of projections is therefore determined by the dimensions of the available walls and the size of the room.

The artist views the total of eight projectors as ideal. A greater number of projections might overstretch the viewer, while a lesser number would overly reduce the work.

Which factors are important to the spatial effect of *Testcuts I*?
The crucial factor is that the image projections cover all three walls seamlessly. The 'fourth wall' is kept free for the audience's own projections, for the 'parallel processes' of the individual and collective impulses of memory.

For the installation at imai the room was completely blacked out, since the luminous intensity of the projectors made this necessary. However, the artist can envisage the installation being presented in daylight, with the fourth wall being open to the outside world. In that case, she adds, it would be important to ensure that the luminous intensity of the projectors is sufficient, and that the daylight does not reduce the black-and-white contrasts. In the same context white walls are fundamentally important in order to achieve the required projection quality, and especially so in regard to contrasts.

The intention is to integrate the room along with the effect peculiar to it, and to present the work within this room. For that reason, the artist does not view the pillars as disruptive.

The positioning of the projectors is determined by two fixed parameters: the height of the walls, and the projection dimensions derived on this basis. The remaining parameters are variable and must be adapted to the given situation.

Are the high-performance projectors mandatory, or would usage of other, less powerful projectors be permissible? And if higher-quality projectors were to become commercially available in the near future, would it be desirable to use the new models for the installation?

The artist can imagine the installation being exhibited in daylight. However, that would depend on the luminous intensity of the projectors. If more powerful projectors became available, therefore, their employment would be in compliance with the artist's wishes. Even in completely blacked-out rooms, however, the projectors should not possess luminous intensities below 5,000 ANSI lumen.

How large must the exhibition room be? Would the distribution of the projections over less than three walls be conceivable if a new room situation demanded such a solution?

The artist's concept foresees projection onto three walls. The viewer should be surrounded by the images, with the fourth wall being kept free. Exhibiting the projections on one or two walls would not be sufficient to achieve this surrounding effect. While the size of the exhibition room is variable, this room should be able to accommodate a minimum number of large-scale projections and should, if necessary, be reduced to the dimensions necessary for the projections by means of the insertion of partition walls.

Should the installation be presented as the sole exhibit within an exhibition space, or may other works be presented in the same room?

If the foregoing installation specifications are complied with, then the installation occupies an entire room.

6. FURTHER DOCUMENTATION MATERIAL

- Layout and installation diagrams
- Photographs
- Film recordings
- Exhibition catalogue
- Press reviews

References

Arns 2008
ARNS, Inke, 'And it exists after all: On the contemporaneity of the medial arts'. In: *HMKV. Hartware MedienKunstVerein 1996–2008*, edited by Susanne Ackers, Inke Arns, Hans D. Christ and Iris Dressler, exhib. cat., Hartware MedienKunstVerein, Dortmund. Bönen 2008, pp. 66–78

Bishop 2005
BISHOP, Claire, *Installation Art*. London 2005

Baumberger 2010
BAUMBERGER, Christoph, *Gebaute Zeichen. Eine Symboltheorie der Architektur*. Frankfurt am Main 2010

Blanchot 2007
BLANCHOT, Maurice, *Thomas the Obscure*. Translated from the French by R. Lamberton. New York 1973

Blase 2010
BLASE, Christoph, 'Forgotten Videos and Forgotten Machines. A Practical Plea for Their Rescue'. In: Blase and Weibel 2010, pp. 376–382

Blase and Weibel 2010
BLASE, Christoph and WEIBEL, Peter (eds.), *RECORD>AGAIN! 40yearsvideoart.de – part 2*, exhib. cat., ZKM, Karlsruhe. Ostfildern 2010

Böll 1979
BÖLL, Heinrich, 'Du fährst zu oft nach Heidelberg' (1977). In: *Du fährst zu oft nach Heidelberg und andere Erzählungen*. Bornheim-Merten 1979, pp. 61–67

Caianiello 2005
CAIANIELLO, Tiziana, *Der* Lichtraum (Hommage à Fontana) *und das* Creamcheese *im museum kunst palast. Zu Musealisierung der Düsseldorfer Kunstszene der 1960er Jahre*. Bielefeld 2005

Caianiello and Giebeler 2010
CAIANIELLO, Tiziana and GIEBELER, Julia, 'Conserving Interactivity: imai Case Study on Bill Seaman's *Exchange Fields*'. In: *ISEA2010RUHR. 16th international Symposium on Electronic Art, Conference Proceedings*. Berlin 2010, pp. 152–154

Capturing Unstable Media 2003
FOUCONNIER, Sandra and FROMMÉ, Rens, *Capturing Unstable Media. Summary of research*, 2003, http://archive.v2.nl/v2_archive/projects/capturing/capturing_summary.pdf (last accessed 12 December 2009)

Daniels 2000
DANIELS, Dieter, 'Strategien der Interaktivität'. In: FRIELING, Rudolf and DANIELS, Dieter (eds.), *Medien Kunst Interaktion, die 80er und 90er Jahre in Deutschland*, Goethe-Institut, München and ZKM, Karlsruhe. Vienna 2000, pp. 142–169

Daniels 2003
DANIELS, Dieter, 'Strategies of Interactivity', http://www.hgb-leipzig.de/daniels/vom-readymade-zum-cyberspace/strategies_of_interactivity.html (last accessed 11 October 2012)

Decision-making Model 1999
'*The decision-making model* for the Conservation and Restoration of Modern and Contemporary Art'. In: *Modern Art: Who Cares?*, edited by IJsbrand Hummelen and Dionne Sillé. Amsterdam 1999, S. 164–172

Dinkla 1997
DINKLA, Söke, *Pioniere Interaktiver Kunst von 1970 bis heute*. Karlsruhe and Ostfildern 1997

Duguet 1996
DUGUET, Anne-Marie, 'Does Interactivity Lead to New Definitions in Art?' In: SCHWARZ, Hans Peter and SHAW, Jeffrey (eds.), *Perspektiven der Medienkunst: Museumspraxis und Kunstwissenschaft antworten auf die digitale Herausforderung = Media art perspectives. The digital challenge – museums and art sciences respond*, MultiMediale 4, May 1995, ZKM, Karlsruhe. Stuttgart 1996, pp. 146–150

Eco 1962
ECO, Umberto, *Opera aperta*. Milan 1962

Eco 1990
ECO, Umberto, *Interpretation and Overinterpretation: World, History, Texts*, *The Tanner Lectures on Human Values*, Cambridge University, 1990, pp. 143–202, http://www.tannerlectures.utah.edu/lectures/documents/Eco_91.pdf (last accessed 4 March 2010)

Electronic Atmospheres 2010
Electronic Atmospheres, edited by Stefan Riekeles and Andreas Broeckmann, exhib. cat., ISEA2010RUHR. Heidelberg and Berlin 2010

Fischer-Lichte 2000
FISCHER-LICHTE, Erika, 'Vom "Text" zur "Performance": Der "Performative Turn" in den Kulturwissenschaften'. *KUNSTFORUM International*, vol. 152, October–December 2000, pp. 61–63

Fischer-Lichte 2008
FISCHER-LICHTE, Erika, *The Transformation Power of Performance. A new aesthetics*. Translated from the German by S. I. Jain. Abingdon and New York 2008

Frohne 2010
FROHNE, Ursula, 'Passagen: Projektionsräume im Museum'. In: *Bilder in Bewegung: Künstler & Video/Film*, edited by Barbara Engelbach, exhib. cat., Museum Ludwig, Cologne. Cologne 2010, pp. 121–128

Gfeller 2004
GFELLER, Johannes, 'Pixel und Zeile zu Frame. Baukasten zu einer Theorie der Medienerhaltung'. In: Hans-Jörg Heusser and Kornelia Imesch (eds.), *Visions of a future. Art and history in changing contexts*, Schweizerisches Institut für Kunstwissenschaft, Zürich. Zurich 2004, pp. 207–226, http://www.aktivearchive.ch/fileuploads/pdfs/Gfeller_Visions.pdf (last accessed 15 October 2012)

Gfeller 2009
GFELLER, Johannes, 'The reference hardware pool of *AktiveArchive* at the Bern University of the Arts'. In: Swiss Video Art 2009, pp. 166–174

Giebeler 2009
GIEBELER, Julia, *Interaktive Videoinstallationen. Dokumentation und Reinstallation am Beispiel des Werks Exchange Fields von Bill Seaman*, diploma thesis, Cologne Institute of Conservation Sciences, 2009, http://www.imaionline.de/images/stories/2010/Erhaltung/Diplomarbeit%20-%20Julia%20Giebeler_Interaktive%20Videoinstallationen_website.pdf (last accessed 7 July 2012)

Goertz 2004
GOERTZ, Lutz, 'Wie interaktiv sind Medien?'. In: Christoph Bieber and Claus Leggewie (Eds.), *Interaktivität. Ein transdisziplinärer Schlüsselbegriff*, Frankfurt am Main 2004, pp. 97–117. Originally published in *Rundfunk und Fernsehen*, vol. 43, no. 4, 1995, pp. 477–493

Goodman 1976
GOODMAN, Nelson, *Languages of Art. An Approach to a Theory of Symbols*, 2nd ed. Indianapolis 1976

Huber 2003
HUBER, Hans Dieter, 'PPP: From Point to Point or from Production to Presentation to Preservation of Media Art', paper presented to the symposium *404 Object Not Found. Was bleibt von der Medienkunst?*, Dortmund, 19–22 June 2003, http://www.hgb-leipzig.de/ARTNINE/downloads/ppp_d.pdf (last accessed 18 June 2011)

Hünnekens 1997
HÜNNEKENS, Annette, *Der Bewegte Betrachter: Theorien der interaktiven Medienkunst*. Cologne 1997

Hüther 1997
HÜTHER, Jürgen, 'Neue Medien'. In: Jürgen Hüther, Bernd Schorb and Christiane Brehm-Klotz (eds.), *Grundbegriffe Medienpädagogik*. Munich 1997, pp. 291–299

Il nuotatore 1984
Il nuotatore (va troppo spesso ad Heidelberg), videoambientazione sincronizzata in 24 monitor, exhib. cat., Centro di Documentazione di Palazzo Fortuny, Venice. Venice 1984

Inside Installations 2007
Inside Installations. Preservation and Presentation of Installation Art, edited by Tatja Scholte and Paulien 't Hoen. Amsterdam 2007

Inside Installations 2011
Inside Installations. Theory and Practice in the Care of Complex Artworks, edited by Tatja Scholte and Glenn Wharton. Amsterdam 2011

Ippolito 2003
IPPOLITO, Jon, 'Accommodating the Unpredictable: The Variable Media Questionnaire.' In: Permanence Through Change 2003, pp. 47–53

Jadzińska 2011
JADZIŃSKA, Monika, 'The Lifespan of Installation Art'. In: Inside Installations 2011, pp. 21–30

Jones 2008
JONES, Caitlin, *Surveying the state of the art (of documentation)*, 2008, http://www.fondation-langlois.org/pdf/e/surveying-the-state.pdf (last accessed 4 March 2010)

Jones and Muller 2008
JONES, Caitlin and MULLER, Lizzie, *The Giver of Names: Documentary Collection. Introduction to the Collection. Between real and ideal*, 2008, http://www.fondation-langlois.org/html/e/page.php?NumPage=2122 (last accessed 4 March 2010)

Katharina Sieverding 2010
Katharina Sieverding. Projected Data Images. Testcuts, edited by Renate Buschmann, exhib. cat., imai – inter media art institute, Düsseldorf. Cologne 2010

Kwasteck and Spörl 2009
KWASTECK, Katja and SPÖRL, Ingrid, *Forschungsbericht: Taxonomie „Interaktive Kunst". II. Phase*, Ludwig Boltzmann Institut, Medien.Kunst.Forschung, 2009, http://media.lbg.ac.at/media/pdf/taxonomie_IA_200911.pdf (last accessed 3 April 2010).

Langueux 1998
LANGUEUX, Maurice, 'Nelson Goodman and Architecture'. *Assemblage*, no. 35, April 1998, pp. 18–35

Laurenson 2004
LAURENSON, Pip, 'Developing Strategies for the Conservation of Installations Incorporating Time-Based Media: Gary Hill's *Between Cinema and a Hard Place*'. *Tate Papers*, no. 1, Spring 2004, http://www.tate.org.uk/download/file/fid/7240 (last accessed 15 October 2012). Originally published in *Journal of the American Institute for Conservation*, vol. 40, no. 3, 2001, pp. 259–266

Laurenson 2005
LAURENSON, Pip, 'The Management of Display Equipment in Time-based Media Installations'. *Tate Papers*, no. 3, Spring 2005, http://www.tate.org.uk/download/file/fid/7344(last accessed 6 April 2012). Originally published in: Ashok Roy and Perry Smith (eds.), *Modern Art, New Museums: Contributions to the Bilbao Congress 13–17 September 2004*. London 2004, pp. 49–53

Laurenson 2006
LAURENSON, Pip, 'Authenticity, Change and Loss in the Conservation of Time-Based Media Installations'. *Tate Papers*, no. 6, Autumn 2006, http://www.tate.org.uk/download/file/fid/7401 (last accessed 1 April 2012)

Laurenson 2011
LAURENSON, Pip, 'Vulnerabilities and Contingencies in the Conservation of Time-based Media Works of Art'. In: Inside Installations 2011, pp. 35–42

Lestocart 2000
LESTOCART, Louis-Jose, 'Surfing the Medium'. In: Robert C. Morgan (ed.), *Gary Hill*. Baltimore and London 2000, pp. 232–239

Luber and Sommermeyer 2011
LUBER, Kerstin and SOMMERMEYER, Barbara, 'Remaking Artworks: Realized Concept versus Unique Artwork'. In: Inside Installations 2011, pp. 235–248

Lurk and Enge 2011
LURK, Tabea and ENGE, Jürgen, *Analit Zwischenbericht. AP 2 & AP3*, Bern 2011, http://www.hkb-aa.bfh.ch/images/8/8b/Abschlussbericht_LurkEnge.pdf (last accessed 30 March 2012)

Münker 2008
MÜNKER, Stefan, 'Was ist ein Medium? Ein philosophischer Beitrag zu einer medientheoretischen Debatte'. In: MÜNKER, Stefan and ROESLER, Alexander (eds.), *Was ist ein Medium?*. Frankfurt am Main 2008, pp. 322–337

Nam June Paik 1999
Nam June Paik – Fluxus, Video, edited by Wulf Herzogenrath, exhib. cat., Kunsthalle Bremen et al. Bremen 1999

Neuberger 2007
NEUBERGER, Christoph, 'Interaktivität, Interaktion, Internet. Eine Begriffsanalyse'. *Publizistik*, vol. 52, no. 1, 2007, pp. 33–50

Permanence Through Change 2003
DEPOCAS, Alan, IPPOLITO, Jon, JONES, Caitlin (eds.), *Permanence Through Change: The Variable Media Approach*, Guggenheim Museum, New York and Fondation Daniel Langlois, Montreal. New York and Montreal 2003, http://variablemedia.net/e/preserving/html/var_pub_index.html (last accessed 15 October 2012)

Phillips 2009
PHILLIPS, Joanna, 'The reconstruction of video art. A fine line between authorized re-performance and historically informed interpretation'. In: Swiss Video Art 2009, pp. 158–165

Poinsot 1986
POINSOT, Jean-Marc, 'In situ, lieux et espaces de la sculpture contemporaine'. In: *Qu'est-ce que la sculpture moderne?*, exhib. cat., Musée national d'art moderne, Centre Georges Pompidou, Paris. Paris 1986, pp. 322–329

Pugliese 2009
PUGLIESE, Marina, 'Un medium in evoluzione. Storia critica delle installazioni'. In: FERRIANI, Barbara and PUGLIESE Marina (eds.), *Monumenti effimeri. Storia e conservazione delle installazioni*. Milan 2009, p. 22–91

Quiring and Schweiger 2008
QUIRING, Oliver and SCHWEIGER, Wolfgang, 'Interactivity: A review of the concept and a framework for analysis'. *Communications: The European Journal of Communication Research,* vol. 33, no. 2, 2008, pp. 147–167

Rafaeli 1988
RAFAELI, Sheizaf, 'Interactivity. From New Media to Communication'. In: HAWKINS, Robert P., WIEMANN, John M. and PINGREE, Suzanne (eds.), *Advancing Communication Science: Merging Mass and Interpersonal Processes*. London and New Delhi 1988, pp. 110–134

Rebentisch 2012
REBENTISCH, Juliane, *The Aesthetics of Installation Art*. Translated from the German by D. Hendrickson with G. Jackson. Berlin 2012

Reck 2002
RECK, Hans Ulrich, *Mythos Medienkunst*. Cologne 2002

Reiss 1999
REISS, Julie, *From Margin to Center: The Spaces of Installation Art*. Cambridge (Mass.) 1999

Rinehart 2003
RINEHART, Richard, 'Perspectives. Berkeley Art Museum/Pacific Film Archive'. In: Permanence Through Change 2003, pp. 25–27

Rinehart n.d.
RINEHART, Richard, *A System of Formal Notation for Scoring Works of Digital and Variable Media Art*, n.d., http://www.bampfa.berkeley.edu/about/formalnotation.pdf (last accessed 15 October 2010)

Rosa 2007
DI MARINO, Bruno (ed.), 'Crossing the Boundaries of Images: The Aesthetics of Relationships. Conversation with Paolo Rosa'. In: DI MARINO, Bruno (ed.), *Tracce, sguardi e altri pensieri = Clues, Views and Other Thoughts*. Milan 2007, pp. 58–77

Scholte 2011
SCHOLTE, Tatja, 'Introduction'. In: Inside Installations 2011, pp. 11–20

Swiss Video Art 2009
Reconstructing Swiss Video Art from the 1970s and 1980s, edited by Irene Schubiger, Zurich 2009

Seaman 1999
SEAMAN, Bill, *Recombinant Poetics: Emergent Meaning as Examined and Explored Within a Specific Generative Virtual Environment*, dissertation, Centre for Advanced Inquiry in the Interactive Art (CAiiA), University of Wales College Newport (UK), 1999. Saarbrücken 2010

Seaman 2001
SEAMAN, Bill, *Exchange Fields. Embodied Positioning as Interface Strategy*, 2001, http://projects.visualstudies.duke.edu/billseaman/pdf/exchangeFieldsEmbodied.pdf (last accessed 22 November 2010)

Szeemann 1986
SZEEMANN, Harald, 'Die Geschichte der Rekonstruktion des MERZbaus (1980–1983)'. In: *Kurt Schwitters 1887–1948*, edited by Joachim Büchner and Norbert Nobis, exhib. cat., Sprengel Museum, Hannover. Frankfurt am Main and Berlin 1986, pp. 256–257

Trogemann and Viehoff 2005
TROGEMANN, Georg and VIEHOFF, Jochen, *Code@Art. Eine elementare Einführung in die Programmierung als künstlerische Praktik*. Vienna 2005

Tykwer 2010
TYKWER, Fenna Yola, 'What Do We Want to See?'. In: Blase and Weibel 2010, pp. 515–519

Ullrich 2009
ULLRICH, Wolfgang, *Raffinierte Kunst. Übung vor Reproduktionen*. Berlin 2009

vision.ruhr 2000
vision.ruhr, exhib. cat., Westfälisches Industriemuseum Zeche Zollern II/IV and Museum am Ostwall, Dortmund. Ostfildern-Ruit 2000

Weyer 2006
WEYER, Cornelia, 'Restoration Theory Applied to Installation Art'. *VDR Beiträge zur Erhaltung von Kunst und Kulturgut*, no. 2, 2006, pp. 40–47, http://www.inside-installations.org/OCMT/mydocs/WEYER_RestorationTheoryAppliedtoInstallationArt.pdf (last accessed 15 October 2012)

Weyer 2010
WEYER, Cornelia, 'Media art and the limits of established ethics of restoration'. In: Ursula Schädler-Saub and Angela Weyer (eds.), *Theory and Practice in the Conservation of Modern and Contemporary Art: reflections on the roots and the perspectives*, proceedings of the international symposium held 13-14 January 2009 at the University of Applied Sciences and Arts, Faculty of Preservation of Cultural Heritage, Hildesheim. London 2010, pp. 21–32